당신만의 쉽고 새로운

윈도우 10

김윤식·김현지 저

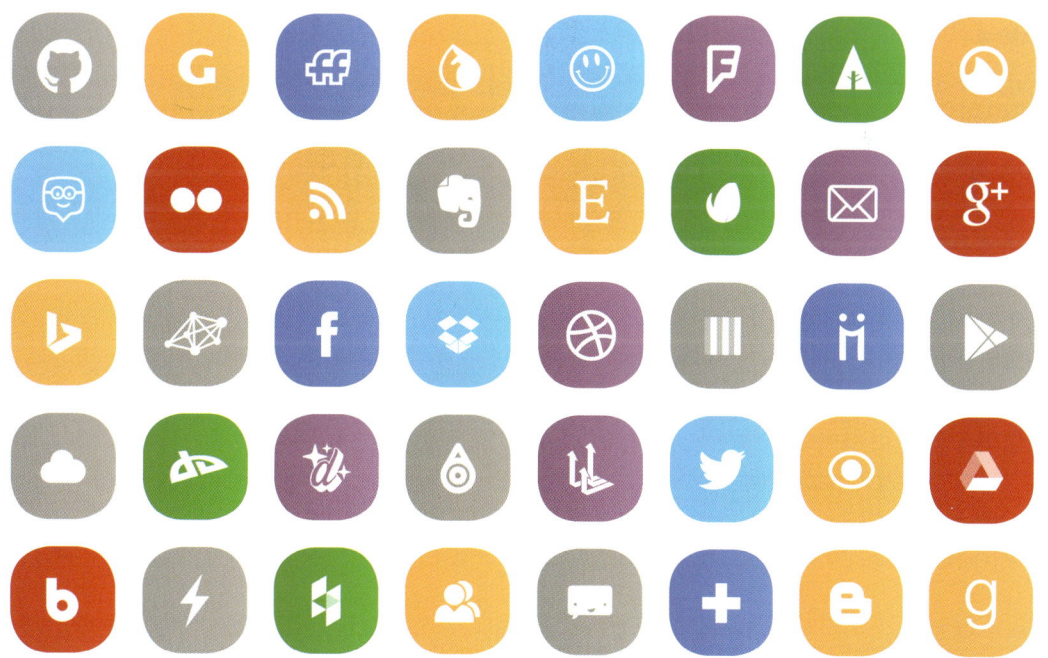

당신만의 쉽고 새로운
윈도우 10

| 만든 사람들 |
기획 IT·CG기획부 | **진행** 유명한 | **집필** 김윤식·김현지 | **편집·표지디자인** 김진

| 책 내용 문의 |
도서 내용에 대해 궁금한 사항이 있으시면
저자의 홈페이지나 디지털북스 홈페이지의 게시판을 통해서 해결하실 수 있습니다.
디지털북스 홈페이지 www.digitalbooks.co.kr
디지털북스 페이스북 www.facebook.com/ithinkbook
디지털북스 카페 cafe.naver.com/digitalbooks1999
디지털북스 이메일 digital@digitalbooks.co.kr
저자 이메일 goodbalm@gmail.com
저자 카페 cafe.naver.com/nokiaa

| 각종 문의 |
영업관련 hi@digitalbooks.co.kr
기획관련 digital@digitalbooks.co.kr
전화번호 (02) 447-3157~8

※ 잘못된 책은 구입하신 서점에서 교환해 드립니다.
※ 이 책의 일부 혹은 전체 내용에 대한 무단 복사, 복제, 전재는 저작권법에 저촉됩니다.

머리말

마이크로소프트는 1985년 11월 20일 '윈도우 1.0'을 출시한 이후 그동안 많은 버전을 거치며 2015년 7월 29일 하나의 플랫폼 '윈도우 10'을 무료로 출시했습니다.

윈도우 10은 사용자 환경 변화에 맞춰 더 이상 윈도우 7, 8 등 숫자로 구분되는 업그레이드 방식이 아닌 '서비스 방식의 윈도우(Windows as a Sevice)' 개념으로 지속적인 업데이트를 통해 최신 기술이 적용될 예정입니다.

또한 윈도우, 윈도우폰, Xbox 등 별도로 운영되던 운영체제를 하나의 플랫폼으로 통합했습니다. 이제 윈도우 10은 어떤 디바이스에서도 동일한 경험을 할 수 있습니다.

이러한 마이크로소프트의 변화는 '개인화와 생산성'을 지향하고 있습니다.

윈도우 10은 다시 돌아온 시작 메뉴와 모든 알림을 모아서 보여주는 알림 센터, 필요한 앱을 다운 받을 수 있는 윈도우 스토어를 통해 자신에게 효율적인 업무 환경을 만들고, 새로운 브라우저 마이크로소프트 엣지와 다양한 작업을 효율적으로 할 수 있는 가상 데스크톱, 개인화 된 검색 기능 등은 업무의 생산성을 높일 수 있습니다. 그리고 윈도우 헬로우, 윈도우 디펜더 등의 보안 기능이 강화되어 더 안전하게 사용할 수 있습니다.

이 책은 윈도우의 기본적인 사용 방법부터 윈도우 10의 새로운 기능 및 고급 설정 방법까지 초보 사용자들이 쉽게 이해하고 활용할 수 있도록 작성했습니다.

언제나 그렇듯 윈도우는 아는 만큼 활용할 수 있습니다. 항상 사용하던 윈도우 기능에서 벗어나 다양한 기능들을 익히고 업무 효율을 높일 수 있는 방법에 대해 고민하는 분들께 이 책을 권장합니다.

결혼한 지 1년 지난 상큼한 신혼 부부가 같이 책을 쓰면서 몰라도 될 서로의 모습을 알게 되었습니다. 이런 기회를 제공해 준 디지털 북스와 원고를 탄생할 수 있도록 항상 배려해 준 교육 모바일 알림장 1위 아이엠스쿨, 존재만으로 감사한 디지털마케팅 최강 이노버즈미디어, 항상 힘이 되어 주시는 사랑하는 가족들, 영원한 나의 멘토 김형석 팀장님, 항상 고마운 친구들, 부족한 지식을 채워주시는 MVP분들께 감사 인사를 전합니다.

김윤식, 김현지 드림

PART 01　윈도우 10을 시작하세요

CHAPTER 01　윈도우 10 설치 전 확인하기　　012
01 윈도우 10 기능 살펴보기　　013
02 윈도우 10 설치 미디어 만들기　　017
03 사용 중인 윈도우 버전 확인하기　　020

CHAPTER 02　윈도우 10 설치하기　　023
01 윈도우 7에서 윈도우 10으로 업그레이드하기　　024
02 윈도우 8/8.1에서 윈도우 10으로 업그레이드하기　　030
03 윈도우 10 설치하기　　036
04 마이크로소프트 계정 생성하기　　042

PART 02　당신만의 윈도우 10을 만드세요

CHAPTER 01　윈도우 10 시작화면 설정하기　　046
01 시작화면 구성 알아보기　　047
02 시작화면 크기 조절하기　　048
03 시작화면 앱 추가하기　　049
04 시작화면 앱 제거하기　　051
05 시작화면 타일 크기 설정하기　　053
06 시작화면 타일 위치 옮기기　　054
07 시작화면 그룹 설정하기　　055
08 시작 메뉴 설정하기　　056
09 윈도우 8 시작 버튼으로 변경하기　　059
10 라이브 타일 사용하기　　060
11 사용자 계정 설정 변경하기　　061
12 최대 절전 모드 사용하기　　063
13 시작화면 반응 속도 최적화하기　　065

CHAPTER 02　검색 기능 살펴보기　　066
01 검색 기능 구성 알아보기　　067
02 검색 기능 기본 조작 알아보기　　068
03 웹 검색 결과 해제하기　　070
04 검색 창 변경하기　　072
05 색인 옵션 설정하기　　073

CHAPTER 03　알림 센터 설정하기　　075
01 알림 센터 구성 알아보기　　076
02 알림 센터 바로 가기 기본 구성　　077
03 알림 센터 바로 가기 위치 변경하기　　078
04 알림 센터 활용하기　　080
05 알림 센터 알림 설정하기　　081

CHAPTER 04　작업 표시줄 설정하기　　083
01 작업 표시줄 구성 알아보기　　084
02 작업 표시줄에서 앱 이동하기　　085
03 Alt + Tab으로 작업 창 이동하기　　086

	04 작업 표시줄에서 앱 미리보기	088
	05 작업 표시줄에서 앱 히스토리 확인하기	089
	06 작업 표시줄에 앱 아이콘 고정하기	090
	07 작업 표시줄에 고정된 앱 아이콘 이동하기	092
	08 작업 표시줄에서 앱 아이콘 제거하기	093
	09 작업 표시줄에 아이콘 설정하기	095
	10 작업 표시줄에서 날짜 및 시간 확인하기	097
	11 작업 표시줄 위치 이동하기	099
	12 작업 표시줄 자동 숨기기	101
	13 다중 디스플레이 작업 표시줄 설정하기	102
CHAPTER 05	**태블릿 모드 설정하기**	**104**
	01 태블릿 모드 전환하기	105
	02 태블릿 모드 기본 조작 알아보기	106
CHAPTER 06	**윈도우 10 개인 설정하기**	**110**
	01 바탕화면 이미지 변경하기	111
	02 윈도우 10 테마 컬러 변경하기	113
	03 윈도우 10 테마 변경하기	115
	04 잠금화면 설정하기	118
CHAPTER 07	**로그인 옵션 설정하기**	**121**
	01 마이크로소프트 계정 로그인하기	122
	02 PIN번호 로그인 추가하기	123
	03 사진 암호 로그인 추가하기	125

PART 03 새로운 브라우저를 만나보세요

CHAPTER 01	**마이크로소프트 엣지 사용하기**	**130**
	01 마이크로소프트 엣지 구성 알아보기	131
	02 마이크로소프트 엣지 키워드 검색하기	133
	03 엣지 검색 제안 표시 설정하기	135
	04 엣지 탭 브라우징 사용하기	136
	05 마이크로소프트 엣지 읽기용 보기 사용하기	139
	06 엣지 읽기용 보기 스타일 설정하기	141
	07 즐겨찾기 또는 읽기 목록에 정보 추가하기	143
	08 다른 브라우저 즐겨찾기 가져오기	145
	09 엣지 허브를 이용해 정보 관리하기	147
	10 마이크로소프트 엣지 메모 사용하기	151
	11 엣지 Inprivate 기능 사용하기	156
	12 엣지 브라우저 화면 확대/ 축소하기	158
	13 웹 페이지에서 원하는 단어 찾기	159
	14 엣지 브라우저에서 웹 페이지 인쇄하기	161
	15 웹 사이트 시작화면에 고정하기	162
	16 마이크로소프트 엣지 테마 변경하기	163
	17 즐겨찾기 모음 표시하기	164
	18 엣지 커서 브라우징 사용하기	166
	19 사라진 홈 단추 표시하기	167

20	엣지 시작 페이지 바꾸기	168
21	엣지 기본 검색 엔진 변경하기	171
22	인터넷 익스플로러 사용하기	174
23	인터넷 익스플로러 기본 브라우저로 변경하기	175

PART 04 다양한 앱을 활용해 보세요

CHAPTER 01 앱 스토어 활용하기 180
01 앱 스토어 구성 알아보기 181
02 앱 스토어 카테고리 살펴보기 182
03 앱 스토어 앱 살펴보기 183
04 무료 앱 설치 및 실행하기 184
05 유료 앱 설치 및 실행하기 185
06 스토어 계정 확인 및 변경하기 187

CHAPTER 02 윈도우 10 지도 앱 활용하기 190
01 지도 앱 구성 알아보기 191
02 지도 앱으로 길 찾기 193
03 지도 앱 위치 즐겨찾기 설정하기 196
04 지도 앱 위치 시작화면에 고정하기 197
05 유명 도시 3D로 보기 198
06 지도 앱 더 활용하기 199
07 오프라인 지도 다운받기 203

CHAPTER 03 윈도우 10 기본 앱 활용하기 205
01 스포츠 앱 활용하기 206
02 금융 앱 활용하기 208
03 계산기 앱 활용하기 211
04 음성 녹음기 앱 활용하기 213
05 카메라 앱 활용하기 216

PART 05 편리하게 소통하고 쉽게 기억하세요

CHAPTER 01 메일 앱 활용하기 222
01 메일 앱 시작하기 223
02 메일 앱 구성 알아보기 224
03 메일 보내기 226
04 메일 앱 설정하기 228

CHAPTER 02 일정 앱 활용하기 230
01 일정 앱 시작하기 231
02 일정 앱 구성 알아보기 232
03 일정 확인하기 233
04 일정 추가하기 234
05 일정 변경하기 235
06 일정 앱 설정하기 236

CHAPTER 03 　 원노트 앱 활용하기 　 237
01 원노트 앱 시작하기 　 238
02 원노트 앱 구성 알아보기 　 239
03 원노트 섹션 구분하기 　 240
04 원노트 페이지 작성하기 　 241
05 원노트 시작화면에 고정하기 　 243

CHAPTER 04 　 피플 앱 활용하기 　 244
01 피플 앱 시작하기 　 245
02 피플 연락처 확인하기 　 246
03 피플 연락처 추가하기 　 248
04 피플 연락처 변경하기 　 250
05 피플 연락처 한 곳에 연결하기 　 251
06 피플 앱 설정하기 　 253

PART 06 　 멋진 작업을 하세요

CHAPTER 01 　 파일 탐색기 살펴보기 　 258
01 파일 탐색기 구성 알아보기 　 259
02 파일 메뉴 살펴보기 　 260
03 홈 리본 메뉴 살펴보기 　 262
04 공유 리본 메뉴 살펴보기 　 263
05 보기 리본 메뉴 살펴보기 　 264

CHAPTER 02 　 파일과 폴더 관리하기 　 265
01 파일과 폴더 생성하기 　 266
02 파일과 폴더 이름 변경하기 　 267
03 파일과 폴더 이동하기 　 269
04 파일과 폴더 다중 선택하기 　 270
05 파일과 폴더 정렬/ 분류하기 　 272
06 파일과 폴더 삭제 및 복원하기 　 274
07 파일과 폴더 숨김 처리하기 　 276
08 파일과 폴더 공유하기 　 278
09 파일 연결 프로그램 설정하기 　 279

CHAPTER 03 　 윈도우 창 조작하기 　 280
01 윈도우 창 이동하기 　 281
02 윈도우 창 최대화하기 　 282
03 윈도우 창 이전 크기로 복원하기 　 283
04 윈도우 창 최소화하기 　 284
05 스냅 기능으로 화면 분할 활용하기 　 286
06 작업 중인 윈도우 창 한눈에 보기 　 289
07 가상 데스크톱 사용하기 　 290

CHAPTER 04 　 원드라이브 활용하기 　 292
01 원드라이브 시작하기 　 293
02 원드라이브 구성 알아보기 　 294

	03 원드라이브 파일 새로 만들기	296
	04 원드라이브에서 폴더 생성하기	297
	05 원드라이브 업로드하기	299
	06 원드라이브 옵션 알아보기	301
	07 원드라이브 PC에 동기화하기	303
	08 원드라이브 동기화 설정 알아보기	306

CHAPTER 05 보조프로그램 활용하기 — 309

- 01 그림판 활용하기 — 310
- 02 메모장 활용하기 — 312
- 03 스티커 메모 활용하기 — 314
- 04 수학 식 입력판 활용하기 — 317
- 05 워드패드 활용하기 — 319
- 06 캡처 도구 활용하기 — 321

PART 07 일상에 즐거움을 느껴보세요

CHAPTER 01 멀티미디어 활용하기 — 326

- 01 사진 관리하기 — 327
- 02 사진 편집하기 — 329
- 03 Groove 음악 앱 활용하기 — 332
- 04 Movies & TV 앱 활용하기 — 337

CHAPTER 02 XBOX 활용하기 — 339

- 01 Xbox 시작하기 — 340
- 02 Xbox 구성 알아보기 — 341
- 03 Xbox 2배 즐기기 — 343

PART 08 윈도우 10을 관리하세요

CHAPTER 01 시스템 유지 및 관리하기 — 348

- 01 드라이브 오류 검사하기 — 349
- 02 드라이브 최적화 및 조각모음하기 — 351
- 03 디스크 정리하기 — 353
- 04 디스크 속성 살펴보기 — 355
- 05 시스템 구성 살펴보기 — 358
- 06 시스템 복원 지점 만들기 — 361
- 07 시스템 복원하기 — 363
- 08 윈도우 업데이트하기 — 365
- 09 윈도우 디펜더 설정하기 — 367
- 10 윈도우 10 초기화하기 — 369
- 11 하드디스크 파티션 분할하기 — 373
- 12 하드디스크 파티션 병합하기 — 377
- 13 BitLocker 드라이브 암호화 설정하기 — 381
- 14 BitLocker 드라이브 암호 변경하기 — 387
- 15 BitLocker 드라이브 해제하기 — 388

CHAPTER 02　네트워크 구축 및 관리하기　390
01　윈도우 10 네트워크 환경 설정하기　391
02　무선 네트워크 Wi-Fi 연결하기　392
03　W-Fi 센스 끄기　394
04　홈 그룹 만들기　395
05　홈 그룹 설정 변경하기　398
06　홈 그룹 연결하기　400
07　홈 그룹 나가기(홈 그룹 삭제하기)　402

CHAPTER 03　윈도우 10 설정하기　405
01　디스플레이 설정하기　406
02　알림 설정하기　408
03　앱 및 기능 설정 알아보기　410
04　배터리 사용 시간 늘리기　411
05　전원 및 절전 시간 설정하기　413
06　저장소 공간 관리하기　414
07　기본 앱 지정하기　416
08　프린터 및 스캐너 설치하기　418
09　장치 추가 및 제거하기　420
10　블루투스 연결 및 사용하기　421
11　마우스 설정하기　423
12　자동 실행 설정하기　425
13　데이터 사용량 확인하기　426
14　Microsoft 계정 정보 변경하기　427
15　윈도우 10 로컬 계정 관리하기　429
16　가족 계정 추가 및 관리하기　431
17　내 PC에 다른 계정 추가하기　435
18　윈도우 10 시간 변경하기　437
19　윈도우 10 언어 설정하기　439
20　돋보기 사용하기　441
21　키보드 설정하기　442
22　개인 정보 보호 설정하기　443

PART 09　Appendix
윈도우 10 단축키　448

PART1
윈도우 10을 시작하세요

01_ 윈도우 10 설치 전 확인하기
02_ 윈도우 10 설치하기

CHAPTER 1
윈도우 10 설치 전 확인하기

윈도우 10은 Home, Pro, Enterprise, Education 4가지 버전으로 구분됩니다. 버전별 포함된 기능들을 확인하고 설치 전 필요한 컴퓨터 사양과 사용 중인 윈도우 버전을 확인해보겠습니다. 윈도우 10 설치 미디어는 윈도우 10 설치 전에 꼭 필요하니 참고하여 준비하도록 합니다.

01 | 윈도우 10 기능 살펴보기

윈도우10 핵심 기능과 버전별 어떤 기능이 다르게 포함되어 있는지 살펴겠습니다.

1) 윈도우 10 핵심 기능 살펴보기

윈도우 10은 Home, Pro, Enterprise, Education 4가지 버전으로 구분됩니다. 윈도우 10의 주요 기능인 개인화된 시작 메뉴와 음성 비서 서비스 '코타나(Cortana)', 생체 인식 로그인 '윈도우 헬로(Windows Hello)', 가상 데스크톱 기능, 데스크톱과 태블릿 UI를 원활하게 전환하는 '컨티뉴(Continuum)', MS의 새로운 브라우저 '마이크로소프트 엣지'는 전 버전에 모두 제공됩니다.

핵심 기능

익숙하면서도 그 어느 때보다 뛰어나다	가정	전문	엔터프라이즈	교육
맞춤형 시작 메뉴	X	X	X	X
Windows Defender 및 Windows 방화벽	X	X	X	X
Hiberboot 및 InstantGo를 통한 빠른 시동	X	X	X	X
TPM 지원	X	X	X	X
배터리 세이버	X	X	X	X
Windows Update	X	X	X	X

Cortana	가정	전문	엔터프라이즈	교육
자연스럽게 말하거나 타자하여 입력	X	X	X	X
개인적이고 사전 예방적인 방법 제안	X	X	X	X
미리 알림	X	X	X	X
웹, 장치 및 클라우드 검색	X	X	X	X
"Hey Cortana"를 이용한 핸즈프리 활성화	X	X	X	X

Windows Hello	가정	전문	엔터프라이즈	교육
네이티브 지문 인식 기능	X	X	X	X
네이티브 안면 및 홍체 인식	X	X	X	X
엔터프라이즈급 보안	X	X	X	X

다중 작업	가정	전문	엔터프라이즈	교육
가상 데스크톱	X	X	X	X
스냅 어시스트(1개의 스크린에 최대 4개의 앱)	X	X	X	X
모니터 여러 대의 화면을 한꺼번에 사용하여 앱 스냅 가능	X	X	X	X

Continuum

PC에서 태블릿 모드로 전환	X	X	X	X

Microsoft Edge

읽기용 보기	X	X	X	X
잉크 지원 기능 내장	X	X	X	X
Cortana 통합	X	X	X	X

윈도우 10 프로 버전 이상부터는 데이터 보호, 클라우드 기능, 원격 지원, 업데이트 지원 등이 버전별로 다르게 지원됩니다. 아래 비교표를 통해 버전별 차이점을 확인할 수 있습니다.

비즈니스 기능

기존의 기본 기능	가정	전문	엔터프라이즈	교육
장치 암호화	X	X	X	X
도메인 조인		X	X	X
그룹 정책 관리		X	X	X
BitLocker		X	X	X
EMIE(Enterprise Mode Internet Explorer)		X	X	X
할당된 액세스 8.1		X	X	X
원격 데스크 톱		X	X	X
클라이언트 Hyper-V		X	X	X
직접 액세스			X	X
Windows To Go Creator			X	X
AppLocker			X	X
BranchCache			X	X
그룹 정책을 통한 시작화면 제어			X	X

관리 및 배포

	가정	전문	엔터프라이즈	교육
업무용 앱 사이드 로딩	X	X	X	X
모바일 장치 관리	X	X	X	X
클라우드에 호스팅된 앱의 통합 인증(SSO)을 통해 Azure Active Directory 가입 가능		X	X	X
Windows 10용 비즈니스 스토어		X	X	X
Granular UX 제어			X	X
Pro에서 Enterprise 에디션으로 쉽게 업그레이드		X	X	
Home에서 Education 에디션으로 쉽게 업그레이드	X			X

보안

Microsoft Passport	X	X	X	X
Enterprise Data Protection		X	X	X
Credential Guard			X	X
Device Guard			X	X

서비스 형태의 Windows

Windows Update	X	X	X	X
Windows Update for Business		X	X	X
CBB(Current Branch for Business)		X	X	X
LTSB(Long Term Servicing Branch)			X	

2) 윈도우 10 시스템 요구 사항

최신 OS : Windows 7 SP1 또는 Windows 8.1 Update의 최신 버전을 실행 중일 경우에만 윈도우 10으로 업데이트할 수 있습니다.
프로세서 : 1GHz 이상 프로세서 또는 SoC
RAM : 1GB(32비트) 또는 2GB(64비트)
하드 디스크 공간 : 16GB(32비트) OS 또는 20GB(64비트) OS
그래픽 카드 : DirectX 9 이상(WDDM 1.0 드라이버 포함)
디스플레이 : 800x600

3) 윈도우 10 특정 기능 사용하기 위한 요구 사항

- 코타나(Cortana)는 현재 미국, 영국, 중국, 프랑스, 이탈리아, 독일과 스페인에서 사용되는 윈도우 10에서만 사용할 수 있습니다. 아쉽게도 아직 한국어가 적용되지 않아 사용할 수 없습니다.
- 윈도우 헬로(Windows Hello)에는 얼굴 인식 또는 동공 감지를 위한 전문 조광 적외선 카메라 또는 Window Biometric Framework를 지원하는 지문 인식 장치가 필요합니다.
- 컨티늄(Continuum)은 관리 센터를 통해 "태블릿 모드"를 수동으로 켜고 끔으로써 모든 윈도우 10 데스크톱 버전에서 사용할 수 있습니다. 태블릿과 투인원(2-in-1) 노트북은 자동으로 "태블릿 모드"로 들어가도록 설정할 수 있습니다.
- 음악과 비디오는 특정 지역에서 사용할 수 있는 음악 또는 동영상이나 또는 TV 앱을 통해 스트리밍됩니다. 한국은 아쉽게도 아직 지원되지 않습니다.
- Xbox 앱을 사용하려면 특정 지역에서 사용할 수 있는 Xbox 계정이 필요합니다. 아직 한국은 지원되지 않습니다.
- 2단계 인증에는 PIN, 신체 특성(지문 판독기 또는 적외선 카메라) 또는 Wi-Fi나 Bluetooth 기능이 있는 전화기가 필요합니다.
- 화면 창을 스냅(화면 분할)할 수 있는 응용 프로그램 수는 응용 프로그램의 최소 해상도에 따라 달라집니다.
- 태블릿 모드에서는 스냅(화면 분할)이 2개 앱으로 제한됩니다.
- 터치 기능을 사용하려면 멀티 터치를 지원하는 태블릿이나 모니터가 필요합니다.
- 보안 부팅을 사용하려면 UEFI v2.3.1 Errata B를 지원하는 펌웨어가 필요하며, UEFI 서명 데이터베이스에 마이크로소프트 윈도우(Microsoft Windows) 인증 기관을 등록해야 합니다.
- 일부 IT 관리자는 화면에서 로그인하기 전에 Secure Logon(Ctrl + Alt + Del)을 사용할 수 있다. 태블릿의 키 조합은 Windows 단추 + 전원 단추이므로 키보드가 없는 태블릿에서는 Windows 단추가 있는 태블릿이 필요할 수 있습니다.
- 일부 게임과 프로그램에는 최적의 성능을 위해 DirectX 10 이상과 호환되는 그래픽 카드가 필요할 수 있습니다.
- BitLocker To Go에는 USB 플래시 드라이브가 필요합니다. (윈도우 10 Pro에만 해당).
- BitLocker에는 TPM(신뢰할 수 있는 플랫폼 모듈) 1.2, TPM 2.0 또는 USB 플래시 드라이브가 필요합니다. (윈도우 10 Pro 및 윈도우 10 Enterprise에만 해당).
- 클라이언트 Hyper-V에는 SLAT(두 번째 수준 주소 변환) 기능이 있는 64비트 시스템과 추가의 2GB RAM이 필요합니다. (Windows 10 Pro 및 Windows 10 Enterprise에만 해당).
- Miracast는 WDDM(Windows Display Driver Model) 1.3을 지원하는 디스플레이 어댑터와 Wi-Fi Direct를 지원하는 Wi-Fi 어댑터가 필요합니다.
- Wi-Fi Direct Printing은 Wi-Fi Direct를 지원하는 Wi-Fi 어댑터와 Wi-Fi Direct Printing을 지원하는 디바이스가 필요합니다.
- 64비트 PC에 64비트 OS를 설치하려면 프로세서에서 CMPXCHG16b, PrefetchW, LAHF/ SAHF를 지원해야 합니다.
- InstantGo는 연결된 대기 모드가 가능한 컴퓨터에서만 작동합니다.
- 디바이스를 암호화하려면 InstantGo 및 TPM 2.0이 있는 PC가 필요합니다.

02 | 윈도우 10 설치 미디어 만들기

윈도우 10을 설치하기 위해선 윈도우 10 설치 미디어가 필요합니다. 마이크로소프트 사이트에 접속해 윈도우 10 설치 파일을 다운 받고 설치 미디어를 만들어보겠습니다.

01 윈도우 10 설치 파일을 다운로드 받을 수 있는 https://www.microsoft.com/ko-kr/software-download/windows10 에 접속합니다.

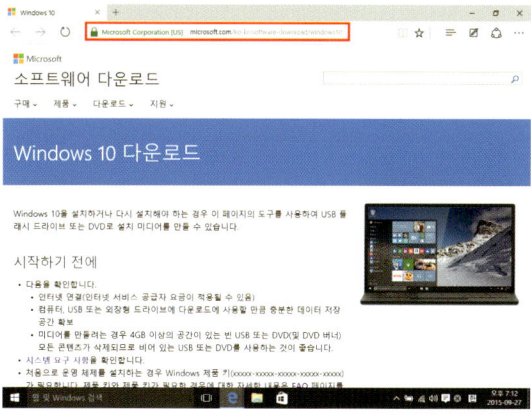

02 웹 사이트 화면 아래 32비트, 64비트 버전 중 자신의 컴퓨터에 알맞은 비트로 다운로드합니다.

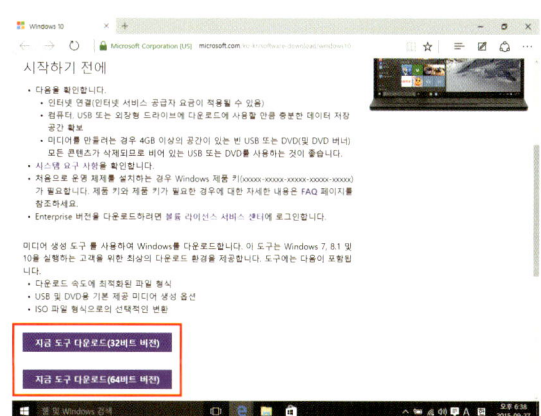

03 윈도우 10 설치 프로그램 창이 뜨면 다른 PC용 설치 미디어 만들기를 선택하고 다음 버튼을 클릭합니다.

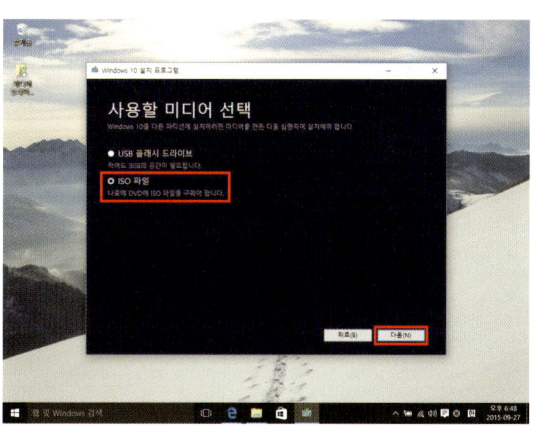

04 언어는 한국어, 버전은 이전 윈도우와 같은 버전을 선택합니다. 아키텍처는 사용 중인 윈도우 시스템 종류를 선택하고 다음을 클릭합니다.

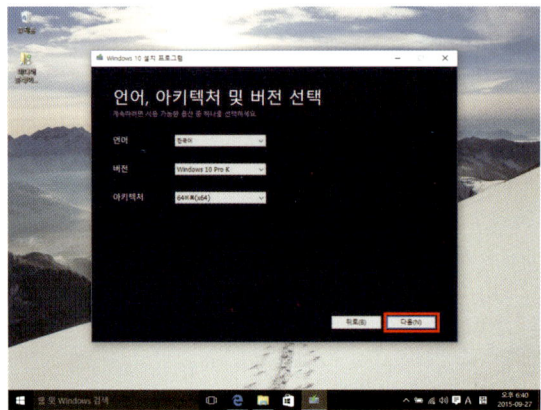

05 사용할 미디어는 USB 플래시 드라이브와 ISO파일 두 가지로 생성 가능합니다. 편리한 상태의 저장 공간을 선택 뒤 다음을 클릭합니다.

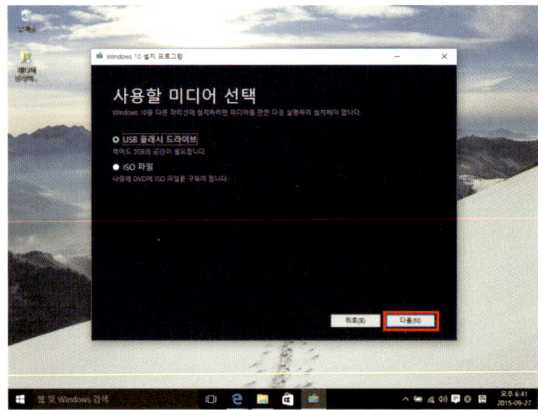

06 글쓴이는 USB 플래시 드라이브를 선택해 진행했습니다. USB 플래시 드라이브 위치를 확인 뒤 다음을 클릭합니다.

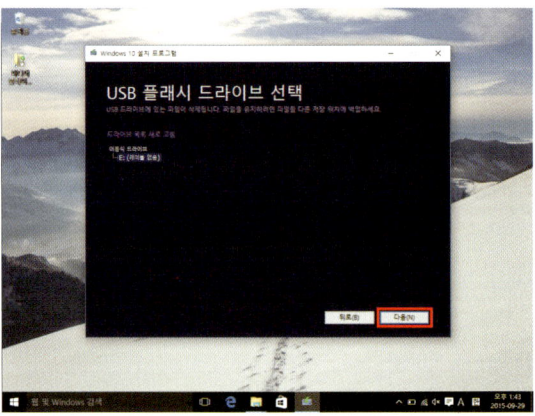

07 윈도우 10 설치 미디어 생성 상태를 확인할 수 있습니다.

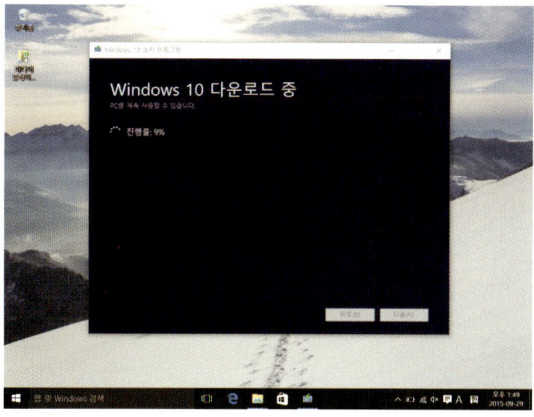

08 다운로드가 완료되면 USB 플래시 드라이브가 준비되었다는 화면이 나타납니다. 이제 USB 플래시 드라이브로 윈도우 10을 설치할 수 있습니다.

03 | 사용 중인 윈도우 버전 확인하기

윈도우 10으로 업데이트는 이번 버전의 윈도우 버전과 시스템 종류가 같아야 합니다.
윈도우 10 업데이트 설치 전 현재 사용 중인 윈도우의 버전과 시스템 종류를 확인해 보겠습니다.

1) 윈도우 7/ 윈도우 8 업그레이드 버전

Windows 7	
현재 버전	업그레이드 후 버전
Windows 7 Starter	Windows 10 Home
Windows 7 Home Basic	
Windows 7 Home Premium	
Windows 7 Professional	Windows 10 Pro
Windows 7 Ultimate	

Windows 8	
다음 버전에서	다음 버전으로
Windows Phone 8.1	Windows 10 Mobile
Windows 8.1	Windows 10 Home
Windows 8.1 Pro	Windows 10 Pro
학생용 Windows 8.1 Pro	

"N" 및 "KN" 버전은 이전 버전과 같아야 합니다. 이전 버전 Windows 8.1 Pro N은 Windows 10 Pro N으로 업그레이드할 수 있습니다. Windows 7 Enterprise, Windows 8/8.1 Enterprise 및 Windows RT/RT 8.1 등 일부 버전은 업데이트에서 제외됩니다.

2) 윈도우 7 버전 및 시스템 종류 확인하기

01 윈도우 7을 사용할 경우 시작 버튼을 클릭한 뒤 검색 창에 시스템을 입력합니다.

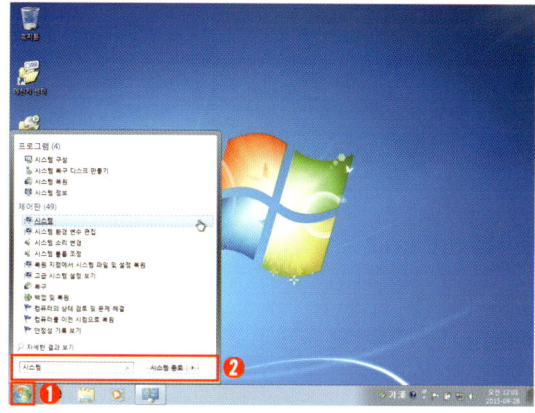

02 시스템 창이 나타나면 현재 사용하고 있는 윈도우 버전과 시스템 종류를 확인할 수 있습니다.

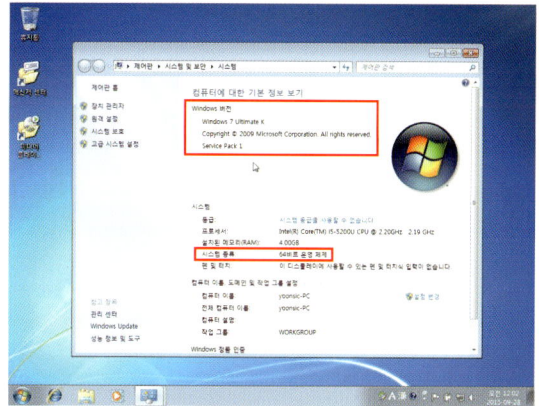

3) 윈도우 8/8.1 버전 및 시스템 종류 확인하기

01 윈도우 8/8.1을 사용할 경우 시작 버튼을 마우스 오른쪽 단추로 클릭 〉 시스템을 클릭합니다.

02 시스템 창이 나타나면 현재 사용하고 있는 윈도우 버전과 시스템 종류를 확인할 수 있습니다.

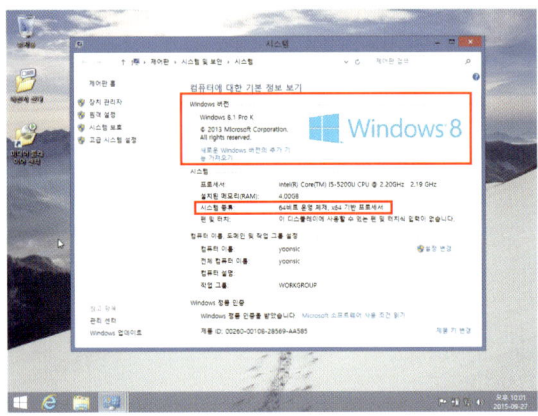

CHAPTER 2
윈도우 10 설치하기

윈도우 이전 버전에서 윈도우 10으로 업그레이드하는 방법과 새로운 디바이스에 윈도우 10을 설치하는 방법에 대해 알아보겠습니다.

01 윈도우 7에서 윈도우 10으로 업그레이드하기 **02** 윈도우 8/8.1에서 윈도우 10으로 업그레이드하기
03 윈도우 10 설치하기 **04** 마이크로소프트 계정 생성하기

01 | 윈도우 7에서 윈도우 10으로 업그레이드하기

설치된 윈도우 7에서 윈도우 10으로 업그레이드하는 방법을 알아보겠습니다.

01 윈도우 10 설치 파일이 들어있는 USB 메모리 또는 DVD를 실행하면 업데이트를 준비하는 창이 나타납니다.

02 중요 업데이트 받기화면이 나타나면 업데이트 다운로드 및 설치를 선택하고 다음을 클릭합니다.

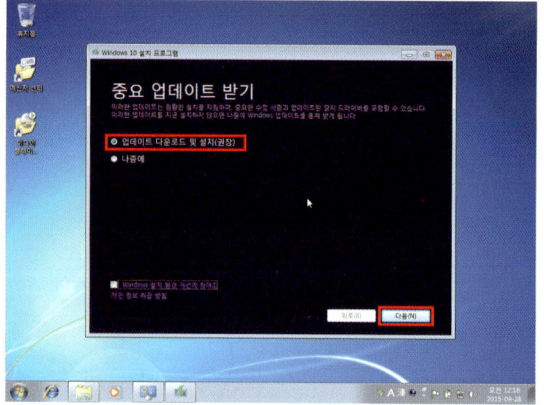

03 윈도우 10 업데이트에 필요한 파일들을 다운로드합니다.

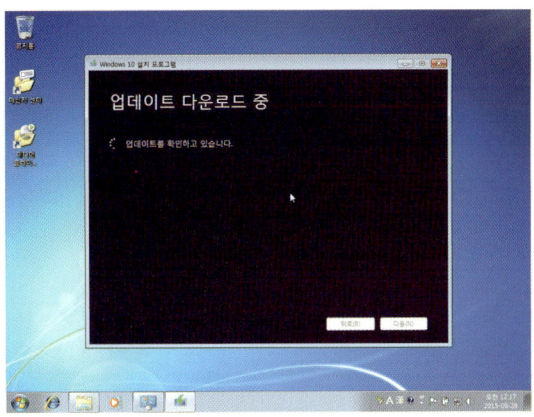

04 사용 조건화면이 나타나면 내용을 확인한 후 동의 단추를 클릭합니다.

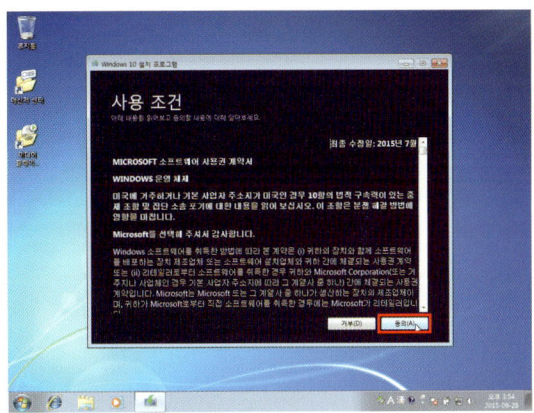

05 윈도우를 설치하기 전 필요한 파일들을 다운로드합니다.

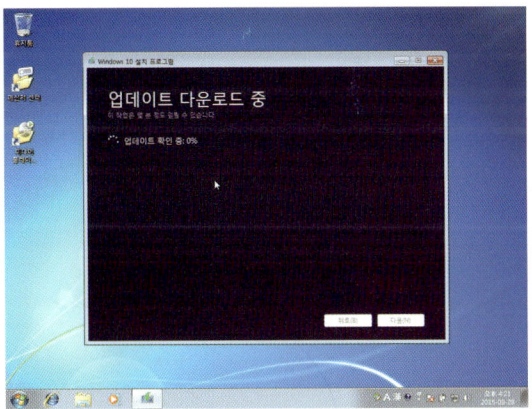

06 설치 준비 완료화면이 나타나면 설치를 클릭합니다.

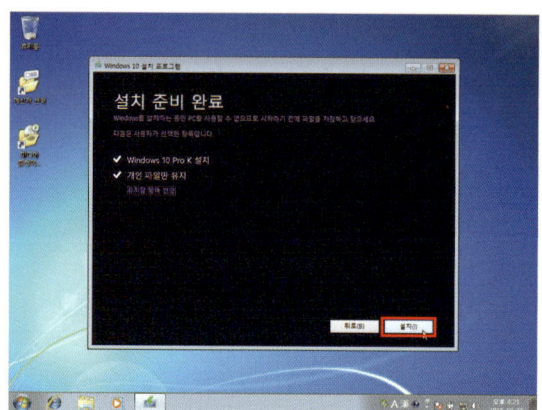

07 윈도우 10이 설치되기 시작합니다.
설치를 취소하고 싶을 경우 취소 단추를 클릭하면 윈도우 10 설치가 중단됩니다.

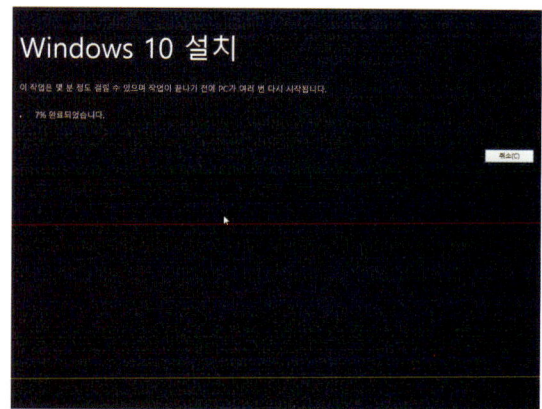

08 윈도우 10 설치 준비가 완료되면 윈도우 10이 설치되기 시작합니다.

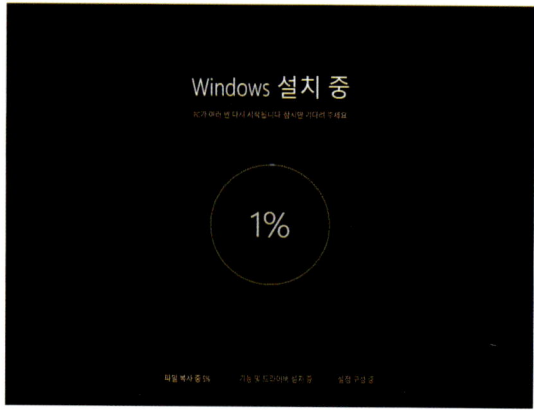

09 윈도우 10 설치가 완료되고 '환영합니다!' 화면이 나타나면 다음을 클릭합니다.

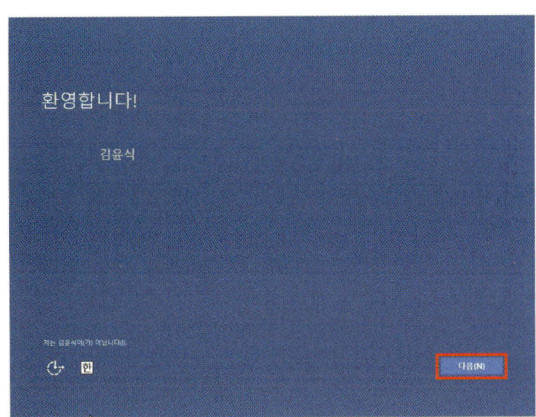

10 빠른 시작화면이 나타나면 기본 설정 사용을 클릭합니다.
직접 설정을 선택할 경우 설정 사용자 지정을 클릭해 설정합니다.

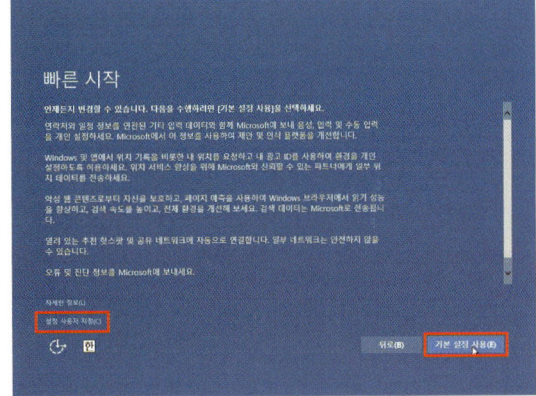

11 계정이 없을 경우 이름, 메일 주소, 암호, 생년월일을 입력하면 간단히 만들 수 있습니다.

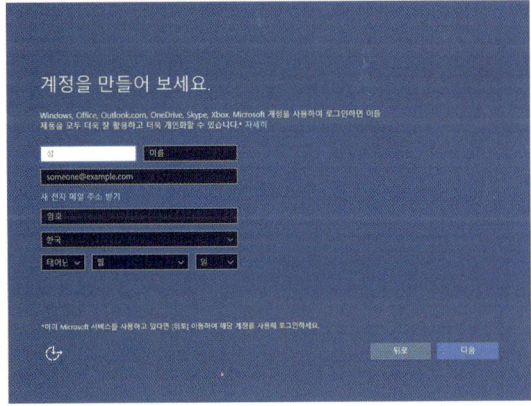

12 윈도우 10 새 앱에 대한 내용화면이 나타나면 다음을 클릭합니다.

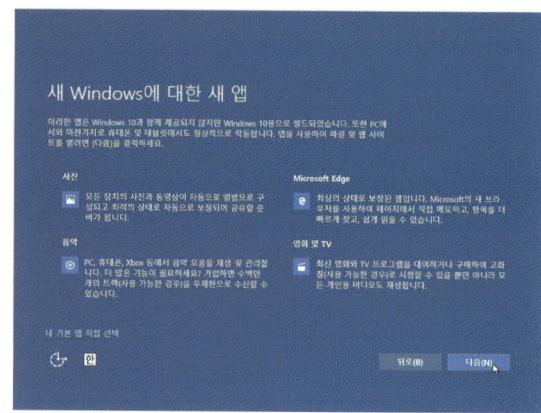

13 윈도우 10 잠금화면이 나타나면 마우스로 잠금화면을 클릭해 로그인화면으로 이동합니다.

14 새로 만든 마이크로소프트 계정 암호를 입력하여 로그인합니다.

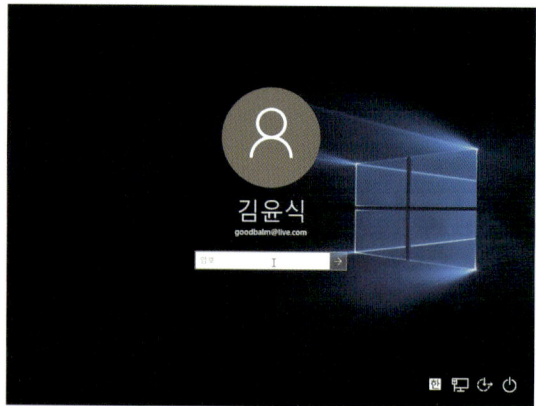

15 마지막으로 윈도우 10 설정 작업을 진행합니다.

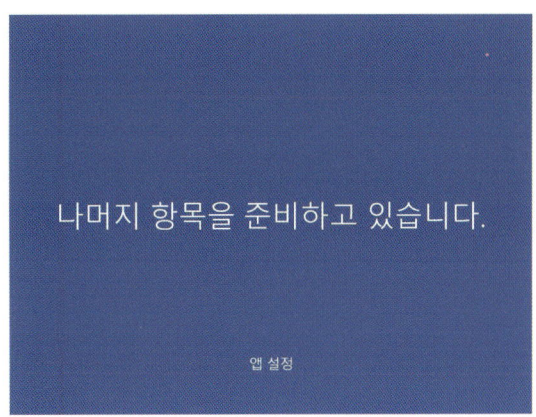

16 윈도우 7에서 윈도우 10으로 업그레이드가 완료된 것을 확인할 수 있습니다.

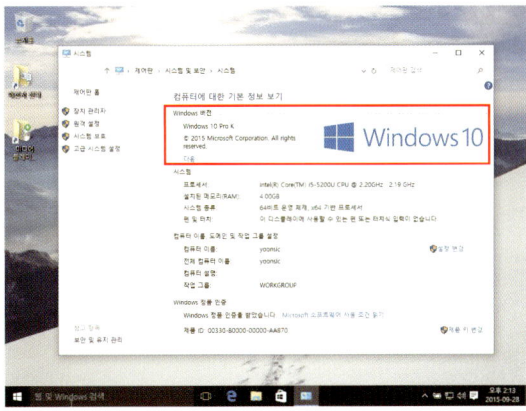

02 | 윈도우 8/8.1에서
　　　윈도우 10으로 업그레이드하기

설치된 윈도우 8, 윈도우 8.1에서 윈도우 10으로 업그레이드하는 방법을 알아보겠습니다.

01 윈도우 10 설치 파일이 들어있는 USB 메모리 또는 DVD를 실행하면 업데이트를 준비하는 창이 나타납니다.

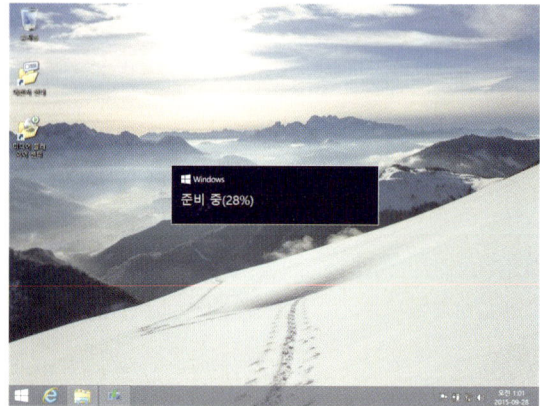

02 중요 업데이트 받기화면이 나타나면 업데이트 다운로드 및 설치를 선택하고 다음을 클릭합니다.

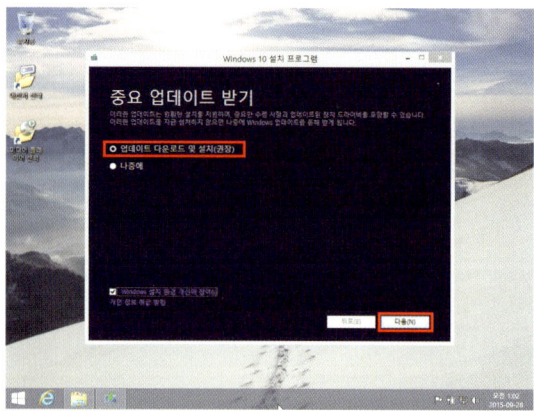

03 업데이트에 필요한 파일들을 다운로드합니다.

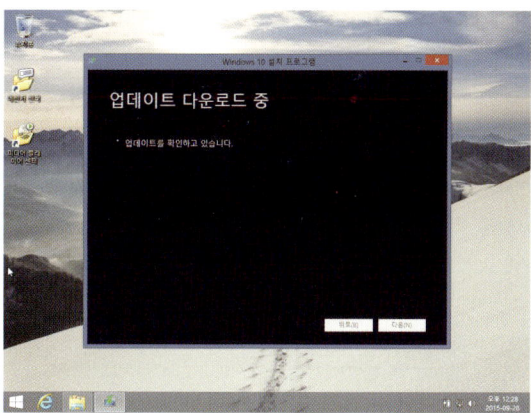

04 사용 조건화면이 나타나면 내용 확인 후 동의 단추를 클릭합니다.

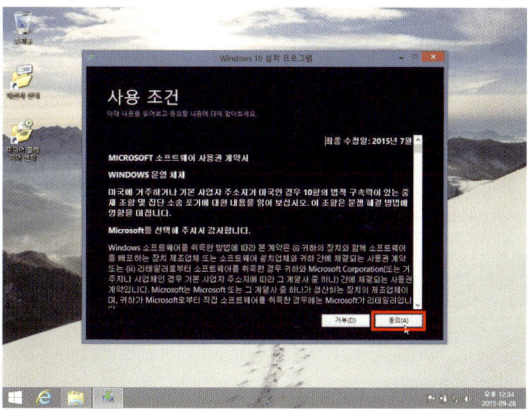

05 유지할 항목 선택화면이 나타나면 원하는 방법에 체크한 후 다음을 클릭합니다.

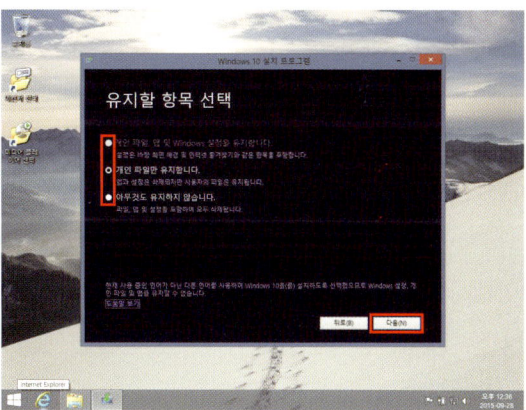

06 윈도우를 설치하기 전 필요한 파일들을 다운로드합니다.

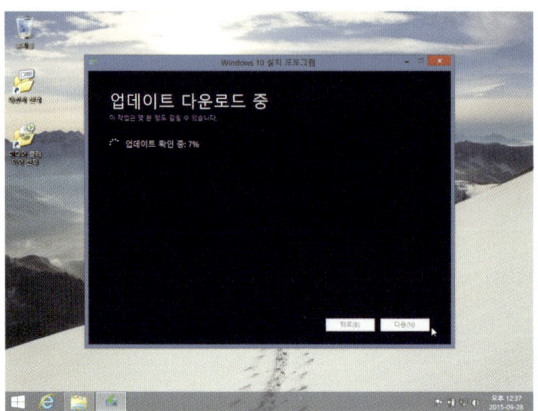

07 설치 준비 완료화면이 나타나면 설치를 클릭합니다.

08 윈도우 10이 설치되는 상황을 확인할 수 있습니다. 설치를 취소하고 싶을 경우 취소 단추를 클릭하면 윈도우 10 설치가 중단됩니다.

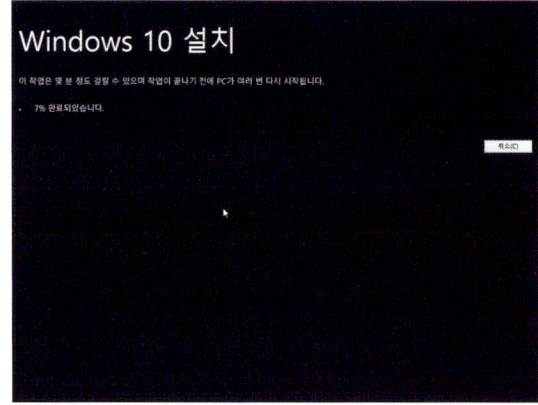

09 윈도우 10 설치 준비가 완료되면 윈도우 10이 설치됩니다.

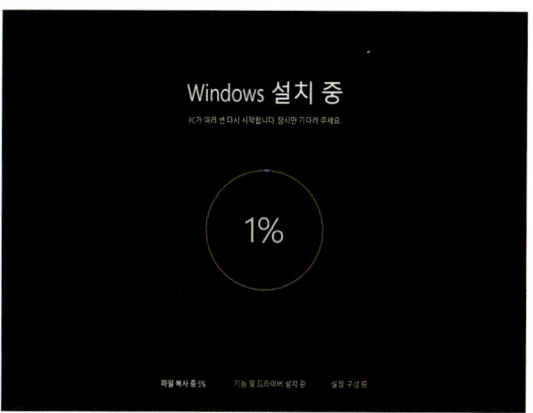

10 윈도우 10 설치가 완료되고 '환영합니다!' 화면이 나타나면 다음을 클릭합니다.

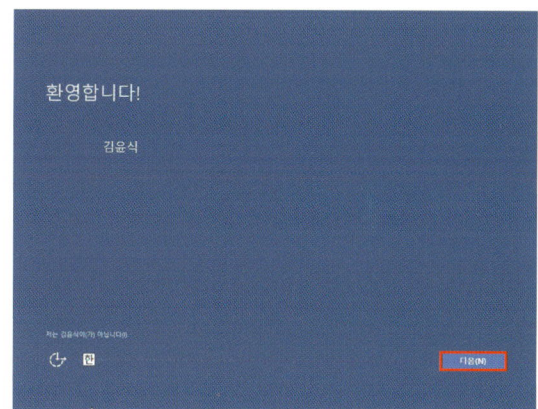

11 빠른 시작화면이 나타나면 기본 설정 사용을 클릭합니다.
직접 설정을 선택할 경우 설정 사용자 지정을 클릭해 설정합니다.

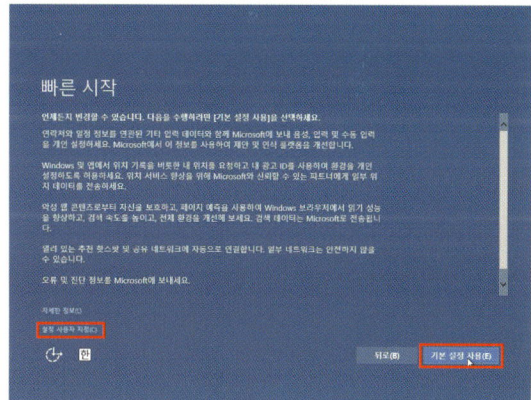

Part1 윈도우 10을 시작하세요 | 33

12 윈도우 10 새 앱에 대한 내용화면이 나타나면 다음을 클릭합니다.

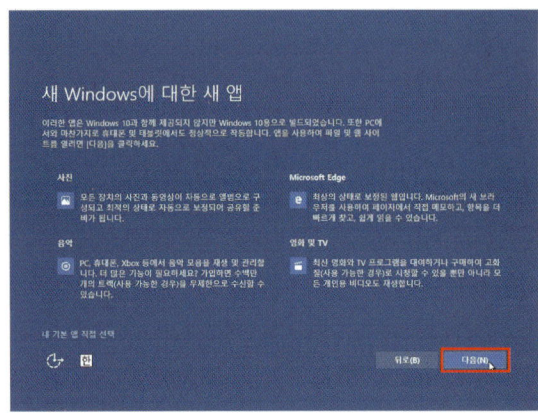

13 윈도우 10 잠금화면이 나타나면 마우스로 잠금화면을 클릭 해 로그인화면으로 이동합니다.

14 윈도우 8/8.1에서 사용했던 마이크로소프트 계정 암호를 입력하여 로그인합니다.

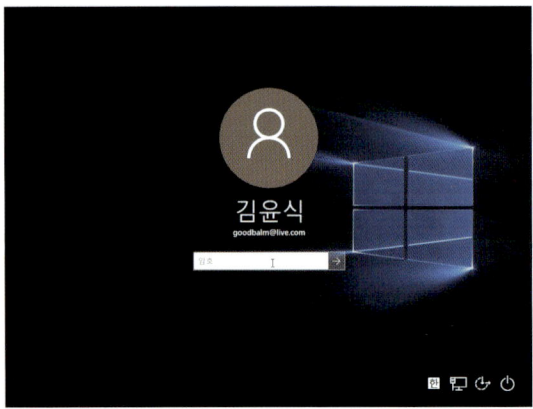

15 마지막으로 윈도우 10 설정 작업을 진행합니다.

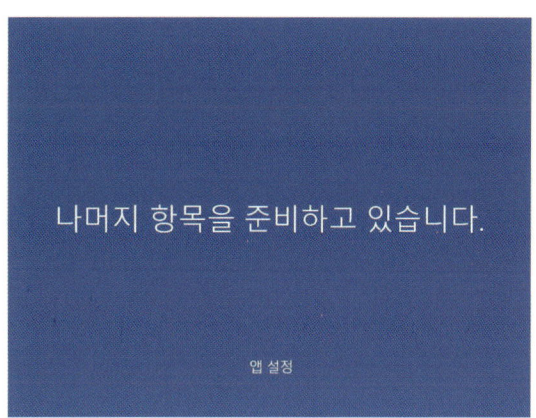

16 윈도우 8/8.1에서 윈도우 10으로 업그레이드가 완료된 것을 확인할 수 있습니다.

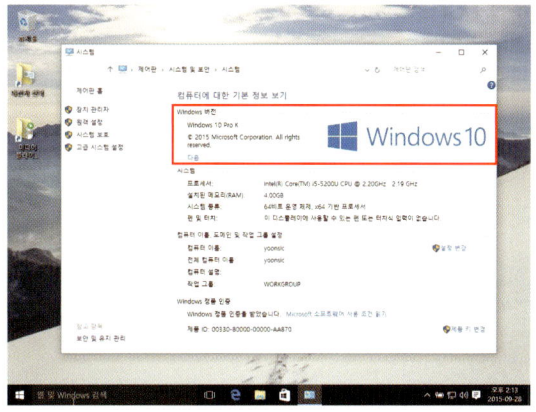

03 | 윈도우 10 설치하기

새로운 컴퓨터나 노트북을 구매한 경우 새롭게 윈도우10 설치하는 방법을 알아보겠습니다.

01 윈도우 10 설치 파일이 담긴 USB 메모리 또는 DVD를 넣고 부팅합니다. 윈도우 설치 창이 나타나면 설치할 언어, 시간, 키보드 입력 방법을 선택하고 다음을 클릭합니다.

02 지금 설치를 클릭합니다.

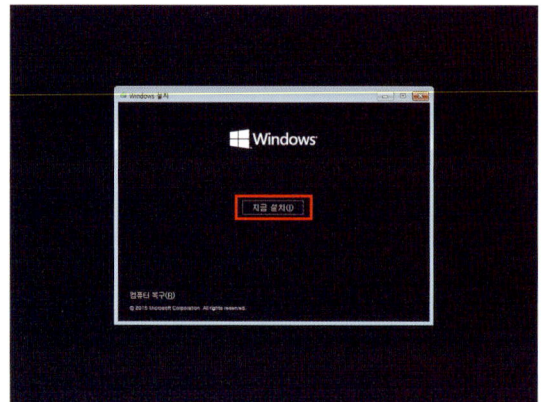

03 정품 인증을 위한 제품 키를 입력하거나 나중에 입력할 경우 건너뛰기를 클릭합니다.

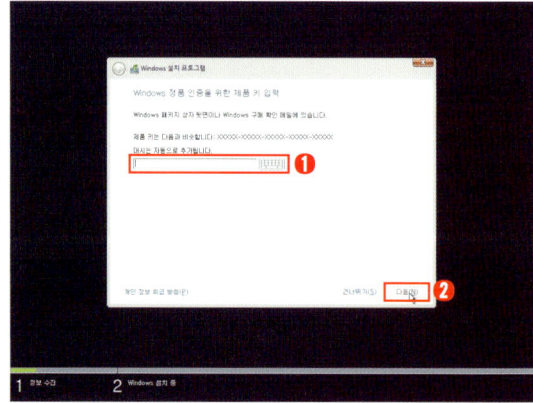

04 사용 조건 창에 동의함을 체크하고 다음을 클릭합니다.

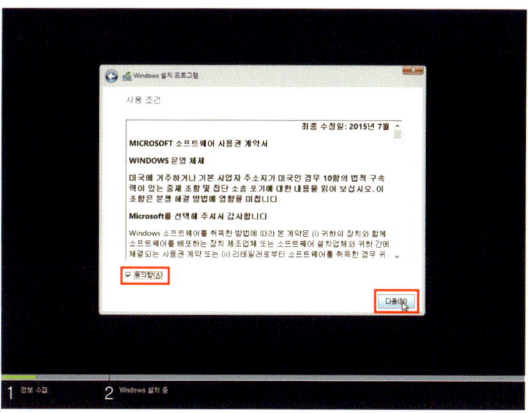

05 설치 유형에 사용자 지정 옵션을 클릭합니다.

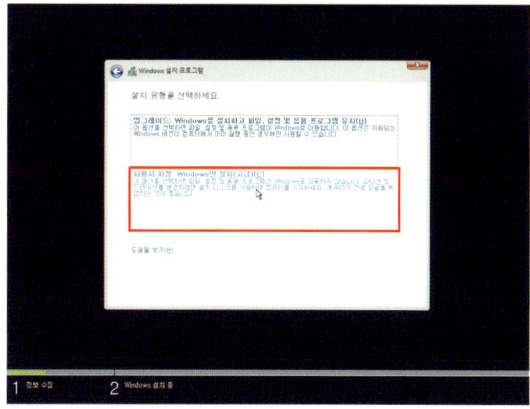

06 윈도우를 설치할 드라이브를 선택한 뒤 다음을 클릭합니다.

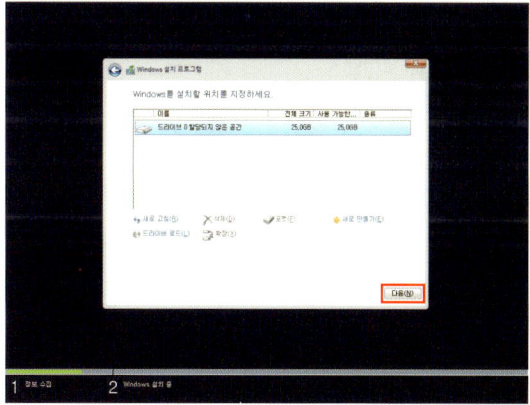

07 윈도우 10이 설치되는 것을 확인할 수 있습니다.

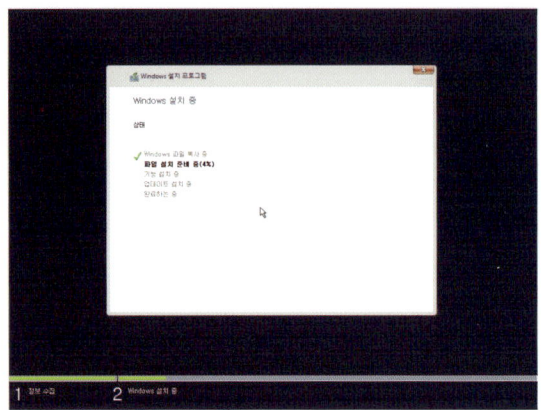

08 윈도우 10설치 준비가 완료되면 재부팅 뒤 윈도우 10 설치하기 위한 장치를 준비합니다.

09 제품 키를 입력하고 다음을 클릭합니다. (제품 키를 확인하지 못할 경우 '나중에'를 클릭합니다.)

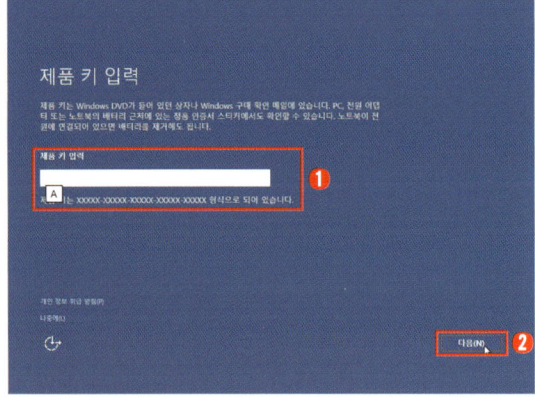

10 빠른 시작화면이 나타나면 기본 설정 사용을 클릭합니다.
세부 지정을 원할 경우 설정 사용자 지정을 클릭합니다.

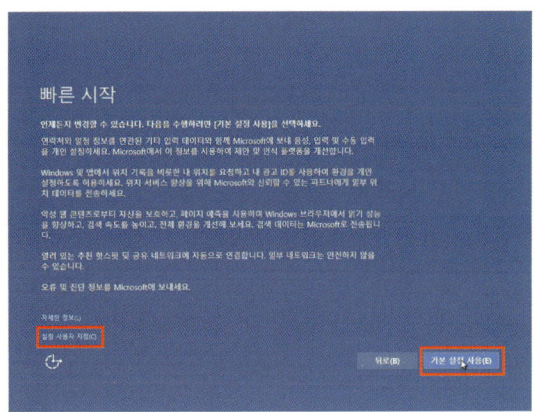

11 사용자 기본 계정 설정화면에서 마이크로소프트 계정과 암호를 입력하고 로그인을 클릭합니다.

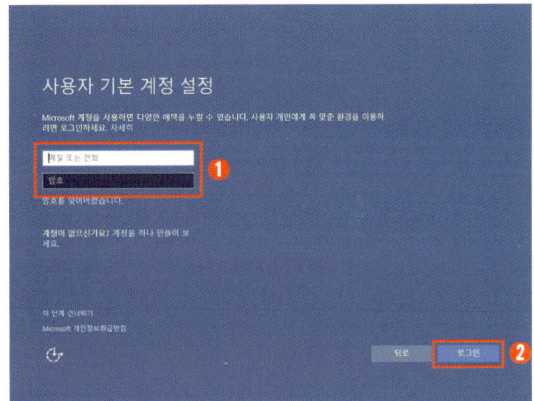

12 계정이 없을 경우 이름, 메일 주소, 암호, 생년월일을 입력하면 간단히 만들 수 있습니다.

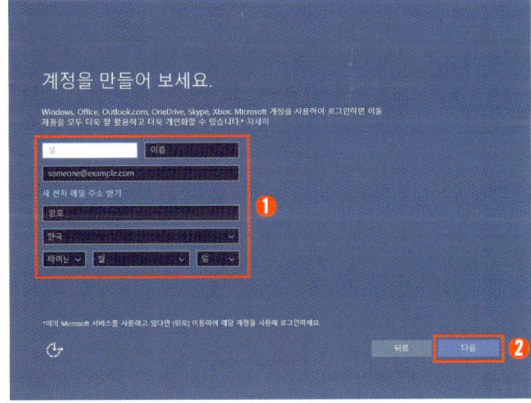

13 일반 암호보다 더 빠르고 안전한 PIN 설정화면이 나타나면, PIN 설정 단추를 클릭합니다.

14 PIN 설정은 숫자만 지정이 가능합니다. 숫자 암호를 입력한 뒤 확인 단추를 클릭합니다.

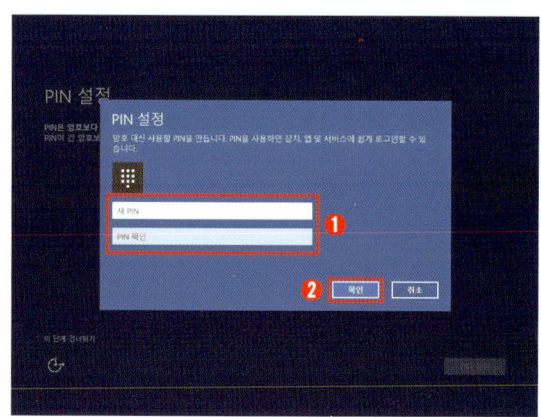

15 재부팅되고 윈도우 10 사용자 계정과 앱 설정이 진행됩니다.

16 설정이 완료되면 윈도우 10 설치가 완료됩니다.

TIP!

마이크로소프트 정품 인증 및 업그레이드하기

01 시작 단추 클릭 > 설정 클릭 > 업데이트 및 복구 클릭 > 정품 인증을 선택한 뒤 제품 키 변경을 클릭합니다.

02 제품 키를 입력하면 자동으로 정품 인증을 확인 합니다. 제품 키 버전이 높을 경우 입력 뒤 자동 으로 업그레이드가 진행됩니다.

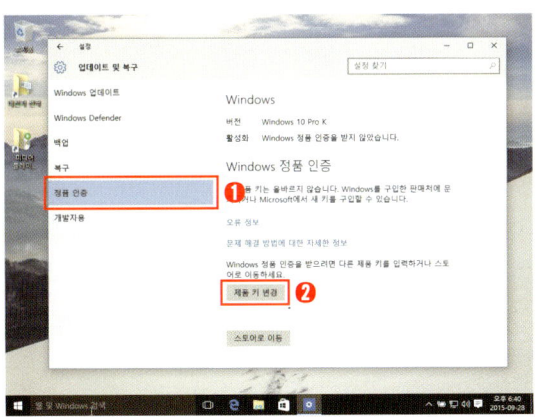
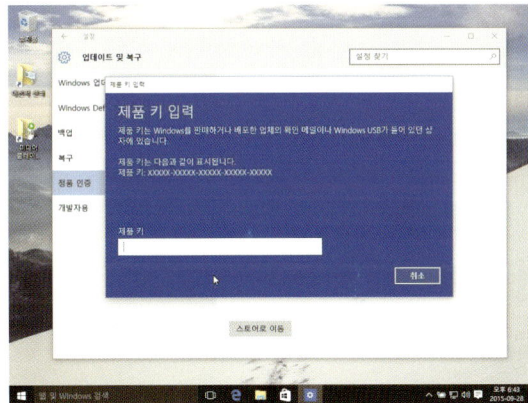

04 | 마이크로소프트 계정 생성하기

마이크로소프트는 하나의 계정으로 모든 앱과 서비스를 이용할 수 있습니다.
어떤 서비스를 통해 가입해도 상관은 없지만 메일 서비스가 가장 기본적이고 중요하기
때문에 아웃룩 닷컴을 이용해 계정을 만드는 것을 추천합니다.

01 윈도우 10을 설치하면서 마이크로소프트 계정을 쉽게 만들 수 있습니다.

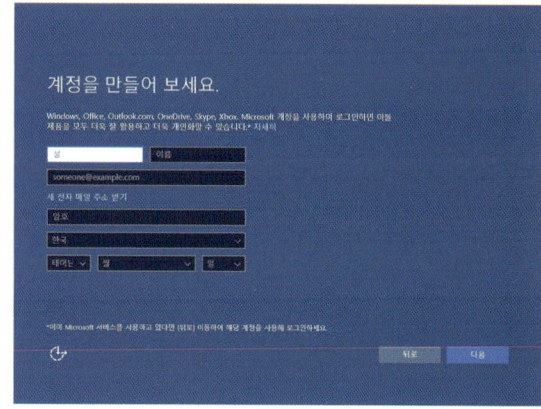

02 추가 계정을 만들고 싶은 경우 마이크로소프트 아웃룩 웹 사이트에 (http://www.microsoft.com/ko-kr/outlook-com/)에 접속한 뒤 가입하기를 클릭합니다.

03 계정 만들기에 빈칸 채우고 하단에 계정 만들기 버튼을 클릭하면 계정이 생성됩니다.

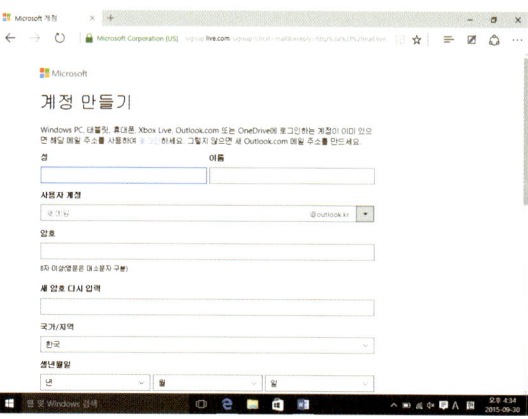

MEMO

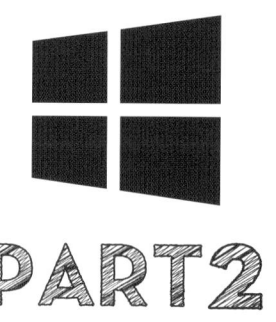

PART 2
당신만의 윈도우 10을 만드세요

01_ 윈도우 10 시작화면 설정하기
02_ 검색 기능 살펴보기
03_ 알림센터 설정하기
04_ 작업 표시줄 설정하기
05_ 태블릿모드 설정하기
06_ 윈도우 10 개인 설정하기
07_ 로그인 옵션 설정하기

CHAPTER 1
윈도우 10 시작화면 설정하기

윈도우 8에서 사라졌던 시작 단추 기능이 다시 돌아왔습니다. 시작 단추는 기능적으로 예전 시작 메뉴와 상당히 유사하며, 오른쪽 공간에 실시간 라이브 타일이 추가됐습니다.
실시간 라이브 타일은 뉴스나 날씨 등의 정보를 바로 보여주는 위젯처럼 사용될 수 있습니다.
사용자들에게 친근하고 새롭게 추가된 작업 환경으로 개인화된 시작화면을 구성해보겠습니다.

01 시작화면 구성 알아보기 **02** 시작화면 크기 조절하기 **03** 시작화면 앱 추가하기 **04** 시작화면 앱 제거하기
05 시작화면 타일 크기 설정하기 **06** 시작화면 타일 위치 옮기기 **07** 시작화면 그룹 설정하기
08 시작 메뉴 설정하기 **09** 윈도우 8 시작 버튼으로 변경하기 **10** 라이브 타일 사용하기
11 사용자 계정 설정 변경하기 **12** 최대 절전 모드 사용하기 **13** 시작화면 반응 속도 최적화하기

01 | 시작화면 구성 알아보기

시작화면은 왼쪽의 시작 메뉴와 오른쪽의 라이브 타일의 화면으로 구성되어 있습니다.
타일로 고정된 앱들은 사용자의 취향에 따라 다양한 형태로 꾸밀 수 있으며,
앱을 실행하지 않고 라이브 타일 기능을 이용해 시작화면에서 정보를 확인할 수 있습니다.

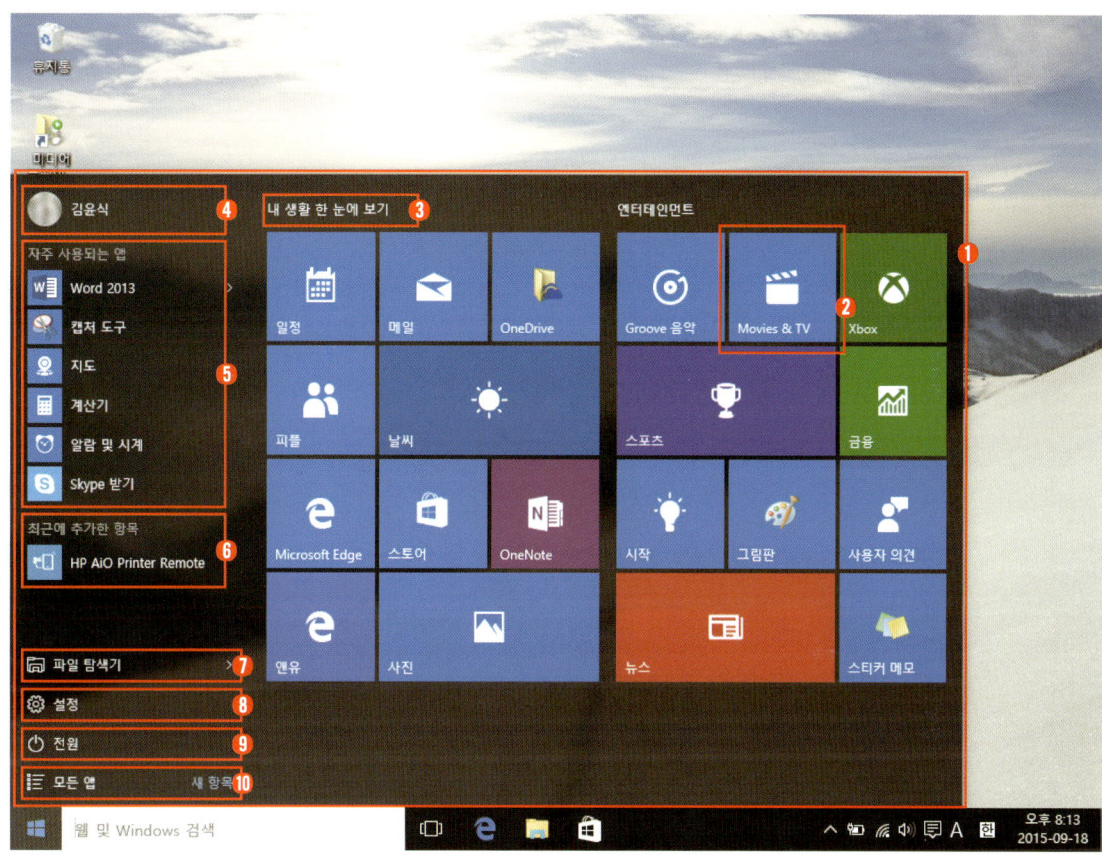

① **시작화면** : 시작 단추(⊞)를 눌러 왼쪽의 바로 가기 메뉴와 오른쪽의 라이브 타일 앱이 나오는 전체 화면을 말합니다.

② **라이브 타일 앱** : 타일 모양으로 앱을 시작화면에 고정하여 날씨, 메일 등 업데이트를 실시간으로 확인할 수 있습니다.

③ **그룹** : 라이브 타일 앱을 그룹으로 묶어 관리할 수 있습니다.

④ **사용자 이름** : 로그인한 계정을 확인할 수 있습니다.

⑤ **자주 사용되는 앱** : 자주 사용하는 앱을 표시합니다.

⑥ **최근에 추가한 항목** : 최근에 설치한 앱을 표시합니다.

⑦ **바로 가기** : 파일 탐색기, 설정, 다운로드 등 폴더를 지정하여 쉽게 이동할 수 있습니다.

⑧ **설정** : 윈도우 10을 설정할 수 있는 제어판으로 이동할 수 있습니다.

⑨ **전원** : 절전, 시스템 종료, 다시 시작할 수 있습니다.

⑩ **모든 앱** : 설치된 모든 앱과 프로그램의 전체 목록을 찾을 수 있습니다.

02 | 시작화면 크기 조절하기

시작화면은 사용자의 취향에 따라 높이나 너비를 조절할 수 있습니다. 1단에서 최대
4단까지 넓힐 수 있습니다. 다만 화면 해상도, 모니터 크기에 따라 조금 다를 수 있습니다.

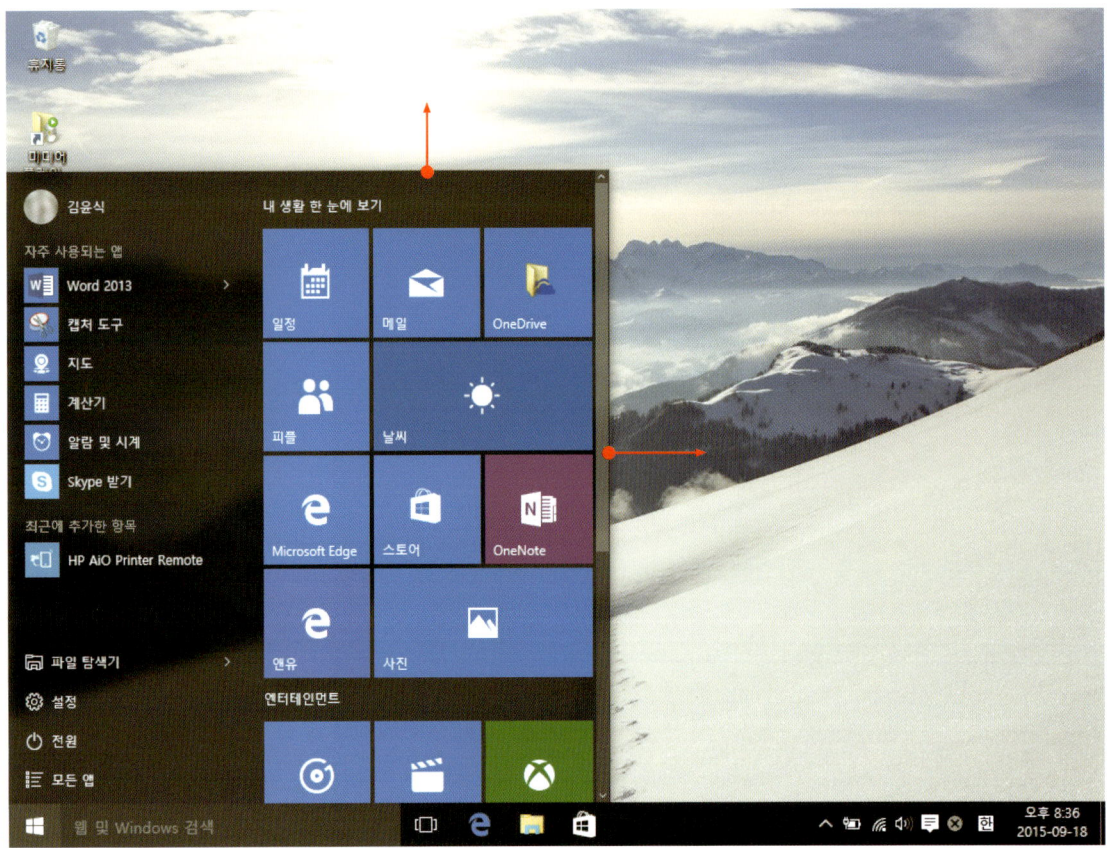

01 시작화면 상단. 오른쪽 끝 부분에 마우스를 가져가면 커서가 양방향 화살표(↔) 모양으로 바뀝니다.

02 클릭한 상태에서 위/ 아래. 좌/ 우로 끌어 움직이면서 원하는 크기로 변경할 수 있습니다.

03 | 시작화면 앱 추가하기

자주 사용하는 앱을 시작화면에 고정하면 빠르고 쉽게 접근할 수 있어 작업의 효율을 높여줍니다. 컴퓨터에 설치된 앱을 시작화면에 고정하는 방법을 알아보겠습니다.

01 마우스 오른쪽 단추를 이용해 앱을 추가해보겠습니다. 시작 단추 클릭 〉 모든 앱을 클릭합니다.

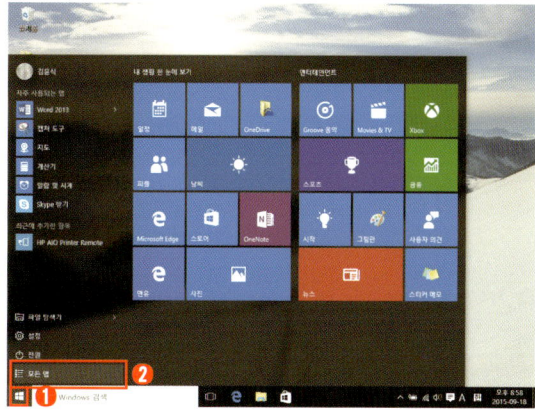

02 시작화면에 고정하고 싶은 앱을 마우스 오른쪽 단추로 클릭 〉 '시작화면에 고정'을 클릭합니다.

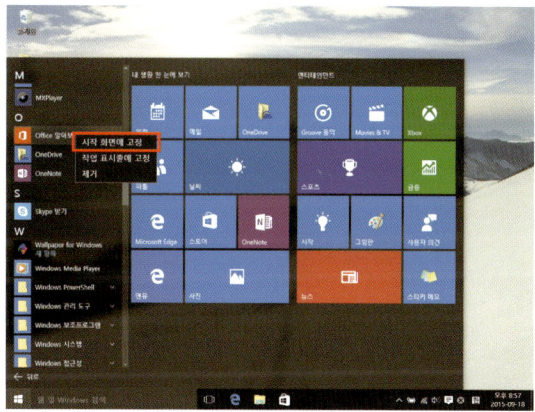

03 끌기를 이용해 앱을 추가해보겠습니다. 시작화면에서 고정하고 싶은 앱을 마우스로 클릭한 상태에서 오른쪽 라이브 타일 앱 화면의 원하는 위치로 끌어옵니다.

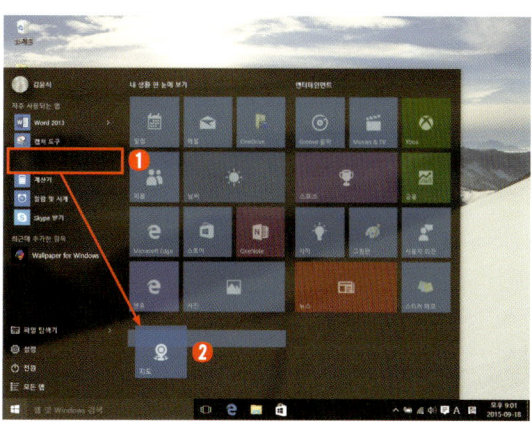

TIP!

모든 앱에서 원하는 앱을 쉽게 찾는 방법

01 시작 단추 클릭 〉 모든 앱을 클릭합니다.

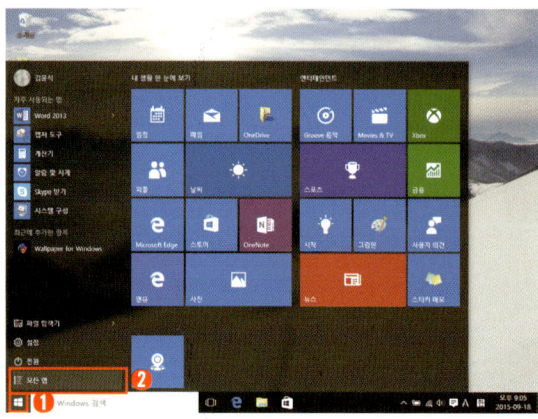

02 숫자, 알파벳, 한글 자음으로 구성된 초성 구분선을 클릭하면 모든 앱 이름의 초성을 한눈에 볼 수 있습니다.

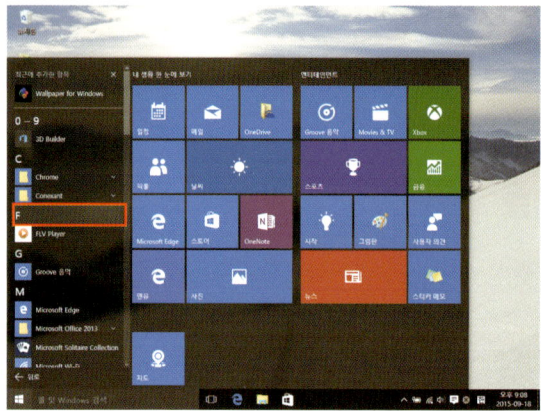

03 앱 이름이 적힌 초성을 클릭하면 모든 앱으로 이동하여 해당 앱을 쉽게 찾을 수 있습니다.

04 | 시작화면 앱 제거하기

시작화면에 자주 사용하지 않는 앱이 많이 고정되어 있을 경우 오히려 작업의 효율이 떨어질 수 있습니다. 시작화면에 고정된 앱을 제거하는 방법을 알아보겠습니다.

01 시작화면에서 제거할 앱을 마우스 오른쪽 단추로 클릭 〉'시작화면에서 제거'를 선택합니다.

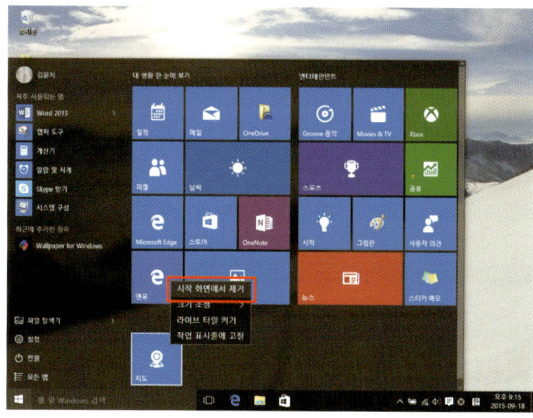

TIP!

'시작화면에서 제거'를 이용한 앱 제거는 시스템에서 삭제가 아닌 시작화면에서 제거를 의미합니다.

1. 제거를 이용한 앱 삭제하기

01 삭제할 앱을 마우스 오른쪽 단추로 클릭 〉 제거를 클릭합니다.

02 '이 앱 및 관련 정보가 제거됩니다' 안내 메시지에서 제거 단추를 클릭하면 앱이 삭제됩니다.

2. 설정을 이용한 앱 삭제하기

01 시작 단추 클릭 > 설정 클릭 > 시스템을 클릭합니다.
(설정 단축키 : 윈도우 키 + I)

02 앱 및 기능을 클릭합니다.
리스트에서 삭제하려는 앱 클릭 > '제거' 단추를 클릭합니다.

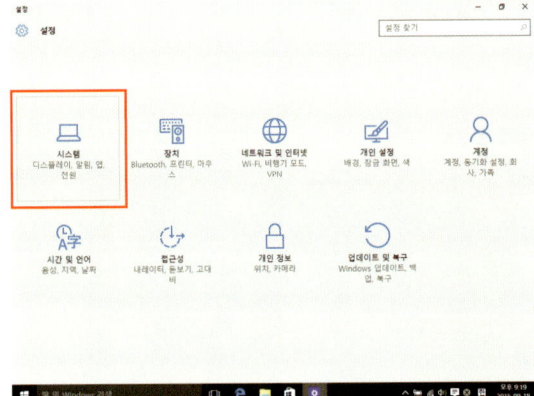
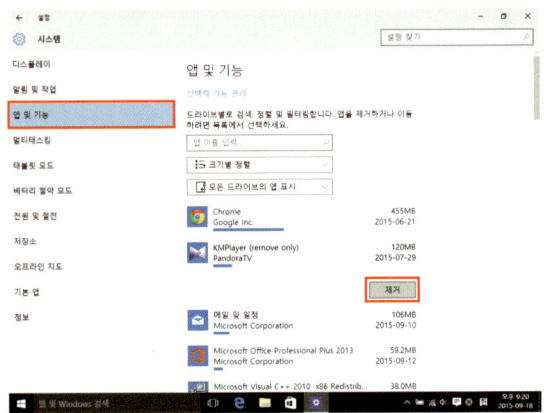

윈도우 10 시작화면 마우스 오른쪽 단추 메뉴 보기

시작화면의 라이브 타일 앱 위에서 마우스 오른쪽 단추를 클릭하면 오른쪽에 관련 메뉴가 나타납니다. 기본적으로 아래의 메뉴를 보여줍니다.

시작화면에서 제거 : 선택한 앱을 시작화면에서 제거합니다.
크기 조정 : 4단계로 라이브 타일 앱의 크기를 사용자가 자유롭게 조절할 수 있습니다.
라이브 타일 켜기 : 앱을 실행하지 않고 업데이트된 정보를 타일에서 실시간으로 볼 수 있습니다.
라이브 타일 끄기 : 텍스트와 아이콘으로 단순화된 타일 앱을 볼 수 있습니다.
작업 표시줄에 고정 : 선택한 앱을 화면 제일 하단의 작업 표시줄에 고정합니다.
작업 표시줄에서 제거 : 선택한 앱을 화면 제일 하단의 작업 표시줄에서 제거합니다.
관리자 권한으로 실행 : 사용자 권한 컨트롤을 실행하여 프로그램을 열 수 있습니다.
파일 위치 열기 : 해당 앱이 저장된 폴더를 열 수 있습니다.
제거 : 앱을 삭제합니다

05 | 시작화면 타일 크기 설정하기

시작화면 타일 크기를 조정해 다양한 화면을 만들 수 있습니다. 사용자의 취향에 맞게 타일 크기를 설정해보겠습니다.

01 크기를 조정 할 라이브 타일 앱 위에서 마우스 오른쪽 단추를 클릭 〉 '크기 조정'을 클릭합니다.

02 작게/ 보통/ 넓게/ 크게 중 원하는 크기를 선택합니다.

작게

보통

넓게

크게

06 | 시작화면 타일 위치 옮기기

시작화면 타일의 위치를 조정해 다양한 화면을 만들 수 있습니다.
고정되어 있는 타일들을 원하는 곳으로 쉽게 배치해보겠습니다.

01 라이브 타일 앱화면에서 위치를 이동할 앱을 마우스로 클릭합니다.

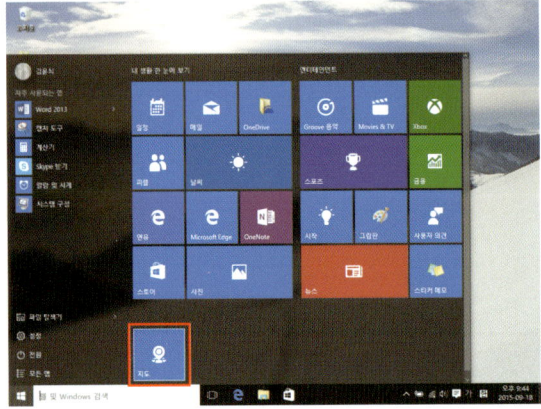

02 클릭한 상태에서 원하는 위치로 끌어옵니다. 타일 위치 옮기기는 시작화면에서 라이브 타일 앱 그룹을 설정할 때 유용한 방법입니다.

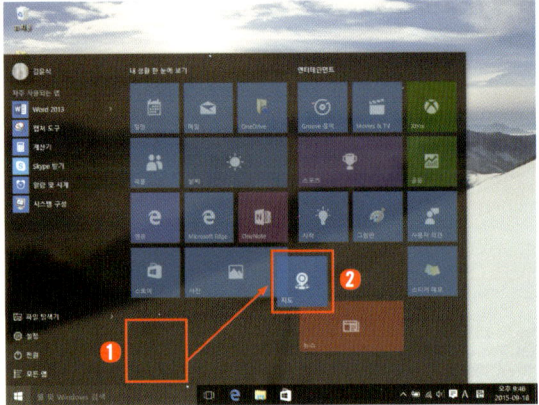

07 | 시작화면 그룹 설정하기

시작화면에 고정된 앱 중 성격이 비슷한 앱을 모아 그룹화할 수 있습니다.
앱을 그룹화 해서 쉽게 관리하는 방법에 대해 알아보겠습니다.

01 새 타일 그룹을 만들 경우, 그룹 구분선이 나타날 때까지 그룹 지을 앱을 클릭한 상태에서 위나 아래로 끌어줍니다.

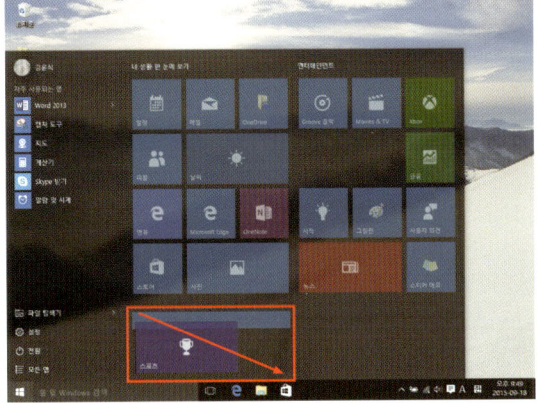

02 그룹 지을 앱을 모두 이동한 뒤, 그룹 구분선 위치에 마우스 커서를 이동하여 '그룹 이름 지정'을 클릭합니다.

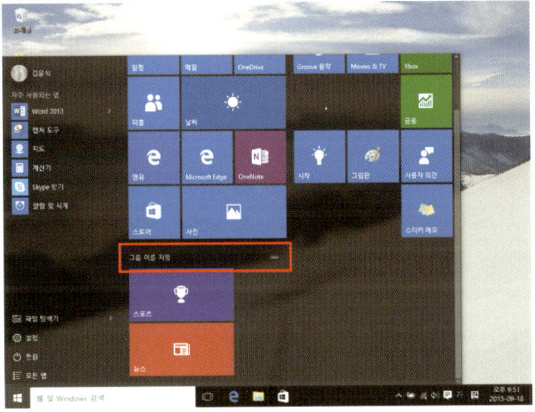

03 그룹의 이름을 입력합니다.

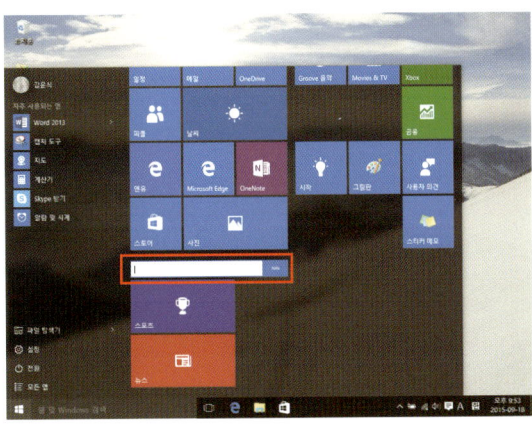

08 | 시작 메뉴 설정하기

시작화면 왼쪽에 자리하고 있는 시작 메뉴는 자주 사용되는 앱, 최근에 추가된 앱 등을 표시할 수 있습니다. 원하는 구성으로 변경해 사용해보겠습니다.

01 시작 단추 클릭 〉 설정 클릭 〉 개인 설정 클릭 〉 시작을 클릭합니다.
(설정 단축키 : 윈도우 키 + I)
'가장 많이 사용하는 앱 표시'를 켜짐으로 활성화합니다.

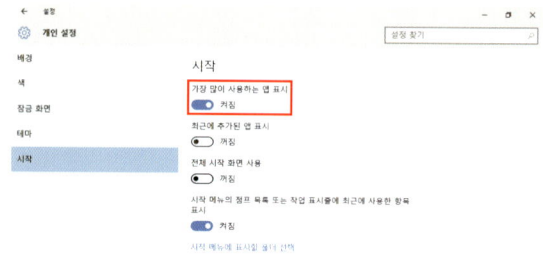

02 시작 단추를 클릭하면 시작화면 왼쪽 메뉴에서 '자주 사용되는 앱'으로 많이 사용하는 앱의 목록을 확인할 수 있습니다.

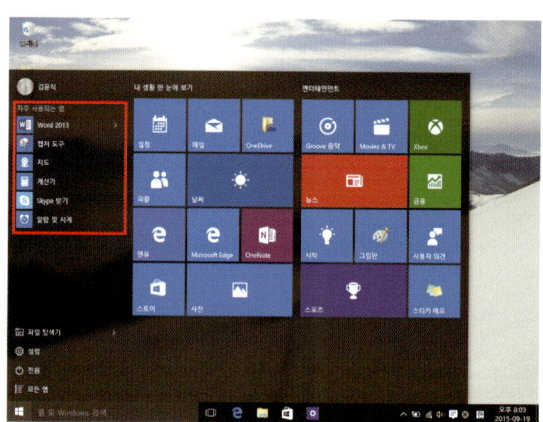

03 최근에 추가된 앱 표시를 켜짐으로 활성화합니다.

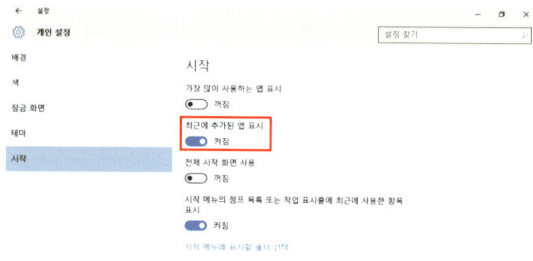

04 시작 단추를 클릭하면 시작화면 왼쪽 메뉴에서 '최근에 추가한 항목'으로 최근에 추가된 앱을 확인할 수 있습니다.

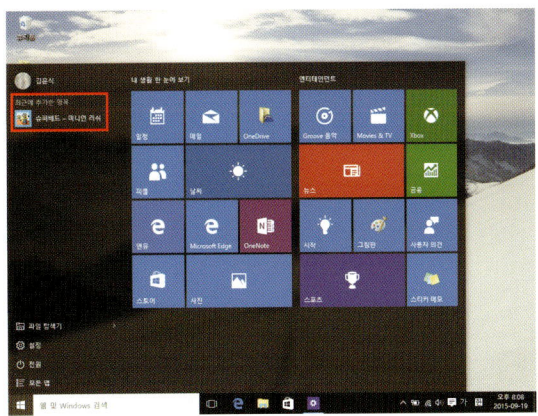

05 '시작 메뉴에 표시할 폴더 선택'을 클릭합니다.

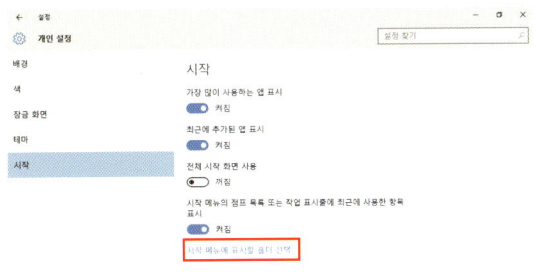

06 사용이 잦아 빠르게 이동할 폴더를 켜짐으로 활성화합니다. 글쓴이는 파일 탐색기, 설정, 문서, 다운로드, 음악, 사진을 켜짐으로 활성화 했습니다.

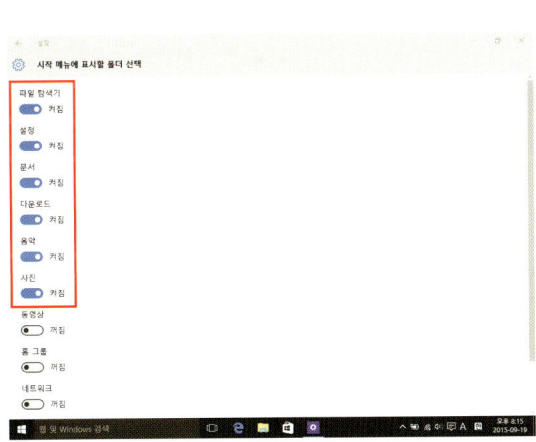

Part2 당신만의 윈도우 10을 만드세요 | 57

07 시작 단추를 클릭하면 왼쪽 메뉴 하단에 켜짐으로 활성화 한 폴더들을 확인할 수 있습니다.

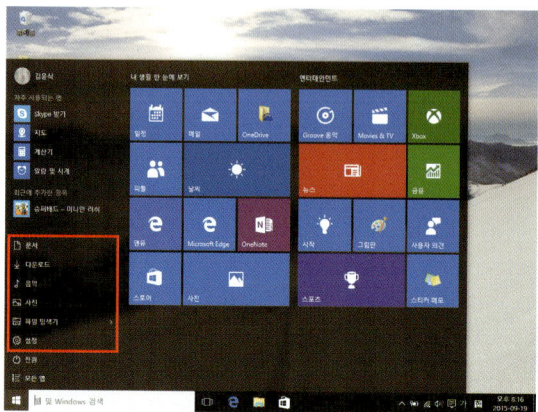

09 | 윈도우 8 시작 버튼으로 변경하기

윈도우 8.1에서 사용했던 전체 시작화면을 윈도우 10에서도 사용해보겠습니다.

01 시작 단추 클릭 〉 설정 클릭 〉 개인 설정 클릭 〉 시작을 클릭합니다.
(설정 단축키 : 윈도우 키 ■ + I)
'전체 시작화면 사용'을 켜짐으로 활성화합니다.

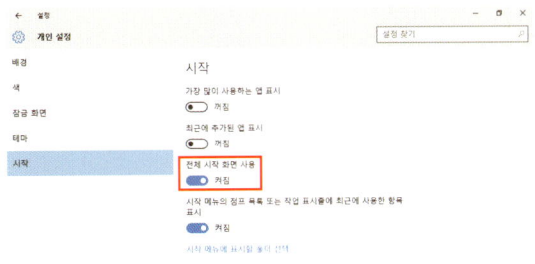

02 시작 단추를 클릭하면 윈도우 8.1, 윈도우 10 태블릿 모드와 같은 시작화면으로 사용할 수 있습니다.

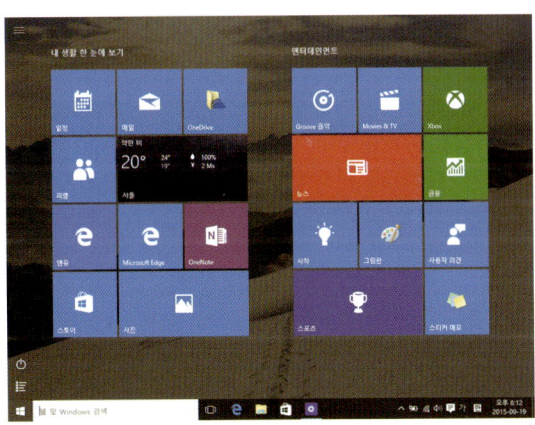

10 | 라이브 타일 사용하기

타일들은 아이콘과 텍스트를 통해 앱을 직관적으로 알려줄 뿐 아니라, 실시간 정보(재생 중인 파일, 현재 날씨, 주식 정보 등)를 노출하여 앱을 실행하지 않아도 정보들을 얻을 수 있도록 보여줍니다. 이러한 기능을 라이브 타일(Live tile)이라고 합니다.

01 시작 단추를 클릭하여 라이브 타일 앱 위에서 마우스 오른쪽 단추를 클릭 〉 라이브 타일 켜기를 클릭합니다.

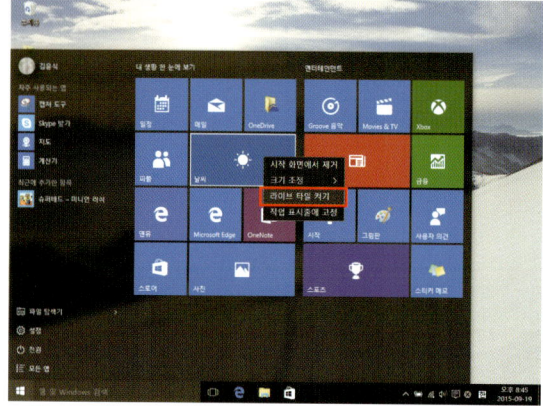

02 '라이브 타일 켜기'를 한 날씨 앱을 확인할 수 있습니다.
(그림판, 계산기 등 데스크탑 프로그램은 라이브 타일을 지정할 수 없습니다.)

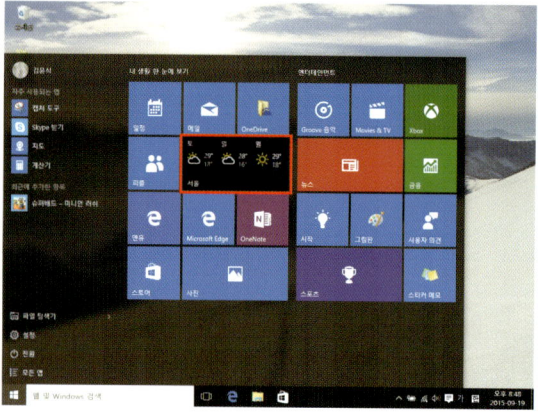

11 | 사용자 계정 설정 변경하기

사용자 계정을 선택하여 PC를 잠그거나 로그아웃하고, 다른 마이크로소프트 계정으로
전환하거나, 계정 사진을 변경할 수 있습니다.

01 사용자 계정에 보여지는 정보가 현재 PC 로그인한 계정 정보입니다.
시작 단추 클릭 〉 사용자 계정을 클릭합니다.
1) 계정 설정 변경 : 계정에 관련된 정보를 설정할 수 있습니다.
2) 잠금 : PC를 잠금 상태로 변경합니다.
3) 로그아웃 : 로그인한 계정을 로그아웃합니다.
4) 추가된 다른 사용자 : 이 PC를 사용할 수 있도록 추가한 계정 목록이며, 클릭하여 로그인할 수 있습니다.

02 계정 설정 변경을 클릭하면, 설정의 계정화면으로 이동합니다. 윈도우에 연결되어 있는 내 Microsoft 계정 정보를 변경하거나 계정 추가, 계정의 이미지 등을 지정할 수 있습니다.

03 잠금을 클릭하면 사용 중인 PC를 잠금 상태로 변경하며, 지정한 화면이 노출됩니다.

TIP!
잠금화면 설정은 설정 클릭 〉 개인 설정 클릭 〉 잠금화면 에서 변경할 수 있습니다.

04 로그아웃을 클릭하면 현재 사용 중인 계정은 로그아웃되고, PC 로그인화면으로 이동합니다.

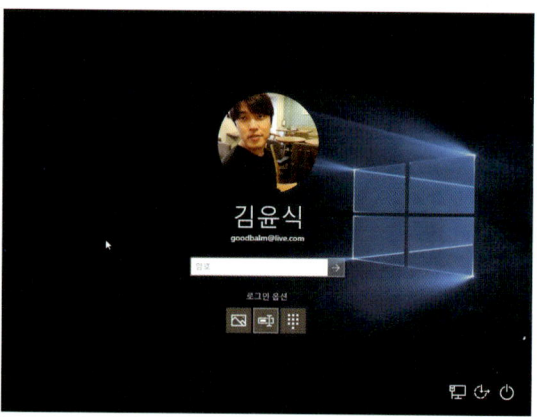

05 현재 사용 중인 계정이 로그인된 상태에서 다른 계정도 복수로 로그인할 수 있습니다. 한 개의 컴퓨터에서 여러 사용자의 계정을 로그인하여 정보를 확인할 수 있습니다.
로그인된 계정은 하단에 '로그인됨' 으로 표시됩니다.

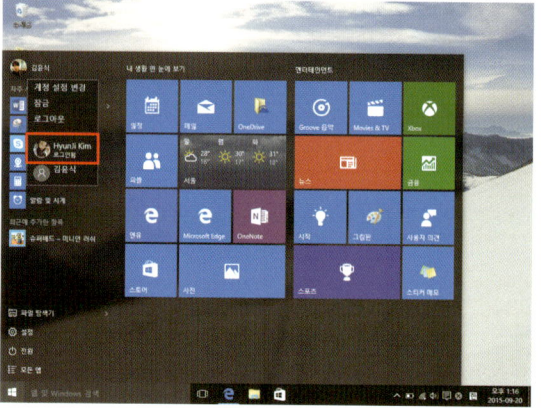

12 | 최대 절전 모드 사용하기

절전 모드와 최대 절전 모드의 차이점은 대기 상태의 전력 소모에 있습니다.
배터리 유지에 민감한 노트북 사용자라면 배터리를 가장 적게 소모하는 '최대 절전 모드'
기능을 참고하시길 바랍니다.

01 전원을 클릭하면 절전/ 시스템 종료/ 다시 시작을 클릭할 수 있습니다.
노트북 사용자들에게 유용한 '최대 절전 모드' 메뉴를 표시해 보도록 하겠습니다.

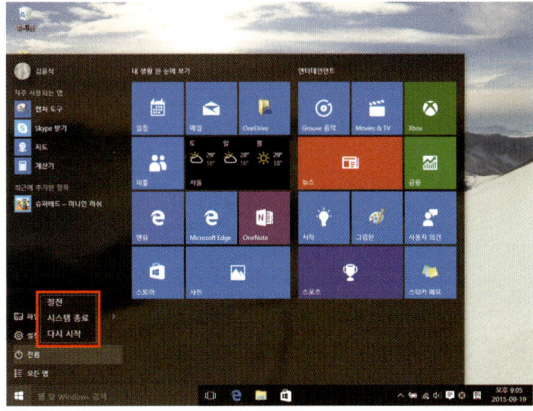

02 시작 단추 클릭 > 설정 클릭 > 시스템 클릭 > 전원 및 절전 클릭 혹은 웹 및 윈도우 검색 상자에서 전원 및 절전을 검색하여 '추가 전원 설정'을 클릭합니다.

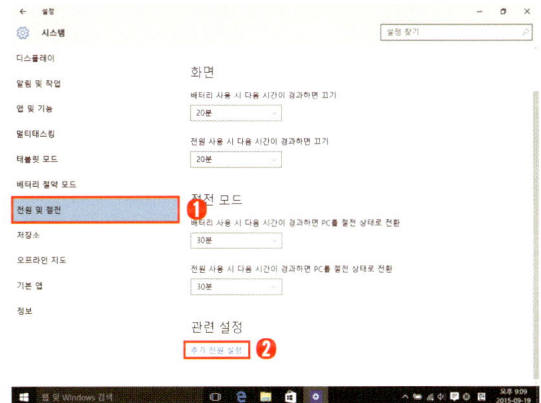

03 '전원 단추 작동 설정'을 클릭합니다.

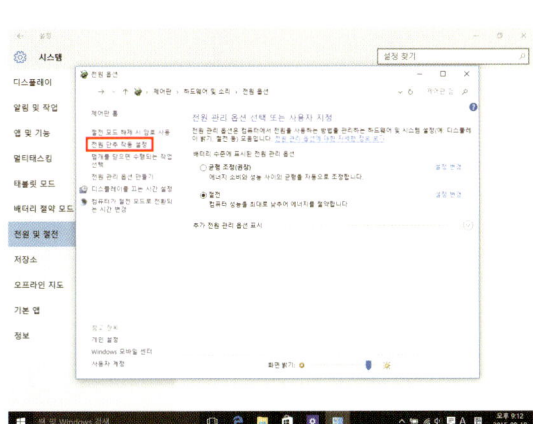

04 '현재 사용할 수 없는 설정 변경'을 클릭합니다.

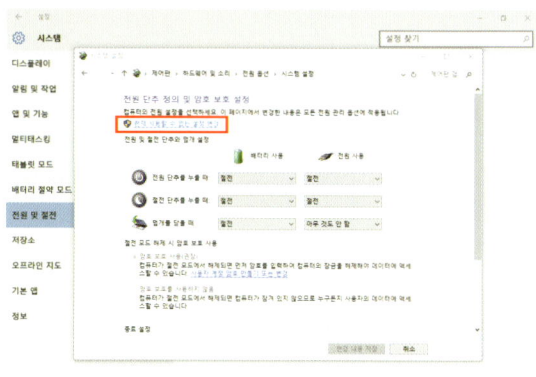

05 스크롤하여 종료 설정 메뉴에서 '최대 절전 모드'를 체크한 후 변경 내용 저장을 클릭합니다.

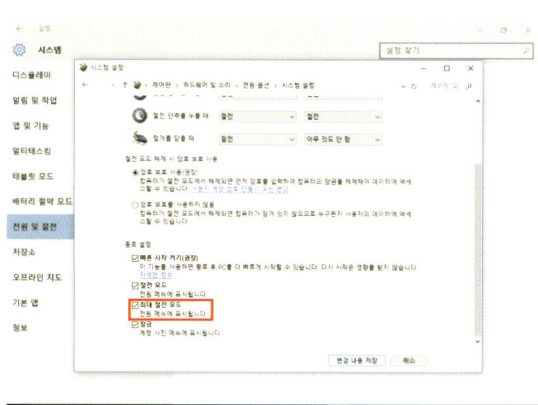

06 시작 단추 클릭 〉 전원을 클릭하면 '최대 절전 모드'를 사용할 수 있습니다.

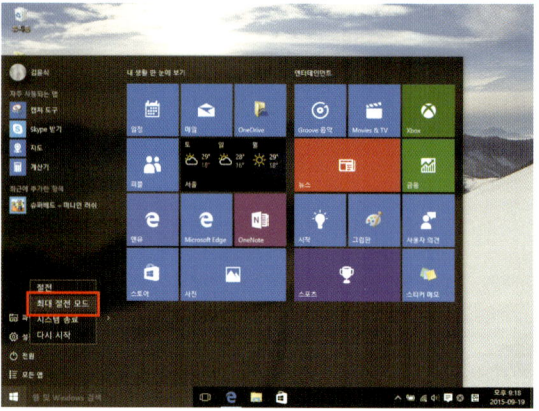

TIP!

최대 절전 모드 해제하여 용량 확보하기

최대 절전 모드는 현재 실행 중인 프로그램을 디스크에 저장하여 절전 모드 보다 배터리를 최저로 소모합니다. 주로 1시간 ~ 12시간 정도 PC를 사용하지 않을 때 적합한 모드입니다. 바꿔 말하면, 최대 절전 모드는 지금 사용하고 있는 모든 데이터를 보조 저장 장치의 램 크기만큼의 공간에 넣었다가 다시 켜면 실행시키는 것이기 때문에, 최대 절전을 잘 사용하지 않는다면 그 공간이 낭비된다는 의미입니다. 최대 절전 모드를 잘 사용하지 않는다면 해제하여 용량을 확보하는 것을 추천합니다.

13 | 시작화면 반응 속도 최적화하기

시작화면에 많은 앱들을 고정하면 앱 애니메이션 효과로 반응 속도가 느려집니다.
애니메이션 효과를 끄고 시작화면 반응 속도를 빠르게 설정해 보겠습니다.

01 시작 단추 클릭 〉 설정 클릭 〉 접근성을 클릭합니다.
(설정 단축키 : 윈도우 키■ + I)

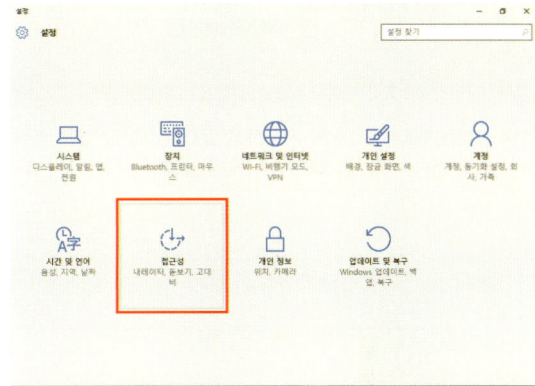

02 기타 옵션을 클릭합니다. 시각적 옵션을 설정에서 애니메이션 재생을 꺼짐으로 선택하면 시작화면 반응 속도를 최적화할 수 있습니다.

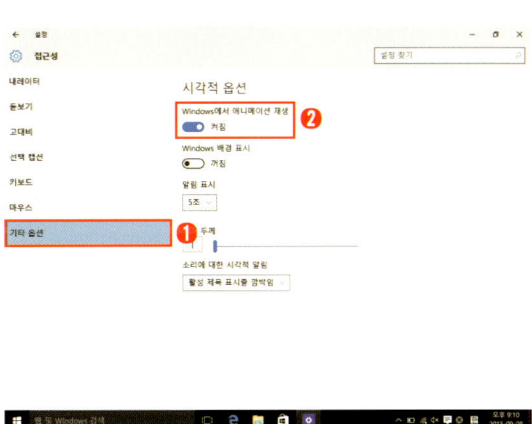

CHAPTER 2
검색 기능 살펴보기

검색 상자는 작업 표시줄에 위치하고 있으며 PC 및 웹을 검색하여 가장 정확한 검색 결과를 추천해 줍니다. 또한 앱, 웹, 폴더, 파일, 설정 등 카테고리 별로 정보를 제공해줍니다.

01 검색 기능 구성 알아보기 **02** 검색 기능 기본 조작 알아보기 **03** 웹 검색 결과 해제하기 **04** 검색 창 변경하기
05 색인 옵션 설정하기

01 | 검색 기능 구성 알아보기

검색에 대한 전체적인 구성을 알아보겠습니다.

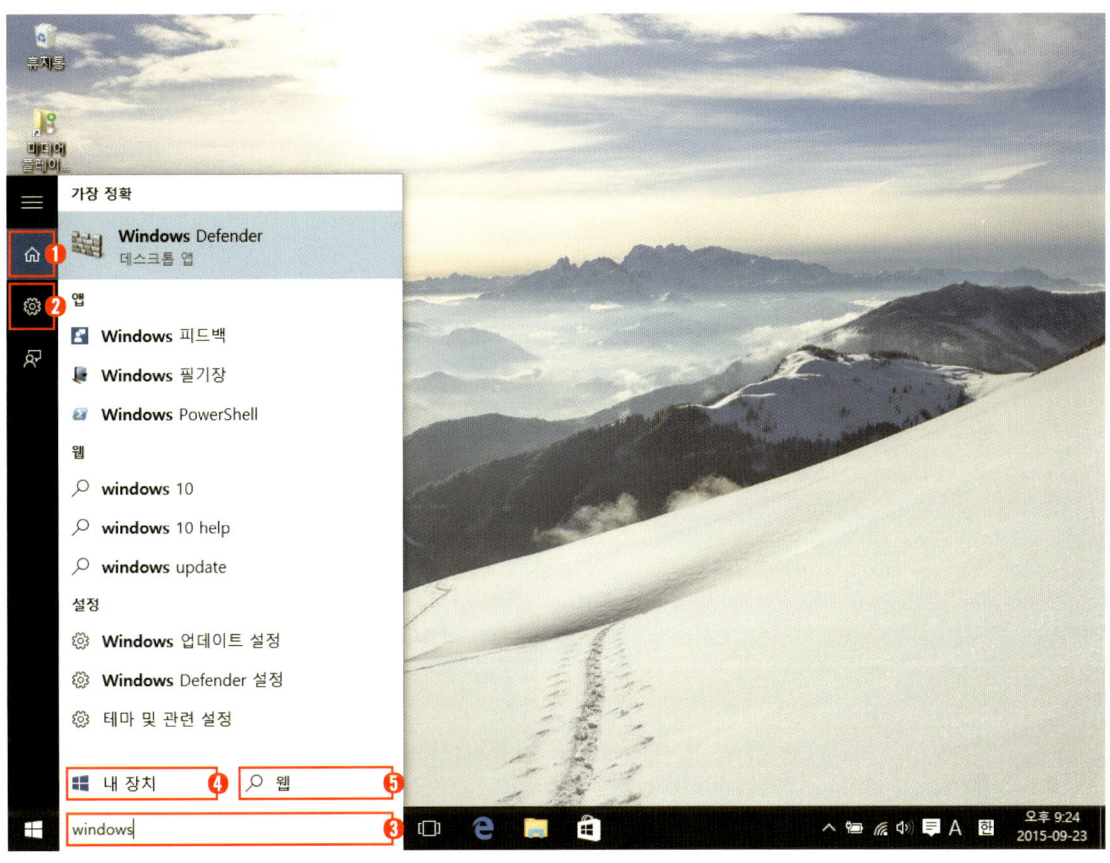

❶ **홈** : 검색 상자에서 검색된 앱, 웹, 설정, 폴더, 파일 등 모든 결과를 확인할 수 있습니다.
❷ **설정** : 검색 결과에 웹 검색과 내 위치 정보, 온라인 검색 결과를 포함할 것인지에 대한 설정을 할 수 있습니다.
❸ **검색 상자** : 언제나 시작 버튼 옆 작업 표시줄에 위치하여 어디서든 검색할 수 있습니다.
❹ **내 장치** : PC 및 OneDrive 내에 있는 앱, 파일, 사진, 동영상, 음악 등에 대한 검색 결과를 보여줍니다.
❺ **웹** : 검색한 결과를 웹에서 바로 보여줍니다.

02 | 검색 기능 기본 조작 알아보기

윈도우 10은 빠른 검색 결과들을 카테고리별로 제공해줍니다. 어떻게 검색 기능을 조작하는지 알아보겠습니다.

01 작업 표시줄의 웹 및 윈도우 창 검색(검색 상자)를 클릭하면 검색 상자가 활성화됩니다.

02 활성화된 검색 상자에 검색어 또는 확장자를 입력합니다. (웹 검색이 가능하기 때문에 문장을 입력해도 좋습니다.)

03 검색 결과의 정확한 정보는 맨 상단에 연관된 정보들은 앱, 웹, 설정 등 카테고리를 나눠서 제공해줍니다.

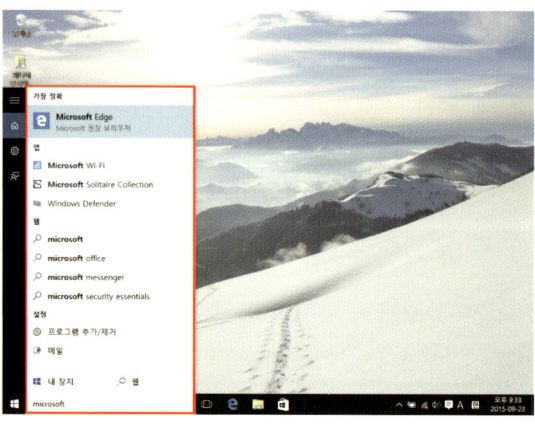

04 내 데스크탑에 속한 정보만 찾고 싶다면 내 장치 단추를 클릭합니다. 문서, 폴더, 앱, 설정 등의 카테고리 별로 결과를 확인할 수 있으며 파일 탐색기, 원드라이브(Onedrive) 등을 추가 검색하여 결과를 확인할 수 있습니다.

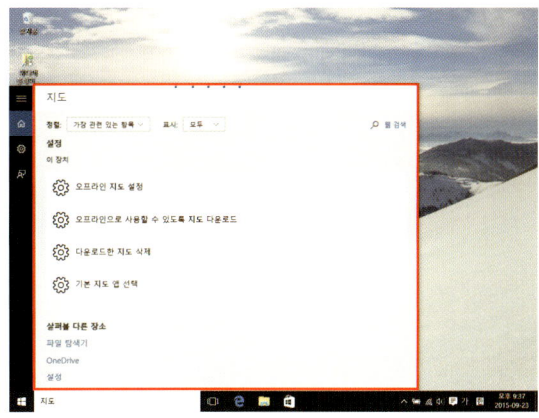

03 | 웹 검색 결과 해제하기

윈도우 10에서는 내 장치와 웹에서 찾은 검색 결과를 알려줍니다.
내 장치에서만 결과를 찾고 싶을 때 웹 검색 결과를 해제하는 방법을 알아보겠습니다.

01 작업 표시줄의 웹 및 윈도우 검색 상자를 클릭 〉 설정 단추를 클릭합니다.

02 온라인 검색 및 웹 검색 결과 포함을 해제합니다.

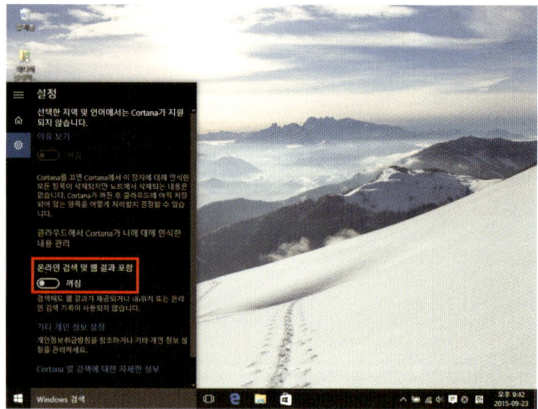

03 같은 내용을 검색 했을 때, 온라인 검색 및 웹 결과가 나오지 않는 것을 확인할 수 있습니다.

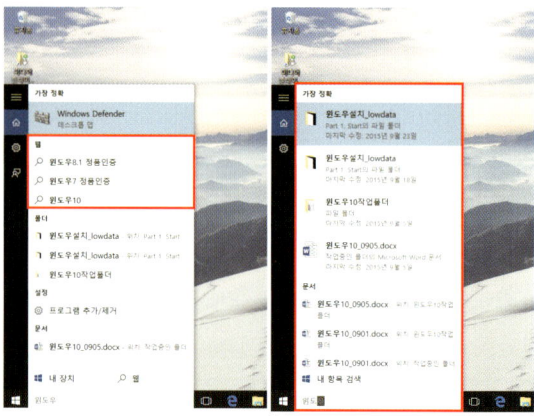

TIP!

음성 지원 서비스 코타나(Cortana)

코타나(Cortana)는 디지털 개인 비서로 일정을 물어보거나, 스카이프로 전화 걸기, 노트 작성 등의 기능을 음성으로 실행할 수 있습니다. 현재 한국어를 지원하지 않으며 미국과 영국, 중국 등 코타나 정식 출시 국가에서만 사용 가능합니다.

04 | 검색 창 변경하기

윈도우 10에서 검색 창을 아이콘과 검색 상자 두 가지 형태로 선택하거나 숨길 수 있습니다.
검색 창을 어떻게 변경하는지 알아보겠습니다.

01 작업 표시줄 위에서 마우스 오른쪽 단추 클릭 〉
검색을 클릭합니다.

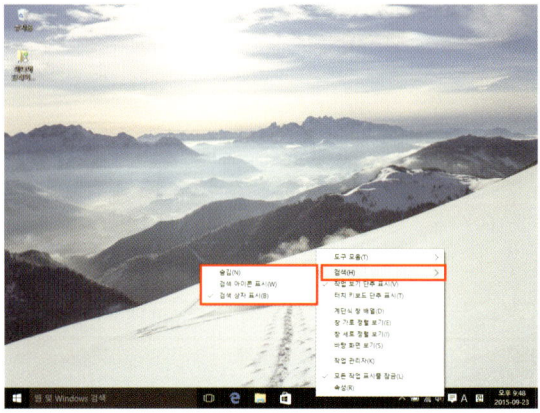

02 가장 기본은 검색 상자로 표시되어 있고 원하는
검색 창 옵션을 선택하면 변경됩니다.

숨김 : 검색 상자를 감춥니다.

검색 아이콘 표시 : 검색 상자 대신 검색 아이콘
이 위치합니다.

검색 상자 표시 : 검색 상자가 작업 표시줄에 위
치합니다.

05 | 색인 옵션 설정하기

윈도우 10에서 색인을 사용하면 검색 속도를 높일 수 있습니다. 색인 옵션 설정을 통해 검색 결과를 빠르게 확인해 보겠습니다.

01 웹 및 윈도우 검색 상자에 색인 옵션을 검색해 실행합니다.

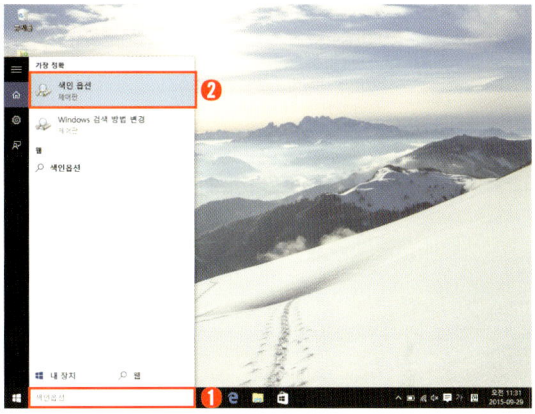

02 색인 옵션 창이 나타나면 현재 색인한 위치를 확인할 수 있습니다.

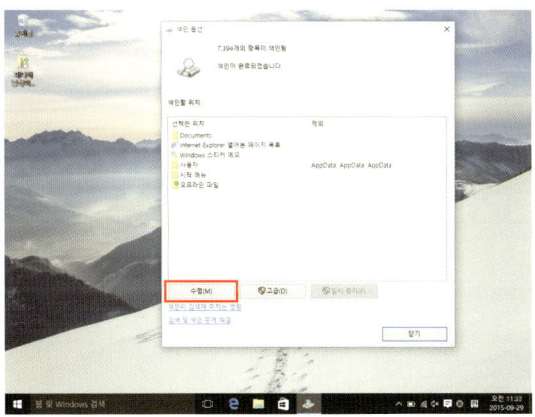

03 색인한 위치 창이 표시되고 선택한 위치를 변경할 수 있습니다. 원하는 위치를 체크해 색인을 추가하거나 체크 해제해 색인을 해제할 수 있습니다.
원하는 색인 위치가 나타나지 않을 경우 모든 위치 표시 단추를 클릭하면 더 많은 색인 위치를 확인할 수 있습니다.

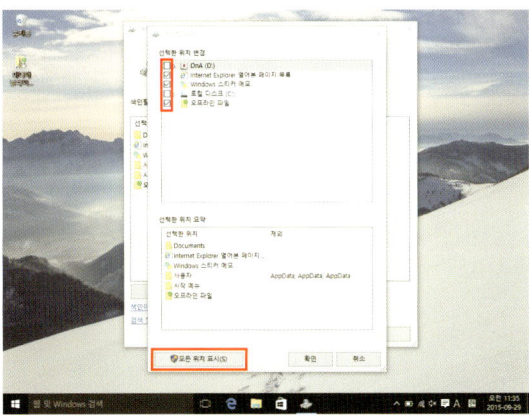

04 색인에 문제가 생길 경우 색인 옵션 창에서 고급을 클릭합니다. 문제 해결의 다시 색인을 클릭해 문제를 해결할 수 있습니다. 또한 고급 옵션 창에서는 색인 파일을 설정, 색인 위치를 설정할 수 있습니다.

05 고급 옵션 파일 형식 탭은 색인 방법을 설정할 수 있습니다. 속성 및 파일 내용 색인을 지정할 경우 파일 내용에 있는 단어까지 색인해 검색 결과를 보여줍니다.

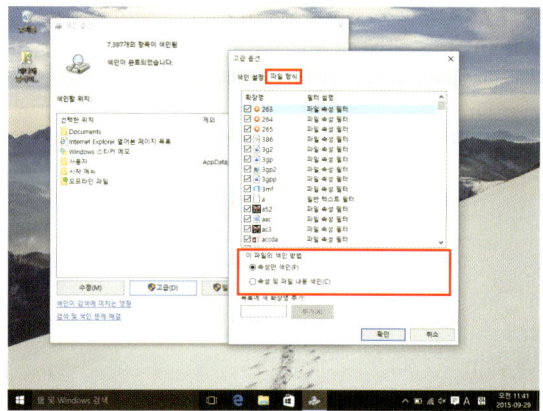

TIP!

전체 컴퓨터를 색인해서 모든 검색을 빠르게 실행할 수 있을까?

색인이 너무 크거나 Program Files 폴더 등의 시스템 파일 위치를 색인에 포함하면 반복되는 검색이 느려집니다. 최상의 결과를 위해서는 자주 검색하는 폴더만 추가하는 것이 좋습니다.

CHAPTER 3
알림 센터 설정하기

알림 센터는 윈도우 10의 핵심적인 기능 중 하나입니다. 이메일, 일정, 업데이트 등 실시간으로 들어오는 정보들을 모아 한눈에 확인할 수 있도록 도와 줍니다. 하단 12개의 퀵 모드는 태블릿 모드를 포함한 메모, 설정, 무선 연결 등의 기능을 빠르게 이용할 수 있습니다.

01 알림 센터 구성 알아보기 **02** 알림 센터 바로 가기 기본 구성 **03** 알림 센터 바로 가기 위치 변경하기
04 알림 센터 활용하기 **05** 알림 센터 알림 설정하기

01 | 알림 센터 구성 알아보기

아이폰, 안드로이드폰의 화면 위에서 아래로 스와이프 할 때 보이는 알림 센터와 같은 기능입니다. 새로운 알림을 비롯해 유용한 기능들을 효율적으로 이용할 수 있습니다.

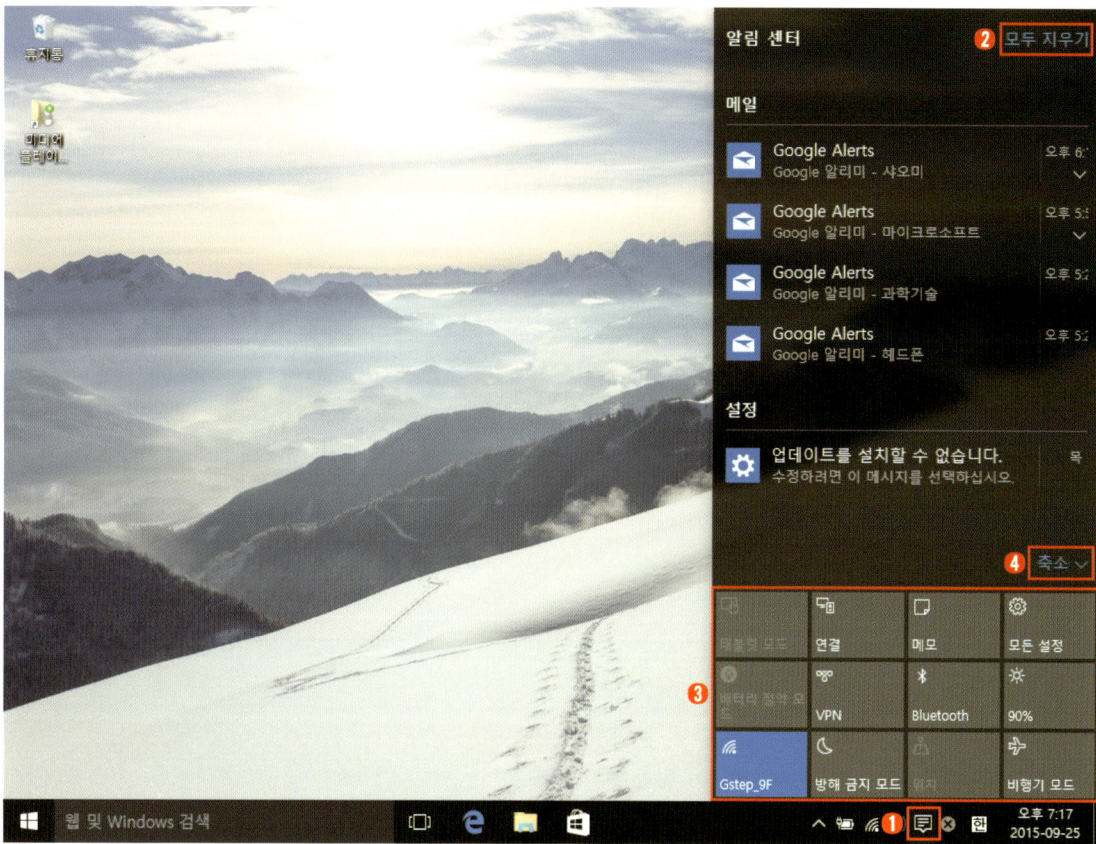

❶ **새 알림** : 메일, 일정, SNS 등 사용 중인 모든 시스템과 앱의 알림을 받아 모아볼 수 있습니다.
❷ **모두 지우기** : 알림 센터에 쌓인 알림 들을 모두 삭제합니다.
❸ **바로 가기** : 12가지의 설정을 편리하게 사용할 수 있습니다. (설정에서 변경이 가능합니다.)
❹ **확장/ 축소** : 바로 가기 단추를 확장/ 축소하여 볼 수 있습니다.

02 | 알림 센터 바로 가기 기본 구성

알림 센터에는 바로 가기 12개 기능을 사용할 수 있습니다. 어떤 기능들이 있는지 알아보겠습니다.

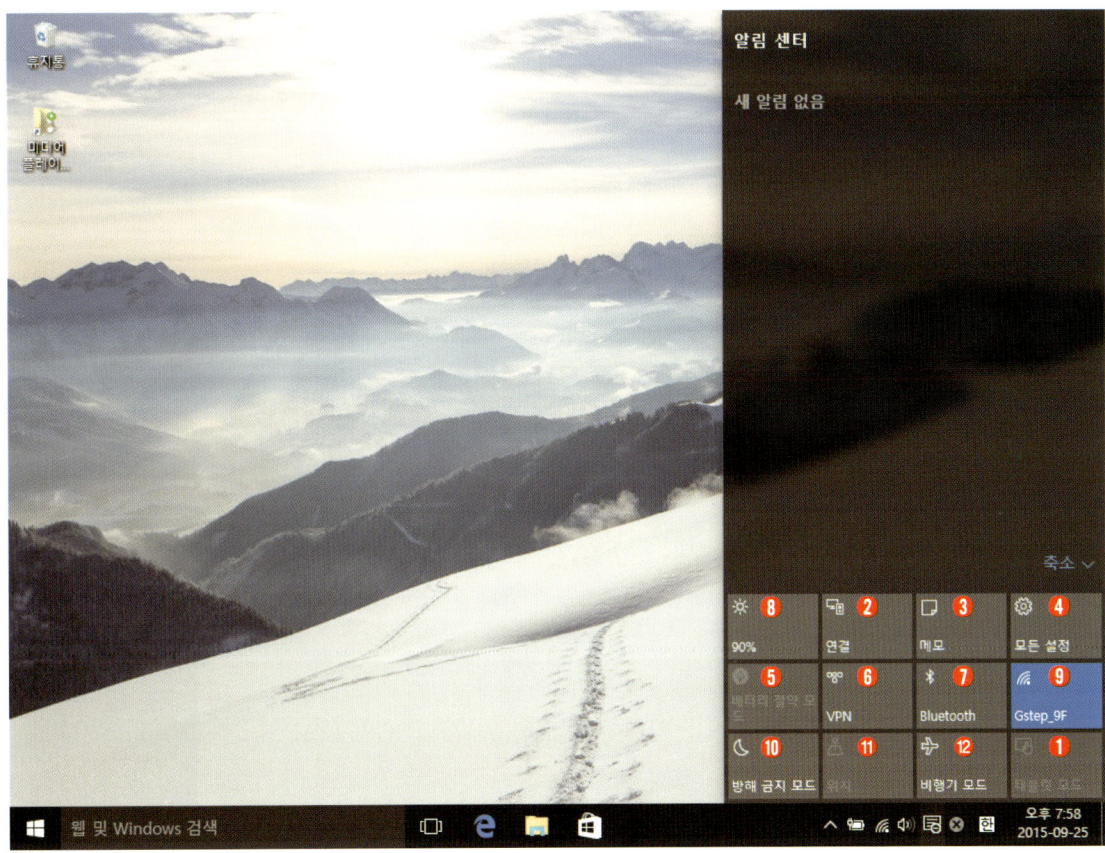

❶ **태블릿 모드** : 터치 기반의 태블릿 환경으로 화면을 전환할 수 있습니다.
❷ **연결** : 무선 디스플레이 및 오디오 장치들을 확인하고, 연결할 수 있습니다.
❸ **메모** : 원노트(OneNote)를 실행시킵니다.
❹ **모든 설정** : 설정 창으로 이동합니다.
❺ **배터리 절약 모드** : 노트북에서 유용한 기능으로 배터리 절약 모드로 바꿔줍니다.
❻ **VPN** : VPN(Virtual Private Network) 설정으로 이동합니다.
❼ **Bluetooth** : 블루투스(Bluetooth)기능을 실행합니다.
❽ **밝기 조정** : 25% 단위로 화면 밝기를 조정할 수 있습니다.
❾ **Wi-Fi** : 무선 인터넷 연결할 수 있습니다.
❿ **방해 금지 모드** : 알림이 울리지 않도록 제어하는 기능입니다.
⓫ **위치** : 내 위치를 확인할 수 있습니다.
⓬ **비행기 모드** : 블루투스와 Wi-Fi 기능을 제어하여 기내에서 기기를 사용할 수 있는 기능입니다.

03 | 알림 센터 바로 가기 위치 변경하기

알림 센터 바로 가기를 축소 했을 때 보여지는 상단 4개 기능들의 위치를 지정할 수 있습니다.

01 알림 센터 클릭 〉 모든 설정 클릭 〉 시스템 클릭 〉 알림 및 작업을 클릭합니다.

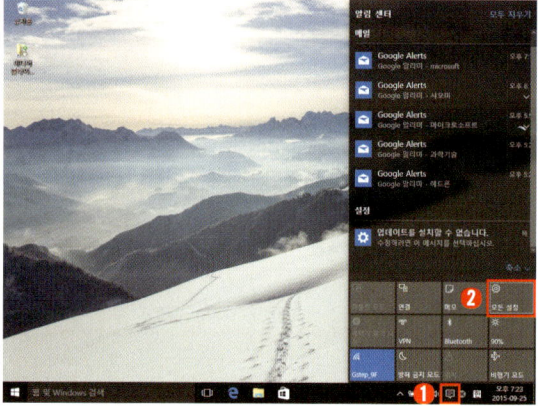

02 바로 가기는 축소할 때 보여주는 4가지 아이콘을 선택할 수 있습니다.

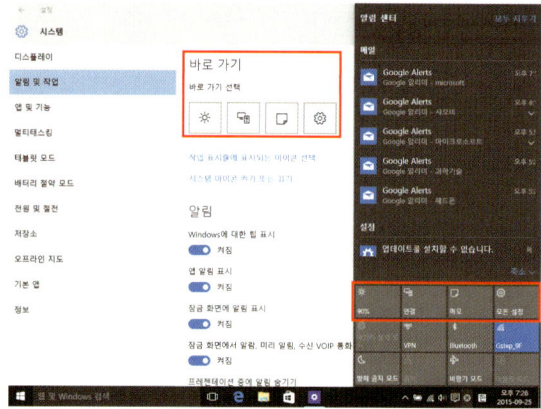

03 각 아이콘을 클릭하면 12개의 기능 중 하나를 지정할 수 있습니다.

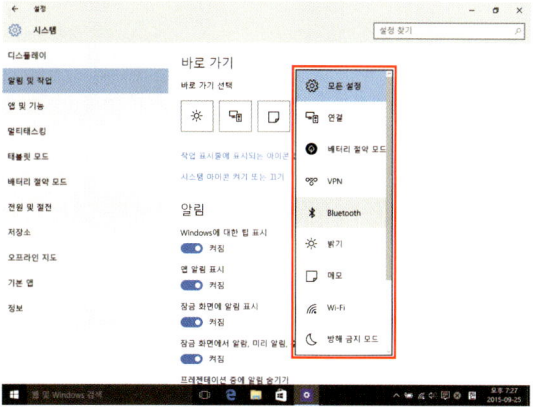

04 선택한 위치에 아이콘을 지정하면 알림 센터 아이콘의 위치가 바뀐 것을 확인할 수 있습니다.

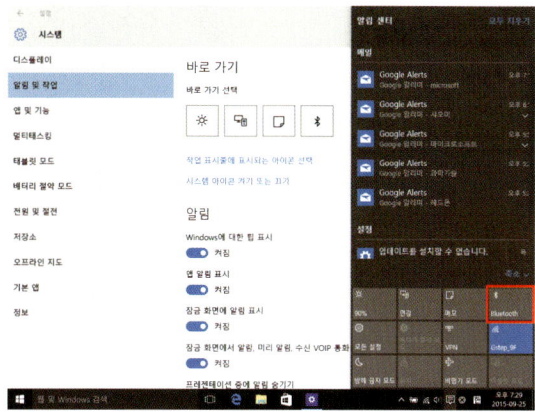

04 | 알림 센터 활용하기

알림 센터를 통해 들어 오는 정보들을 확인하고 삭제할 수 있는 간단한 방법에 대해 알아보겠습니다.

01 알림 센터에 모여있는 알림에 v 화살표를 클릭하면 3줄 정도의 간단한 내용을 볼 수 있습니다. 관심 있는 내용이라면 클릭해 전체 내용을 확인할 수 있습니다.

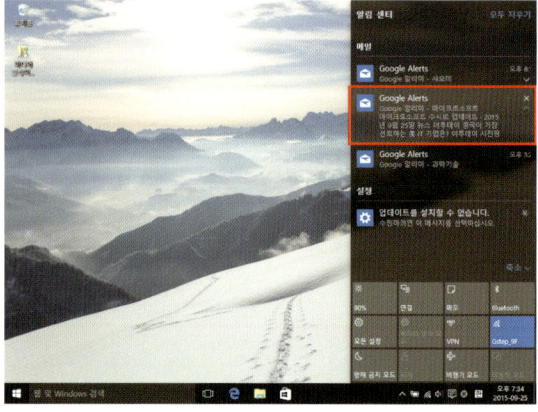

02 확인한 내용들은 x 를 클릭하거나 알림은 오른쪽으로 밀면 삭제됩니다.

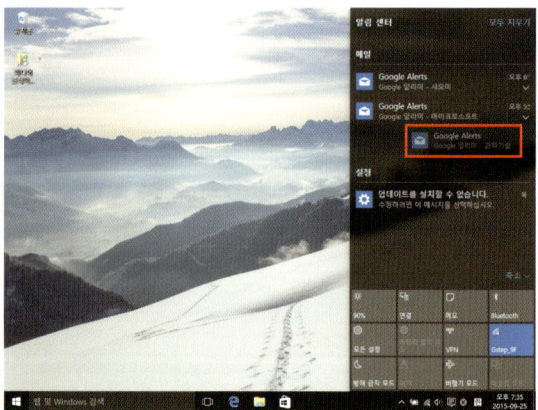

03 확장을 누르면 바로 가기 메뉴가 12개로 나타나며, 축소를 누르면 바로 가기 메뉴가 4개로 나타납니다.

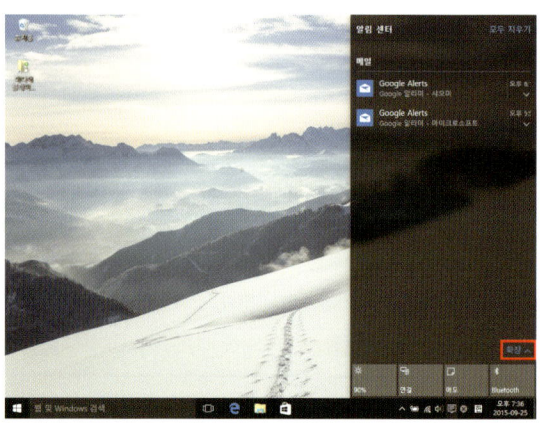

05 | 알림 센터 알림 설정하기

알림 센터에 앱 알림을 끄거나 킬 수 있으며 앱 개별적으로 알림을 설정할 수 있습니다.

01 시작 단추 클릭 > 설정 클릭 > 시스템 클릭 또는 알림 센터 클릭 > 모든 설정 클릭 > 시스템을 클릭합니다.

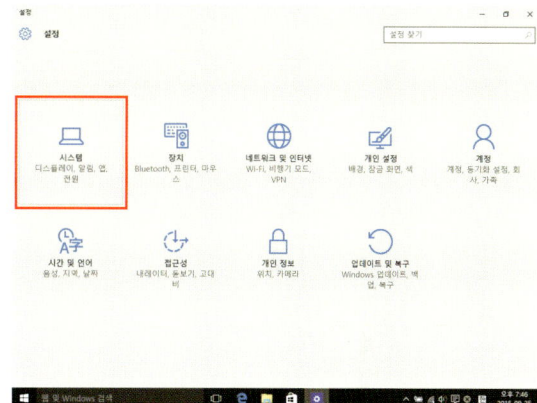

02 알림 및 작업을 클릭하면 앱 알림에 대한 표시를 설정할 수 있습니다.

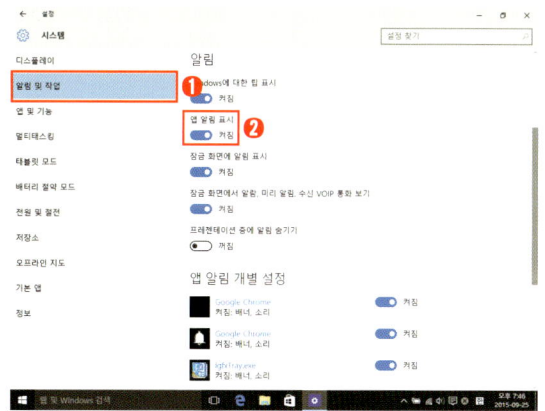

03 앱 알림 표시를 꺼짐으로 비활성화하면, 더 이상 앱 알림을 표시하지 않으며 정지된 알림 센터 아이콘(圖)이 나타납니다.

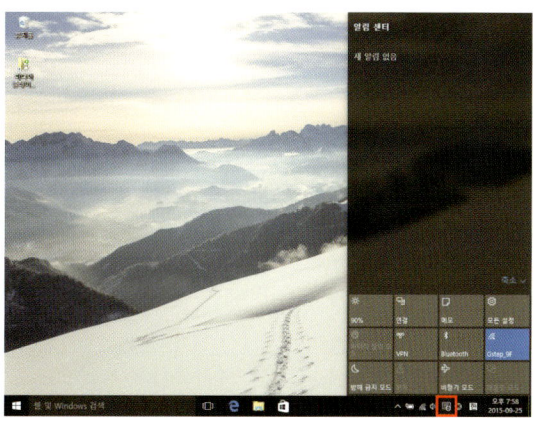

04 앱 알림 개별 설정을 통해 앱 마다 알림 설정할 수 있습니다.

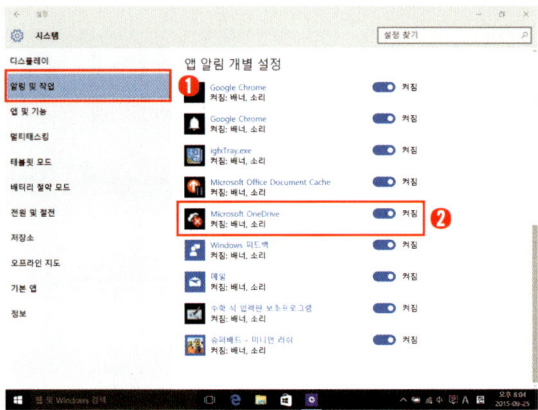

05 앱 알림 개별 설정에서 앱을 클릭하면 상세 설정을 할 수 있습니다. 알림이 켜짐일 경우, 알림 배너 표시와 알림이 도착할 때 소리 재생은 기본으로 켜짐이 됩니다.

CHAPTER 4
작업 표시줄 설정하기

작업 표시줄은 윈도우 10에서 작업 효율을 높일 수 있는 중요한 기능입니다. 작업 표시줄을 사용하면 자주 사용하는 앱들을 고정해 활용할 수 있고 작업 중인 윈도우 창을 빠르게 확인해 업무 속도를 높일 수 있습니다. 작업 표시줄을 설정하고 업무에 활용하는 방법에 대해 알아보겠습니다.

01 작업 표시줄 구성 알아보기 **02** 작업 표시줄에서 앱 이동하기 **03** Alt + Tab으로 작업 창 이동하기
04 작업 표시줄에서 앱 미리보기 **05** 작업 표시줄에서 앱 히스토리 확인하기 **06** 작업 표시줄에 앱 아이콘 고정하기
07 작업 표시줄에 고정된 앱 아이콘 이동하기 **08** 작업 표시줄에서 앱 아이콘 제거하기
09 작업 표시줄에 아이콘 설정하기 **10** 작업 표시줄에서 날짜 및 시간 확인하기 **11** 작업 표시줄 위치 이동하기
12 작업 표시줄 자동 숨기기 **13** 다중 디스플레이 작업 표시줄 설정하기

01 | 작업 표시줄 구성 알아보기

윈도우 사용 시 가장 유용한 도구인 작업 표시줄의 구성에 대해 알아보겠습니다.

❶ **시작 단추** : 시작화면으로 이동합니다.
❷ **검색 상자** : 원하는 검색어로 PC 및 웹에서 정보를 빠르게 얻을 수 있습니다.
❸ **작업 보기** : 작업 중인 창들을 한눈에 확인하거나 새로운 데스크탑을 추가할 수 있습니다.
❹ **빠른 실행 아이콘** : 작업 표시줄에 고정되어 언제든 빠르게 접근할 수 있습니다.
❺ **시스템 아이콘** : 시스템 기능을 고정하여 빠르게 접근이 가능합니다.
❻ **바탕화면 보기** : 마우스 포인터를 가져가면 바탕화면이 나타나며, 마우스로 클릭하면 사용 중인 창들이 모두 최소화됩니다. 한 번 더 클릭하면 최소화된 창들이 원래 상태로 복원됩니다.

02 | 작업 표시줄에서 앱 이동하기

사용 중인 모든 앱은 작업 표시줄에서 아이콘으로 확인할 수 있습니다. 아이콘을 클릭해 다른 앱으로 이동해보겠습니다.

01 마이크로소프트 엣지, 사진, 워드 등 앱 혹은 폴더를 사용 중이면 작업 표시줄에 각각의 앱 아이콘이 표시됩니다. 글쓴이는 마이크로소프트 엣지를 사용하고 있고 앱 단추가 회색으로 변해있습니다.

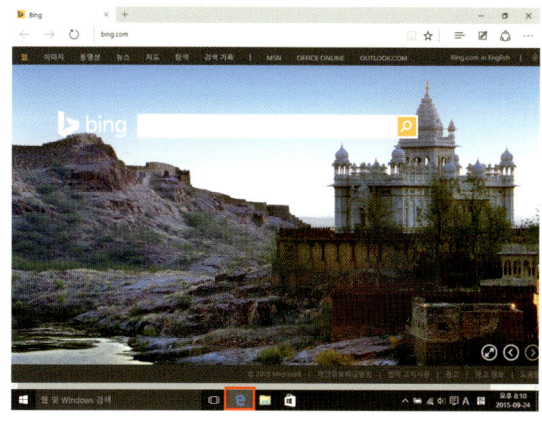

02 사용 중인 앱은 앱 아이콘 밑에 밑줄 표시로 확인할 수 있습니다. 또한 현재 작업 중인 앱의 아이콘은 회색 바탕으로 표시됩니다. 작업 표시줄의 앱 아이콘을 눌러 다른 앱으로 빠르게 이동할 수 있습니다.

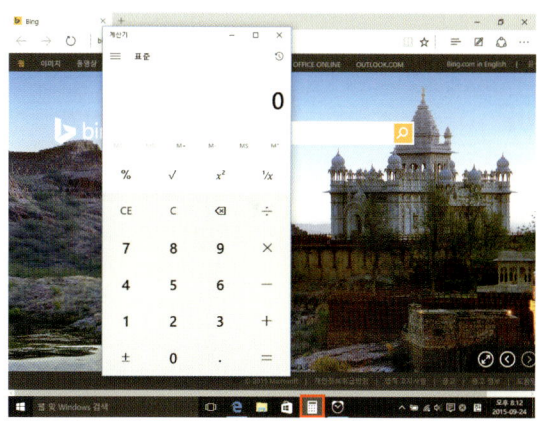

03 윈도우 키를 누른 상태에서 T를 반복해서 누르면 작업 표시줄에 고정된 아이콘들을 차례대로 이동하며 어떤 작업을 하고 있는지 미리 보기로 알 수 있습니다.

03 | Alt + Tab으로
작업 창 이동하기

Alt + Tab 키를 이용하면 작업 중인 창들을 한눈에 확인하고 빠르게 이동할 수 있기 때문에 업무 효율을 향상 시킬 수 있습니다.

01 사용 중이지만 현재 내가 보는 화면에 없는 다른 창을 불러오고 싶을 때, 키보드의 Alt 키를 누른 상태에서 Tab 키를 누릅니다.

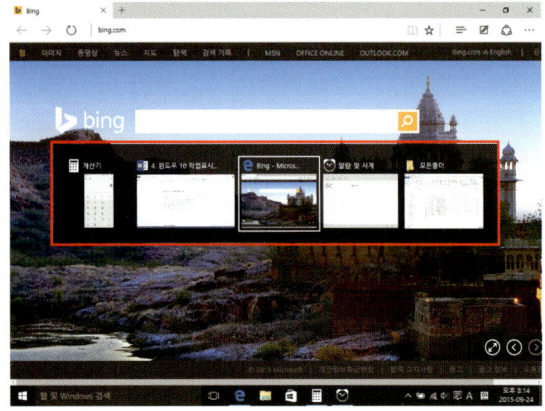

02 계속 Alt를 누른 상태에서 Tab을 반복하여 누르면 사용 중인 창들을 이동하거나, Tab이 아닌 키보드의 양쪽 방향키(←, →)를 눌러 창을 이동할 수 있습니다.

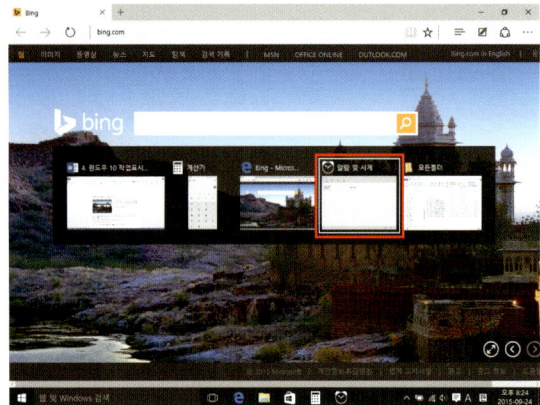

03 원하는 창으로 이동하여 Alt를 떼면 선택한 창이 화면에 나타납니다.

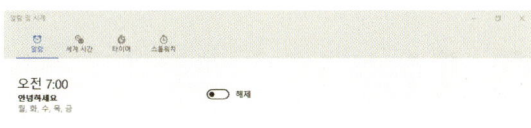

04 Alt를 누른 상태에서 마우스로 x를 눌러 사용 중인 창을 닫을 수 있습니다.

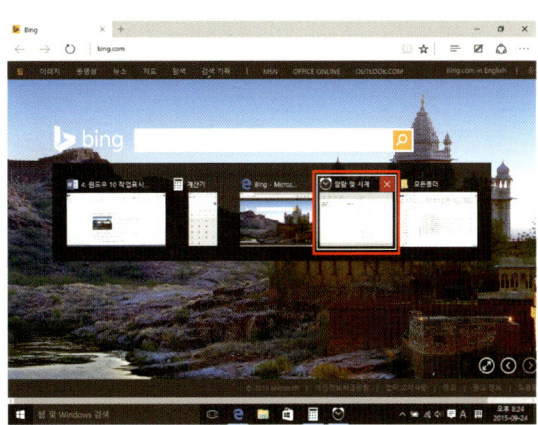

04 | 작업 표시줄에서 앱 미리보기

미리보기 기능은 앱을 클릭하지 않고 현재 사용 중인 내용을 간단하게 확인할 수 있습니다.

01 작업 표시줄에 있는 사용 중인 앱 아이콘 위로 마우스 포인터를 1초 정도 올려 놓습니다. 같은 프로그램을 두 개 이상 하고 있으면 마우스로 클릭만 해도 작업 중인 창들이 미리보기됩니다.

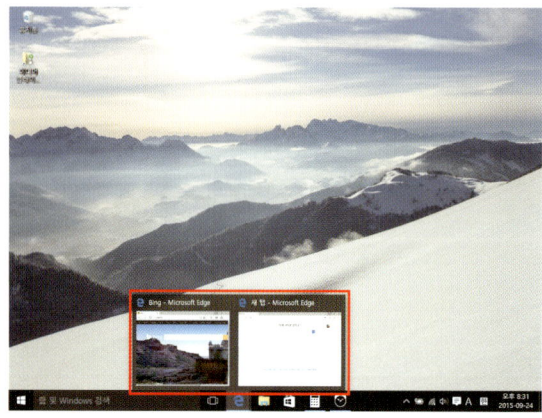

02 미리보기된 창에 마우스 포인터를 가져가면 창이 노출됩니다. 클릭하지 않고 마우스 포인터를 이동하면 활성화된 창이 닫힙니다.
미리보기의 오른쪽 끝 x단추(❌)를 클릭하면 창을 닫을 수 있습니다.

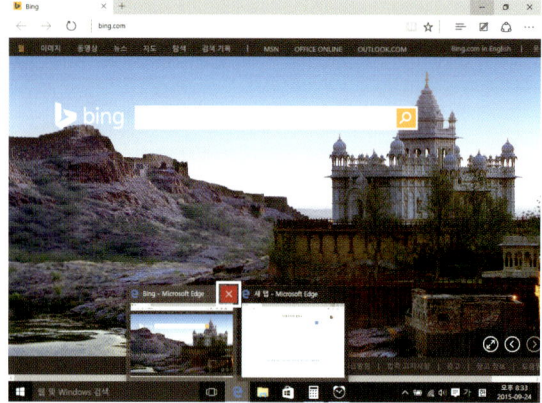

05 | 작업 표시줄에서 앱 히스토리 확인하기

사용 중인 앱 아이콘에 마우스 오른쪽 단추를 클릭하면 최근 작업했던 목록을 볼 수 있습니다. 앱의 성격에 따라 다른 목록을 보여주지만, 이전 기록들을 쉽게 확인할 수 있어 작업할 때 편리하게 이용할 수 있으니 꼭 참고하십시오.

01 작업 표시줄에 표시되어 있는 앱 아이콘을 마우스 오른쪽 단추로 클릭합니다. 파워포인트나 워드일 경우 최근 작업했던 목록들을 보여줍니다.

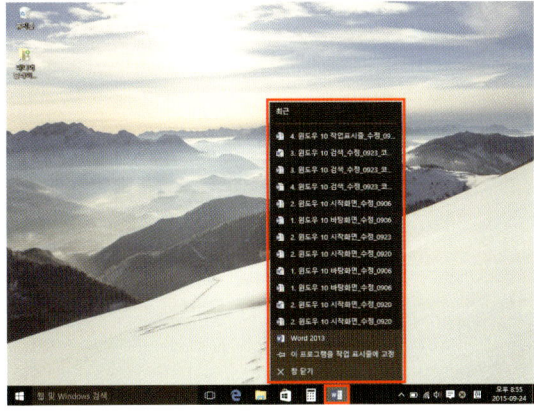

02 파일 탐색기를 마우스 오른쪽 단추로 클릭하면, 바로 가기 메뉴들과 최근 사용한 폴더를 확인할 수 있습니다.

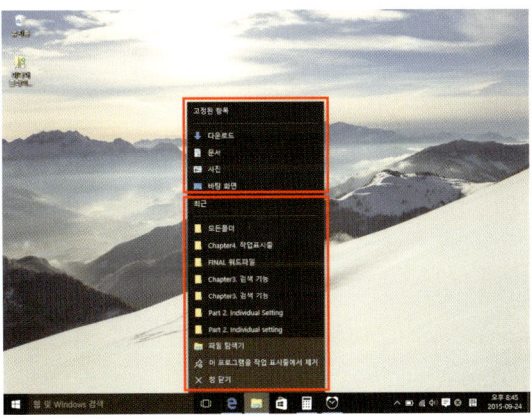

06 | 작업 표시줄에 앱 아이콘 고정하기

자주 사용하는 앱 일 경우 작업 표시줄에 아이콘이 고정되어 있으면 활용하기 편리합니다. 아이콘을 고정할 수 있는 방법에 대해 알아보겠습니다.

1) 시작화면에서 앱 아이콘 고정하기

01 시작 단추 클릭 > 고정할 앱을 마우스 오른쪽 단추로 클릭 >' 작업 표시줄에 고정'을 선택합니다.

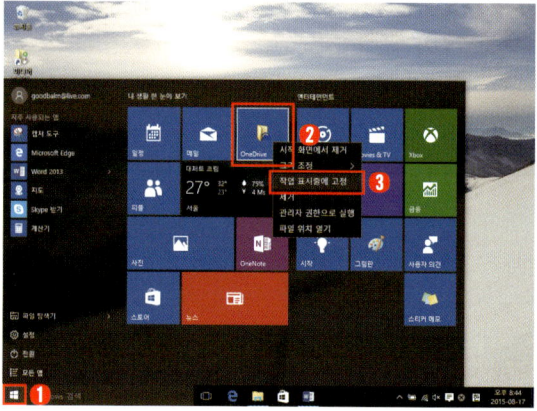

02 작업 표시줄에 선택한 앱이 고정된 것을 확인할 수 있습니다.

2) 작업 표시줄에서 앱 아이콘 고정하기

01 실행 중인 앱 아이콘을 마우스 오른쪽 단추로 클릭 〉 '이 프로그램을 작업 표시줄에 고정'을 클릭합니다.

02 작업 표시줄에 선택한 앱이 고정된 것을 확인할 수 있습니다.

07 | 작업 표시줄에 고정된 앱 아이콘 이동하기

작업 표시줄에 고정된 앱 아이콘을 원하는 위치로 이동할 수 있습니다.
아이콘 이동 방법에 대해 알아보겠습니다.

01 옮기려는 작업 표시줄에 고정된 앱 단추를 길게 클릭한 상태에서 왼쪽 혹은 오른쪽으로 위치를 이동합니다.

02 원하는 위치에 이동 한 후, 손가락을 뗍니다.

08 | 작업 표시줄에서 앱 아이콘 제거하기

작업 표시줄에서 자주 사용하지 않는 앱이 고정되어 있을 경우 작업 표시줄에서 앱 아이콘을 제거할 수 있습니다.

01 시작 단추에서 앱 아이콘을 제거해보겠습니다. 시작 단추 클릭 〉 제거할 앱을 마우스 오른쪽 단추로 클릭 〉 '작업 표시줄에서 제거'를 클릭합니다.

02 작업 표시줄에서 앱 아이콘이 사라진 것을 확인할 수 있습니다.

03 작업 표시줄에서 앱 아이콘을 제거해보겠습니다. 작업 표시줄에서 삭제할 앱을 마우스 오른쪽 단추 클릭 〉 '이 프로그램을 작업 표시줄에서 제거'를 클릭합니다.

04 작업 표시줄에서 앱 단추가 사라진 것을 확인할 수 있습니다.

09 | 작업 표시줄에 아이콘 설정하기

작업 표시줄 오른쪽에 표시되는 원드라이브, 카카오톡과 같은 아이콘과 전원, 볼륨과 같은
시스템 아이콘들을 설정하고 편리하게 이용할 수 있습니다.

01 작업 표시줄에 표시되는 아이콘을 설정해보겠습니다.
시작 단추 클릭 > 설정 클릭 > 시스템 클릭 > 알람 및 작업 클릭 > '작업 표시줄에 표시되는 아이콘 선택'을 클릭합니다.

02 각 아이콘의 꺼짐/ 켜짐을 이용하여 작업 표시줄에 표시되는 아이콘을 지정할 수 있습니다.

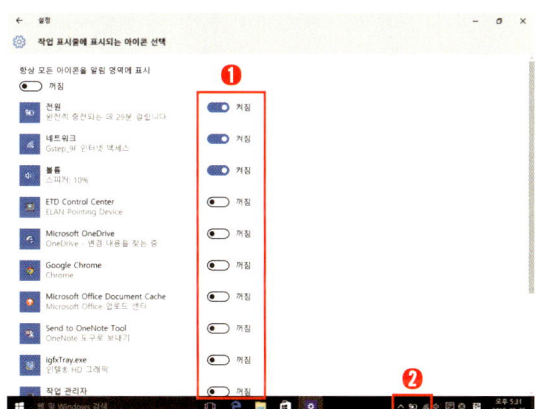

03 Microsoft OneDrive를 켜짐으로 클릭하면 하단에 아이콘이 생성된 것을 확인할 수 있습니다.

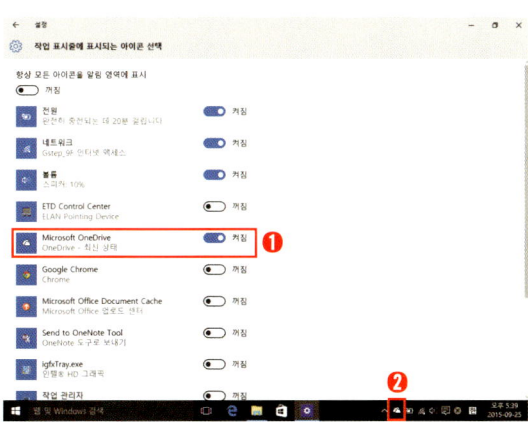

04 시스템 아이콘을 설정해보겠습니다.
시작 단추 클릭 〉 설정 클릭 〉 시스템 클릭 〉 알람 및 작업 클릭 〉 '시스템 아이콘 켜기 또는 끄기'를 클릭합니다.

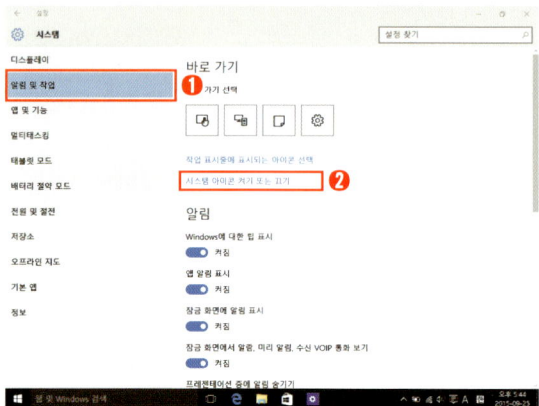

05 작업 표시줄에 기본적으로 표시되는 시스템 아이콘의 노출 여부를 켜짐/ 꺼짐을 클릭해 설정할 수 있습니다.

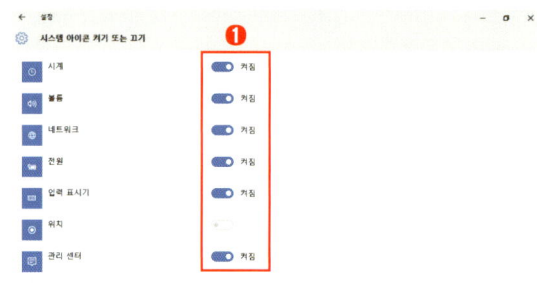

06 시계를 꺼짐으로 클릭하면 하단의 작업 표시줄에 시계가 사라진 것을 확인할 수 있습니다.

10 | 작업 표시줄에서 날짜 및 시간 확인하기

작업 표시줄에서 날짜와 시간을 간단히 확인할 수 있고 나라에 맞는 시간으로 설정할 수 있습니다.

01 작업 표시줄 맨 오른쪽 날짜와 시간을 표시해주는 박스를 클릭하면 한 달 단위의 날짜와 현재 시간을 확인할 수 있습니다.

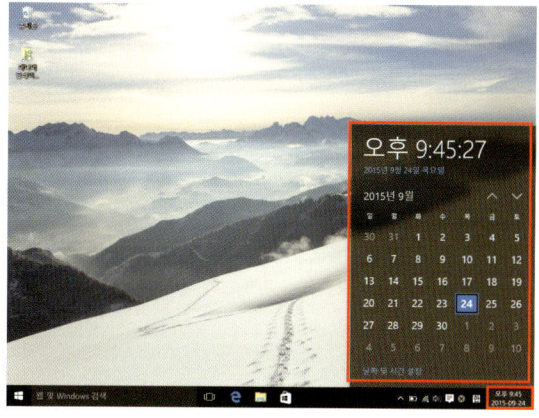

02 월을 클릭하면 연도와 월을 선택하여 날짜를 확인할 수 있습니다.

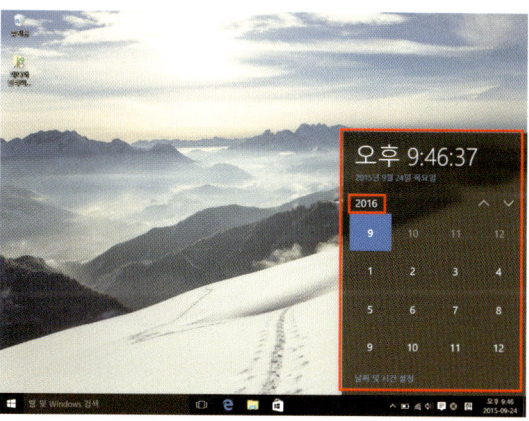

03 하단에 날짜 및 시간 설정을 클릭하면 나라에 맞는 표준 시간대를 설정할 수 있습니다.

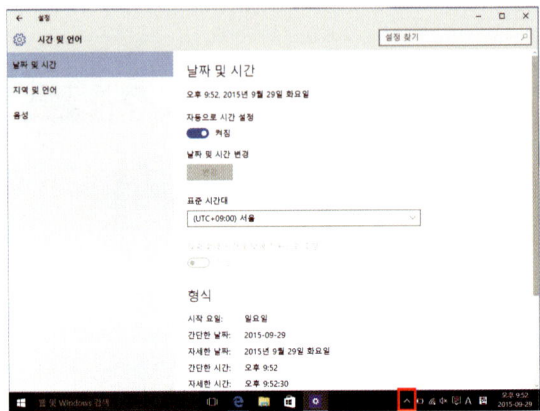

11 | 작업 표시줄 위치 이동하기

작업 표시줄을 사용자의 취향에 맞게 위치를 변경할 수 있습니다. 모니터의 크기 또는 길이에 맞게 사용할 때 유용하게 쓰이는 기능이니 참고해두십시오.

1) 마우스 오른쪽 단추를 이용한 이동하기

01 마우스 오른쪽 단추를 이용해 작업 표시줄을 이동해보겠습니다.
작업 표시줄의 빈 공간에 마우스 오른쪽 단추를 클릭 〉속성을 클릭합니다.

02 화면에서의 작업 표시줄 위치의 드롭다운 메뉴를 클릭하면 아래쪽, 위쪽, 오른쪽, 왼쪽으로 위치를 선택할 수 있습니다.

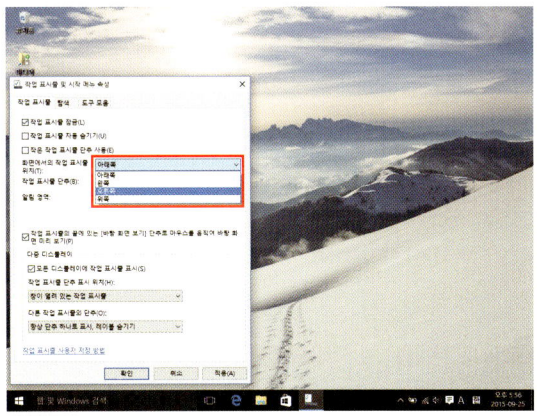

03 작업 표시줄의 기본 위치는 아래쪽이며, 다른 위치를 선택하면 작업 표시줄이 이동합니다. 오른쪽을 선택 〉 저장하면 작업 표시줄이 오른쪽에 이동한 것을 확인할 수 있습니다.

2) 마우스 끌기를 이용한 이동하기

04 마우스 끌기를 이용해 작업 표시줄을 이동해보겠습니다.
작업 표시줄의 빈 공간에 마우스 오른쪽 단추 클릭 〉 '모든 작업 표시줄 잠금'을 클릭하여 체크를 해제합니다.

05 작업 표시줄의 빈 공간을 클릭한 상태에서 왼쪽, 오른쪽, 위로 마우스 포인터를 이동하면 작업 표시줄이 이동합니다.
마우스 커서를 위로 가져가면 이동된 작업 표시줄을 확인할 수 있습니다. 이동한 상태를 고정하기 위해서는 마우스 오른쪽 단추 클릭 〉 '모든 작업 표시줄 잠금'을 클릭하여 체크 상태로 변경합니다.

윈도우 10 작업 표시줄 마우스 오른쪽 단추 메뉴 보기

작업 표시줄 위에서 마우스 오른쪽 단추를 누르면 커서 오른쪽에 관련 메뉴가 나타납니다. 기본적으로 아래의 메뉴를 보여줍니다.
도구 모음 : 작업 표시줄에서 쉽게 접근하게 하기 위한 주소,링크 등이 있습니다.
검색 : 검색 상자 노출에 대해 설정할 수 있습니다.
작업 보기 단추 표시 : 작업 보기 단추 표시의 유무를 설정할 수 있습니다.
터치 키보드 단추 표시 : 터치 키보드 단추의 표시 유무를 설정할 수 있습니다.
계단식 창 배열 : 사용 중인 창들을 계단식으로 배열할 수 있습니다.
창 가로 정렬 보기 : 사용 중인 창들을 가로로 정렬할 수 있습니다
창 세로 정렬 보기 : 사용 중인 창들을 세로로 정렬할 수 있습니다.
바탕화면 보기 : 바탕화면에 있는 모든 바로 가기 아이콘들을 작업 표시줄에 모아 빠르고 쉽게 이동할 수 있습니다.
작업 관리자 : 사용 중인 작업을 볼 수 있습니다.
모든 작업 표시줄 잠금 : 작업 표시줄을 움직이지 못하도록 잠금하는 기능입니다.
속성 : 작업 표시줄 표시 방법에 대해 설정할 수 있습니다.

12 | 작업 표시줄 자동 숨기기

작업 표시줄을 사용하지 않을 경우 자동으로 숨김 설정할 수 있습니다.
모니터 화면이 작을 경우 효과적으로 활용할 수 있으니 참고해두십시오.

01 작업 표시줄의 빈 공간에 마우스 오른쪽 단추를 클릭 〉속성을 클릭합니다.

02 작업 표시줄 자동 숨기기를 체크합니다.

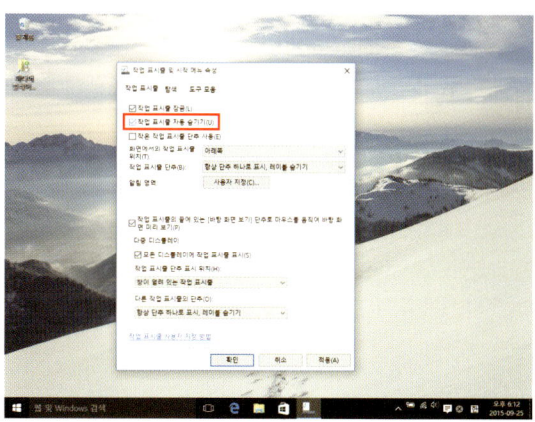

03 작업 표시줄이 숨겨진 것을 확인할 수 있습니다. 작업 표시줄을 사용할 땐 작업 표시줄이 숨겨진 위치에 마우스를 가져갑니다.

13 | 다중 디스플레이 작업 표시줄 설정하기

모니터를 2개 이상 사용할 경우 모니터마다 작업 표시줄을 설정할 수 있습니다.
모니터마다 사용 중인 앱을 확인할 수 있는 방법을 알아보겠습니다.

01 작업 표시줄의 빈 공간에 마우스 오른쪽 단추를 클릭 〉 속성을 클릭합니다.

02 다중 디스플레이 작업 표시줄 단추 표시 위치의 드랍다운 메뉴를 클릭하면 '모든 작업 표시줄', '주 작업 표시줄 및 창이 열려있는 작업 표시줄', '창이 열려있는 작업 표시줄'을 선택할 수 있습니다.

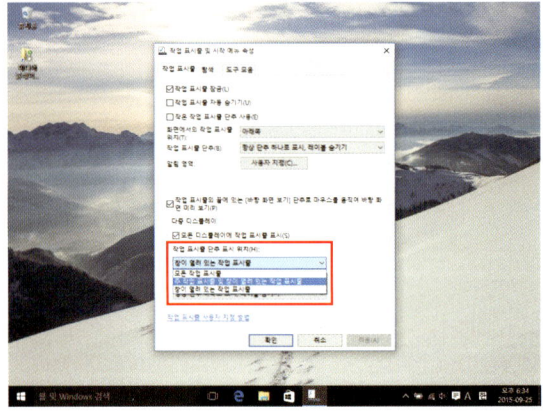

03 모든 작업 표시줄을 설정하면, 주 모니터에 있는 작업 표시줄의 아이콘이 확장된 모니터의 작업 표시줄에도 동일하게 나타납니다.

04 주 작업 표시줄 및 창이 열려있는 작업 표시줄을 설정하면, 확장된 모니터에서 사용 중인 앱이 주 모니터의 작업 표시줄에 나타납니다. 주 모니터의 실행 중인 앱은 확장된 모니터의 작업 표시줄에 나타나지 않습니다.

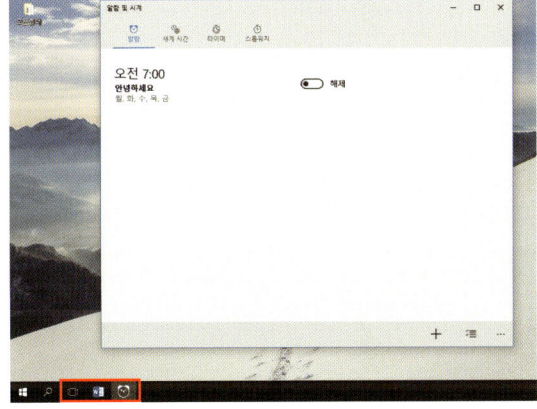

05 창이 열려있는 작업 표시줄을 설정하면, 각 모니터 별로 사용 중인 앱이 작업 표시줄에 나타납니다. 주 모니터의 작업 표시줄에 확장된 모니터가 사용 중인 앱이 나타나지 않습니다.

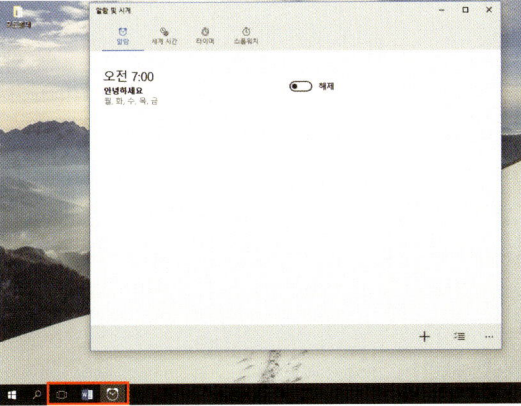

CHAPTER 5
태블릿 모드 설정하기

태블릿 모드는 터치 디바이스에서 보다 편리하게 윈도우 10을 이용할 수 있는 기능입니다.

01 태블릿 모드 전환하기 **02** 태블릿 모드 기본 조작 알아보기

01 | 태블릿 모드 전환하기

윈도우 10의 바탕화면에서 알림 센터의 기능을 이용해 태블릿 모드로 전환하는 방법을 알아보겠습니다.

01 화면 오른쪽 아래 알림 센터 클릭 > 태블릿 모드 바로 가기 단추를 클릭합니다.

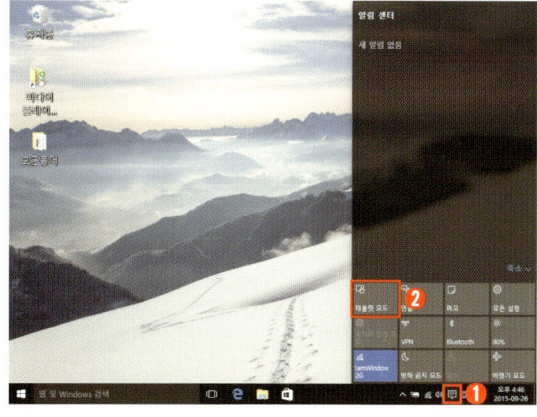

02 터치 환경에 최적화된 태블릿용 UI로 변경되면서 작업 표시줄은 시작화면과 작업 표시줄은 시작 단추/ 뒤로/ 검색/ 작업보기 아이콘들로 전환됩니다.

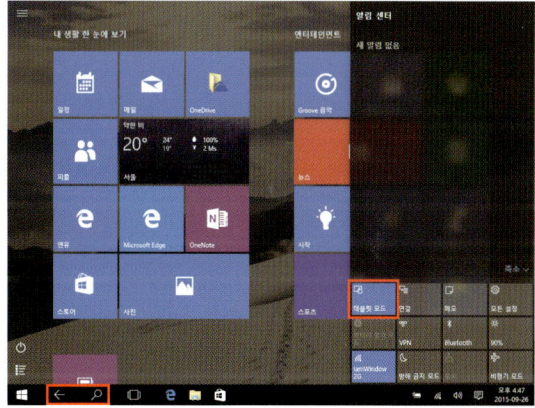

02 | 태블릿 모드 기본 조작 알아보기

터치 환경에 최적화된 윈도우 10 태블릿 모드 기본 조작에 대해 알아보겠습니다.

01 태블릿 모드의 첫 화면은 윈도우 8과 비슷합니다. 타일 UI의 시작화면, 왼쪽에 시작 메뉴, 하단에 작업 표시줄로 크게 3가지로 화면이 구성되어 있습니다.

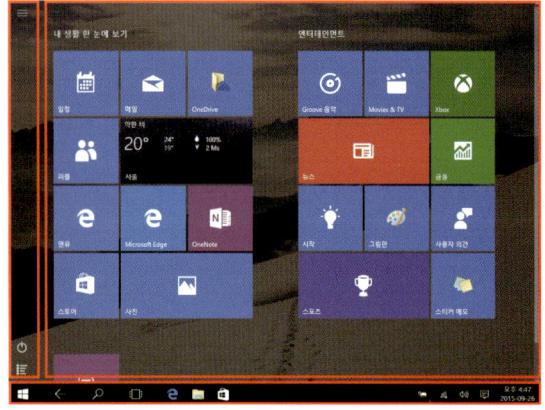

02 왼쪽 상단의 더보기를 누르면 시작화면의 시작 메뉴가 나타납니다. 데스크탑 모드의 설정을 그대로 가져오며 자주 사용하는 앱, 바로 가기 아이콘 등을 확인할 수 있습니다.

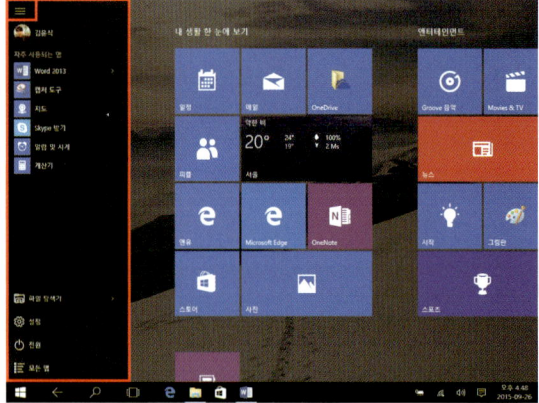

03 데스크탑과 동일하게 타일을 클릭하여 원하는 위치로 이동하거나 그룹을 나눌 수 있습니다.

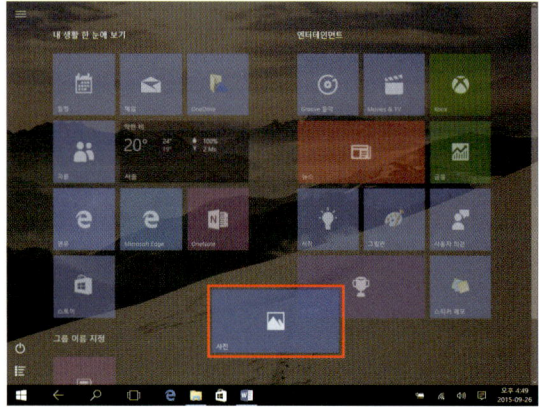

04 검색 아이콘을 누르면 검색 상자가 나타나면서 검색이 가능합니다.

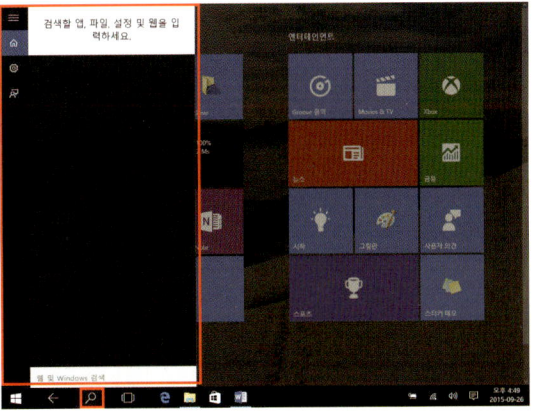

05 작업보기를 누르면 사용 중인 모든 창들을 확인할 수 있습니다. 원하는 작업 창을 클릭하면 이동합니다.

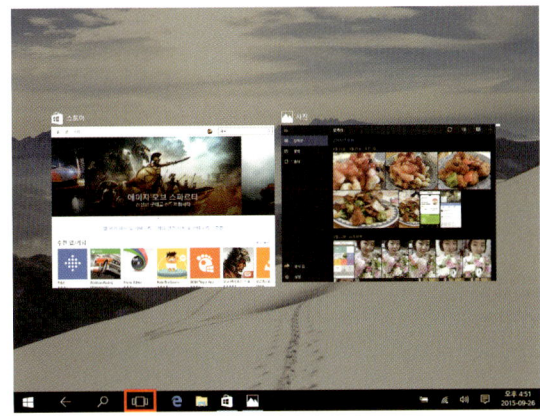

06 현재 작업 중인 앱의 상단을 왼쪽 혹은 오른쪽으로 끌어 이동하면 실행 중인 다른 앱의 창이 반대편에 분할되어 노출됩니다. 동시에 두 개의 앱을 실행하여 사용할 수 있습니다.

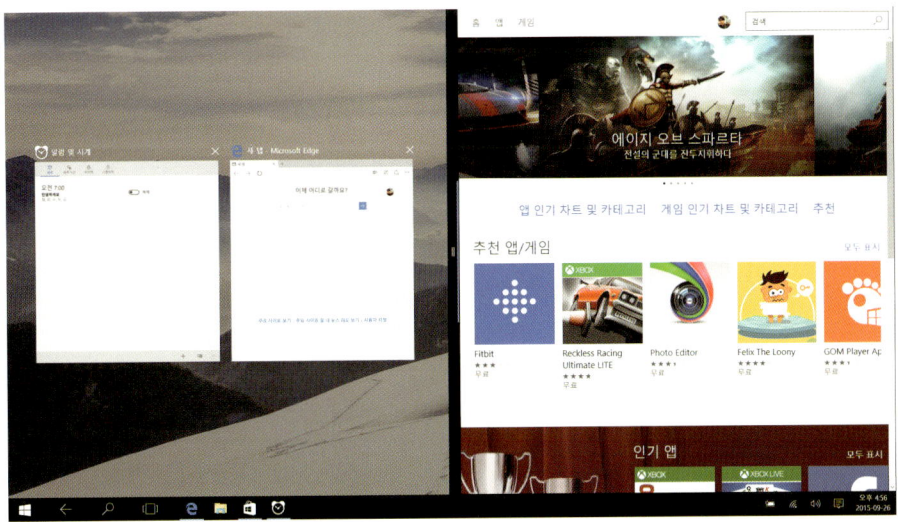

07 현재 작업 중인 앱의 상단을 왼쪽 혹은 오른쪽으로 끌어 이동하면 실행 중인 다른 앱의 창이 반대편에 분할되어 노출됩니다. 동시에 두 개의 앱을 실행하여 사용할 수 있습니다.

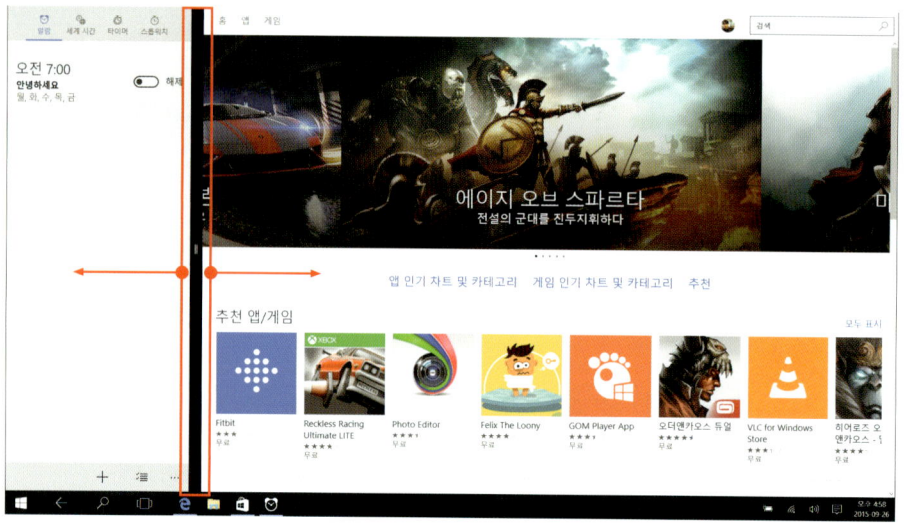

05 데스크탑 작업 환경을 태블릿 모드에도 적용할 수 있습니다. 태블릿 모드의 작업 표시줄에 마우스 오른쪽 단추로 클릭하여 원하는 작업 환경들을 선택하면 됩니다.

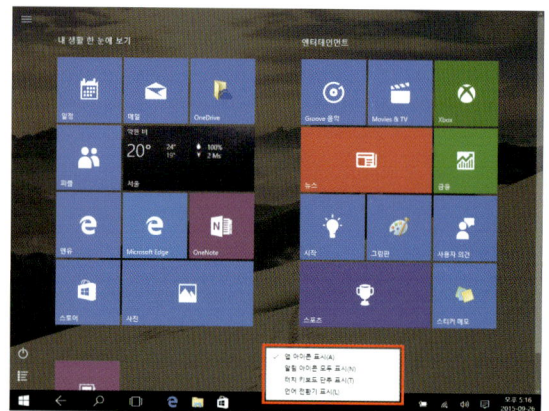

윈도우 10 태블릿 모드의 작업 표시줄 마우스 오른쪽 단추 메뉴 보기

태블릿 모드 상태의 작업 표시줄 위에서 마우스 오른쪽 단추를 누르면 커서 오른쪽에 관련 메뉴가 나타납니다.

앱 아이콘 표시 : 데스크톱 작업 표시줄에 고정되어 있는 프로그램들을 사용할 수 있습니다.
알림 아이콘 모두 표시 : 데스크톱 작업 표시줄에 표시되어 있는 아이콘을 사용할 수 있습니다.
터치 키보드 단추 표시 : 터치 키보드 단추를 표시 및 해지할 수 있습니다.
표시 언어 전환기 : 한/ 영 전환 아이콘을 표시 및 해지할 수 있습니다.

TIP!

태블릿 모드 설정하기

시작 단추 클릭 > 설정 클릭 > 시스템 클릭 > 태블릿 모드를 클릭합니다.

1. 태블릿 모드 : 켜짐을 클릭하면, 태블릿 모드로 화면이 전환됩니다. 보통 데스크톱을 이용한다면 꺼짐으로 작업하는 것을 추천합니다.

2. 로그인 시 : 로그인할 때 태블릿 모드, 바탕화면으로 이동, 마지막으로 사용한 항목으로 설정 가능합니다.

3. 이 장치에서 태블릿 모드를 자동으로 켜거나 끄는 경우 : 태블릿 모드를 사용할 경우 전환 여부를 묻는 알림을 선택할 수 있습니다.

4. 태블릿 모드에서 작업 표시줄에 앱 아이콘을 숨깁니다. : 켜짐을 클릭하면 태블릿 모드에서도 데스크톱 모드와 동일하게 아이콘이 표시되며 꺼짐을 클릭하면 아이콘이 사라집니다.

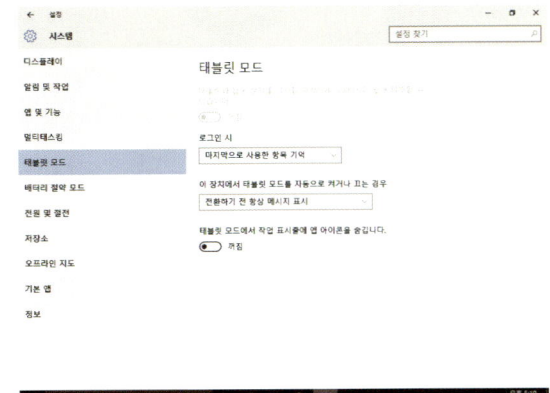

CHAPTER 6
윈도우 10 개인 설정하기

개인마다 다른 스타일을 가지고 있는 것처럼 윈도우 10도 나만의 스타일대로 작업 환경을 만들 수 있습니다. 윈도우 10 바탕화면, 테마, 잠금화면 등 나에게 딱 맞는 환경으로 만들어 보겠습니다.

01 바탕화면 이미지 변경하기 **02** 윈도우 10 테마 컬러 변경하기 **03** 윈도우 10 테마 변경하기
04 잠금화면 설정하기

01 | 바탕화면 이미지 변경하기

바탕화면 이미지를 사진/ 단색/ 슬라이드 쇼 3가지 형태로 변경하는 방법을 알아보겠습니다.

01 시작 단추 클릭 〉 설정 클릭 〉 개인 설정 클릭 〉 배경 클릭 또는 바탕화면에서 마우스 오른쪽 단추 클릭 〉 개인 설정 클릭 〉 배경을 클릭합니다.

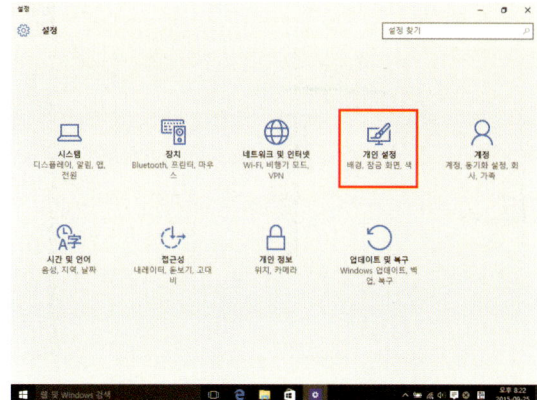

02 배경화면의 이미지를 사진/ 단색/ 슬라이드 쇼 3가지 형태로 변경하고 배열할 수 있습니다. 사진을 선택할 경우 찾아보기 버튼을 눌러 PC 폴더에 저장되어 있는 사진을 지정할 수 있습니다.

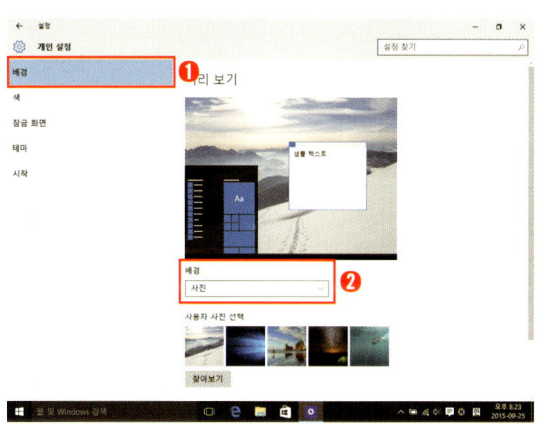

03 단색을 선택하면 다양한 배경색이 나타납니다. 원하는 색 하나를 지정하면 배경화면 색이 변경됩니다.

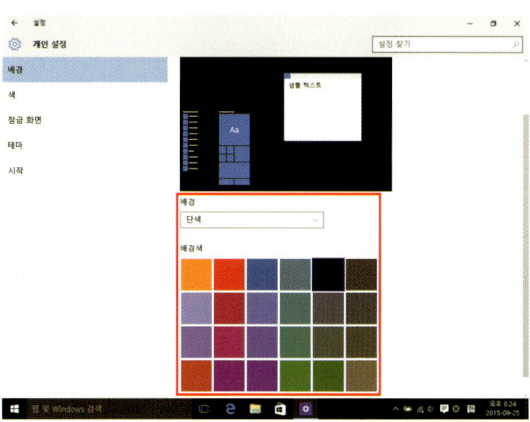

04 슬라이드 쇼를 선택하면 슬라이드 쇼용 앨범을 선택할 수 있습니다.

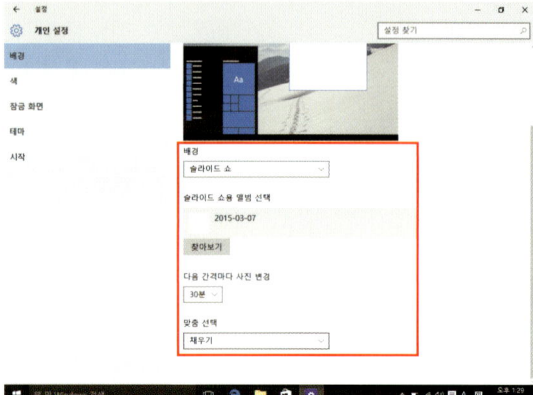

05 앨범을 지정했으면 원하는 간격을 선택합니다.

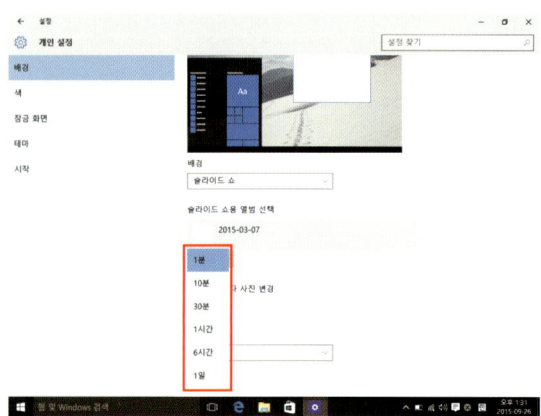

06 배경 선택이 끝났다면 맞춤 선택을 통해 원하는 배열로 설정할 수 있습니다.

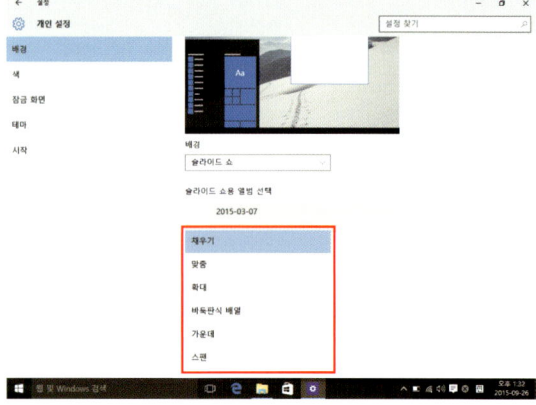

02 | 윈도우 10 테마 컬러 변경하기

시작화면, 작업 표시줄 등 윈도우 10의 테마 컬러를 변경하는 방법을 알아보겠습니다.

01 시작 단추 클릭 〉 설정 클릭 〉 개인 설정 클릭 〉 색 클릭 또는 바탕화면에서 마우스 오른쪽 단추 클릭 〉 개인 설정 클릭 〉 색을 클릭합니다.

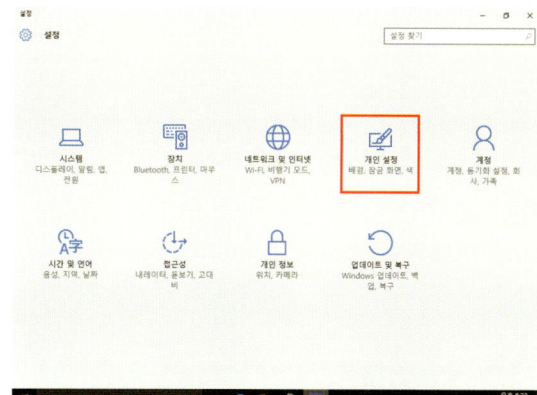

02 자동으로 내 백그라운드에서 테마 컬러 선택을 꺼짐으로 비활성화하면 테마 컬러를 선택할 수 있습니다.

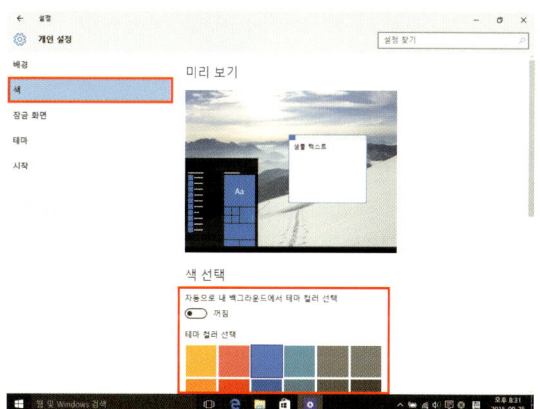

03 테마 컬러를 지정하면 바로 적용되어 시작화면과 작업 표시줄 색이 변경된 것을 확인할 수 있습니다.

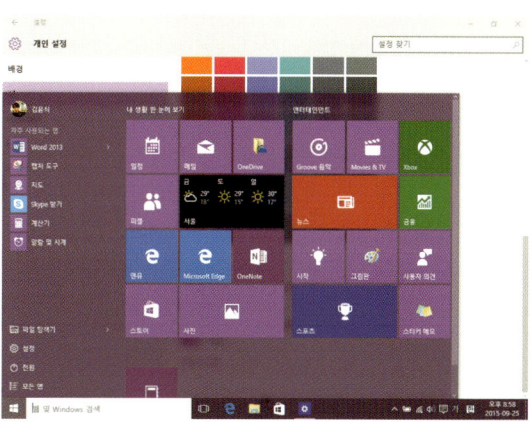

04 '시작, 작업 표시줄 및 알림 센터를 투명하게'를 켜짐/ 꺼짐으로 설정할 수 있습니다.

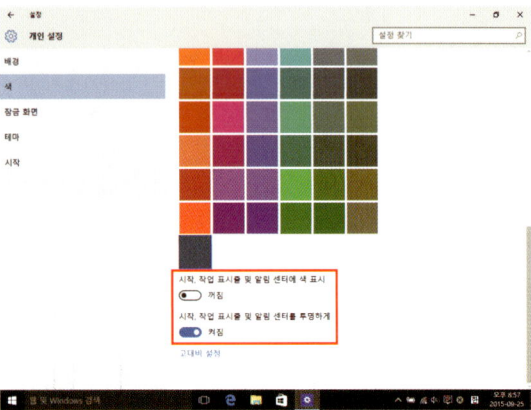

05 켜짐으로 활성화하면 시작화면에 뒷 배경화면이 살짝 비치게 표시됩니다. 꺼짐으로 비활성화하면 불투명한 색으로 표시됩니다.

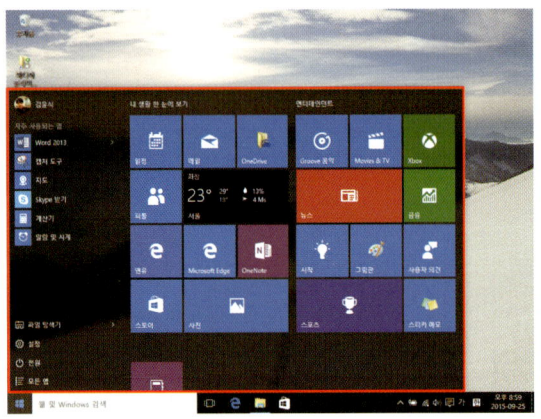 

03 | 윈도우 10 테마 변경하기

자신에게 어울리는 윈도우 10 테마를 온라인에서 다운로드하여 추가하고 설치하는 방법을 알아보겠습니다.

01 시작 단추 클릭 〉 설정 클릭 〉 개인 설정 클릭 〉 테마 클릭 또는 바탕화면에서 마우스 오른쪽 단추 클릭 〉 개인 설정 클릭〉 테마를 클릭합니다.

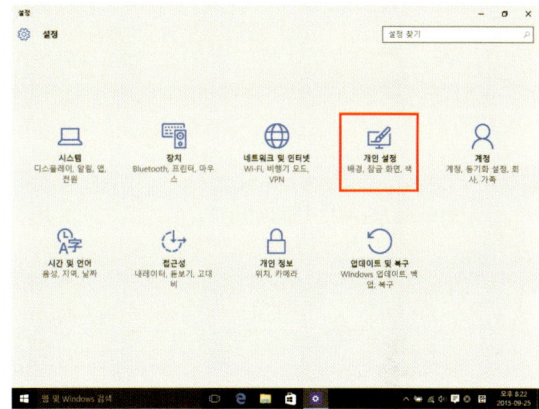

02 테마 설정을 누르면 제어판 개인 설정 창이 열립니다.

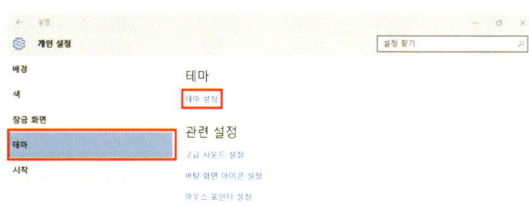

03 윈도우에서 기본으로 제공해주는 테마 또는 온라인으로 테마를 추가해 설정할 수 있습니다.

04 온라인으로 추가 테마 보기를 클릭하면 마이크로소프트에서 제공하는 테마 다운로드 사이트로 이동합니다.
다양한 테마 중 원하는 테마를 다운로드 받습니다.

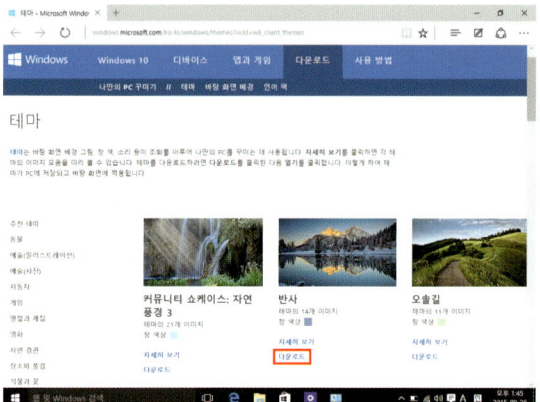

05 다운로드 받은 파일을 더블 클릭해 실행시키면 자동으로 압축이 해제됩니다.

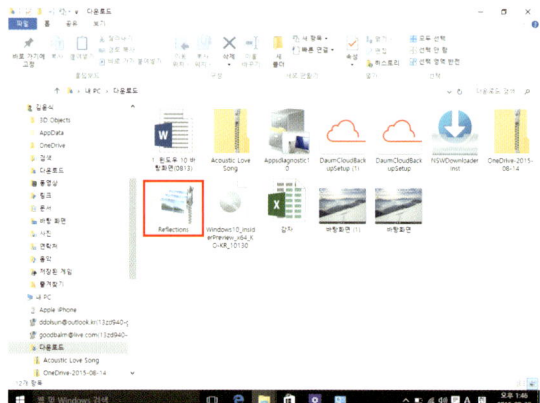

06 내 테마를 다시 확인하면 다운받은 테마가 추가된 것을 확인할 수 있습니다.

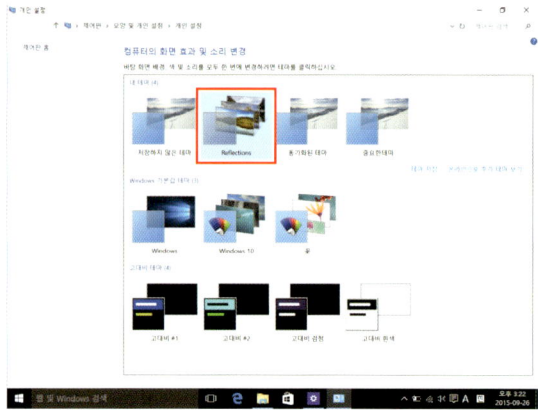

07 추가된 테마를 클릭하면 내 PC에 선택된 테마가 적용됩니다.

TIP!

고대비는 컴퓨터 화면에서 일부 텍스트와 이미지의 색상 대비를 강조하여 해당 항목을 보다 뚜렷하고 쉽게 식별될 수 있도록 하는 테마입니다.
시작 단추 클릭 > 설정 클릭 > 접근성 클릭 > 고대비 클릭 혹은 웹 및 윈도우 검색 상자 > 고대비 설정을 클릭합니다.
고대비 메뉴를 클릭합니다. 테마를 선택한 뒤 적용을 클릭합니다.
(단축키 : 왼쪽 Alt + 왼쪽 Shift + Print Screen)
마우스 오른쪽 단추 클릭 > 개인 설정 클릭> 테마에서 고대비 테마를 선택하는 방법도 있습니다.

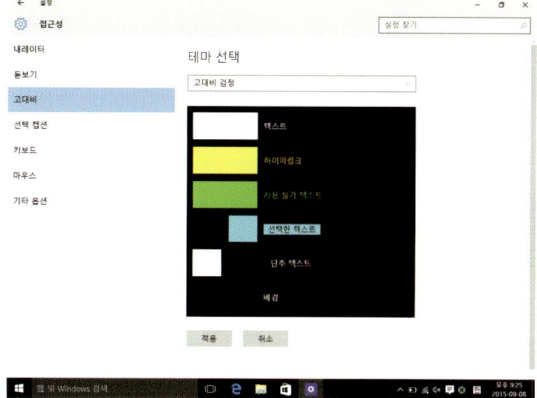

04 | 잠금화면 설정하기

윈도우 10의 잠금화면 이미지와 잠금화면 상태에서 받아 볼 수 있는 정보들을 설정할 수 있습니다.

01 시작 단추 클릭 〉 설정 클릭 〉 개인 설정을 클릭 또는 바탕화면에서 마우스 오른쪽 단추 클릭 〉 개인 설정 클릭 〉 잠금화면을 클릭합니다.

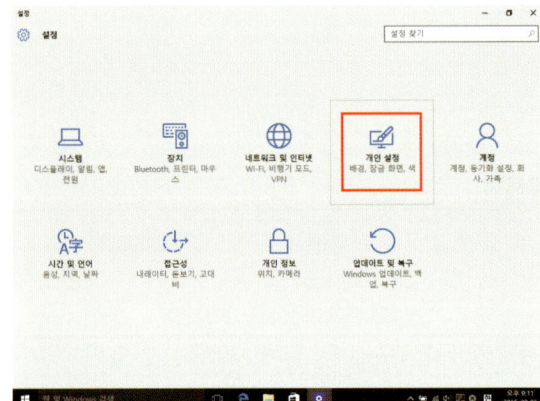

02 잠금화면의 배경을 윈도우 추천/사진/슬라이드 쇼 중 원하는 스타일로 지정해 사용할 수 있습니다.

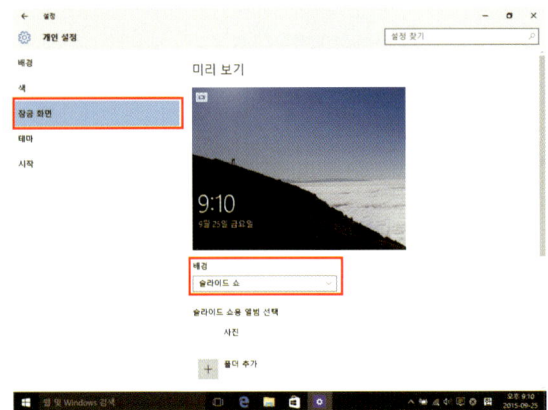

03 윈도우 추천을 선택할 경우 잠금화면은 윈도우에서 추천해 주는 배경으로 설정됩니다.
오른쪽 상단에 표시되는 '사진이 마음에 드세요'를 클릭해 '좋아요' 또는 '마음에 들지 않음'을 선택할 수 있습니다. 마음에 들지 않음을 선택할 경우 배경이 바뀌고, 좋아요를 선택할 경우 비슷한 이미지로 배경을 추천해줍니다.

04 사진을 선택할 경우 컴퓨터에 저장되어 있는 사진들을 지정해 사용할 수 있습니다.

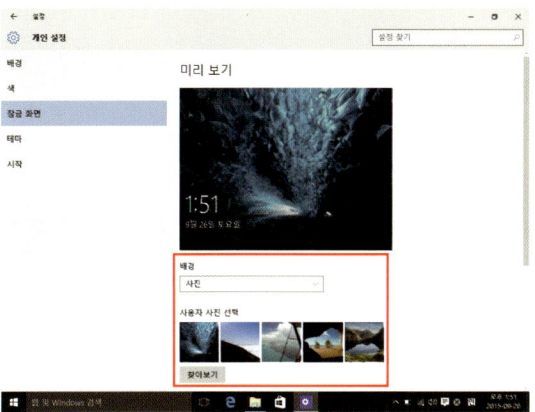

05 슬라이드 쇼를 선택할 경우 앨범을 선택하여 앨범내의 사진을 일정한 간격으로 변경할 수 있습니다.

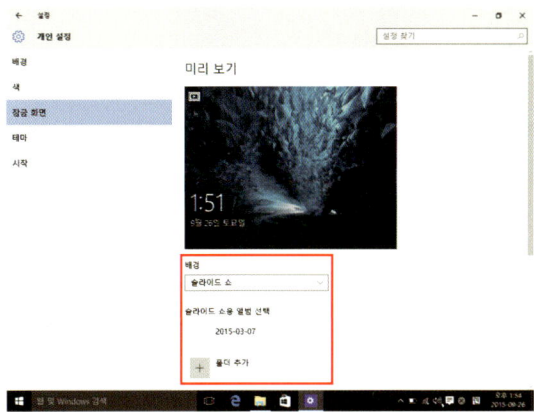

06 자세한 상태를 표시할 앱 선택을 클릭해 앱을 설정하면 잠금화면에서 확인이 가능합니다.

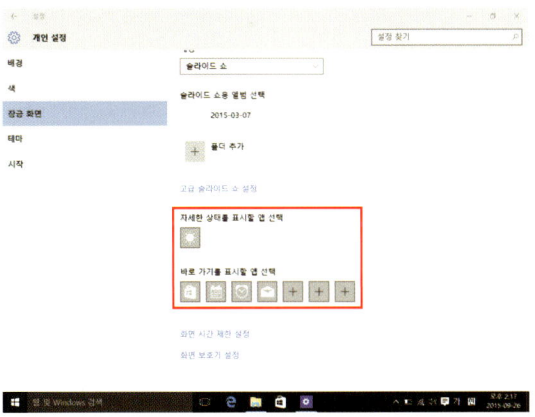

07 잠금화면에서 글쓴이가 선택한 날씨가 보이는 것을 확인할 수 있습니다.

TIP!

고급 슬라이드 쇼 설정

1) 내 PC 및 OneDrive의 카메라 앨범 폴더 포함 : 원드라이브 카메라 앨범 지정이 가능합니다.
2) 내 화면에 맞는 사진만 사용 : 화면 비율에 맞는 사진만 사용 가능하도록 지정합니다.
3) 배터리 사용 시 슬라이드 쇼 재생 : 노트북, 태블릿 경우 켜짐으로 활성화 할 경우 슬라이드 쇼가 재생됩니다.
4) 내 PC가 비활성화된 경우 화면을 끄는 대신 잠금화면을 표시합니다 : 컴퓨터를 사용하지 않고 일정 시간이 지나면 잠금화면에 슬라이드 쇼가 표시됩니다.

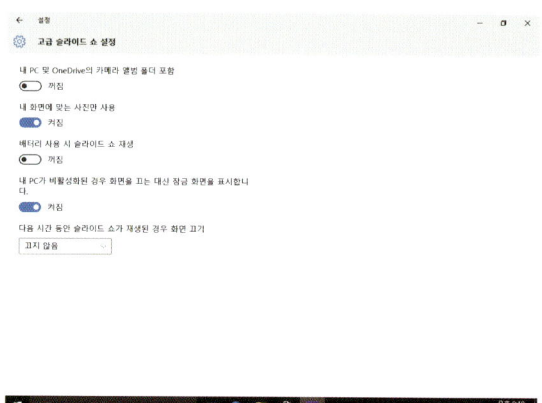

5) 다음 시간 동안 슬라이드 쇼가 재생된 경우 화면 끄기 : 슬라이드 쇼가 지정한 일정 시간이 지나면 화면이 꺼집니다.

CHAPTER 7
로그인 옵션 설정하기

윈도우 10을 로그인할 수 있는 방법은 마이크로소프트 계정, PIN 번호, 사진 암호, Windows Hello 4가지가 있습니다. Windows Hello는 지문 또는 얼굴 인식을 이용해 로그인이 가능하지만 컴퓨터에 인식 장치가 탑재되어 있어야 합니다. 가장 사용하기 쉬운 3가지 로그인 설정 방법을 알아보겠습니다.

01 마이크로소프트 계정 로그인하기 **02** PIN번호 로그인 추가하기 **03** 사진 암호 로그인 추가하기

01 | 마이크로소프트 계정 로그인하기

마이크로소프트 계정으로 서비스 로그인 뿐만 아니라 PC 로그인도 가능합니다.
마이크로소프트 계정으로 로그인 해보겠습니다.

01 가장 기본적인 로그인 방법으로 마이크로소프트 계정 비밀 번호를 사용합니다.

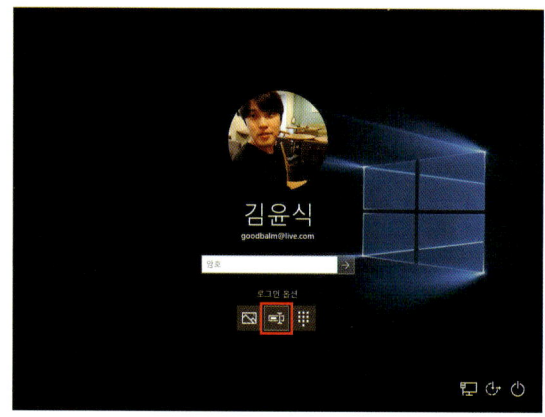

TIP!

마이크로소프트 계정 비밀번호 변경하기

마이크로소프트 계정 비밀번호를 변경하면, PC에 로그인할 때 뿐만 아니라 모든 마이크로소프트 서비스를 로그인할 때도 변경됩니다.

시작 단추 클릭 〉 설정 클릭 〉 계정 클릭 〉 로그인 옵션 클릭 〉 계정 암호 변경을 클릭합니다.
사용 중인 마이크로소프트 계정의 비밀번호를 입력합니다. 새롭게 바꿀 비밀번호를 입력한 뒤 다음 단추를 눌러 저장합니다.

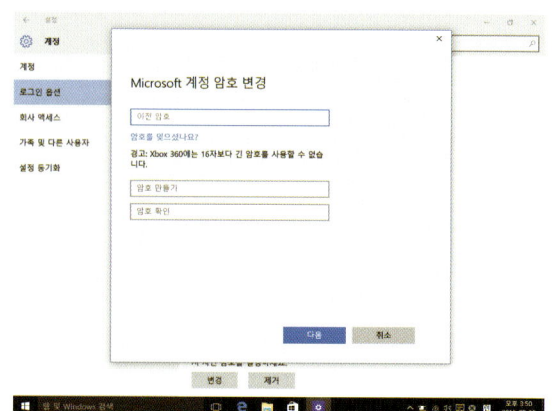

02 | PIN번호 로그인 추가하기

PIN번호는 숫자로만 비밀번호를 만들 수 있고 기존 마이크로소프트 계정 암호보다 안전하고 빠르게 로그인할 수 있습니다.

01 시작 단추 클릭 〉 설정 클릭 〉 계정 클릭 〉 로그인 옵션 클릭 또는 시작 단추 클릭 〉 사용자 계정 클릭 〉 계정 설정 변경 클릭 〉 로그인 옵션을 클릭합니다.

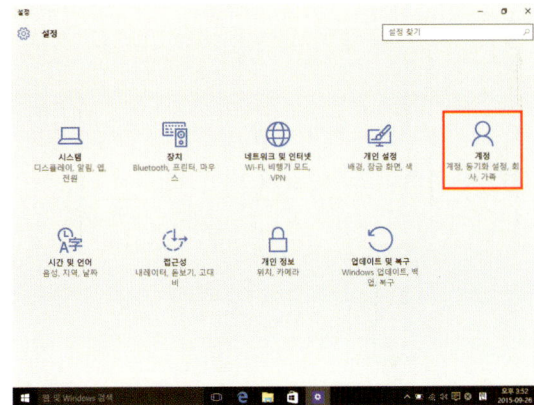

02 PIN의 추가 단추를 클릭합니다.

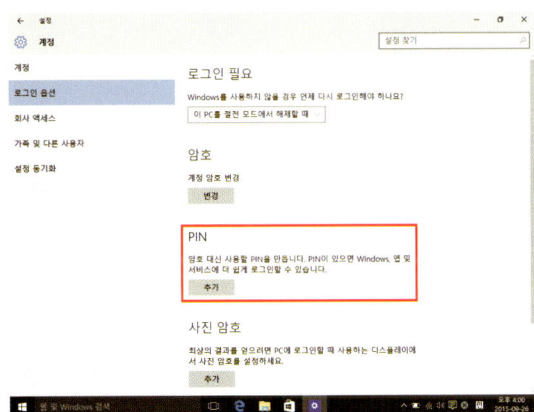

03 암호 대신 사용할 PIN번호를 입력합니다.

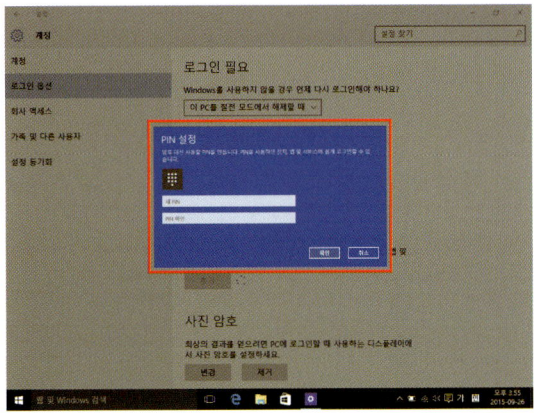

04 PC에 로그인할 때 PIN번호 로그인 옵션이 추가된 것을 확인할 수 있습니다.
PIN번호 로그인은 암호 입력 후에 Enter키를 누르지 않아도 암호가 올바르면 로그인이 됩니다.

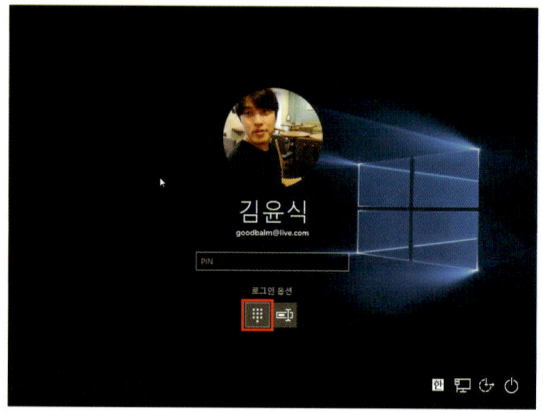

05 PIN번호의 변경을 원할 경우, 변경 단추를 클릭하거나 PIN번호를 잊은 경우에는 새롭게 설정할 수 있습니다.

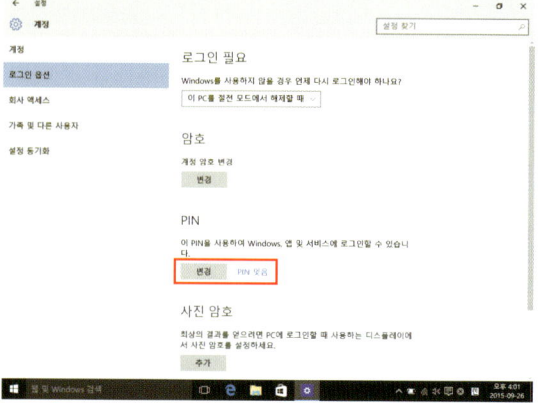

03 | 사진 암호 로그인 추가하기

사진 암호는 사진에 설정한 3단계의 제스처를 통해 로그인할 수 있습니다.

01 시작 단추 클릭 > 설정 클릭 > 계정 클릭 > 로그인 옵션 클릭 또는 시작 단추 클릭 > 사용자 계정 클릭 > 계정 설정 변경 클릭 > 로그인 옵션을 클릭합니다.

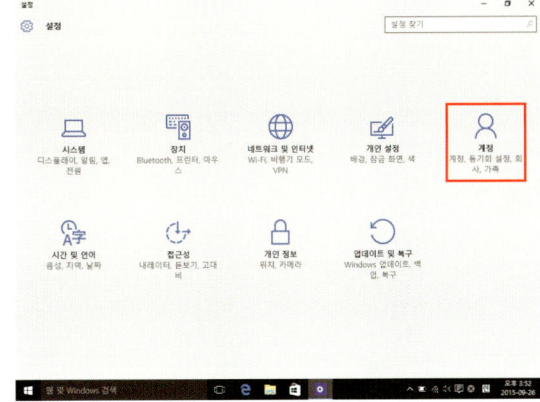

02 사진 암호 추가 단추를 클릭합니다.

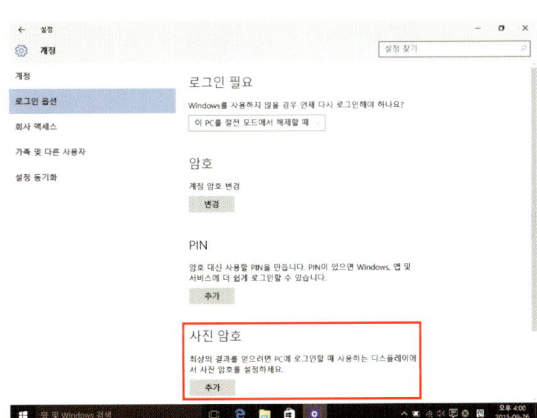

03 사진 암호를 만들기 위해 사용 중인 마이크로소프트 계정 비밀번호를 입력합니다.

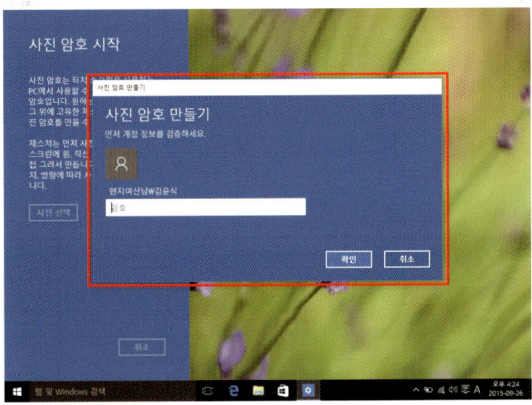

04 사진 선택을 클릭하여 암호에 사용할 사진을 선택한 후 현재 사진 사용을 클릭합니다.

05 사진에 특정 부분을 클릭하거나 원 또는 직선 그리기를 조합하여 세 개의 제스처를 지정합니다. 지정된 제스처의 크기, 위치, 방향, 순서가 사진 암호가 됩니다.

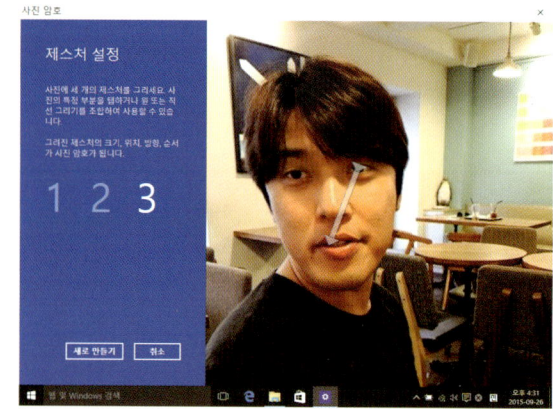

06 PC에 로그인할 때 사진 암호 로그인 옵션이 추가된 것을 확인할 수 있습니다.

07 제스처를 잊은 경우에는 변경 단추 클릭 〉 '따라 하기' 단추를 클릭하여 다시 확인이 가능합니다.

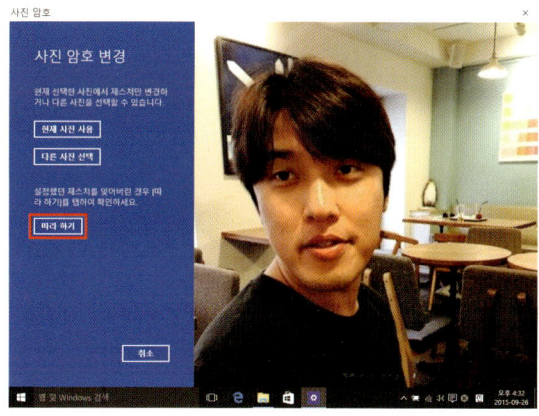

PART 3

새로운 브라우저를 만나보세요

01_ 마이크로소프트 엣지 사용하기

CHAPTER 1
마이크로소프트 엣지 사용하기

마이크로소프트 엣지(Microsoft Edge)는 Mirosoft의 새로운 웹 브라우저입니다. 엣지는 가볍고 빠르며 광범위한 웹 표준을 지원하는 브라우저로, 기존의 익스플로러 브라우저보다 새롭고 단순해졌습니다. 데스크톱부터 노트북, 태블릿, 모바일 폰에 이르기까지 다양한 윈도우 10 플랫폼에 최적화된 마이크로소프트 엣지를 알아보겠습니다.

01 마이크로소프트 엣지 구성 알아보기 **02** 마이크로소프트 엣지 키워드 검색하기 **03** 엣지 검색 제안 표시 설정하기
04 엣지 탭 브라우징 사용하기 **05** 마이크로소프트 엣지 읽기용 보기 사용하기
06 엣지 읽기용 보기 스타일 설정하기 **07** 즐겨찾기 또는 읽기 목록에 정보 추가하기
08 다른 브라우저 즐겨찾기 가져오기 **09** 엣지 허브를 이용해 정보 관리하기 **10** 마이크로소프트 엣지 메모 사용하기
11 엣지 Inprivate 기능 사용하기 **12** 엣지 브라우저 화면 확대/ 축소하기 **13** 웹 페이지에서 원하는 단어 찾기
14 엣지 브라우저에서 웹 페이지 인쇄하기 **15** 웹 사이트 시작화면에 고정하기
16 마이크로소프트 엣지 테마 변경하기 **17** 즐겨찾기 모음 표시하기 **18** 엣지 커서 브라우징 사용하기
19 사라진 홈 단추 표시하기 **20** 엣지 시작 페이지 바꾸기 **21** 엣지 기본 검색 엔진 변경하기
22 인터넷 익스플로러 사용하기 **23** 기본 브라우저 인터넷 익스플로러로 변경하기

01 | 마이크로소프트 엣지 구성 알아보기

윈도우 10에서 새롭게 선보이는 마이크로소프트 엣지의 구성에 대해 알아보겠습니다.

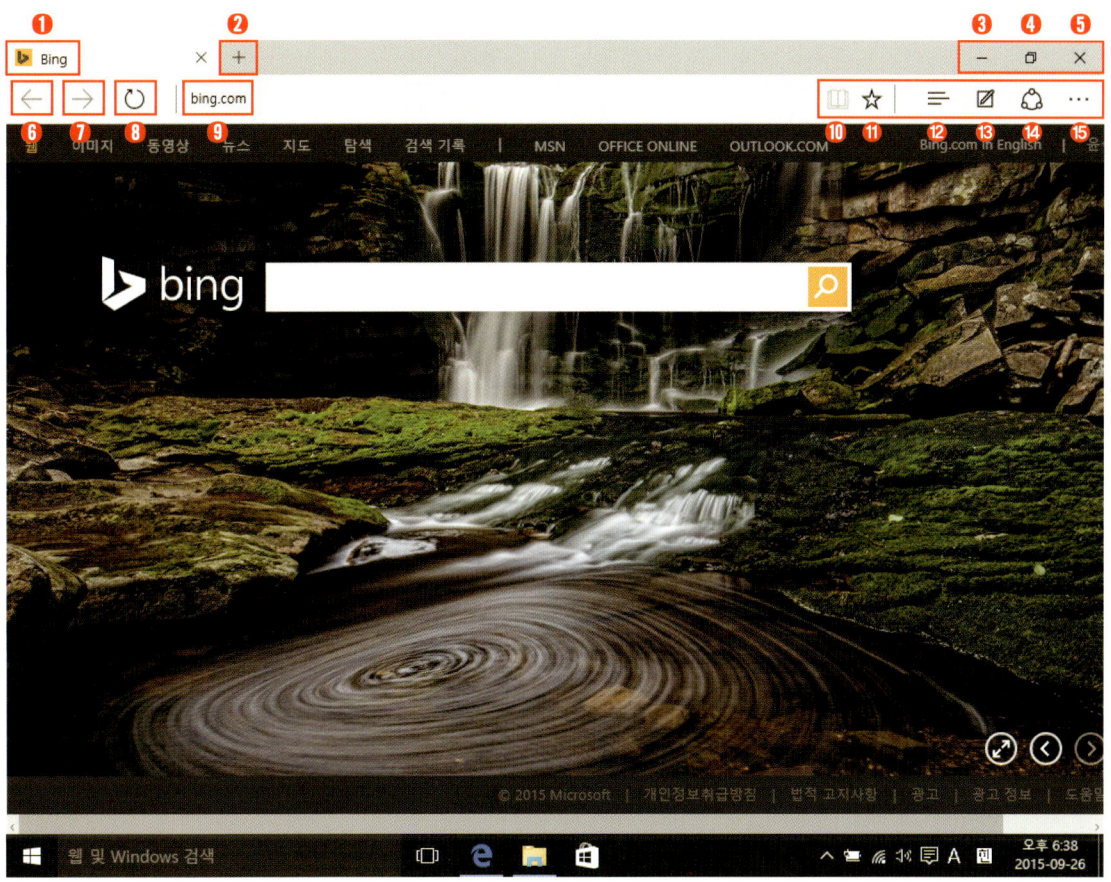

① **탭** : 탭에서는 웹 사이트의 파비콘과 웹 사이트 명을 보여줍니다
② **+** : 새로운 탭을 생성한다. 탭 추가 기능을 이용해 여러 사이트를 추가하여 사용할 수 있습니다.
③ **−** : 창을 최소화합니다.
④ **▫/□** : 이전 크기로 복원 혹은 최대화합니다.
⑤ **X** : 창을 닫습니다.
⑥ **뒤로** : 이전 웹 페이지로 이동합니다.
⑦ **앞으로** : 다음 웹 페이지로 이동합니다.
⑧ **새로고침** : 현재 웹 페이지를 새로고침하여 최신의 웹 페이지를 확인할 수 있습니다.
⑨ **웹 주소 및 검색 창** : 이동하려는 웹 주소를 입력하거나, 검색어를 입력합니다.
⑩ **읽기용 보기** : 웹 페이지의 글을 편하고 간결하게 읽을 수 있도록 전환합니다.

⑪ **즐겨찾기 및 읽기 목록 추가** : 즐겨찾기 또는 읽기 목록을 추가할 수 있습니다.
⑫ **허브** : 즐겨찾기/ 읽기 목록/ 방문 기록 및 다운로드를 모아 볼 수 있습니다.
    1) **즐겨찾기** : 즐겨찾기 한 웹 사이트, 웹 페이지들을 볼 수 있으며, 클릭하여 이동할 수 있습니다.
    2) **읽기 목록** : 읽기 목록 에 추가한 웹 페이지들을 볼 수 있으며, 클릭하여 이동할 수 있습니다.
    3) **방문 기록** : 이동한 웹 페이지 방문 기록을 볼 수 있으며, 클릭하여 이동할 수 있습니다.
    4) **다운로드** : 다운로드파일명과 다운로드 한 출처의 기록을 볼 수 있습니다.
⑬ **웹 메모** : 웹 페이지에 메모를 삽입하거나 선 긋기, 강조, 캡처 기능 등을 사용할 수 있습니다.
⑭ **공유** : 웹 사이트 또는 웹 메모 기능을 사용한 웹 페이지를 원노트, 메일, SNS로 공유합니다.
⑮ **기타 작업** : 새창 열기, 확대/ 축소, 공유, 인쇄, 설정 등 의 엣지의 세부 기능을 사용할 수 있습니다.

02 | 마이크로소프트 엣지 키워드 검색하기

가볍고 빨라진 마이크로소프트 엣지를 이용해 키워드를 검색해보겠습니다.

01 웹 및 윈도우 검색 상자에서 Microsoft Edge를 검색 또는 시작 단추 클릭 〉 Microsoft Edge 앱을 클릭합니다.

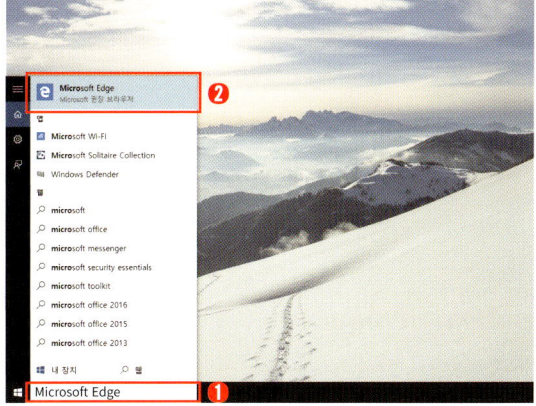

02 웹 주소 및 검색 창에 웹 주소 또는 키워드를 입력 한 후, 검색 결과를 클릭합니다.

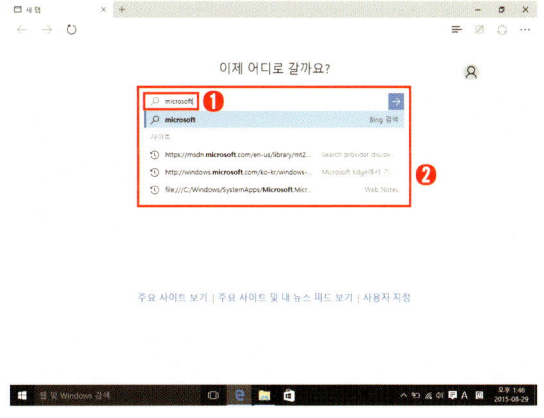

03 마우스의 스크롤을 위로 올리면 웹 주소 및 검색 창은 주소 표시줄로 위치가 변경됩니다. 마찬가지로 주소 표시줄에서 주소뿐만 아니라 키워드를 입력하여 바로 검색 제안과 웹의 즉각적인 결과를 확인할 수 있어 사용하기 편합니다.

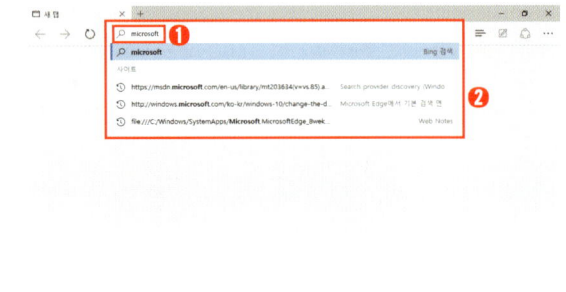

04 검색된 결과를 확인할 수 있습니다.

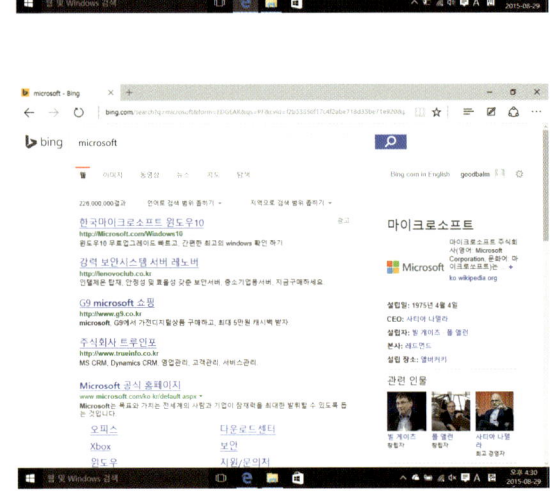

03 | 엣지 검색 제안 표시 설정하기

마이크로소프트 엣지는 입력한 검색어에 대한 검색 제안을 표시해줍니다.
검색 제안을 원하지 않을 경우 제안 표시를 없애는 방법을 알아보겠습니다.

01 마이크로소프트 엣지를 열어 기타 작업(···) 클릭 〉 설정 클릭 〉 고급 설정 클릭하여 입력할 때 검색 제안 표시를 클릭합니다.
마이크로소프트 엣지(Microsoft Edge)를 실행하여 검색할 때에 검색 제안이 꺼짐 인 경우 내가 입력한 정보만 결과에 나옵니다.

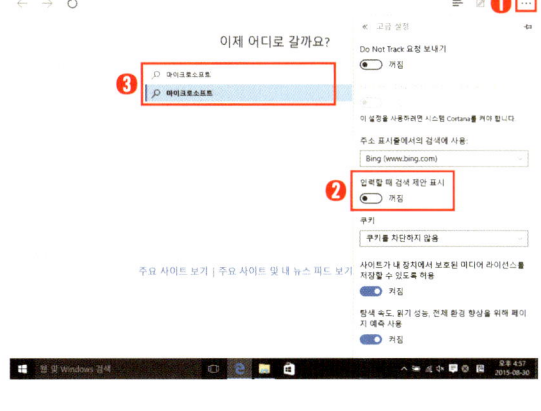

02 검색 제안이 켜짐 인 경우 내가 입력한 검색어와 연관된 검색 제안이 하단에 노출됩니다.

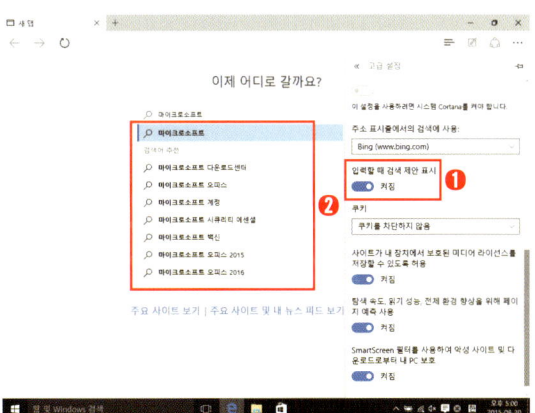

04 | 엣지 탭 브라우징 사용하기

탭 브라우징은 하나의 브라우저 창에 탭으로 구분된 웹 사이트를 여러 개 열 수 있는
기능입니다. 탭 브라우징 기능을 이용해 여러 웹 사이트를 사용해보겠습니다.

01 현재 열린 웹 사이트의 파비콘과 이름을 탭으로 보여줍니다.

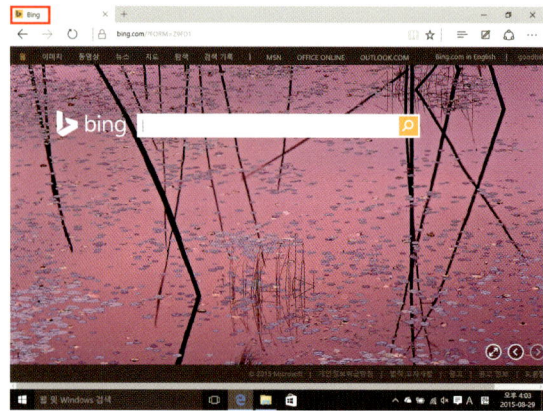

02 탭 오른편에 있는 ➕ 아이콘을 클릭합니다. (단축키 : Ctrl + T)

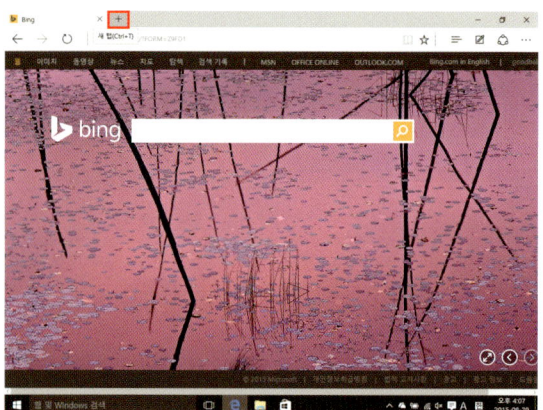

03 새 탭의 주소 창에 접속하려는 웹 사이트의 주소를 입력하여 이동하거나, 키워드를 입력하여 검색할 수 있습니다.

04 마이크로소프트 엣지 탭 브라우징 기능을 이용하면 한 브라우저에서 여러 개의 탭을 생성하고, 원하는 탭을 클릭해 이동할 수 있어 일의 효율을 높일 수 있습니다.

05 탭 브라우징 시 탭의 순서를 변경할 수 있습니다. 마이크로소프트 엣지 창에 탭이 2개 열린 상태에서 첫 번째 탭을 마우스로 길게 클릭하여 오른쪽으로 끌어옵니다.
첫 번째 탭과 두 번째 탭의 순서가 변경된 것을 확인할 수 있습니다.

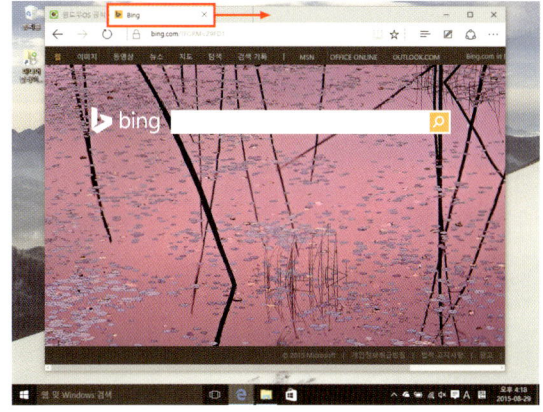

06 탭을 분리하여 사용할 수 있습니다. 분리하려는 탭을 마우스로 길게 클릭하여 바깥쪽으로 끌어옵니다. 2개의 탭이 분리된 것을 확인할 수 있습니다.

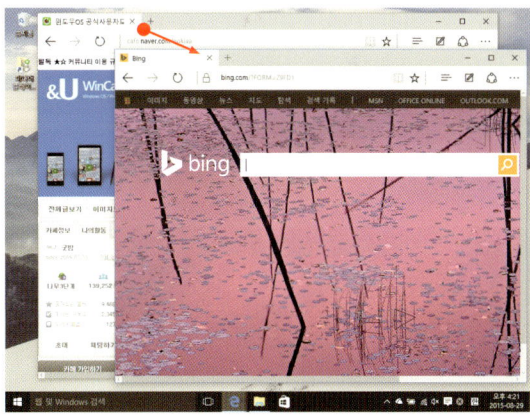

07 분리된 탭 중 한 개의 탭을 다른 창의 탭 옆으로 끌어옵니다.

분리되었던 탭이 합쳐진 것을 확인할 수 있습니다.

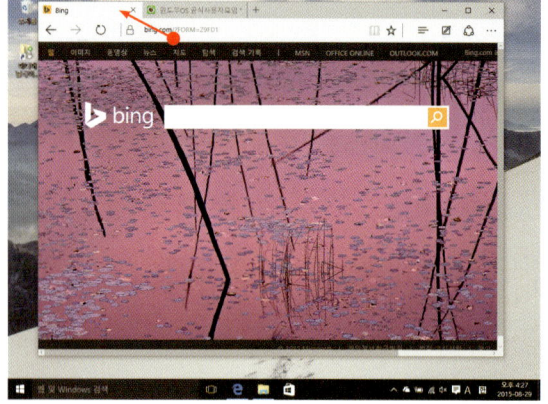

05 | 마이크로소프트 엣지 읽기용 보기 사용하기

읽기용 보기는 마이크로소프트 엣지의 기능 중 가장 활용성이 큰 기능입니다. 웹 사이트에 올라온 글을 읽기 최적화된 상태로 만들어 주는 읽기용 보기 기능에 대해 알아보겠습니다.

01 웹 및 윈도우 검색 상자에서 Microsoft Edge 검색 또는 시작 단추 클릭 〉 Microsoft Edge를 클릭합니다.

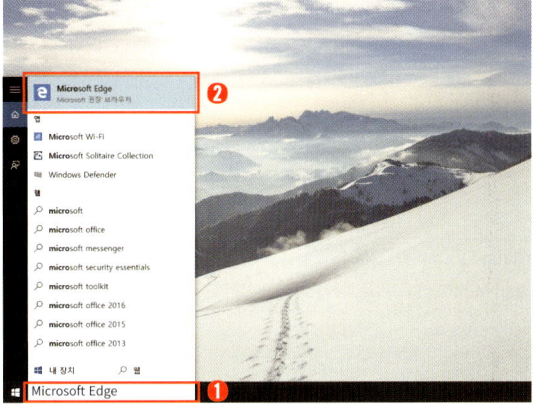

02 읽기용 보기 기능은 글을 간결하게 볼 수 있도록 변경해주는 기능입니다. 웹 사이트를 접속한 뒤 〉 주소 표시줄 오른쪽에 읽기용 보기(📖) 단추를 클릭합니다.
(단축키 : Ctrl + Shift + R)

03 불필요한 광고와 메뉴들이 사라지고 읽기에 최적화된 기사를 확인할 수 있습니다.

읽기용 보기(📖) 단추를 다시 누르면 원래 화면으로 돌아갑니다.

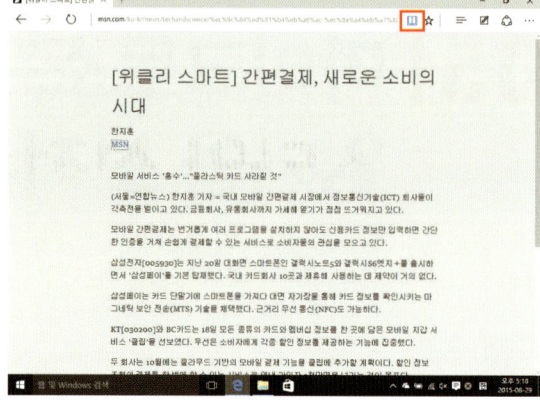

06 | 엣지 읽기용 보기 스타일 설정하기

읽기용 보기(📖)는 활성화 했을 때 사용자의 특성에 맞게 스타일을 설정할 수 있습니다.
글꼴의 크기를 변경하거나, 바탕화면의 밝기를 조절하여 최적화된 읽기 상태를 설정해보겠습니다.

01 기사를 선택해 읽기용 보기가 활성화되어 있는 상태에서 기타 작업(···) 클릭 〉 설정 클릭 〉 읽기용 보기 스타일의 드랍다운 메뉴를 클릭합니다. 밝게/ 보통/ 어둡게 3가지 스타일을 선택할 수 있습니다.

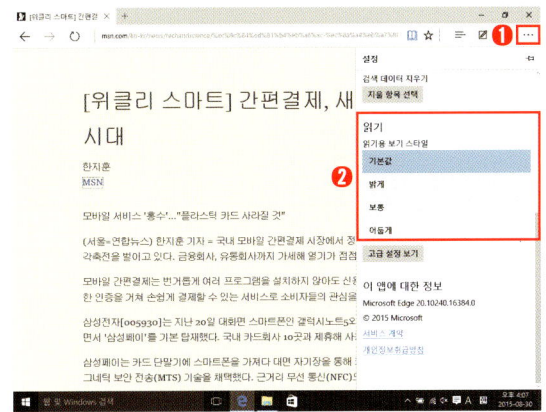

02 읽기용 보기 글꼴 크기는 작게/ 보통/ 크게/ 아주 크게 4가지 방법으로 설정할 수 있습니다.

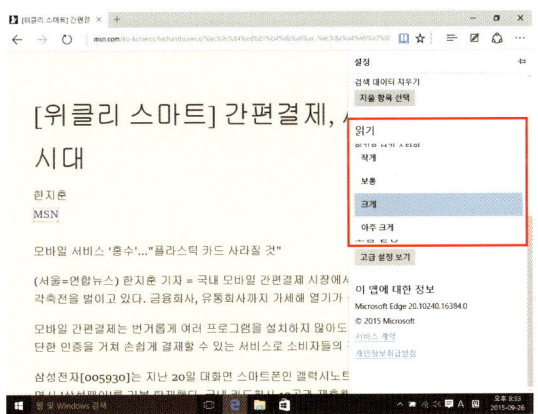

03 읽기용 보기 스타일을 어둡게, 읽기용 보기 글꼴 크기를 아주 크게를 선택한 화면입니다. 배경이 검은색으로 변경되고, 내용의 글꼴 크기가 커진 것을 확인할 수 있습니다.

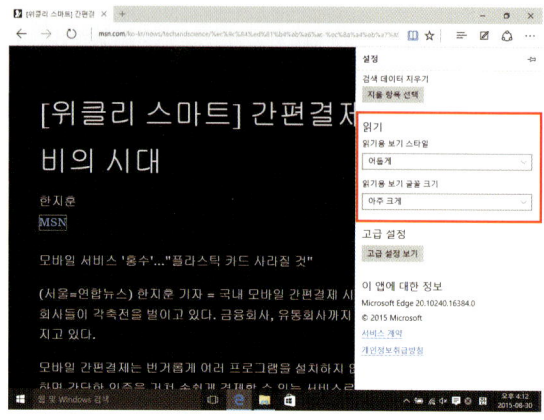

07 | 즐겨찾기 또는 읽기 목록에 정보 추가하기

마이크로소프트 엣지를 이용하면 자주 접속하는 웹 사이트를 즐겨찾기에 추가하고
관심가는 글을 읽기 목록에 추가해 관리할 수 있습니다.
즐겨찾기 또는 읽기 목록에 정보를 추가해보겠습니다.

01 웹 서핑 중 마음에 드는 사이트나 글이 있을 경우 즐겨찾기 또는 읽기 목록에 추가(☆) 단추를 클릭합니다.

02 즐겨찾기 추가 창이 나타나면 저장할 위치를 확인한 후 추가를 클릭합니다.

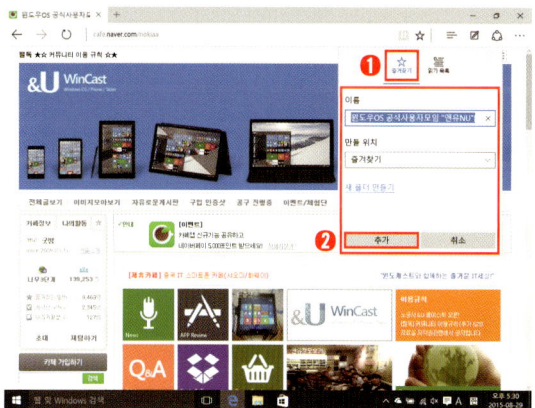

03 즐겨찾기된 페이지는 즐겨찾기 또는 읽기 목록에 추가(★) 단추의 색상이 변경된 것을 확인할 수 있습니다.

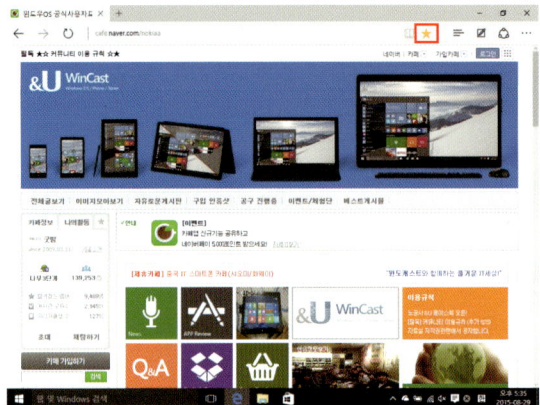

04 읽기 목록에 페이지를 추가한 경우, 즐겨찾기(☆)단추의 색상은 변경되지 않습니다.

TIP!

즐겨찾기와 읽기 목록의 차이는 무엇일까?

즐겨찾기는 자주 방문하는 웹 사이트를 등록하는 용도입니다. 반면 읽기 목록은 웹 사이트의 웹 페이지 중에서 필요하거나 추후 다시 보기 할 필요가 있을 경우 사용합니다. 시간이 없어서 읽지 못한 문서, 또는 글을 쓸 경우 필요한 자료를 모아두고 추적하는 등의 용도로 사용할 수 있습니다.

08 | 다른 브라우저 즐겨찾기 가져오기

마이크로소프트 엣지는 기존에 사용하던 브라우저의 즐겨찾기 목록을 불러와 사용할 수 있습니다. 간편한 기능을 이용해 즐겨찾기 목록을 불러와 보겠습니다.

01 마이크로소프트 엣지 실행 〉 기타 작업(…) 단추를 클릭 〉 설정을 클릭합니다.

02 '다른 브라우저에서 즐겨찾기 가져오기'를 클릭합니다.

Part3 새로운 브라우저를 만나보세요

03 사용 중인 PC에 설치된 브라우저들이 나열됩니다. 즐겨찾기를 가져 올 브라우저를 선택한 후 가져오기를 클릭합니다.

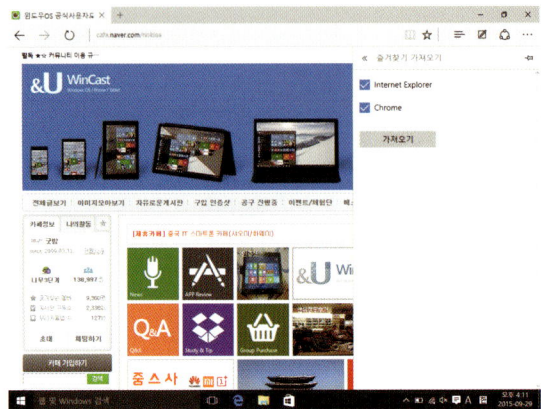

04 허브(≡)단추를 클릭하면 다른 브라우저에서 사용 중이던 즐겨찾기가 옮겨온 것을 확인할 수 있습니다.

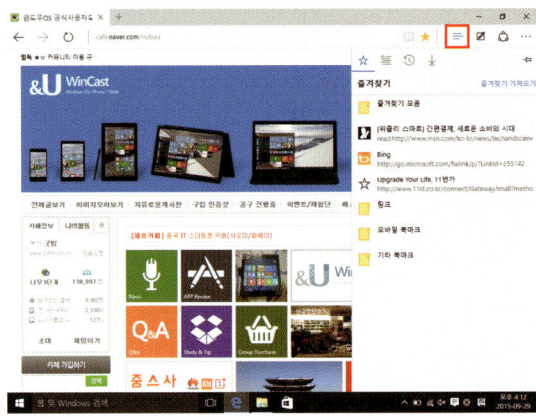

09 | 엣지 허브를 이용해 정보 관리하기

마이크로소프트 엣지는 웹에서 수집한 모든 항목을 허브에 보관합니다. 허브를 이용해 정보를 관리하는 방법에 대해 알아보겠습니다.

01 즐겨찾기 단추 오른쪽에 있는 허브(≡) 단추를 클릭한다. 엣지 허브에는 4가지 옵션을 선택해 정보를 확인할 수 있습니다.
즐겨찾기(☆) : 즐겨찾기 한 웹 사이트들을 확인할 수 있습니다.
읽기 목록(≣) : 읽기 목록에 추가한 페이지들을 확인할 수 있습니다.
검색 기록(⟲) : 사이트를 방문한 기록을 확인할 수 있습니다.
다운로드(↓) : 다운로드 한 파일들과 출처를 확인할 수 있습니다.

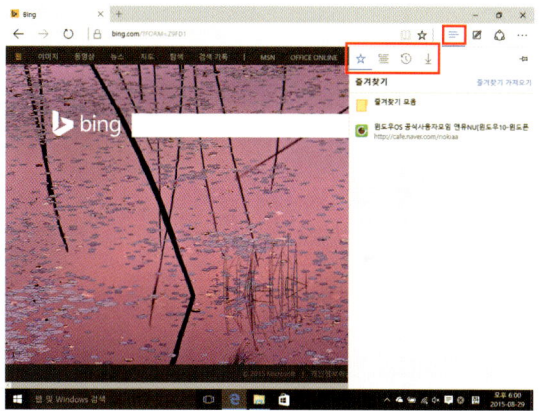

02 즐겨찾기 단추를 클릭하면, 즐겨찾기 한 웹 사이트와 웹페이지들이 모여있습니다. 리스트를 클릭하면 해당 웹 사이트로 이동합니다.
마우스 오른쪽 단추로 리스트를 클릭하면 설정을 할 수 있습니다.
새 탭에서 열기 : 새로운 탭에서 선택한 사이트가 열립니다.
새 폴더 만들기 : 즐겨찾기에 새로운 폴더를 만들어 구분할 수 있습니다.
이름 바꾸기 : 저장한 사이트의 이름을 바꿀 수 있습니다.
제거 : 즐겨찾기에서 제거할 수 있습니다.

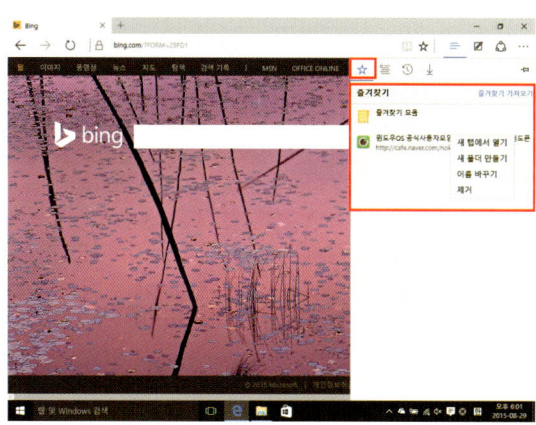

03 읽기 목록 단추를 클릭하면, 읽기 목록에 추가한 웹페이지들이 모여있습니다. 리스트를 클릭하면 해당 페이지로 이동합니다.

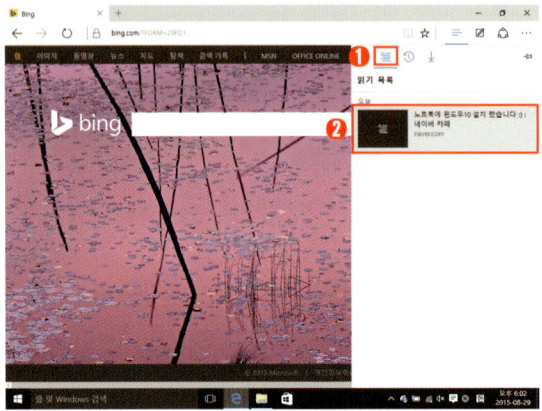

04 마우스 오른쪽 단추로 리스트를 클릭하면 선택한 리스트를 제거할 수 있습니다.

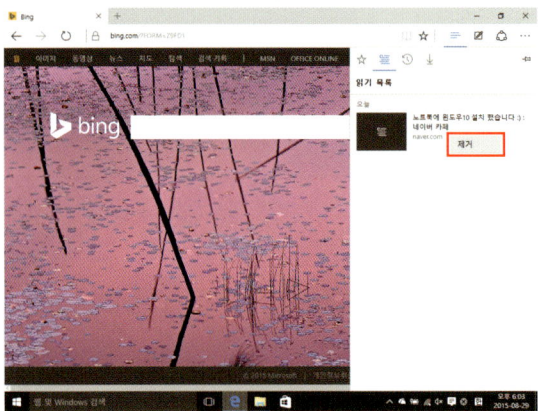

05 검색 기록 단추를 클릭하면 마이크로소프트 엣지가 기억하는 정보들을 확인할 수 있습니다. (엣지에 저장되는 기록 정보는 방문한 사이트, 암호, 웹을 검색할 때 PC에 저장한 사이트 등입니다.)

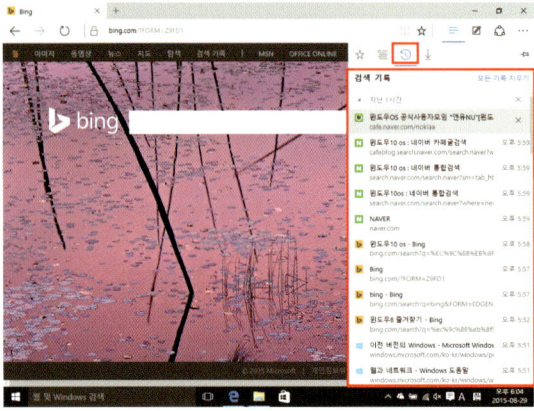

06 모든 기록 지우기를 클릭하면, PC에서 제거할 데이터 또는 파일들을 선택하여 삭제할 수 있습니다.
기타 작업 클릭 〉 설정 클릭 〉 검색 데이터 지우기 에서도 동일하게 지울 수 있습니다.

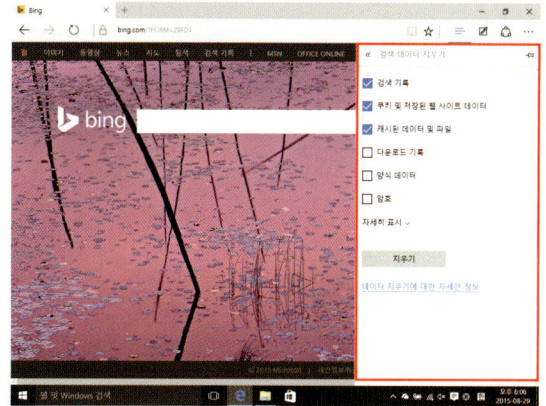

07 다운로드 단추를 클릭하면 과거 다운로드한 파일들의 출처와 다운받은 시간을 확인할 수 있고, 저장된 위치를 확인할 수 있습니다.

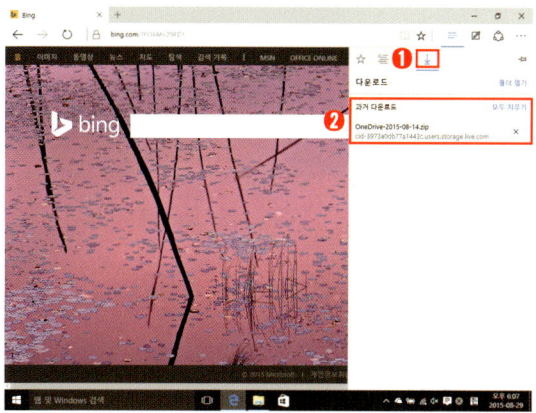

TIP!

윈도우 10 검색 기록을 삭제할 때 삭제되는 항목보기

검색 기록을 삭제할 때 삭제되는 항목

정보의 유형	삭제되는 항목
검색 기록	자주 방문하는 사이트를 포함한 방문한 사이트 목록
쿠키 및 저장된 웹 사이트 데이터	로그인 정보나 위치와 같은 기본 설정을 저장하기 위해 사이트에서 PC에 저장하는 정보
캐시된 데이터 및 파일	PC에 저장된 페이지, 이미지 및 기타 미디어 콘텐츠 복사본, 브라우저에서는 다음에 해당 사이트를 방문할 때 이러한 복사본을 사용하여 더 빠르게 콘텐츠를 로드합니다.
다운로드 기록	웹에서 다운로드한 파일 목록, 다운로드한 실제 파일이 아니라 목록만 삭제합니다.
양식 데이터	메일 또는 배송지 주소와 같이 양식에 입력한 정보
암호	사이트에 대해 저장한 암호
미디어 라이센스	PlayReady/ DRM(디지털 권한 관리) 콘텐츠 라이센스입니다.
팝업 예외	팝업 표시가 명시적으로 허용된 웹 사이트 목록입니다.
위치 권한	위치 확인이 명시적으로 허용된 웹 사이트 목록입니다.
전체화면 권한	자동으로 화면 모드에서 열도록 명시적으로 허용된 웹 사이트 목록입니다.
호환성 권한	자동으로 Internet Explorer에서 열도록 명시적으로 허용된 웹 사이트 목록입니다.

출처 : 마이크로소프트 (http://windows.microsoft.com/ko-kr/windows-10/view-delete-browsing-history-microsoft-edge)

10 | 마이크로소프트 엣지 메모 사용하기

마이크로소프트 엣지는 웹 서핑 중 그림을 그리거나 간단히 메모를 입력하고 공유할 수 있습니다. 자료를 수집할 때 유용한 기능이니 꼭 참고하도록 하십시오.

01 허브 단추 오른쪽의 웹 메모 작성(☑) 단추를 클릭합니다.

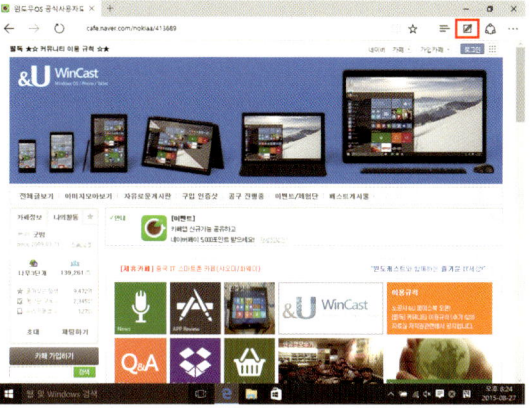

02 웹 메모할 수 있도록 화면이 활성화됩니다.
펜 단추를 클릭하면, 펜의 색상과 크기를 선택할 수 있습니다.
기본은 '흰색'이며, 문구를 작성하거나 그림을 그릴 때 사용할 수 있습니다.
현재 사용하는 펜의 색상에 따라 단추 색상이 변하기 때문에 누르지 않아도 알 수 있습니다.

03 형광펜 단추를 클릭하면, 형광펜의 색상과 크기를 선택할 수 있습니다. 기본은 '노랑색'이며, 내용을 강조할 때 사용할 수 있습니다.

펜과 마찬가지로 현재 사용하는 형광펜의 색상에 따라 단추 색상이 변하기 때문에 누르지 않아도 알 수 있습니다.

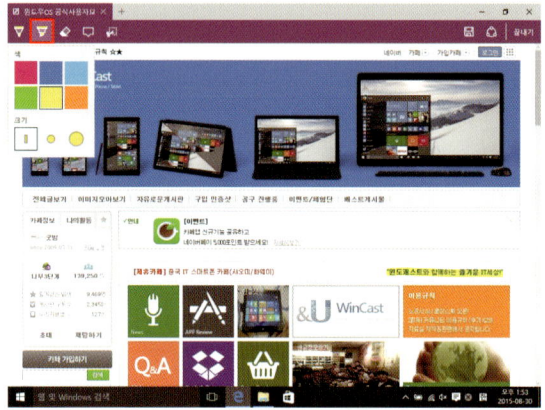

04 지우개 단추를 클릭하면, 모든 잉크 지우기를 클릭해 입력한 모든 잉크를 지울 수 있습니다.

펜 혹은 사인펜으로 쓴 잉크를 클릭하면 선택된 잉크만 지워집니다.

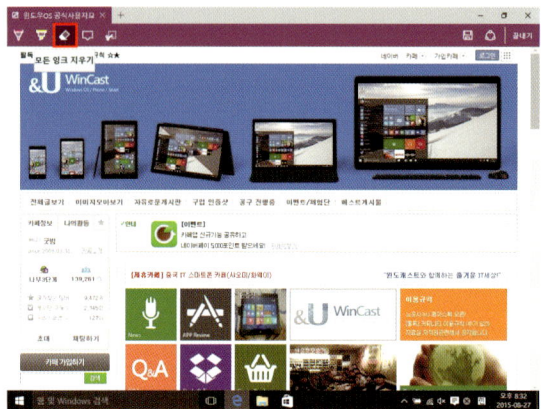

05 입력한 노트 추가 단추를 클릭하면 마우스 포인터가 + 로 변합니다.

메모를 원하는 위치에 클릭하면 순서가 적힌 말풍선과 메모박스가 생성됩니다.

메모를 입력하면 자동으로 저장되며, 휴지통 아이콘을 클릭하면 삭제됩니다.

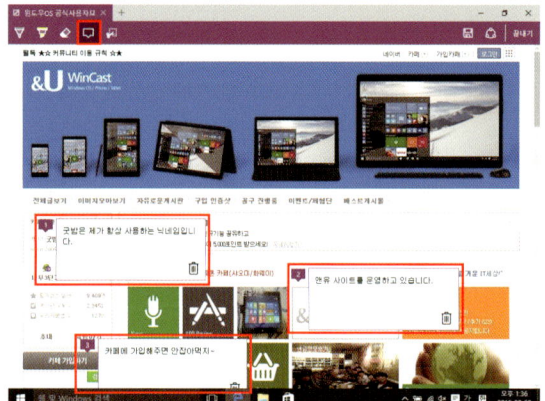

06 순서가 적힌 말풍선을 클릭하면 메모박스가 사라지며, 말풍선을 마우스로 길게 클릭해 원하는 위치로 끌어 이동할 수 있습니다.

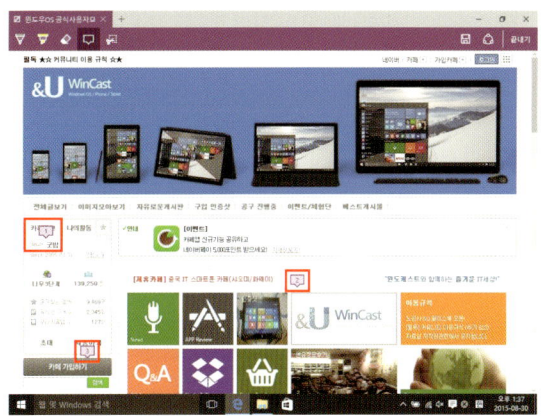

07 잘라내기 단추를 클릭하면, 영역을 끌어서 복사라는 문구가 나타납니다.
원하는 영역에 마우스 포인터로 길게 누른 상태에서 대각선으로 끌어 활성화합니다.
'복사되었습니다' 라는 알림을 확인하면 원노트 등의 문서 작업 시에 Ctrl + V / 마우스 오른쪽 단추 + 붙여넣기를 하여 잘라낸 화면을 입력할 수 있습니다.

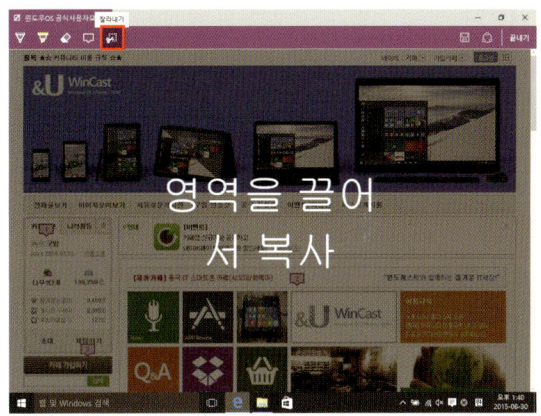

08 원하는 영역의 시작에 클릭한 후, 손가락을 떼지 않은 상태에서 대각선으로 끌어 복사할 영역을 활성화합니다.
'복사되었습니다' 라는 알림을 확인하면 원노트 등의 문서 작업 시에 Ctrl+V 또는 마우스 오른쪽 단추를 클릭하여 붙여넣기해 복사한 화면을 입력할 수 있습니다.

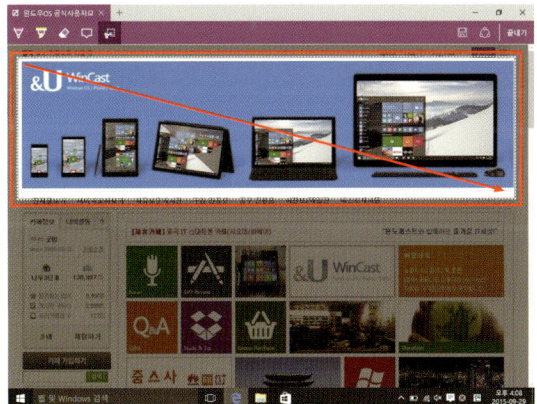

09 저장 단추를 클릭하면, 작성한 메모를 원노트/ 즐겨찾기/ 읽기 목록에 선택하여 저장할 수 있습니다. 원하는 메뉴를 클릭하여 저장합니다.

10 글쓴이는 원노트로 저장했습니다. '노트를 보냈습니다' 라는 알림에 '노트 보기'를 클릭합니다.

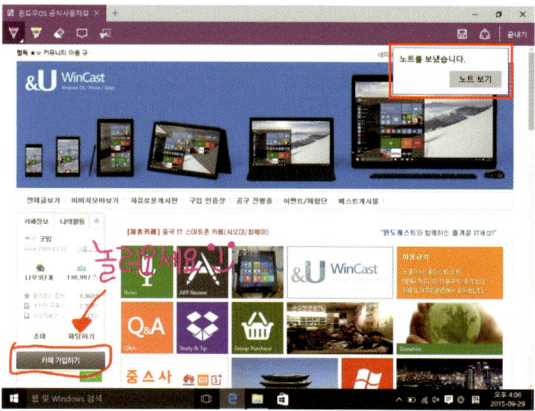

11 클릭하면 원노트가 활성화되면서 작성한 메모를 확인하고 저장할 수 있습니다.

12 공유 단추를 클릭하면 메일 혹은 원노트로 공유가 가능합니다.

13 메일을 선택하면 작성한 메모가 메일에 파일로 첨부되면서 바로 공유할 수 있습니다.

14 끝내기 단추를 클릭하면 웹 메모 작성 작업이 완료되고 이전 화면으로 돌아갑니다. 저장하지 않고 끝내기 단추를 누르면 입력한 정보들이 삭제되니 잊지 말고 저장 후에 끝내기를 눌러야합니다.

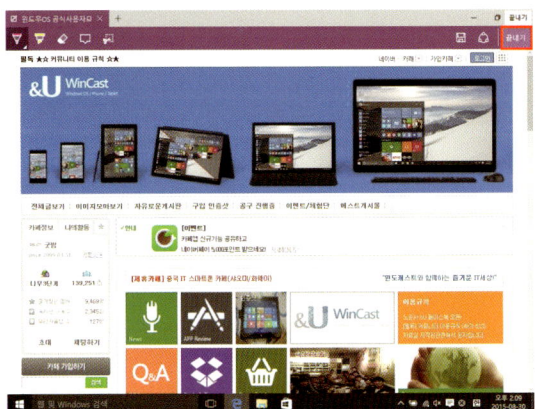

11 | 엣지 Inprivate 기능 사용하기

Inprivate 기능은 마이크로소프트 엣지 브라우저로 웹을 사용해도 검색 데이터가 저장되지 않는 기능입니다. 공용 컴퓨터를 사용할 때 매우 유용하니 사용 방법을 알아보겠습니다.

01 마이크로소프트 엣지 실행 > 기타 작업(…) 단추를 클릭 > 새 Inprivate 창을 클릭합니다.
(단축키 : Ctrl + Shift + P)

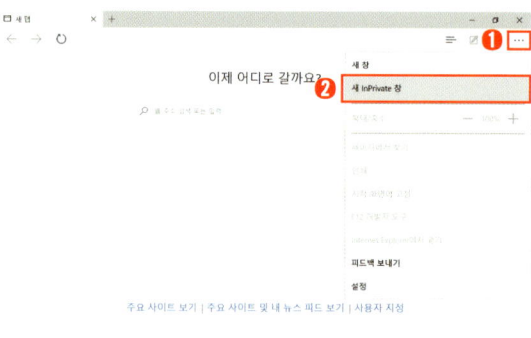

02 또는, 마이크로소프트 엣지를 실행하여 사용자 지정 및 계정 설정 아이콘 클릭 > 새 Inprivate 창 열기를 클릭합니다.

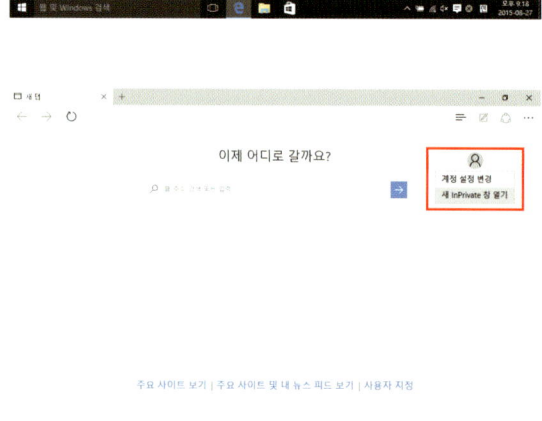

03 새 창으로 Inprivate용 마이크로소프트 엣지가 열립니다.

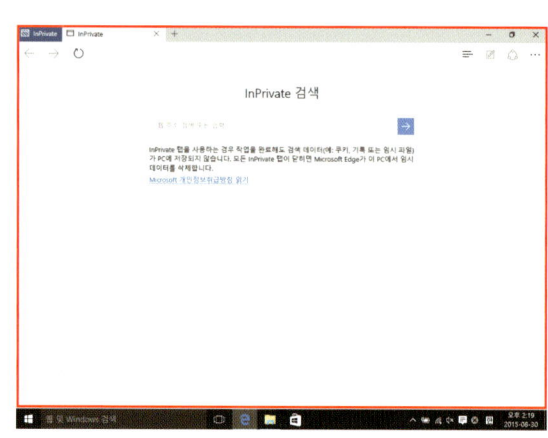

04 모든 InPrivate 탭이 닫히면 마이크로소프트 엣지가 임시 데이터를 삭제합니다. InPrivate 창에서 웹 사이트를 이동해도 검색 기록에 남지 않는 것을 확인할 수 있습니다.

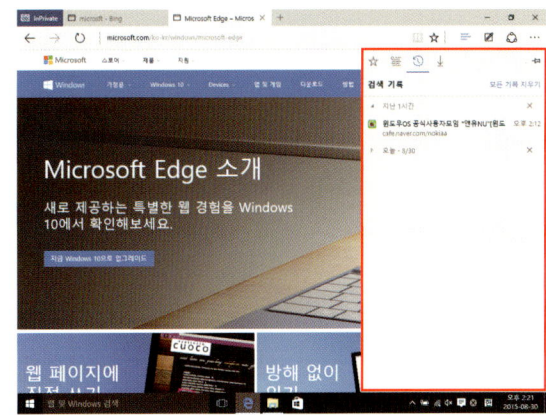

12 | 엣지 브라우저 화면 확대/ 축소하기

마이크로소프트 엣지 브라우저에서 화면을 확대하고 축소하는 방법을 알아보겠습니다.

01 기타 작업(…) 단추를 클릭합니다. 기본은 100%이며, 창에 가장 최적화되어 보여줍니다.

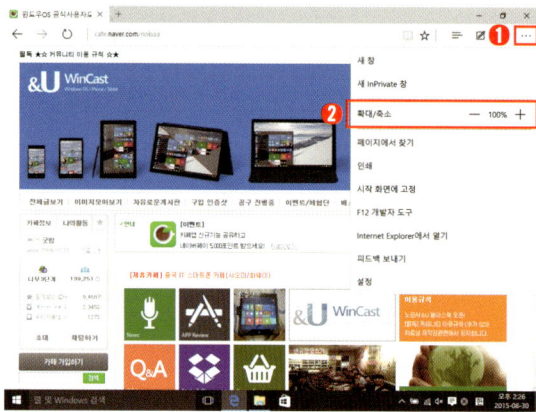

02 확대/축소의 ➕ 버튼을 클릭해 화면의 크기를 확대할 수 있습니다. (단축키 : Ctrl + '+') / Ctrl + 숫자 0을 누르면 원래로 돌아옵니다.)

03 확대/축소의 ➖ 버튼을 클릭해 화면의 크기를 축소할 수 있습니다. (단축키 : Ctrl + '-')
확대 혹은 축소한 상태에서 Ctrl + 숫자 0을 누르면 원래 100%로 돌아옵니다.

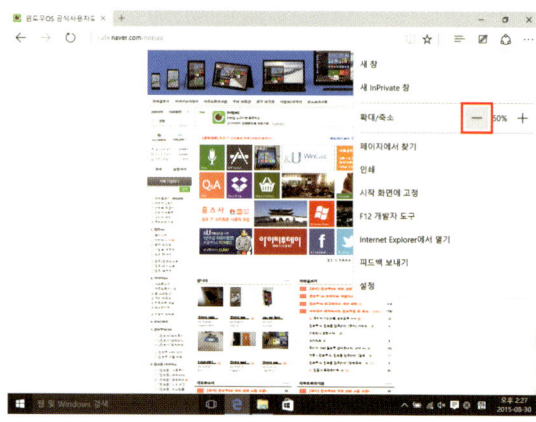

13 | 웹 페이지에서 원하는 단어 찾기

마이크로소프트 엣지에서 웹 서핑 중 검색어를 찾는 방법을 알아보겠습니다. 대소문자를 구분하거나 단어 단위로 검색된 결과를 확인할 수 있습니다.

01 기타 작업(···) 단추 클릭 〉 페이지에서 찾기를 클릭합니다.
내용에 있는 키워드는 노란색으로 표시됩니다. 몇 개인지 확인할 수 있으며, 검색된 키워드는 노란색으로 표시됩니다. 화살표를 눌러 키워드로 이동이 가능합니다.

02 검색할 텍스트를 입력할 수 있는 창이 주소 표시줄 하단에 나타납니다. (단축키 : Ctrl + F)

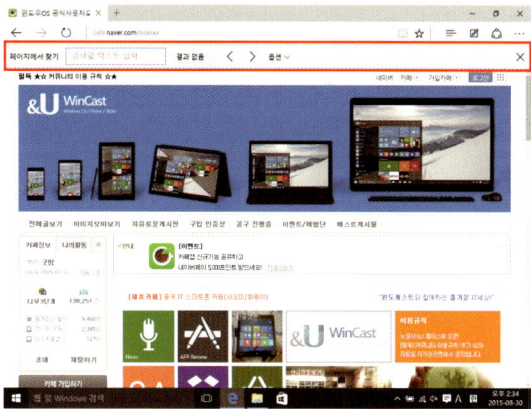

03 찾을 텍스트를 입력함과 동시에 페이지를 검색합니다. 텍스트가 일치 할 경우 페이지에 노란색으로 표시됩니다.

총 개수와 몇 번째를 보고 있는지 숫자로 표시되며, 화살표를 이용해 단어 이동이 가능합니다.

옵션 클릭 〉 단어 단위 혹은 대소문자 구분 등 조건을 선택해 좀 더 섬세하게 검색도 가능합니다.

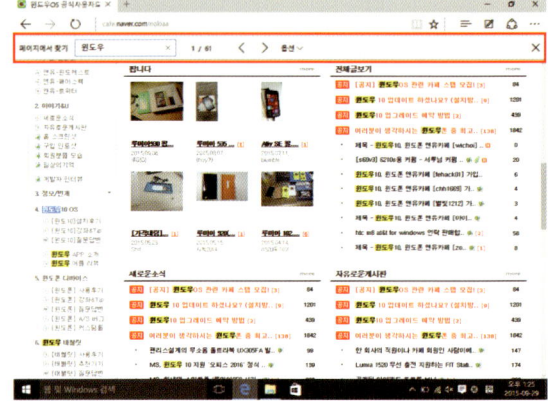

14 | 엣지 브라우저에서 웹 페이지 인쇄하기

마이크로소프트 엣지에서 웹 페이지 인쇄하는 방법을 알아보겠습니다.

01 기타 작업(···)단추 클릭 〉 인쇄를 클릭합니다.

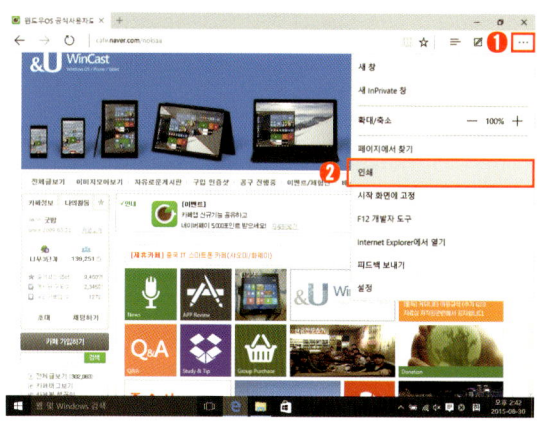

02 인쇄 창이 나타납니다. 미리보기를 통해 올바르게 인쇄되는지 확인한 후, 인쇄 버튼을 클릭합니다.

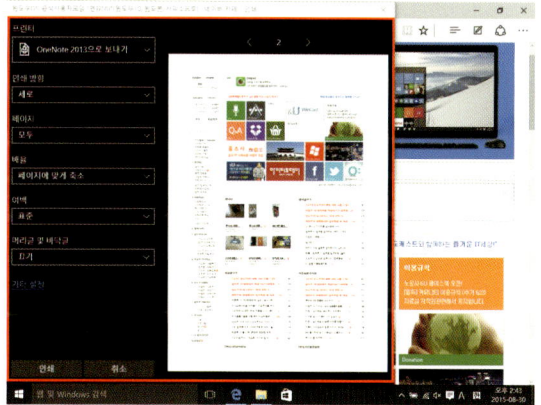

윈도우 10 인쇄 창 설정 메뉴 보기

프린터 : 프린터가 여러 개 있을 경우 선택하거나, 프린터를 추가할 수 있습니다.
인쇄 방향 : 세로 혹은 가로로 인쇄 방향을 설정할 수 있습니다.
페이지 : 모두/ 현재 페이지/ 페이지 범위 등을 선택하여 페이지의 인쇄 범위를 설정할 수 있습니다.
배율 : 기본은 페이지에 맞게 축소이며, 25% ~ 200% 까지 배율을 설정할 수 있습니다.
여백 : 표준이 기본이며, 좁게/ 보통/ 넓게 를 선택하여 인쇄 당시 여백을 조절할 수 있습니다.
머리글 및 바닥글 : 켜기를 선택하면 페이지 수와 날짜가 자동 입력됩니다.
페이지 레이아웃의 인쇄 방향 : 용지의 인쇄 방향을 세로 혹은 가로로 설정할 수 있습니다.
용지 및 품질 : 기본 A4로 지정되어 있으나 A3, B4 등으로 설정할 수 있습니다.

15 | 웹 사이트 시작화면에 고정하기

자주 방문하는 웹 사이트일 경우 시작화면에 고정해 사용하면 더 빠르고 편리하게
접속할 수 있습니다. 사이트를 시작화면에 고정하는 방법을 알아보겠습니다.

01 시작화면에 고정할 웹 사이트 혹은 웹 페이지에
접속한 뒤, 기타 작업(···)단추 클릭 〉 시작화면
에 고정을 클릭합니다.

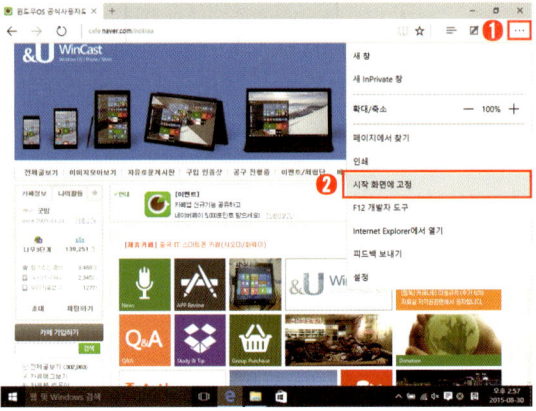

02 시작 단추(■)를 클릭하면 오른쪽 라이브 타일
앱화면에 타일이 생성된걸 확인할 수 있습니다.

16 | 마이크로소프트 엣지 테마 변경하기

마이크로소프트 엣지의 테마를 변경하는 방법을 알아보겠습니다.

01 기타 작업(···)단추 클릭 〉 설정 클릭 〉 테마 선택 드랍다운 메뉴를 클릭합니다. 기본은 밝게로 선택되어 있습니다.

02 어둡게를 선택하면 모든 창과 메뉴가 어둡게 변합니다.

Part3 새로운 브라우저를 만나보세요 | 163

17 | 즐겨찾기 모음 표시하기

마이크로소프트 엣지에 즐겨찾기 모음을 표시하면 더 빠르게 사이트를 확인하고
접속할 수 있습니다.

01 기타 작업(…)단추 클릭 〉 설정 클릭 〉 즐겨찾
기 모음 표시 를 켜짐으로 활성화합니다.
주소 표시줄 밑에 즐겨찾기 모음 공간이 생성된
것을 확인할 수 있습니다.

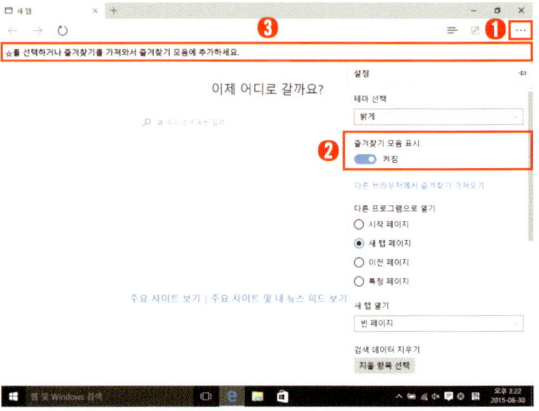

02 글쓴이는 검색 엔진 Bing을 즐겨찾기 모음에 추
가하려 합니다.
즐겨찾기 또는 읽기 목록에 추가(☆) 클릭 〉 즐
겨찾기 〉 만들 위치를 즐겨찾기 모음으로 선택한
후 추가를 클릭합니다.

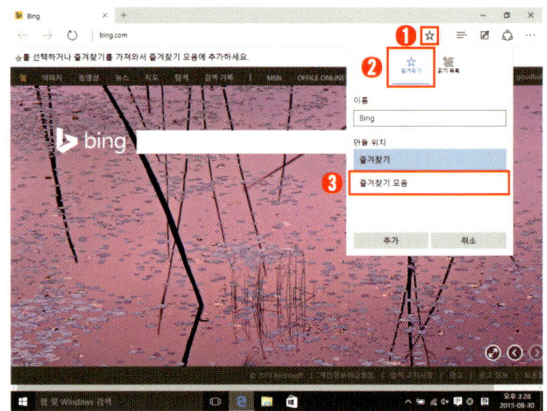

03 즐겨찾기 모음 공간에 Bing이 추가된 것을 확인
할 수 있습니다.

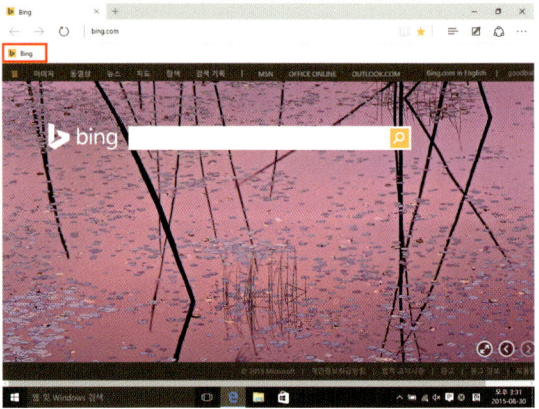

04 위와 동일한 방법으로 즐겨찾기 모음에 여러 사이트를 추가하면 언제든 빠르게 접속할 수 있습니다.

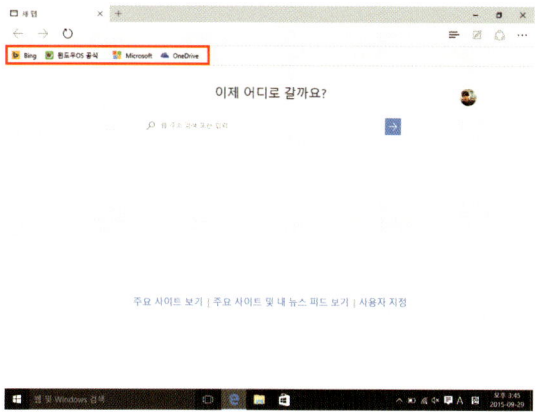

18 | 엣지 커서 브라우징 사용하기

커서 브라우징은 웹 페이지 내에 커서를 활성화시켜 일반 문서처럼 활용할 수 있는 유용한 기능이니 참고하시면 됩니다.

01 기타 작업(…)단추 클릭 〉 설정 클릭 〉 고급 설정 클릭 〉 커서 브라우징 항상 사용을 클릭합니다. (단축키 : F7)

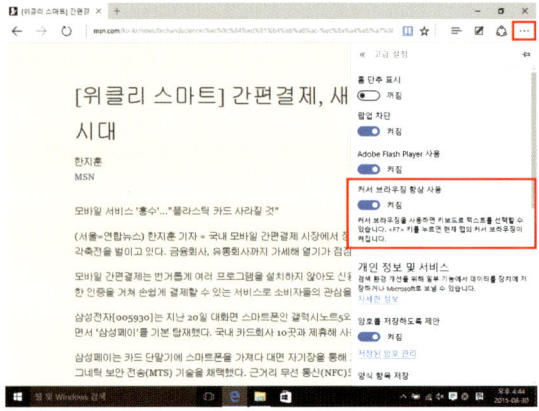

02 단축키 F7을 이용하여 커서 브라우징 사용을 설정할 수 있습니다.

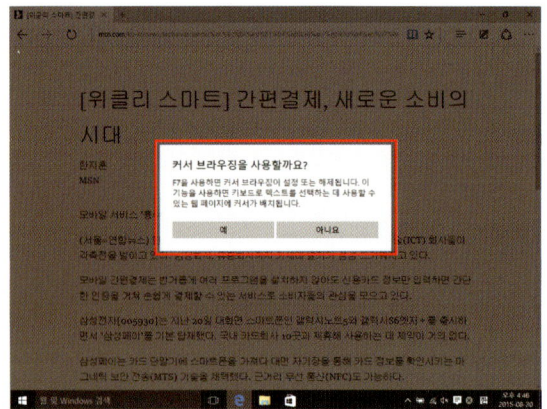

03 마우스 포인터로 텍스트를 클릭하면 커서가 표시됩니다. 아래(PgDn) 키를 이용해 이동할 수 있으며, Shift 키를 누른 상태에서 방향키를 이동해 범위를 지정하고 복사할 수 있습니다.

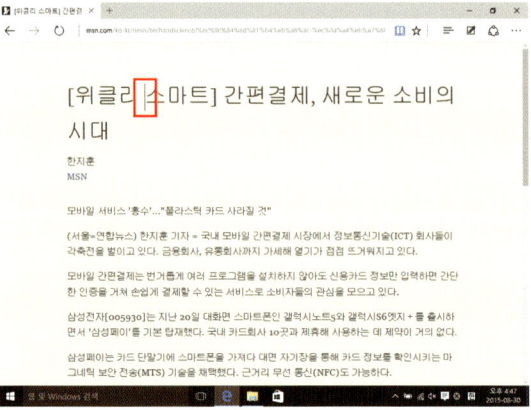

19 | 사라진 홈 단추 표시하기

마이크로소프트 엣지는 홈 단추가 숨김 처리되어 설정이 필요합니다. 홈 단추 설정하는 방법을 알아보겠습니다.

01 기타 작업(···) 클릭 〉 설정 클릭 〉 고급 설정 클릭 〉 홈 단추 표시를 켜짐으로 활성화합니다. 켜짐으로 클릭함과 동시에 새로 고침 단추 오른쪽에 홈 단추(⌂)가 생성됩니다.

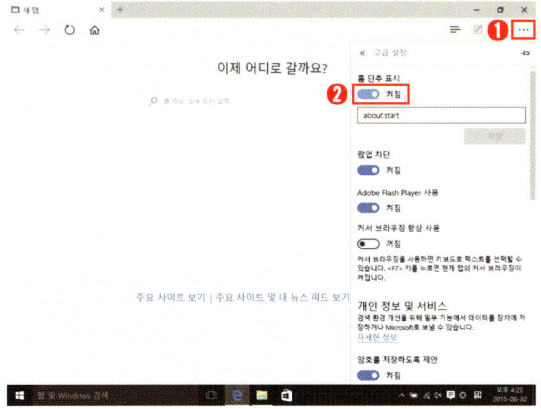

02 홈 단추가 켜짐으로 활성화되면서 아래 about:start라고 쓰여진 박스가 나타납니다. 홈 단추를 눌렀을 때, 이동하고 싶은 사이트를 이 박스에 지정할 수 있습니다. 글쓴이는 google 검색 엔진을 추가하려 합니다.
Google.co.kr을 입력하고 저장을 클릭합니다.

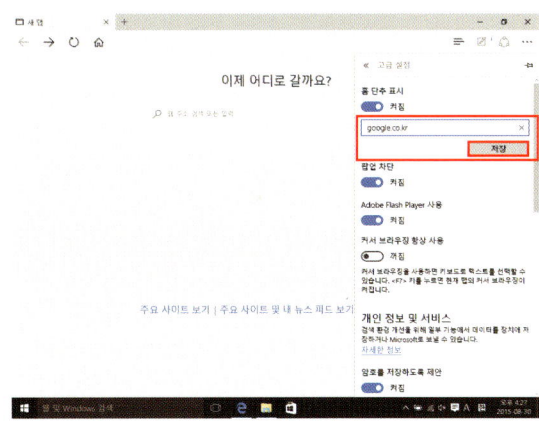

03 홈 단추(⌂)를 클릭하면 google 사이트로 이동합니다.

20 | 엣지 시작 페이지 바꾸기

마이크로소프트 엣지(Microsoft Edge)를 켤 때마다 사용자 편의에 맞게 첫 페이지를 변경할 수 있습니다. 첫 페이지 변경 방법을 알아보겠습니다.

01 기타 작업(…)단추 클릭 〉 설정을 클릭합니다.

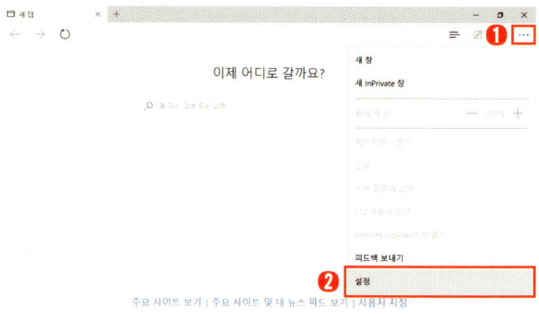

02 '다음 프로그램으로 열기'에서 원하는 방법을 선택합니다.
시작 페이지 : 나의 뉴스 피드가 모여있는 페이지
새 탭 페이지 : 새 탭에 검색 창이 있는 페이지
이전 페이지 : 엣지 창을 닫기 전 마지막까지 사용한 페이지
특정 페이지 : 엣지를 실행할 때마다 가장 먼저 노출하도록 내가 지정한 페이지

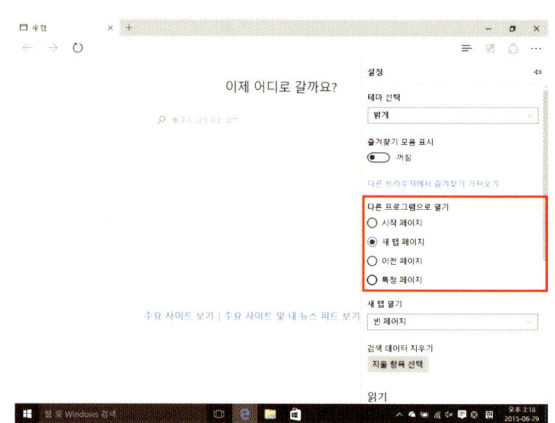

03 엣지를 실행할 때마다 가장 먼저 특정 페이지를 노출하도록 지정해봅시다. 특정 페이지를 클릭 〉 드랍다운 메뉴 클릭 〉 사용자 지정을 선택합니다.

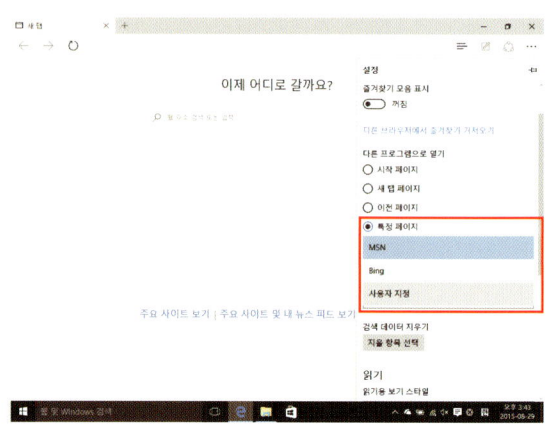

04 웹 주소 입력 박스에 daum.net을 입력 〉 + 단추를 클릭합니다.

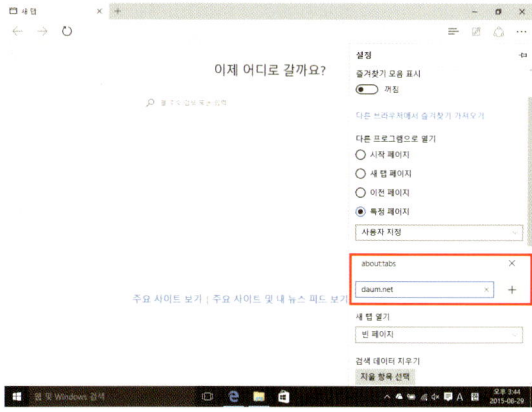

05 about:tabs가 리스트에 미리 생성되어있는데 X 단추를 눌러 삭제해도 무관합니다. 삭제하지 않을 경우, 마이크로소프트 엣지를 실행하면 새 탭과 추가한 특정 페이지가 함께 열립니다.

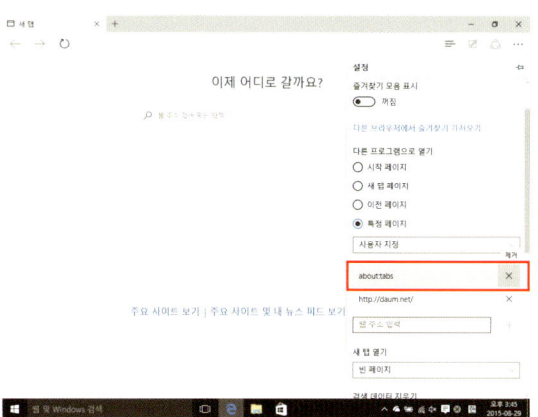

06 엣지를 재실행하면 시작 페이지로 다음이 설정되어 있습니다.

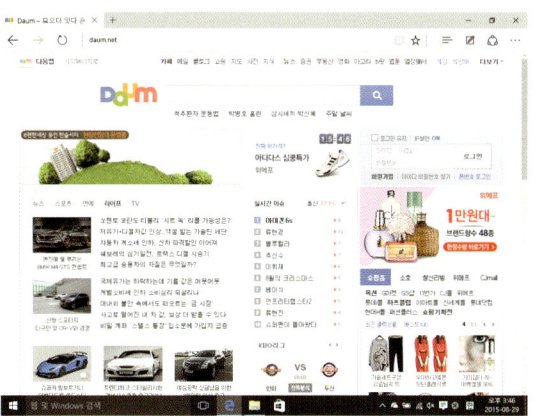

07 특정 페이지를 변경하고 싶거나 웹 주소를 잘못 입력하여 수정해야 할 경우, 마이크로소프트 엣지에서 기타 작업 클릭 〉입력한 daum 웹주소를 클릭합니다.

웹 주소를 입력한 창이 활성화되어 주소를 수정할 수 있습니다.

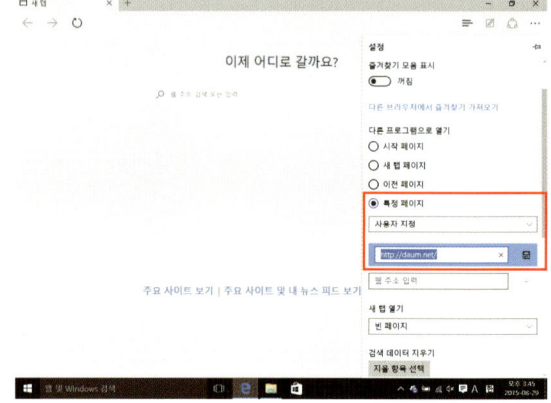

21 | 엣지 기본 검색 엔진 변경하기

마이크로소프트 엣지의 기본 검색 엔진은 Bing.com으로 설정되어 있습니다.
사용자 편의에 맞게 검색 엔진 변경 방법을 알아보겠습니다.

01 마이크로소프트 엣지를 실행한 후, 변경할 검색 엔진을 입력합니다. 글쓴이는 google.com을 검색하여 추가하는 방법을 소개하겠습니다.

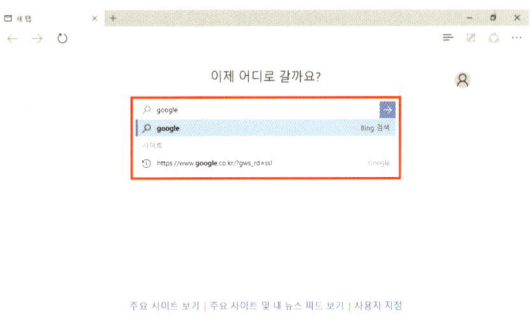

02 bing 검색 결과에 노출된 검색 결과 google을 클릭합니다.

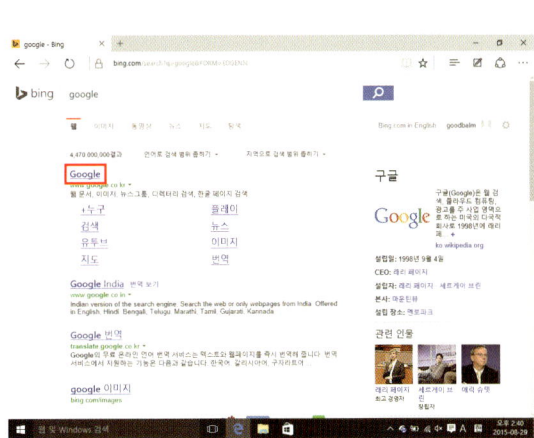

03 google.com의 웹 사이트로 이동한 뒤 기타 작업(···)단추 클릭 〉 설정을 클릭합니다.

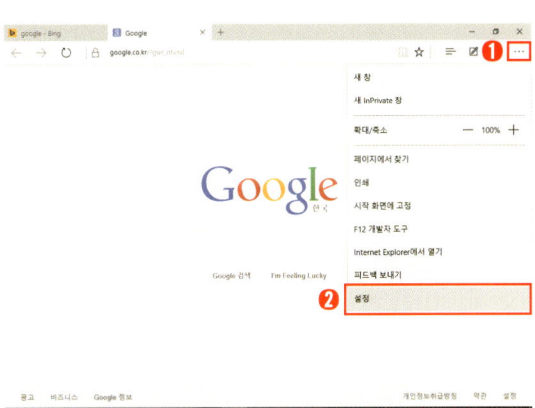

04 설정의 하단에 위치한 고급 설정 보기를 클릭합니다.

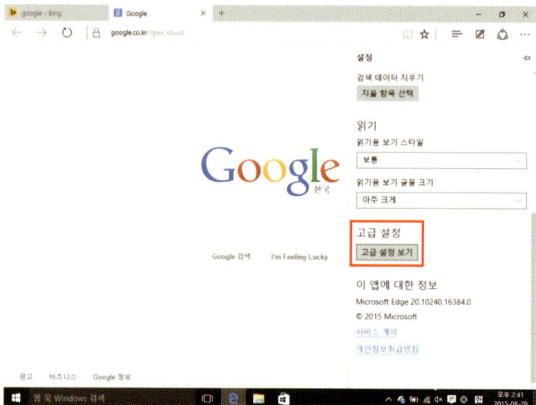

05 주소 표시줄에서의 검색에 사용에 Bing.com 검색 엔진이 설정된 것을 확인할 수 있으며, 클릭하여 '새로 추가'를 클릭합니다.

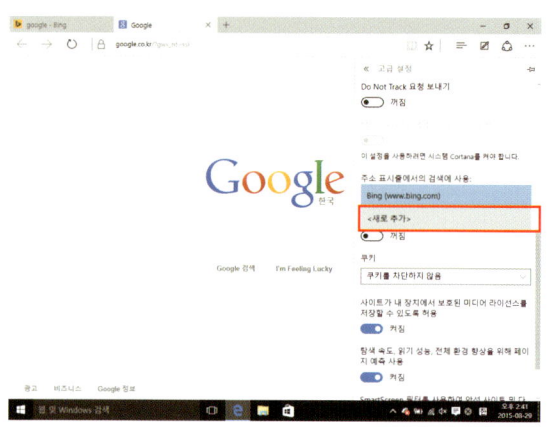

06 검색 공급자 결과에서 google.com 검색 엔진을 클릭 > '기본값으로 추가' 또는 '추가'를 클릭합니다.

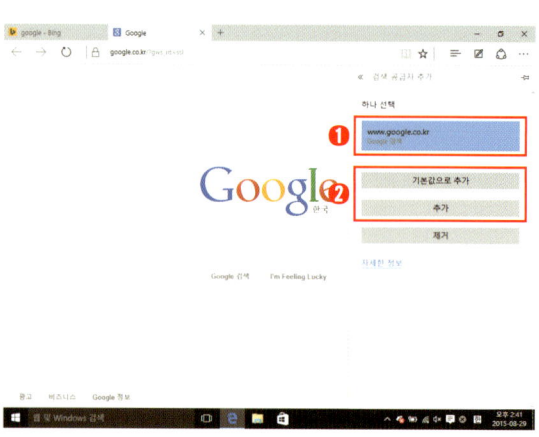

07 주소 표시줄에서의 검색에 사용에 추가된 google.com 검색 엔진을 확인할 수 있습니다.

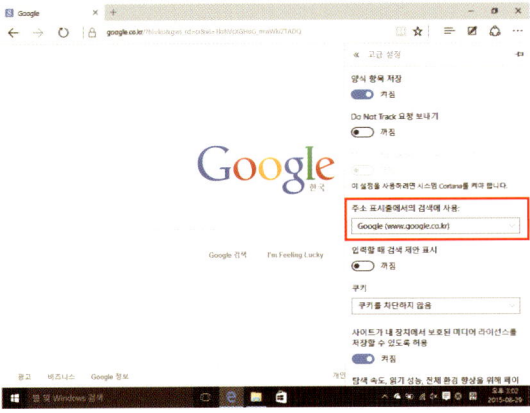

08 마이크로소프트 엣지를 실행하여 윈도우 10을 검색하면 google 사이트로 가지 않아도 google.com 검색 엔진으로 결과를 확인할 수 있습니다.

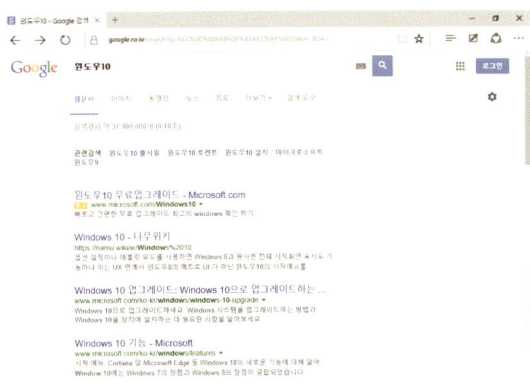

09 다시 bing.com 검색 엔진으로 돌아가고 싶은 경우, 주소 표시줄에서의 검색에 사용을 클릭하여 리스트에 있는 bing.com 검색 엔진을 선택하면 됩니다.

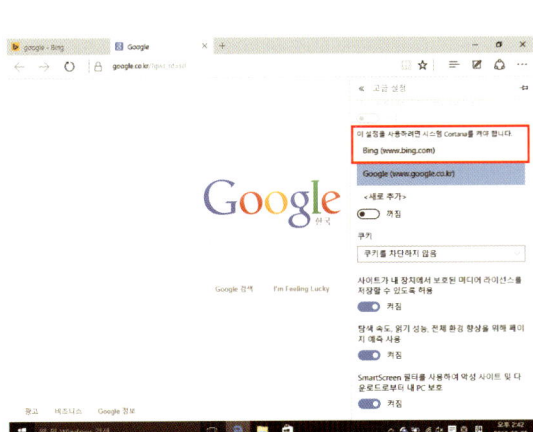

22 | 인터넷 익스플로러 사용하기

은행 또는 관공서에서 마이크로소프트 엣지를 지원하지 못하는 경우, 인터넷
익스플로러를 사용해야 할 때가 있습니다. 아래와 같은 방법으로 사용해 보겠습니다.

01 기타 작업(···)단추 클릭 〉 Internet Explorer에서
열기를 클릭합니다.

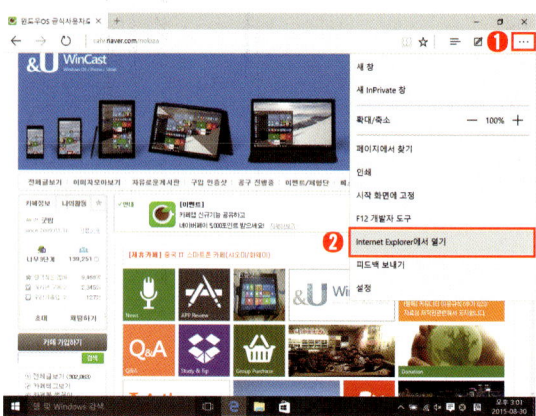

02 동일한 사이트로 실행된 것을 확인할 수 있습니다. 작업 표시줄에 익스플로러 아이콘이 생성된 것을 확인할 수 있습니다.

TIP!

인터넷 익스플로러(Internet Explorer)브라우저를
사용해야 하는 경우에 자동으로 추천합니다.

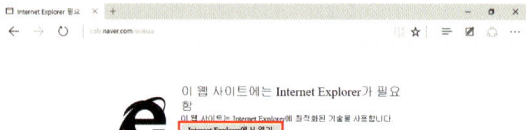

23 | 인터넷 익스플로러 기본 브라우저로 변경하기

마이크로소프트 엣지 브라우저 사용이 불편할 경우가 있습니다. 이럴 때는 인터넷 익스플로러를 기본 브라우저로 변경해 사용해 보겠습니다.

01 웹 및 윈도우 검색 상자 > 기본 웹브라우저 선택을 검색해 실행 또는 시작 단추 클릭 > 설정 클릭 > 시스템 클릭 > 기본 앱을 클릭합니다.

02 웹 브라우저에 기본 설정된 앱을 클릭하면 변경 가능한 앱의 리스트가 나열됩니다.

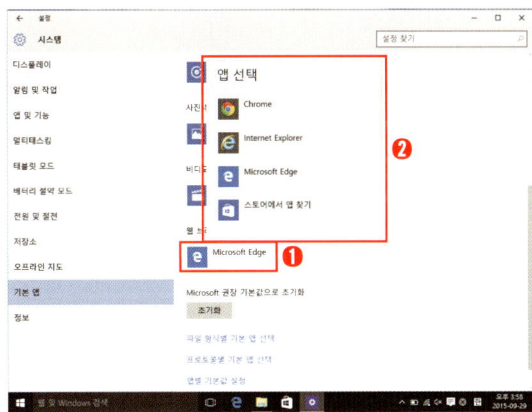

03 인터넷 익스플로러를 선택합니다.

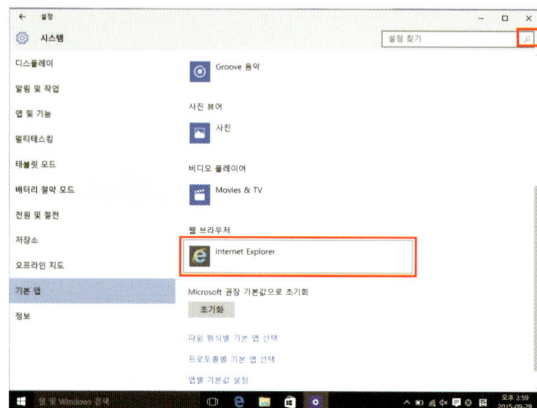

04 웹 및 윈도우 검색 상자를 통해 검색할 경우 기본으로 인터넷 익스플로러 브라우저가 실행되는 것을 확인할 수 있습니다.

MEMO

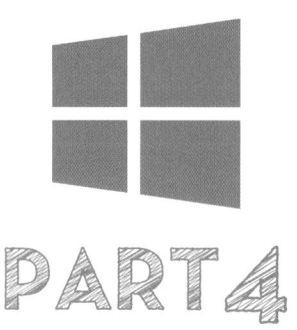

PART 4
다양한 앱을 활용해 보세요

01_ 앱 스토어 활용하기
02_ 윈도우 10 지도 앱 활용하기
03_ 윈도우 10 기본 앱 활용하기

CHAPTER 1
앱 스토어 활용하기

윈도우 10 스토어에는 매년 많은 앱들이 등록되고 있습니다. 어떤 앱이 있는지 살펴보고 필요한 앱이 있을 경우 다운받아 활용해 보겠습니다.

01 | 앱 스토어 구성 알아보기

윈도우 앱 스토어의 구성에 대해 알아보겠습니다.

❶ **홈** : 앱 스토어 메인 페이지를 말하며, 앱 스토어에 있는 모든 앱을 각 카테고리 별로 보여줍니다.
❷ **앱** : 앱 스토어에 있는 게임을 제외한 모든 앱 중 각 카테고리 별로 보여줍니다.
❸ **게임** : 앱 스토어에 있는 게임 앱을 각 카테고리 별로 보여준다.
❹ **사용자 계정** : 구매한 항목을 보거나, 계정 정보를 변경 및 확인할 수 있습니다.
❺ **검색** : 검색 창을 통해 앱을 쉽게 찾을 수 있습니다.
❻ **모두 표시** : 선택한 카테고리의 모든 앱을 보여줍니다.

02 | 앱 스토어 카테고리 살펴보기

앱 스토어에는 카테고리 별로 앱들이 구분되어 있습니다. 각 카테고리에 어떤 종류의 앱이 있는지 알아보겠습니다.

01 홈 탭은 앱 스토어 메인 페이지를 말하며, 모든 앱을 카테고리 별로 보여줍니다. 마우스 스크롤을 내리면 추천 앱/ 게임. 인기 무료 앱, 인기 무료 게임, 인기 유료 앱, 인기 유료 게임, 컬렉션을 확인할 수 있습니다.

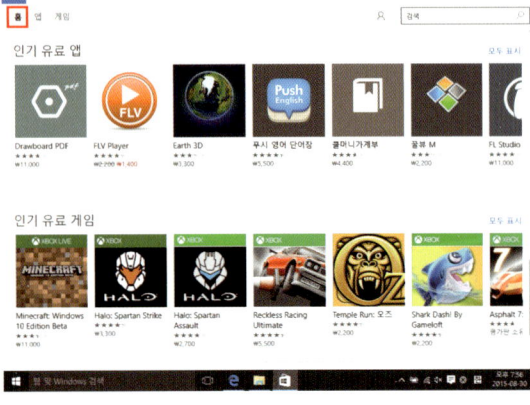

02 앱 탭은 게임 앱을 제외한 모든 앱을 카테고리 별로 보여줍니다. 차트 설정을 통해 인기 무료, 인기 유료, 최고 평점. 신규 인기 앱을 확인할 수 있고, 원하는 범주에 속하는 앱을 찾아서 설치할 수 있습니다.

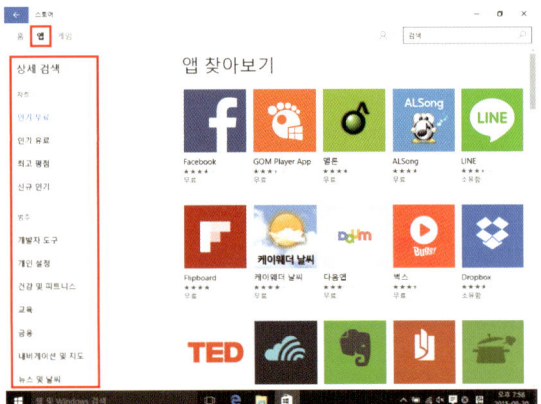

03 게임 탭은 앱 스토어에 있는 게임 앱을 각 카테고리 별로 보여줍니다. 차트 설정을 통해 인기 무료, 인기 유료, 최고 평점, 신규 인기 앱을 확인할 수 있고, 교육/ 퍼즐/ 슈팅/ 시뮬레이션 등 원하는 범주에 속하는 앱을 찾아서 설치할 수 있습니다.

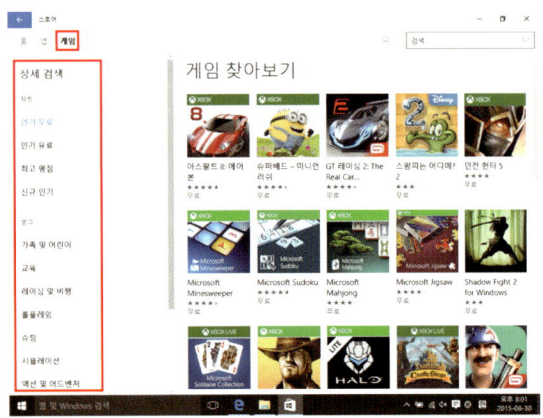

03 | 앱 스토어 앱 살펴보기

앱에 대한 정보와 사람들의 평가를 확인하면 성공적인 앱 구매에 도움이 됩니다.
앱을 다운로드하기 전에 정보들을 확인해보겠습니다.

01 앱을 클릭하면 앱에 대한 가격/ 별점/ 리뷰/ 스크린샷/ 기능 등 정보를 확인할 수 있습니다. 구입하려는 목적과 같은 기능하는 앱인지, 구동됐을 때의 모습을 어떤지 미리 스크린샷을 통해 확인할 수 있습니다.

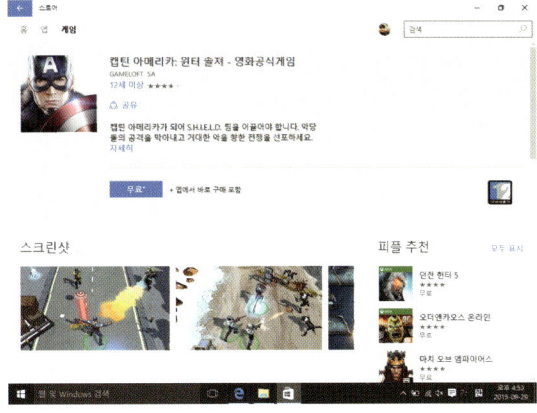

02 앱을 구매하기 전 이미 구매한 사람들의 별점과 리뷰를 읽어 보길 추천합니다.

04 | 무료 앱 설치 및 실행하기

앱 스토어에는 무료 앱/ 유료 앱 두 가지로 구분됩니다. 무료 앱은 구매절차 없이
다운로드 받아 설치하면 됩니다. 무료 앱을 다운 받아 사용해보겠습니다.

01 앱 스토어에서 원하는 앱을 설치하는 방법은 간단합니다. 카테고리 별로 추천된 리스트에서 앱을 선택하거나, 오른쪽 상단의 검색 창에 앱 이름을 입력하여 검색합니다.

02 글쓴이는 뷰어 앱을 설치하려 합니다.
뷰어 앱 상세 페이지에서 설치를 클릭합니다.

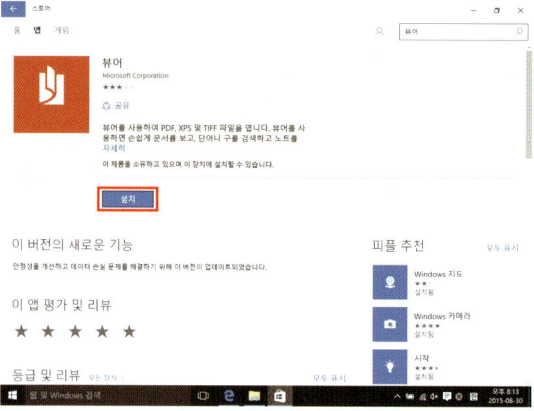

03 다운로드가 다 되었거나, 이미 설치된 앱 일 경우 열기 버튼이 노출됩니다. 열기 버튼을 누르면 앱이 실행됩니다.

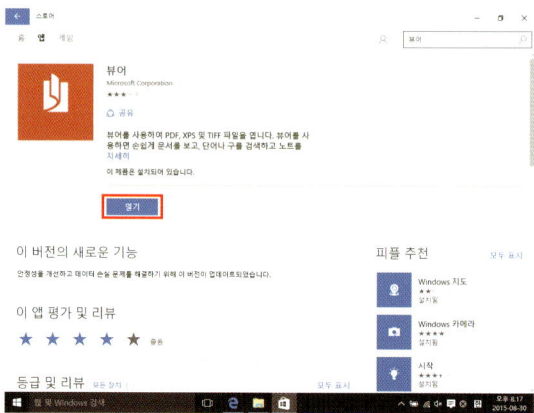

05 | 유료 앱 설치 및 실행하기

유료 앱일 경우 구매하기 전 앱을 미리 체험할 수 있습니다. 무료 체험 후 앱이 마음에 들면 구매해 사용해 보겠습니다.

01 유료 앱일 경우, 구매 금액과 무료 체험 두 가지 버튼이 존재합니다.
앱 개발사에 따라 무료체험을 제공하지 않을 수도 있습니다. 무료 체험 버튼이 있다면 구입하기 전 사용해 보길 추천합니다.

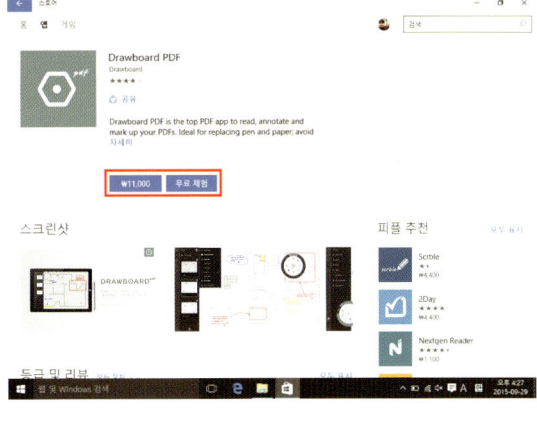

02 무료 체험을 클릭하면 설치가 되고 열기 버튼이 생성됩니다. 앱을 일정 시간 동안 무료로 사용해 볼 수 있습니다.

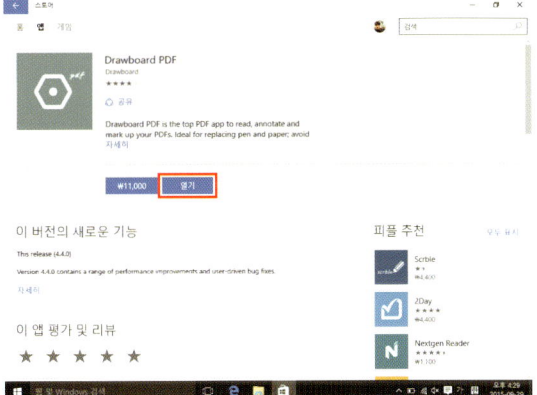

03 앱 구매를 원할 경우, 금액 버튼을 클릭합니다.

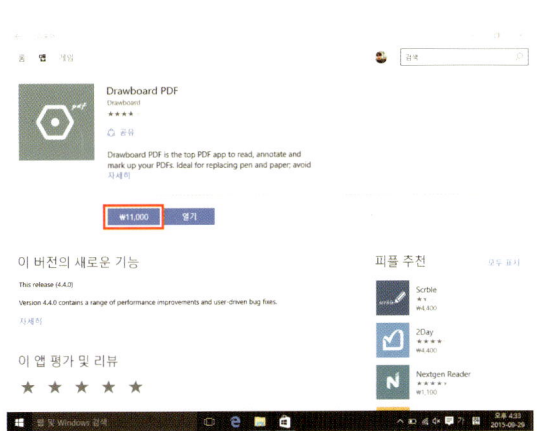

04 사용자 본인 인증 후 새 결제 방법을 추가하면 구매할 수 있습니다. 앱 구매 시 즉시 비용이 청구되며 환불을 받을 수 없으니 계약 정보를 잘 읽고 구매하도록 해야 합니다.

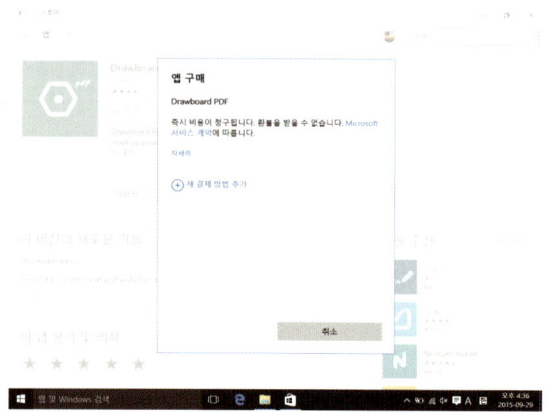

05 새 결제 방법을 추가해 카드 정보를 입력합니다. 완료되면 결제되어 앱이 설치됩니다.

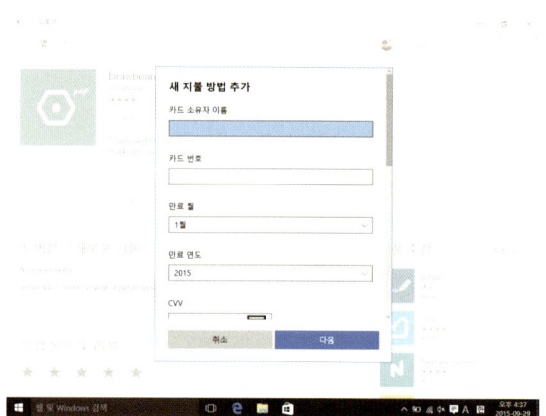

TIP!

앱 평가하기

앱 상세페이지에서 이 앱 평가 및 리뷰를 확인할 수 있습니다. 별 점을 메기고, 리뷰를 입력하여 개발자에게 피드백을 주도록 합니다. 앱이 좋을 경우 칭찬하여 긍정의 효과를 주고, 앱이 부족할 경우 개선점을 제안하여 수정 보완할 수 있도록 하면 더 좋은 앱을 이용할 수 있습니다.

06 | 스토어 계정 확인 및 변경하기

윈도우 스토어 계정을 통해 구매한 앱을 확인하고 지속적으로 업데이트할 수 있습니다.
결제 방법을 변경하고 싶을 경우 결제 옵션 관리에서 수정 가능합니다.

01 사용자 아이콘을 클릭하면 관련된 메뉴를 확인할 수 있습니다.

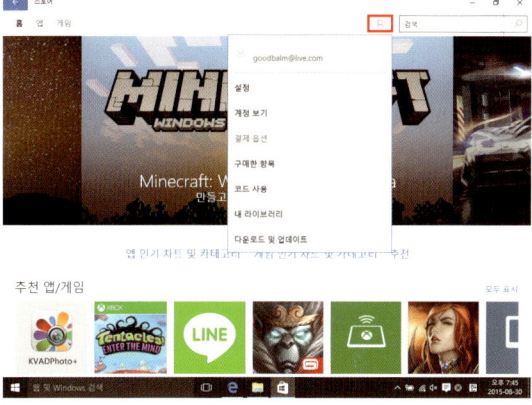

02 설정을 클릭하면, 앱 자동 업데이트 설정/ 라이브 타일에 제품 표시 여부/ 계정이 연결된 장치 관리할 수 있습니다.

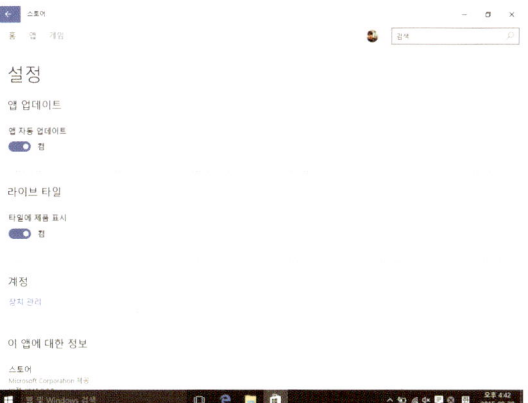

03 계정 보기를 클릭하면, account.microsoft.com에 접속하여 최근 구입한 계정, 내 계정이 설치된 장치 등을 확인하고 변경할 수 있습니다.

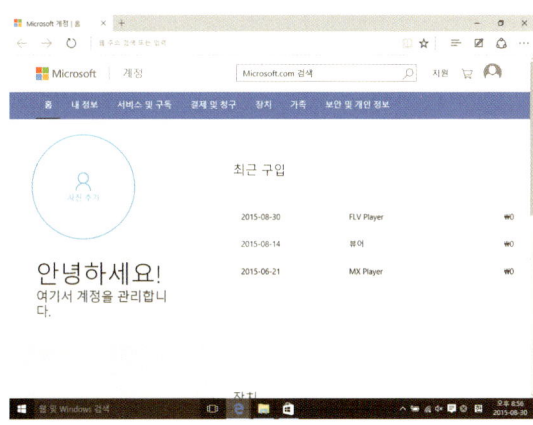

04 결제 옵션을 클릭하면, account.microsoft.com 에 접속하여 앱을 구매하기 위한 결제 방법을 추가, 관리할 수 있습니다.

브라우저가 쿠키를 차단할 경우 결제 추가를 진행할 수 없으니 해제하도록 합니다.

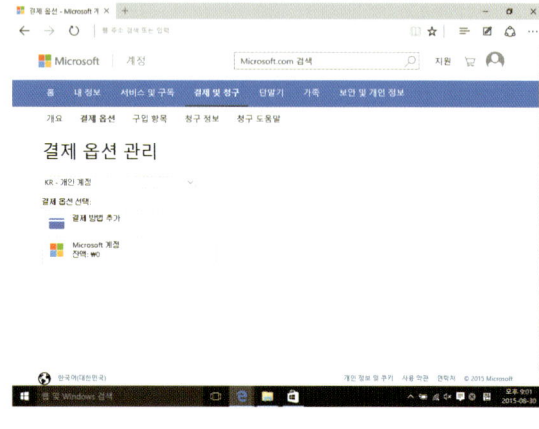

TIP!

쿠키 차단 해제는 어디서?

마이크로소프트 엣지 브라우저 실행 〉 기타 작업 클릭 〉 설정 클릭 〉 고급 설정 클릭 〉 쿠키에서 쿠키 차단을 해제합니다.

05 구매한 항목을 클릭하면, account.microsoft.com 에 접속하여 앱을 구매한 날짜와 결제 방법, 금액 등을 확인할 수 있습니다.

무료 앱을 설치한 경우에도 모두 노출됩니다.

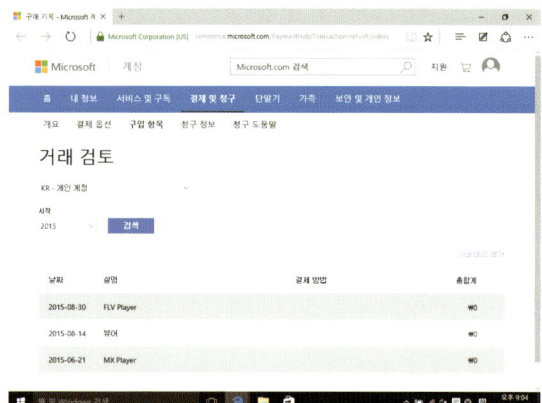

06 내 라이브러리를 클릭하면, 설치하여 사용 중인 앱을 확인할 수 있습니다.

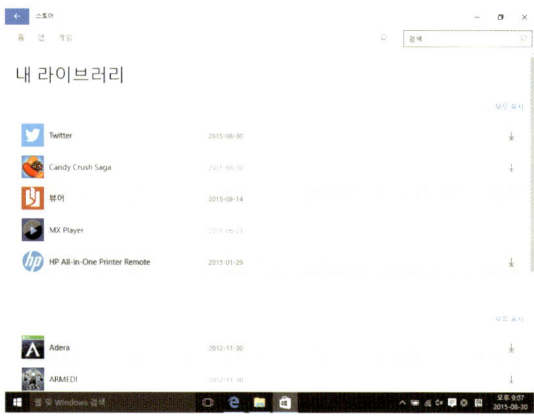

07 다운로드 및 업데이트를 클릭 〉 '업데이트 확인' 버튼을 클릭하면 자동으로 앱을 업데이트합니다.

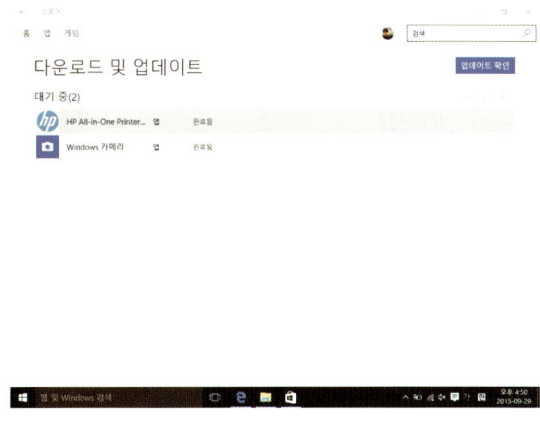

CHAPTER 2
윈도우 10
지도 앱 활용하기

윈도우 10에서 기본으로 제공하는 지도 앱은 많은 기능들을 탑재하고 있습니다.
국내보다 해외에 방문했을 때 더 유용하게 사용할 수 있는 지도 앱 기능들을 알아보겠습니다.

01 | 지도 앱 구성 알아보기

지도 앱의 다양한 기능들을 알아보겠습니다.

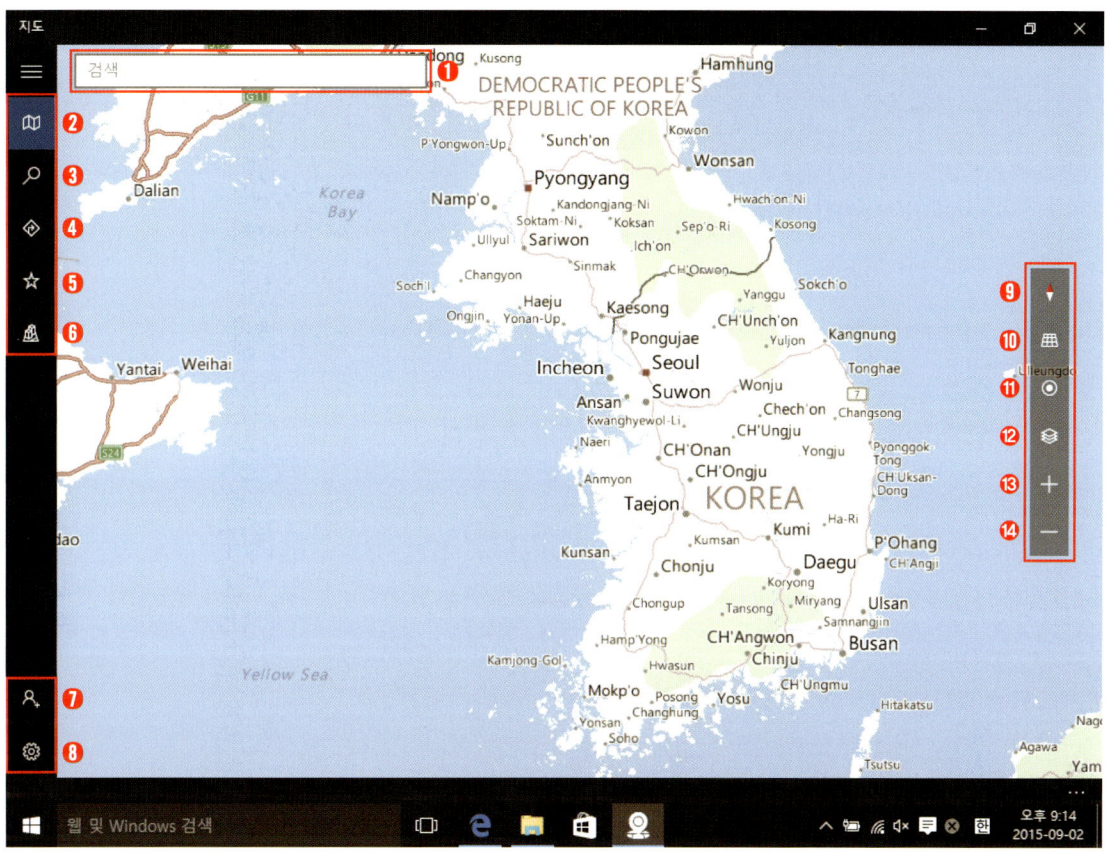

❶ **검색 상자** : 메뉴를 따로 누르지 않고 원하는 위치를 검색할 수 있습니다.
❷ **지도** : 세계 지도를 확인할 수 있습니다.
❸ **검색** : 원하는 위치를 검색하여 찾을 수 있습니다.
❹ **길 찾기** : 출발지와 목적지 사이의 거리와 걸리는 시간, 경로 등을 알 수 있습니다.
❺ **즐겨찾기** : 원하는 장소를 즐겨찾기하여 언제든 확인할 수 있습니다.
❻ **3D도시** : 일부 유명 도시를 3D로 제공하여 확인할 수 있습니다. (아직 국내 도시는 포함되지 않았습니다.)
❼ **로그인** : 계정을 선택하여 로그인하면 Microsoft 장치에서 즐겨 찾는 장소와 검색 기록을 볼 수 있습니다.
❽ **설정** : 지도의 단위 혹은 방향 설정, 오프라인 지도 다운로드, 검색 기록 삭제 등 설정할 수 있습니다.
❾ **회전** : 시계 반대 방향 (단축키 : Ctrl + ←), 시계 방향 (단축키 : Ctrl + →) 혹은 북쪽이 위로 가도록 회전(🧭) 을 눌러 지도의 방향을 전환합니다.
❿ **기울기** : 위로 기울기 (단축키 : Ctrl + ↑), 아래로 기울기 (단축키 : Ctrl + ↓) 혹은 2D로 돌아가기

단추를 눌러 지도의 기울기를 선택합니다.
- ⑪ **내 위치 표시** : 내가 현재 위치한 장소를 표시합니다. (단축키 : Ctrl + Fn +Home)
- ⑫ **지도 보기** : 위성. 도로 (단축키 : Ctrl +Y) 또는 교통량 (단축키 : Ctrl + T) 을 지도에 표시합니다.
- ⑬ **확대** : 지도를 확대합니다.
- ⑭ **축소** : 지도를 축소합니다.

02 | 지도 앱으로 길 찾기

지도 앱을 이용하면 길 찾기뿐만 아니라 실제 거리 화면과 네비게이션 기능까지 제공합니다.
지도 앱의 기본 기능인 길 찾기에 대해 알아보겠습니다.

01 시작 단추 클릭 〉 모든 앱 클릭 〉 지도 앱 클릭 또는 웹 및 윈도우 검색 상자에서 지도 앱을 검색해 실행합니다.

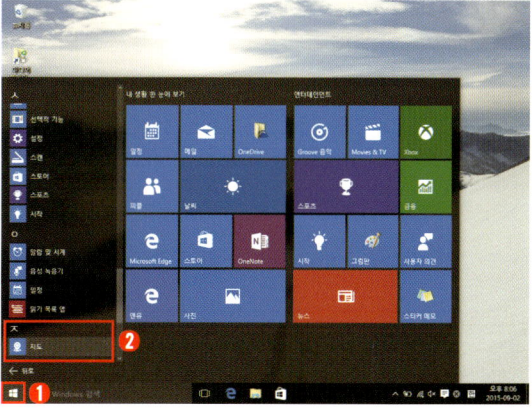

02 검색 단추를 클릭하여 목적지를 입력합니다. 글쓴이는 시애틀 타코마 공항(Seattle-Tacoma International Airport)에서 파이크 플레이스 마켓 (Pike place market)에 도착하는 방법을 찾아보았다.

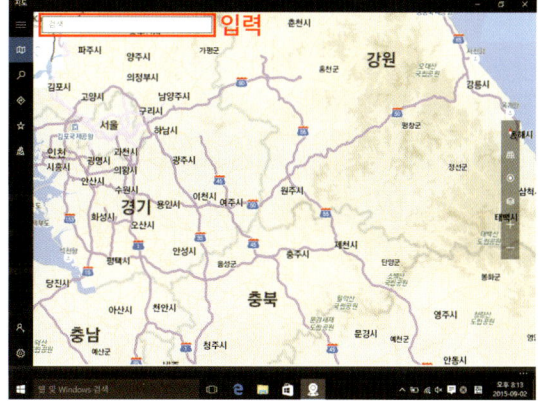

03 목적지인 파이크 플레이스 마켓 (Pike Place Market)을 입력하면 검색 결과에 주소, 거리 화면(Streetside)을 볼 수 있습니다.

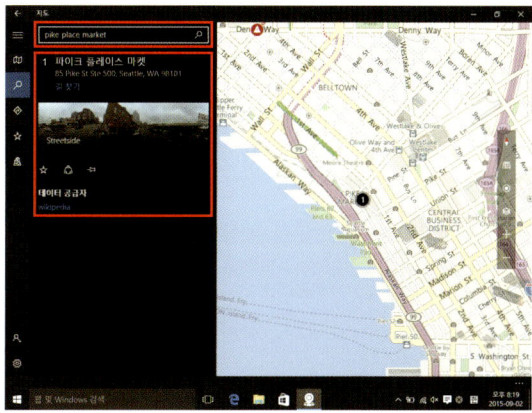

04 검색된 장소를 즐겨찾기에 추가(☆)하거나, 메일로 공유도 가능하며, 해당 위치를 시작화면에 고정할 수 있습니다.

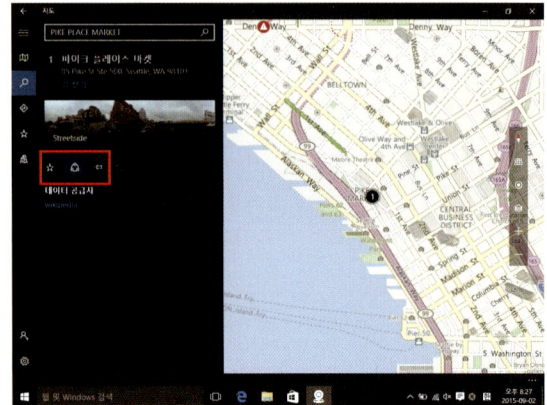

05 거리 화면(Streetside)를 클릭하면 사진으로 촬영한 목적지의 실제 길거리를 확인할 수 있습니다.

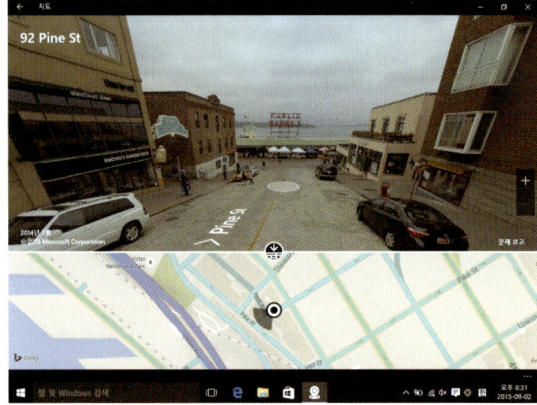

06 목적지를 확인하고 나면, 길 찾기를 클릭하여 출발지에서 시애틀 타코마 국제 공항을 검색합니다.

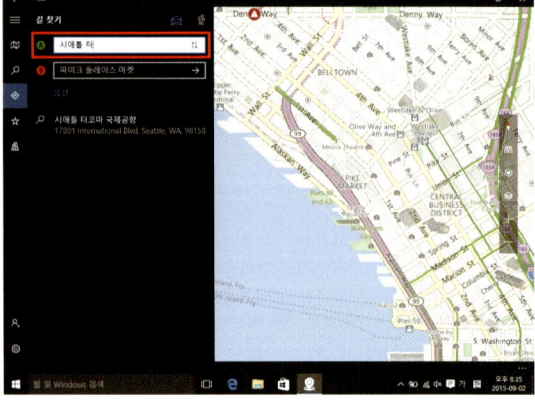

07 출발지(A) 에서 목적지(B) 까지의 시간, 거리, 교통량, 상세한 경로가 왼쪽에 표시됩니다.
운전 경로가 기본이며, 도보 단추 클릭 시 도보에 관한 검색 결과로 정보가 변경됩니다.

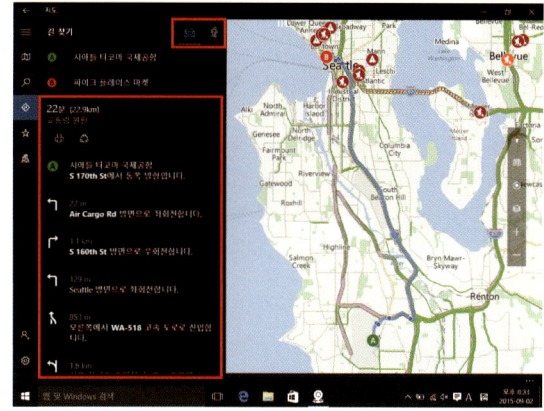

08 검색 결과를 클릭하면 설명에 맞는 위치로 지도가 이동하여 상세하게 확인할 수 있습니다.

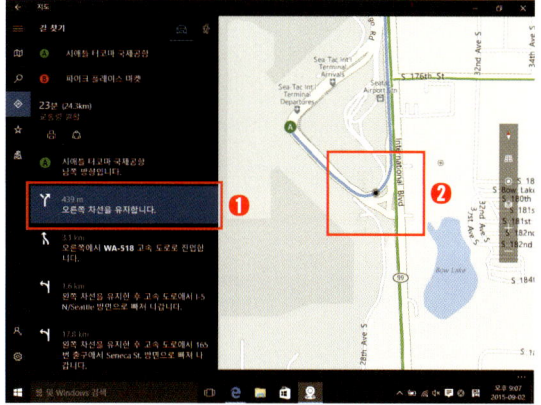

03 | 지도 앱 위치 즐겨찾기 설정하기

집이나 학교, 직장 등 자주 가는 곳이 있다면 즐겨찾기를 설정해 사용해 보겠습니다.

01 검색 결과에서 즐겨찾기에 추가(☆) 단추를 클릭하면, 즐겨찾기 설정 메뉴가 나타납니다.

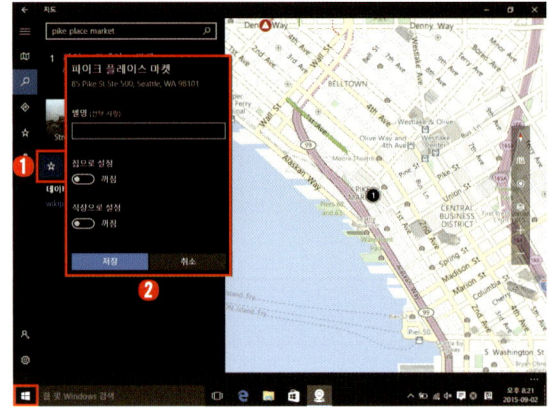

02 별명은 선택 사항이며, 사용자의 취향에 맞게 입력할 수 있습니다.
- 집으로 설정 : 집으로 즐겨찾기가 등록됩니다. 출발지 혹은 목적지에 집으로 입력하여 추가 검색을 하지 않아도 됩니다.
- 직장으로 설정 : 직장으로 즐겨찾기가 등록됩니다. 출발지 혹은 목적지에 직장으로 입력하여 추가 검색을 하지 않아도 됩니다.
- 이 즐겨찾는 위치 삭제 : 즐겨찾기를 삭제합니다.

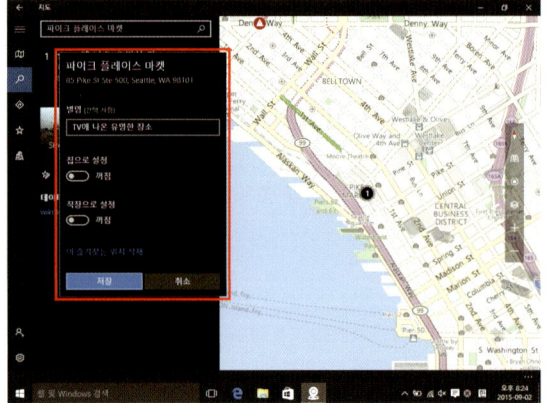

03 메뉴의 즐겨찾기를 클릭하면, 검색 결과에서 추가한 즐겨찾기 위치를 확인할 수 있습니다.

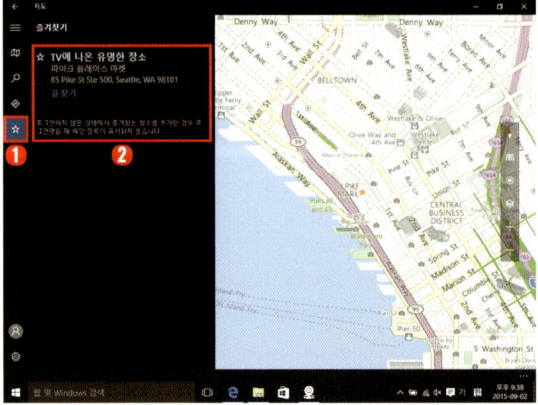

04 | 지도 앱 위치 시작화면에 고정하기

지도 앱의 위치를 윈도우 10 시작화면에 고정해 사용할 수 있습니다.

01 검색 결과에서 고정(📌) 단추를 클릭하면, 시작화면에 검색한 위치가 고정됩니다.

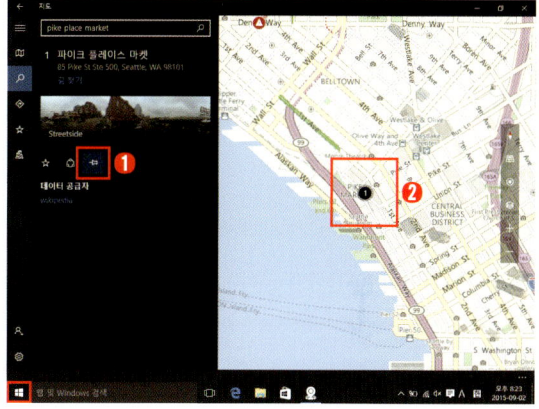

02 시작 단추를 클릭하면 라이브 타일 앱화면에 고정한 파이크 플레이스 마켓(Pike Place Market)을 확인할 수 있습니다.
지도 앱을 켜지 않은 상태에서 시작화면에 고정된 타일 앱을 클릭하면 자동으로 지도 앱이 실행되어 위치를 검색합니다.

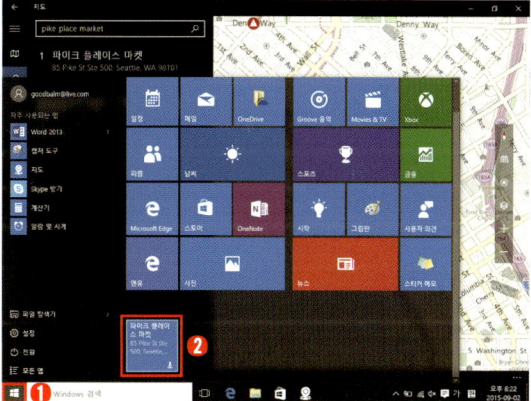

05 | 유명 도시 3D로 보기

지도 앱에는 유명 도시를 3D로 보여주는 기능이 있습니다. 가고 싶은 도시가 있다면 3D화면을 이용해 미리 살펴볼 수 있습니다.

01 메뉴의 3D 도시를 클릭하면, 유명한 도시를 3D로 볼 수 있으며 즐겨찾기를 한 장소가 있을 경우 함께 표시됩니다.
(한국은 아직 3D가 제공되지 않습니다.)

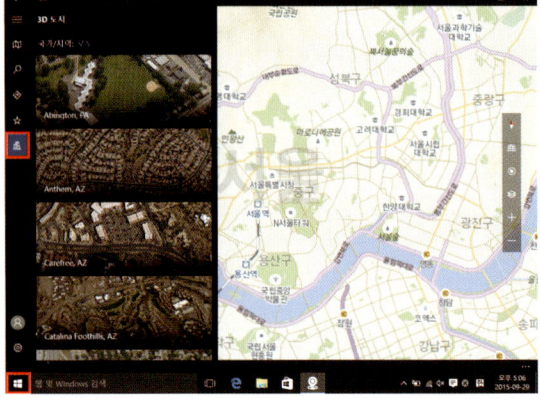

02 국가/ 지역의 모두를 클릭하면 3D를 제공하는 국가와 지역을 선택해 볼 수 있습니다.

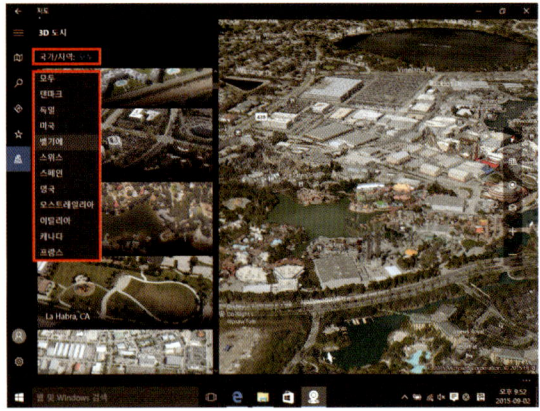

03 기울기, 확대 단추를 클릭해 각도를 조절하면 3D 효과를 더 잘 느낄 수 있습니다.

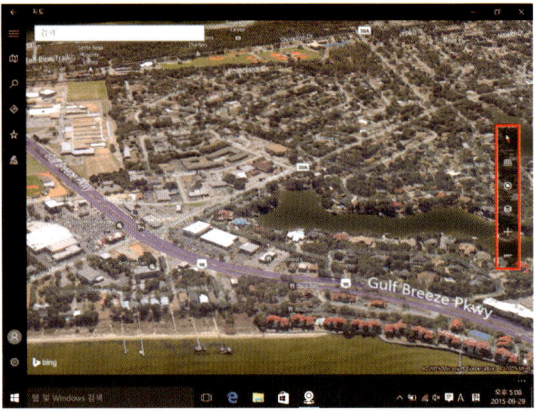

06 | 지도 앱 더 활용하기

지도 앱에는 나침반, 기울기, 위성 보기 등 다양한 기능들을 활용해 자세한 위치 정보를 확인할 수 있습니다.

01 나침반을 클릭하면 왼쪽, 오른쪽으로 회전할 수 있는 화살표 단추가 나타납니다.
나침반을 클릭한 상태에서 마우스 포인터를 왼쪽, 오른쪽으로 이동하여 지도를 회전합니다.
(시계 반대 방향 단축키 : Ctrl + ←/ 시계 방향 단축키 : Ctrl + →)

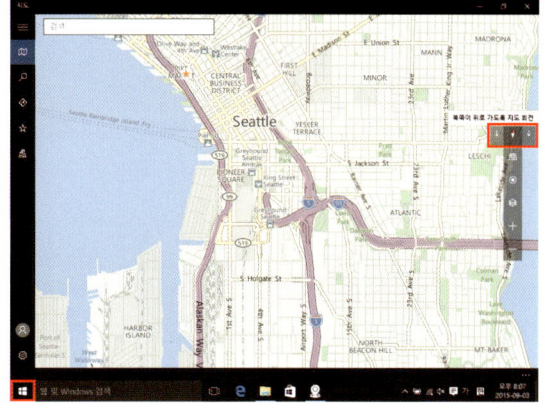

02 기울기를 클릭하면 위로 기울기, 아래로 기울기를 할 수 있는 단추가 나타납니다.
기울기 단추를 클릭한 상태에서 마우스 포인터를 왼쪽으로 이동하면 위로 기울기가 되면서 지도를 평지에서 보는 것처럼 확인할 수 있습니다. 마우스 포인터를 오른쪽으로 이동하면 아래로 기울기가 되면서 지도를 하늘에서 보는 것처럼 확인할 수 있습니다. (위로 기울기 단축키 : Ctrl + ↑/ 아래로 기울기 단축키 : Ctrl + ↓)

03 내 위치 표시를 클릭하면 현재 내가 위치한 장소를 표시합니다. (단축키 : Ctrl + Fn + Home)

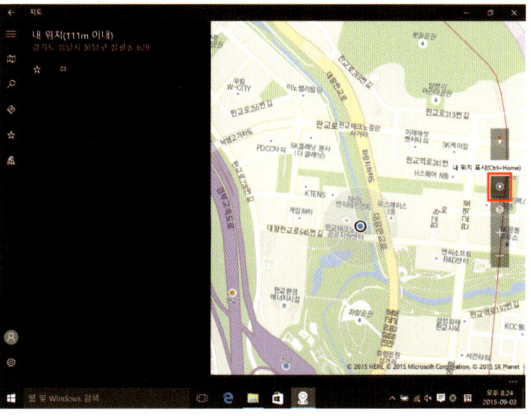

04 지도 보기를 클릭하면 위성/ 교통량/ 거리 화면을 지도에 표시할 수 있습니다.
(위성 단축키 : Ctrl + Y/ 교통량 단축키 : Ctrl + T/ 거리 화면 단축키 : Ctrl + S)

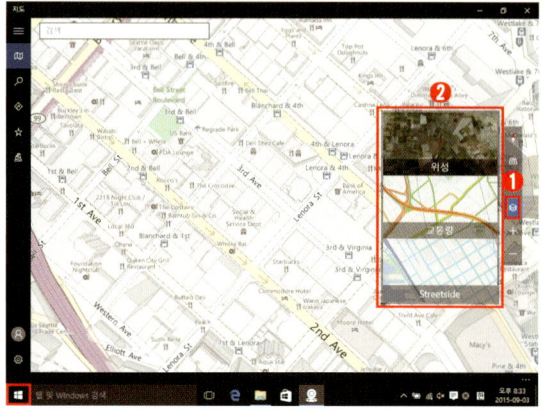

05 지도 보기에서 위성을 클릭하면 지도를 위성으로 볼 수 있습니다. 위성 단추는 도로 단추로 변경됩니다.

06 도로 상태에서 교통량 단추를 클릭하면 지도에 교통 상황이 표시됩니다. 공사 구간, 일정, 심각도 등의 정보도 얻을 수 있습니다.

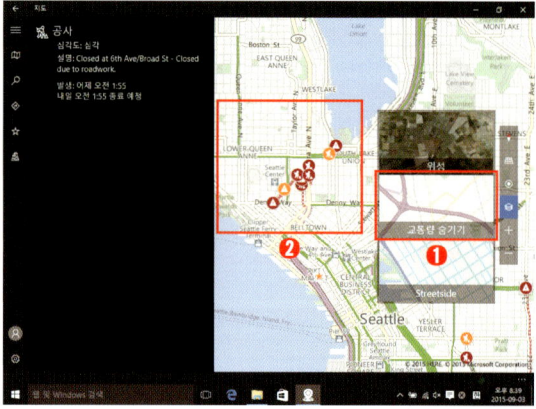

07 Streetside 단추를 클릭하면 지도에 Streetside를 확인할 수 있는 파란색 길이 표시됩니다. 파란색 길의 원하는 장소를 클릭하면 사진으로 촬영된 거리를 볼 수 있습니다.

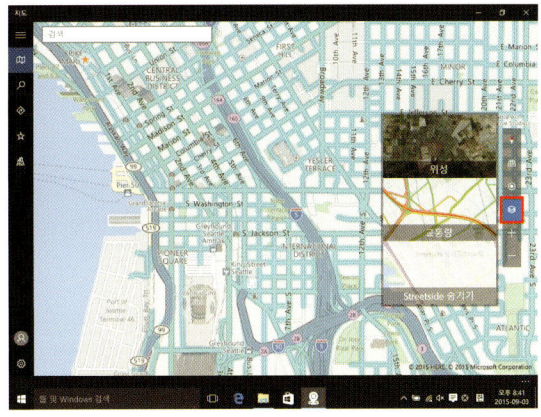

08 확대 단추를 클릭하면 거리와 건물을 볼 수 있습니다.

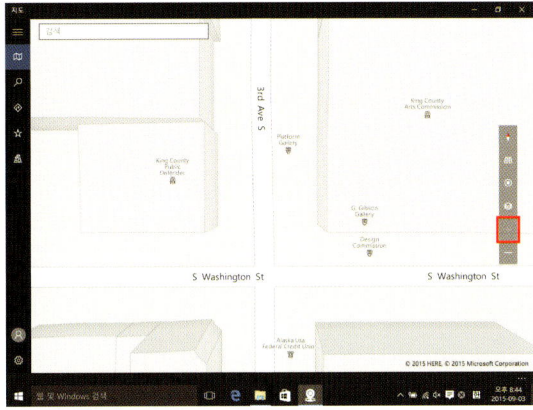

09 축소 단추를 클릭하면 전 세계의 지도를 볼 수 있습니다.

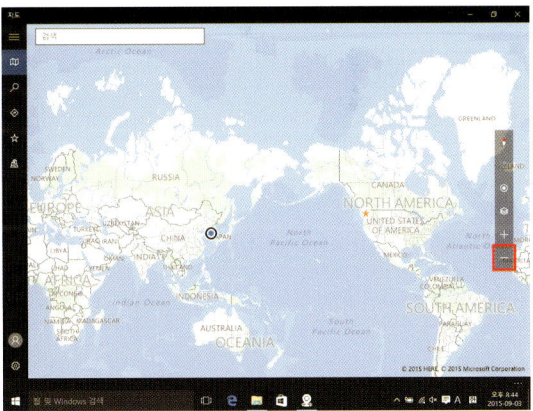

TIP!

위치 설정이 꺼짐이어서 내 위치를 표시할 수 없을 경우에는?

시작 단추 클릭 > 설정 클릭 > 개인정보 클릭 > 위치에서 위치를 켜짐으로 변경 뒤 다시 시도하면 내 위치를 표시합니다.

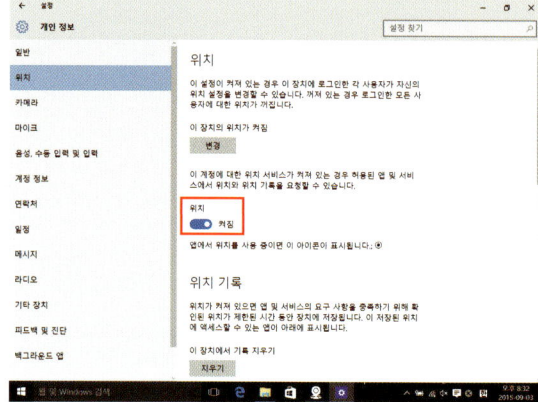

07 | 오프라인 지도 다운받기

오프라인 지도를 다운로드하면 인터넷 연결이 없어도 GPS를 통해 장소를 검색하고 방향을 확인할 수 있습니다. 해외 여행 시 매우 유용한 기능입니다. 하지만 다운받지 않은 지역은 지도가 나타나지 않으니 여행 전 꼭 참고하도록 하십시오.

01 시작 단추 클릭 〉 설정 클릭 〉 시스템 클릭 〉 오프라인 지도 클릭 혹은 웹 및 윈도우 검색 상자 〉 오프라인 지도 설정을 검색해 실행합니다.

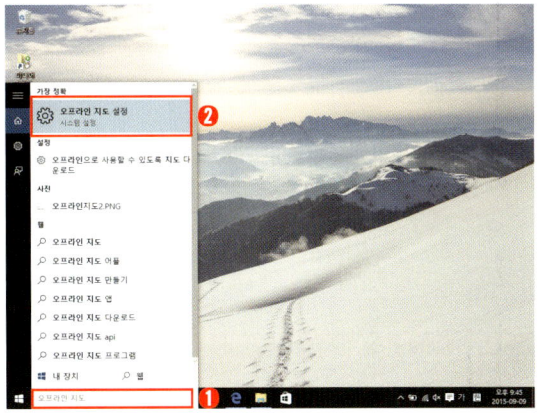

02 + 지도 다운로드 단추를 클릭합니다.

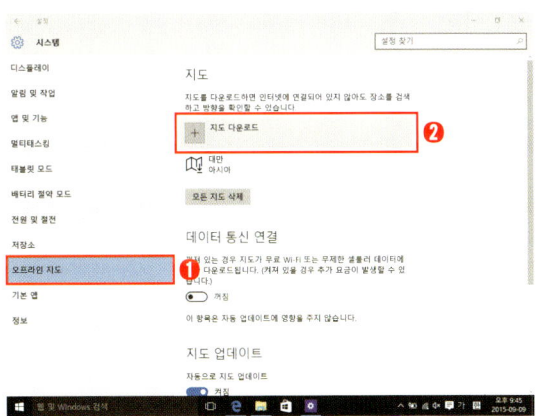

03 원하는 나라를 클릭합니다. 각 나라마다 지도 다운로드 용량을 확인할 수 있습니다.
글쓴이는 북아메리카 및 중앙 아메리카를 클릭하고, 멕시코를 클릭했습니다.

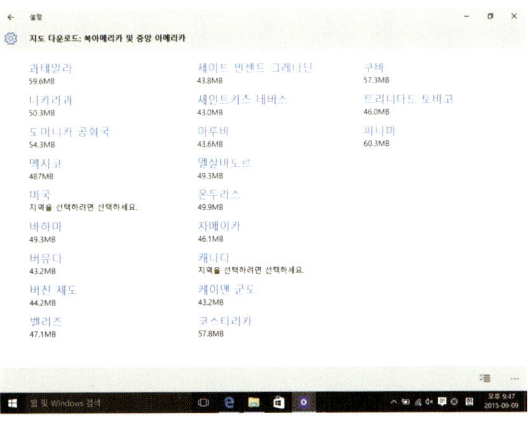

04 다운로드되는 것을 확인할 수 있습니다. 다운로드가 완료되면 인터넷에 연결하지 않아도 주변의 지형과 현재 위치를 파악할 수 있습니다. 지도 업데이트는 장치가 전원에 연결되고 Wi-Fi 또는 무제한 셀룰러 데이터를 사용할 경우 지도가 자동으로 업데이트됩니다.

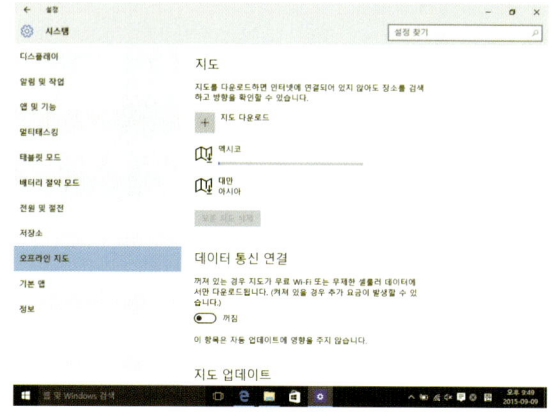

CHAPTER 3
윈도우 10 기본 앱 활용하기

윈도우 10에서 기본으로 탑재되어있는 앱 중 유용하게 쓰이는 스포츠, 금융, 계산기, 음성 녹음기, 카메라 앱에 대해 알아보겠습니다. 이전보다 디자인과 기능이 간결해지고 조작방법이 간단해져 손쉽게 사용할 수 있습니다.

01 | 스포츠 앱 활용하기

스포츠 앱을 활용해 실시간으로 스포츠 기사, 최근 경기 정보 확인이 가능합니다.
내가 좋아하는 팀을 즐겨찾기해 관련 정보를 모아 볼 수 있습니다.

01   시작 단추 클릭 〉 모든 앱 클릭 〉 스포츠 클릭 또는 웹 및 윈도우 검색 상자에서 스포츠 앱을 검색해 실행합니다.

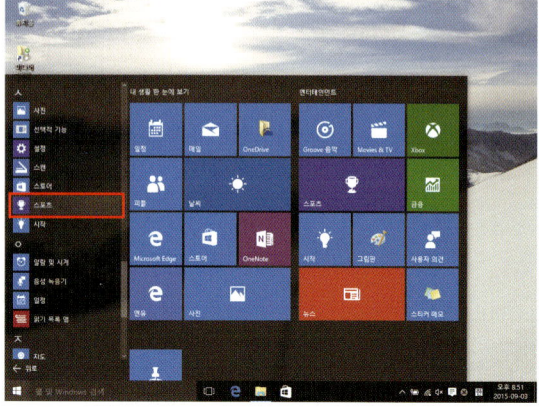

02   홈의 뉴스에서는 각종 스포츠의 실시간 기사들을 모아 볼 수 있습니다.

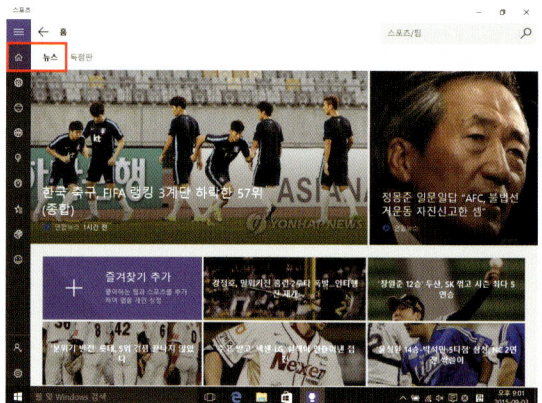

03   득점판을 클릭하면 최근 경기들의 득점 정보를 모아 볼 수 있습니다.

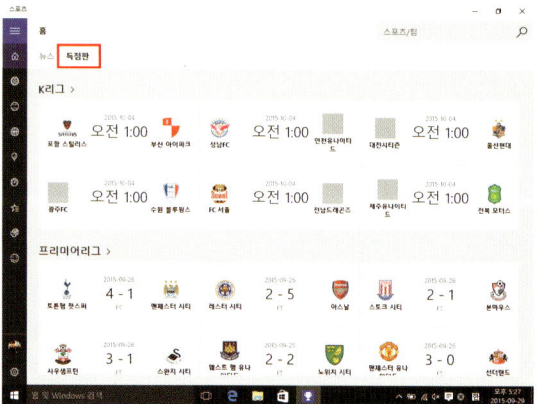

04 메뉴의 K리그, MLB, NBA, PGA, 포뮬러 원은 해당 스포츠의 순위, 일정 등 종목별로 최적화된 정보를 볼 수 있습니다.

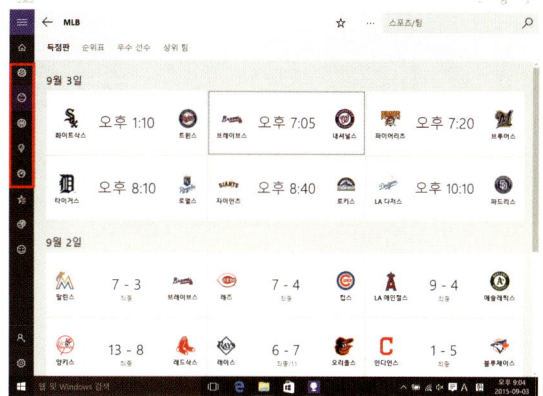

05 스포츠 더 보기를 클릭해 관심 있는 스포츠를 즐겨찾기하면, 내 즐겨찾기 메뉴에서 확인할 수 있습니다.

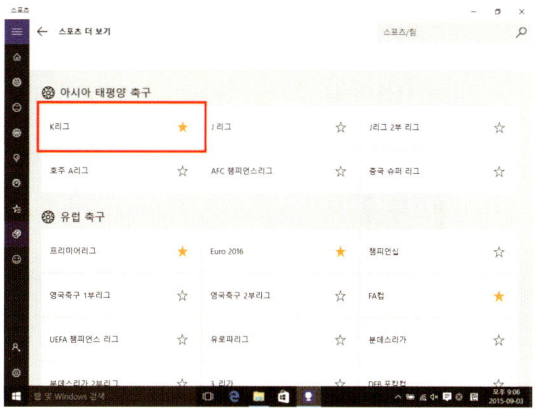

06 내 즐겨찾기는 좋아하는 스포츠와 팀을 추가할 수 있습니다. 스포츠 더 보기에서 추가한 스포츠도 함께 확인할 수 있습니다.

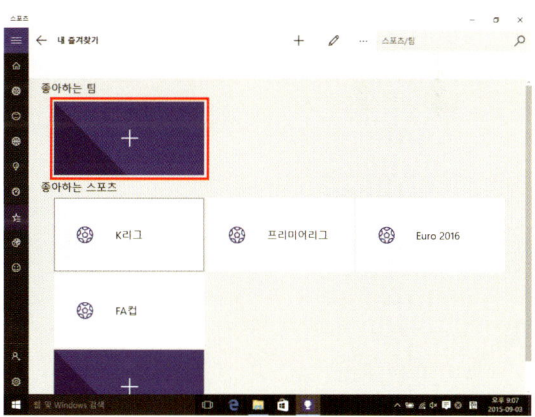

02 | 금융 앱 활용하기

금융 앱을 활용해 경제 신문, 주식, 펀드의 정보들을 확인해 보겠습니다. 나의 관심 종목들을 즐겨찾기하여 관련 정보들을 모아 볼 수 있습니다.

01 시작 단추 클릭 〉 모든 앱 클릭 〉 금융 클릭 또는 웹 및 윈도우 검색 상자에서 금융을 검색해 실행합니다.

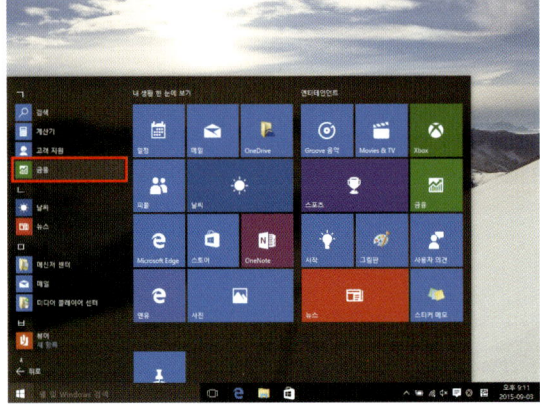

02 홈에서는 경제에 관한 실시간 기사들을 모아 볼 수 있습니다.

03 관심종목에 즐겨찾는 주식, 펀드 또는 인덱스를 추가하여 정보들을 모아 볼 수 있습니다.

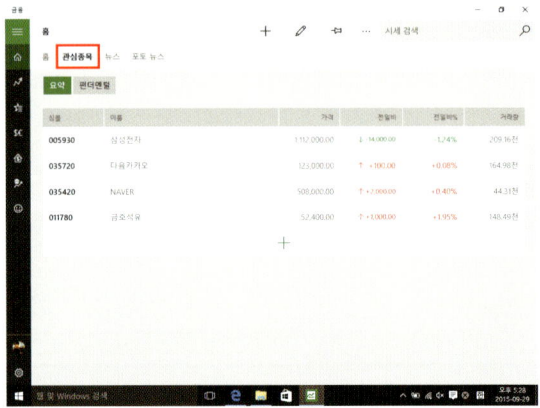

04 증시를 클릭하면 증시에 관련된 매매주와 상품, 시장통계 등을 확인할 수 있습니다.

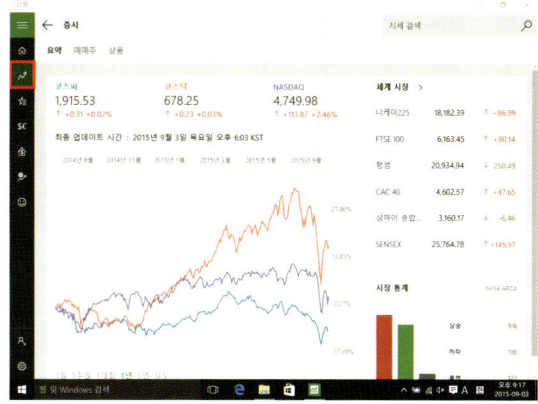

05 환율을 클릭하면 환율 계산과 다른 주요 통화와의 환율을 비교해 볼 수 있습니다.

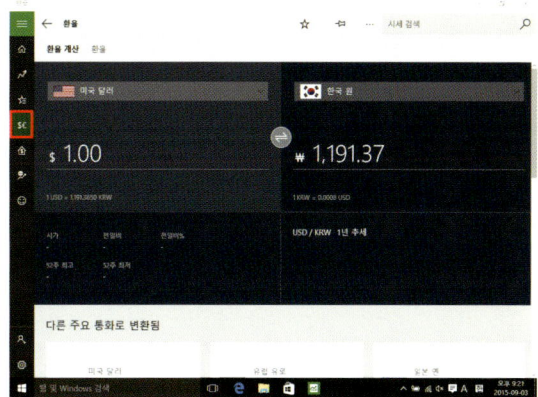

06 주택 담보 대출 계산을 클릭하면 계산식 입력이 가능하며, 계산 결과에 대한 차트와 일정을 볼 수 있습니다.

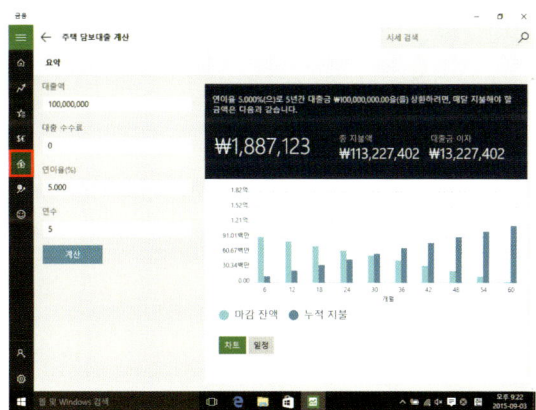

07 세계 시장에 대한 정보를 볼 수 있습니다.

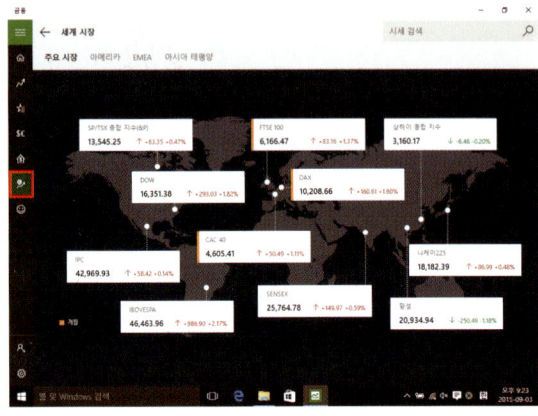

03 | 계산기 앱 활용하기

계산기 앱은 표준 계산기부터 공학용, 변환기 등 다양한 계산을 활용할 수 있습니다.
마우스와 키보드를 이용하여 입력할 수 있는 계산기 앱을 사용해보겠습니다.

01 시작 단추 클릭 〉 모든 앱 클릭 〉 계산기 클릭 또는 웹 및 윈도우 검색 상자에서 계산기를 검색해 실행합니다.

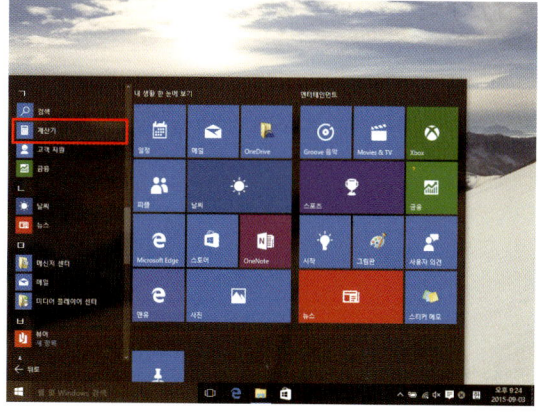

02 마우스로 계산기의 숫자를 눌러 입력하거나 키보드의 키패드로 계산식을 입력하여 계산할 수 있습니다.

03 메뉴 단추(≡)를 클릭하면 공학용, 부피, 길이, 속도 등의 다양한 계산기를 사용할 수 있습니다.

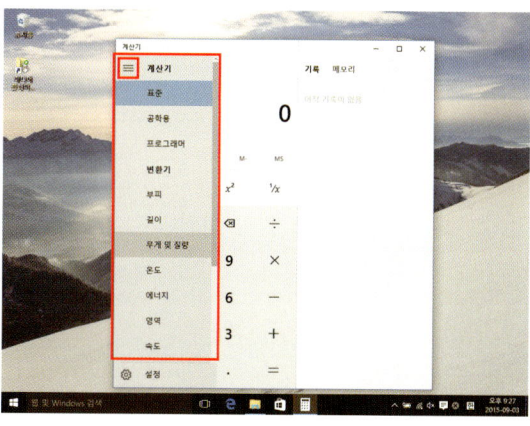

04 기록 단추를 클릭하면 계산한 기록을 확인할 수 있고 기록된 계산을 클릭하면 다시 계산기에 불러올 수 있습니다.
휴지통 버튼을 클릭해 기록을 삭제할 수 있는데, 모든 기록이 삭제되니 중요한 계산을 했을 경우 주의해야 합니다.

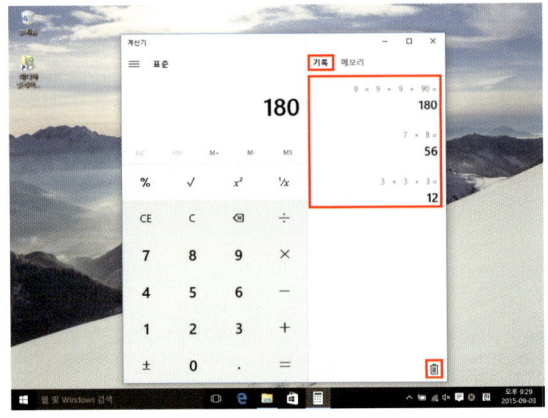

05 작업 표시줄의 계산기 아이콘 위에 마우스 오른쪽 단추를 눌러 '계산기'를 클릭하면 복수의 계산기를 사용할 수 있습니다.

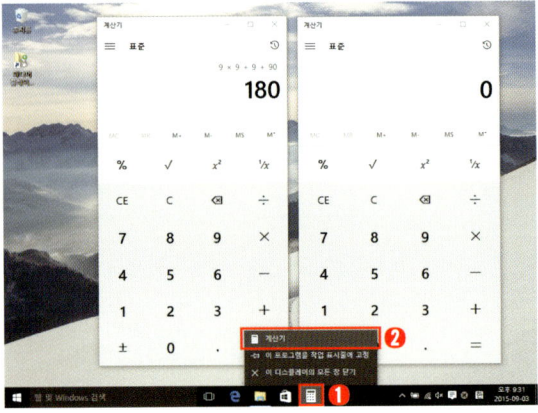

04 | 음성 녹음기 앱 활용하기

음성 녹음기 앱은 녹음과 녹음된 파일을 간단히 편집할 수 있는 기능이 있습니다.
쉬운 조작으로 녹음된 파일을 편집해보겠습니다.

01 시작 단추 클릭 〉 모든 앱 클릭 〉 음성 녹음기 클릭 또는 웹 및 윈도우 검색 상자에서 음성 녹음기 검색해 실행합니다.

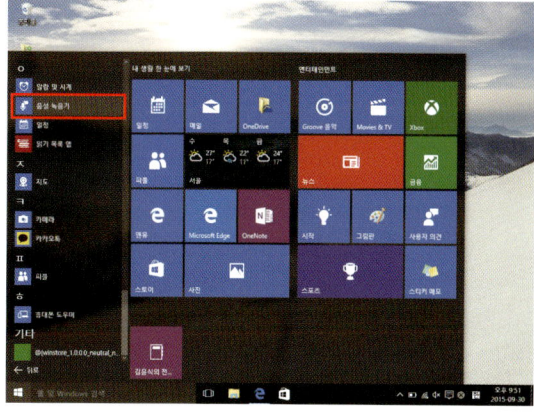

02 녹음 단추를 클릭하면 녹음이 시작됩니다.

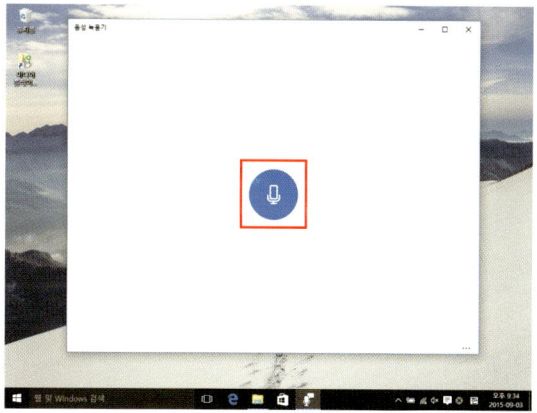

03 녹음 중지 단추를 클릭하면 녹음이 중지됩니다.

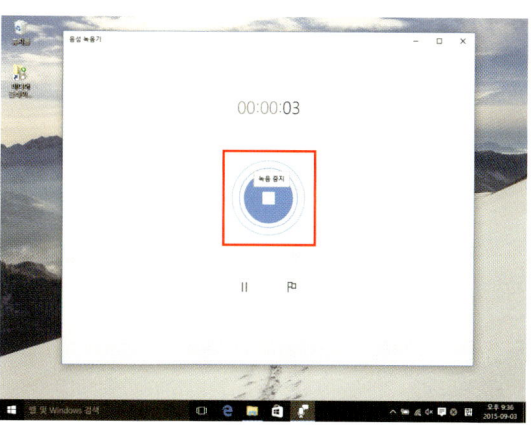

04 녹음 도중에 마커 추가 단추를 클릭하면 음성 편집 시에 쉽게 사용할 수 있습니다. 마커가 추가된 시간은 하단에 표시됩니다.

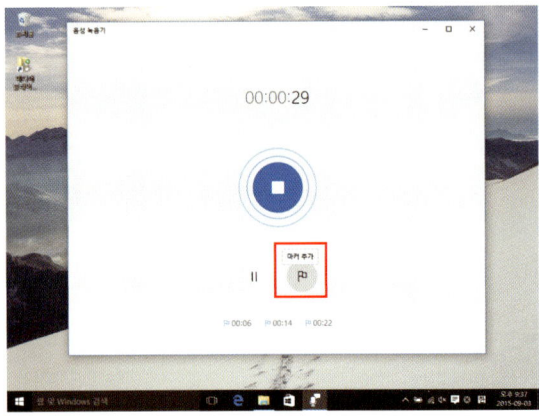

05 녹음 중간에 일시 정지를 클릭해 녹음을 잠시 쉴 수 있습니다.

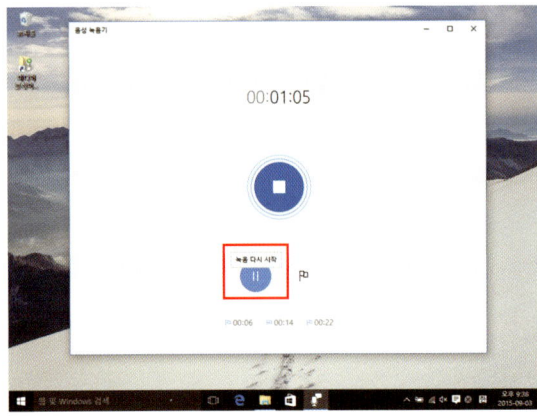

06 녹음을 중지하면 편집 화면으로 이동합니다. 저장된 녹음 파일을 불러올 수 있고, 불러온 녹음 파일을 수정할 수 있습니다.

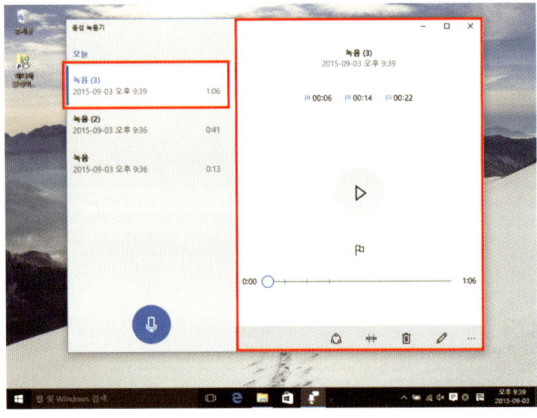

07 편집 중에도 마커 추가 단추를 클릭해 마커를 표시할 수 있다. 추가된 마커의 시간이 상단에 표시됩니다.

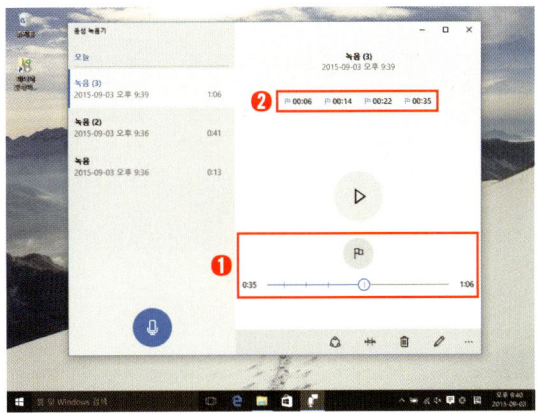

08 저장한 음성을 공유하거나 자르기, 삭제, 이름 바꾸기 등을 할 수 있습니다.
- 공유 : 메일로 음성 파일을 공유할 수 있습니다.
- 자르기 : 자유롭게 음성 파일을 잘라 수정할 수 있습니다. (표시 해둔 마커를 참고하여 편집하면 수월합니다.)
- 삭제 : 선택한 파일을 삭제합니다.
- 이름 바꾸기 : 선택한 파일의 이름을 바꿀 수 있습니다.
- 자세히 보기 : 파일이 저장된 위치를 열거나, 마이크 설정으로 이동할 수 있습니다.

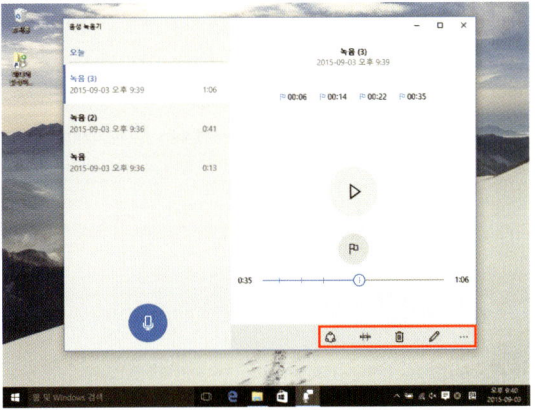

05 | 카메라 앱 활용하기

카메라는 기본 촬영과 동영상 촬영을 쉽게 전환하여 사용할 수 있습니다. 프로 기능을 이용하여 카메라의 밝기를 섬세하게 조절하고, 시간 타이머를 지정하여 촬영도 가능합니다. 카메라 사용법에 대해 알아보겠습니다.

01 시작 단추 클릭 〉 모든 앱 클릭 〉 카메라 클릭 또는 웹 및 윈도우 검색 상자에서 카메라를 검색해 실행합니다.

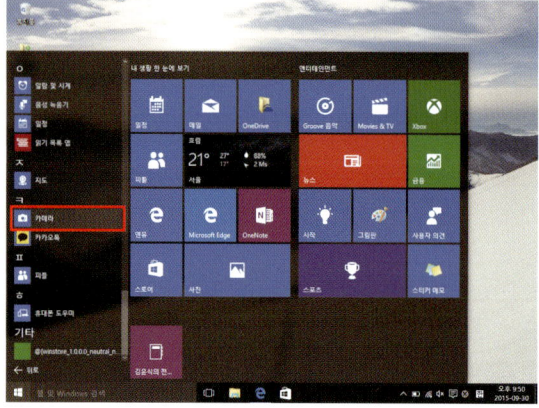

02 오른쪽의 카메라 아이콘을 클릭하면 사진을 한 장 촬영합니다.

03 상단의 화살표(〉)를 클릭하면 프로 상태로 전환됩니다. 다시 반대 방향 화살표(〈)를 클릭하면 자동 상태로 전환됩니다.

04 프로 상태에서 밝기 아이콘(🔆)을 클릭하면 카메라 촬영 밝기를 섬세하게 조절할 수 있습니다. 위로 올릴 경우 화면이 밝아지고, 아래로 내릴 경우 화면이 어두워집니다.

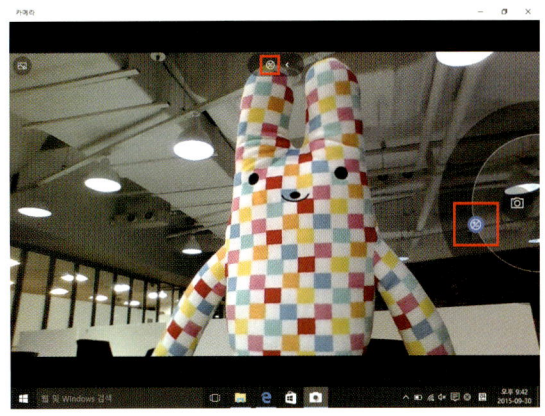

05 카메라 아이콘 오른쪽의 동영상 아이콘을 클릭하면 사진 촬영에서 동영상 촬영으로 전환됩니다. 하단에는 촬영하는 동영상의 시간이 표시됩니다.
프로 상태에서 동영상으로 전환해도 동일하게 밝기를 조절할 수 있습니다.

06 사진을 한 장 이상 혹은 동영상을 촬영할 경우, 왼쪽에 사진첩 아이콘이 노출됩니다.
사진첩 아이콘을 클릭하면, 촬영한 사진과 동영상을 확인할 수 있습니다.

07 오른쪽 상단의 더보기 단추를 클릭하면 사진 타이머와 설정 메뉴를 확인할 수 있습니다.

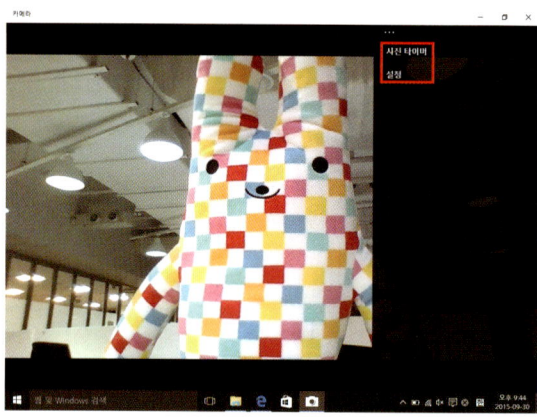

08 사진 타이머는 2/ 5/ 10초를 선택하여 사진 촬영할 수 있습니다.
하단의 체크 박스를 클릭하면 카메라 아이콘을 다시 누르기 전까지 선택한 시간마다 계속 촬영이 됩니다. 타이머를 지정하고 여러 장의 사진을 자동으로 찍을 수 있어 유용한 기능입니다.

09 설정은 사진 비율, 동영상 녹화 등 촬영에 관련된 설정을 할 수 있습니다.
1) 카메라 버튼 길게 누르기 : 카메라 버튼을 길게 누를 경우에 대해 동영상/ 사진 연속 촬영/ 사용안함 중 행동을 선택할 수 있습니다.
2) 사진의 화면 비율 : 사진 촬영 시 4:3/ 16:9 중 적합한 비율을 선택할 수 있습니다.
3) 구도 그리드 : 3분할/ 황금 분할/ 십자선 구도/ 정사각형 중 사진 촬영에 도움될 구도 그리드를 선택하여 촬영할 수 있습니다.
4) 동영상 녹화 : 1280*720(30fps)/ 960*540(30fps)/ 848*480(30fps) 사이즈를 선택해 촬영이 가능합니다.
5) 깜박임 감소 : 사용안함. 50Hz, 60Hz

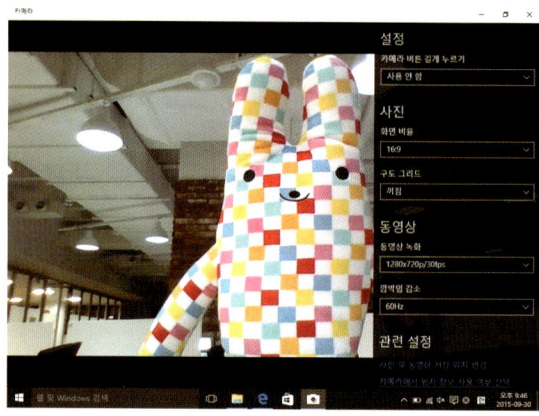

MEMO

PART 5

편리하게
소통하고 쉽게
기억하세요

01_ 메일 앱 활용하기
02_ 일정 앱 활용하기
03_ 원노트 앱 활용하기
04_ 피플 앱 활용하기

CHAPTER 1
메일 앱 활용하기

윈도우 10의 메일 앱을 사용하면 Outlook.com, Gmail 등 모든 메일 계정을 한번에 확인할 수 있습니다. 메일 계정마다 웹 사이트를 접속해 확인할 필요가 없어 일의 효율을 높일 수 있습니다. 윈도우 10 메일 앱 구성부터 설정하는 방법에 대해 알아보겠습니다.

01 메일 앱 시작하기 **02** 메일 앱 구성 알아보기 **03** 메일 보내기 **04** 메일 앱 설정하기

01 | 메일 앱 시작하기

메일 계정 추가하는 방법을 알아보겠습니다. 사용하는 여러 서비스의 계정을 추가하면 계정 별로 메일에서 관리하기 쉽습니다.

01 시작 단추 클릭 > 모든 앱 클릭 > 메일 클릭 또는 웹 및 윈도우 검색 상자에서 메일을 검색해 실행합니다.

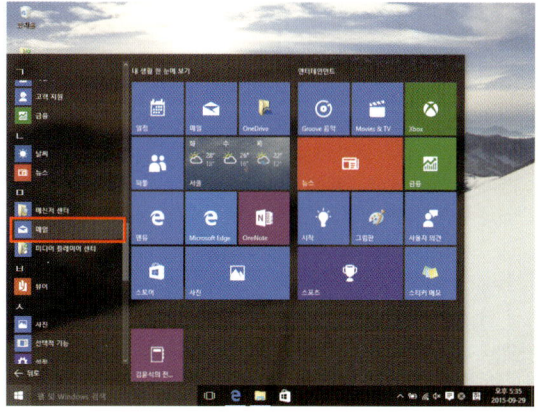

02 계정 추가 없이 사용할 경우에는 준비 완료를 클릭하고 계정을 추가해야 할 경우 '+ 계정 추가'를 클릭합니다.

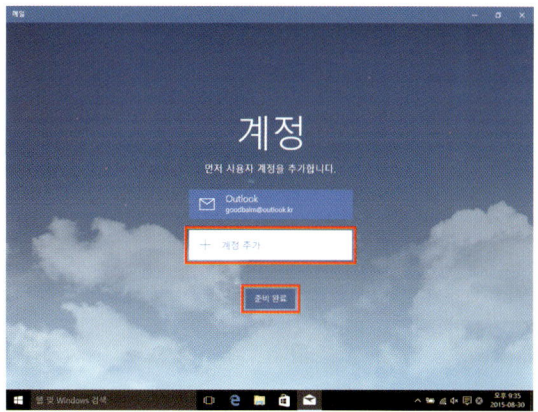

03 Outlook.com, Google 혹은 iCloud 계정 등 추가할 계정을 선택하여 정보를 입력합니다. 추가가 완료되면 준비 완료 버튼을 클릭합니다.

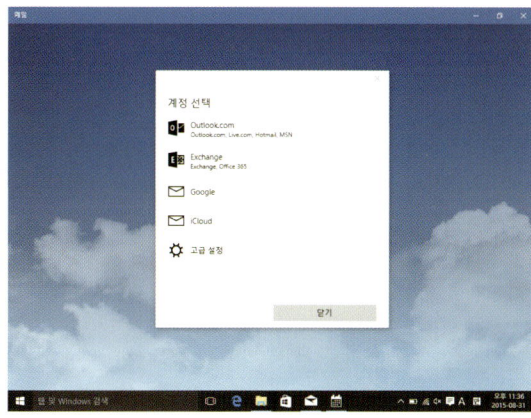

02 | 메일 앱 구성 알아보기

메일 앱은 메일 메뉴/ 받은 편지함/ 메일 내용 3단으로 구성되어 있습니다. 각 단마다 어떤 기능이 있는지 알아보겠습니다.

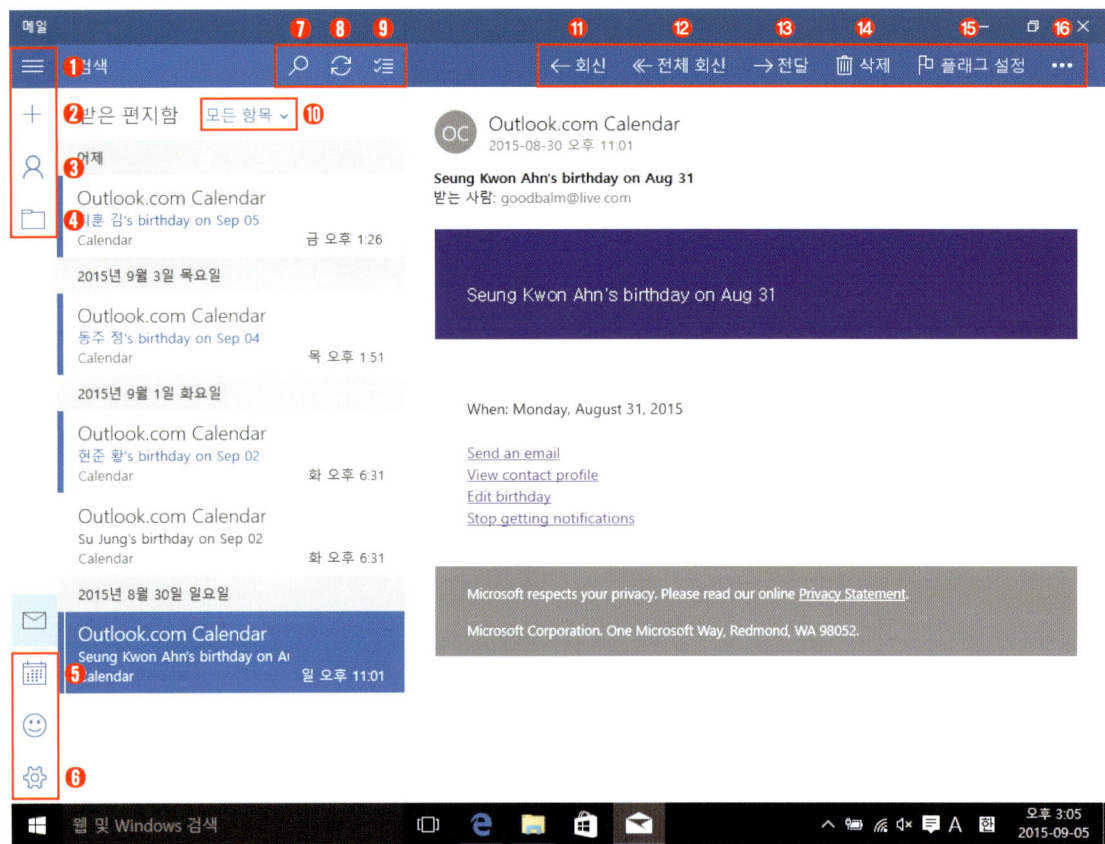

1단 메일 메뉴
❶ **축소/확장** : 단추를 클릭하면 왼쪽 메뉴가 축소 또는 확장이 됩니다.
❷ **새 메일** : + 새 메일 버튼을 클릭하면 메일을 작성할 수 있습니다.
❸ **모든 계정** : 계정이 여러 개일 경우 모든 계정에서 원하는 계정을 선택해 사용할 수 있습니다.
❹ **모든 폴더** : 메일의 모든 폴더를 볼 수 있습니다. 마우스 오른쪽 단추를 누르면 즐겨찾기에 추가 및 시작화면에 고정할 수 있습니다.
❺ **일정** : 추가된 계정과 연결된 일정 앱을 바로 실행합니다.
❻ **설정** : 계정 추가/ 삭제, 배경 그림 변경, 읽기, 옵션 등 메일 앱 사용에 대한 설정을 할 수 있습니다.

2단 받은 편지함
❼ **검색** : 검색 창에 검색어를 입력하면 해당 메일을 쉽게 찾을 수 있습니다.

❽ **이 보기 동기화** : 가장 최근에 들어온 메일을 불러옵니다.
❾ **선택모드 켜기** : 메일을 선택해 삭제/ 폴더 이동/ 플래그 설정 및 지우기/ 읽은 상태로 표시/ 읽지 않은 상태로 표시로 설정할 수 있습니다.
❿ **항목** : 읽은 항목/ 읽지 않은 항목/ 플래그 있는 항목 별로 받은 메일을 확인할 수 있습니다.

3단 메일 내용
⓫ **회신** : 메일을 발송한 사람에게만 메일을 전송합니다.
⓬ **전체 회신** : 메일 발송한 사람과 참조된 사람 모두에게 메일을 전송합니다.
⓭ **전달** : 받은 메일을 다른 사람에게 전달합니다.
⓮ **삭제** : 메일을 삭제합니다.
⓯ **플래그 설정** : 중요한 메일에 플래그를 설정할 수 있습니다.
⓰ **동작** : 읽지 않은 상태로 표시, 폴더 이동, 인쇄, 확대/ 축소 등을 할 수 있습니다.

03 | 메일 보내기

메일 앱을 이용하여 새로 작성하기, 회신하기 등 메일 작성 방법에 대해 알아보겠습니다.

01 '+ 새 메일'을 클릭합니다.

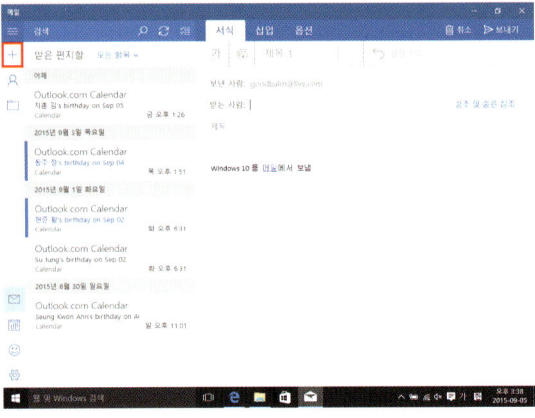

02 또는 받은 메일에서 회신/ 전체 회신을 눌러 메일을 작성할 수 있습니다.

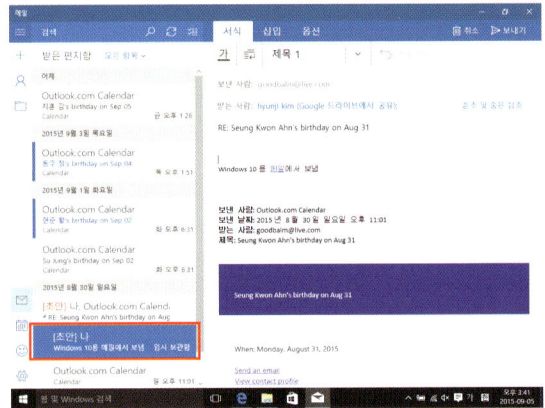

03 서식을 클릭하면, 글꼴 서식/ 단락 서식/ 제목 스타일/ 실행 취소 적용이 가능합니다.
　　글꼴 서식 : 글꼴의 폰트, 크기, 강조, 글꼴 색상 등을 수정할 수 있습니다.
　　단락 서식 : 글 머리 기호, 번호 매기기, 들여쓰기, 줄 간격 등을 지정할 수 있습니다.
　　제목 스타일 : 약한 강조, 강조, 인용 등의 다양한 스타일로 메일에 적용할 수 있습니다.

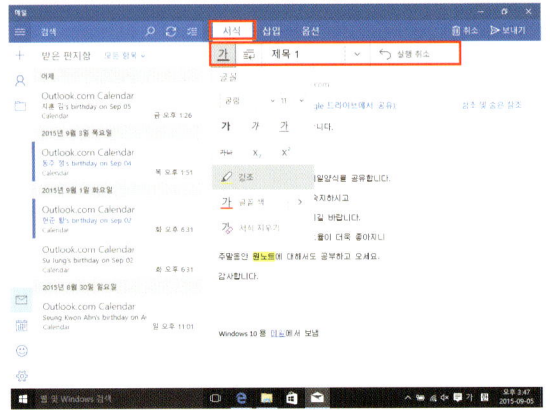

04 삽입을 클릭하면, 첨부/ 표/ 그림/ 링크를 삽입할 수 있습니다.

첨부 : 문서/ 이미지/ 동영상 등 모든 파일들을 첨부할 수 있습니다.

표 : 표를 삽입할 수 있습니다.

그림 : 이미지를 메일 내용 내에 삽입할 수 있습니다.

링크 : 링크의 제목과 주소를 입력하여 내용에 삽입할 수 있습니다.

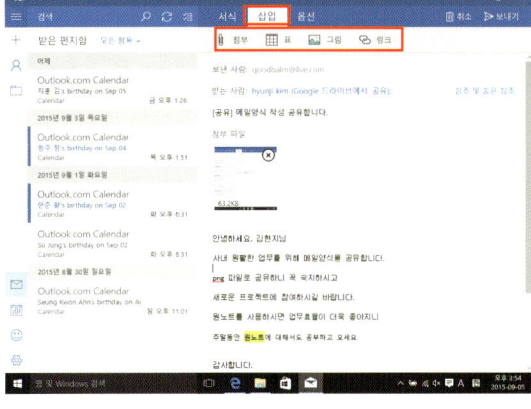

05 옵션을 클릭하면, 중요도 높음/ 중요도 낮음/ 맞춤법 검사등을 설정할 수 있습니다.

중요도 높음 : 메일 제목 옆에 '중요도 높음' 아이콘이 생성됩니다.

중요도 낮음 : 메일 제목 옆에 '중요도 낮음' 아이콘이 생성됩니다.

맞춤법 검사 : 설정한 언어에 대해서 맞춤법 검사를 합니다.

언어 교정 및 언어 : 언어 교정 표시를 숨길 수 있습니다.

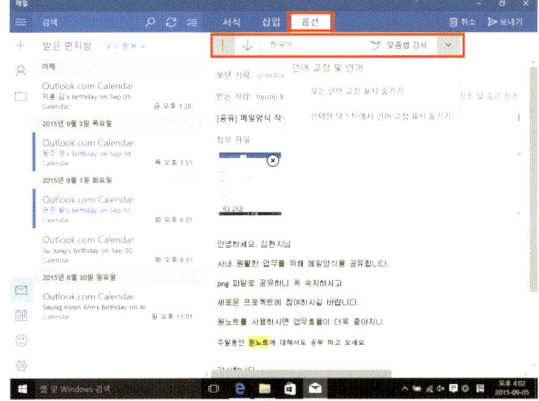

04 | 메일 앱 설정하기

메일 계정을 추가하고 자신에 맞게 배경 변경, 서명 추가 등 메일 앱 설정하는 방법을 알아보겠습니다.

01 설정 단추를 클릭하면 화면 오른쪽에 설정 메뉴가 나타납니다.

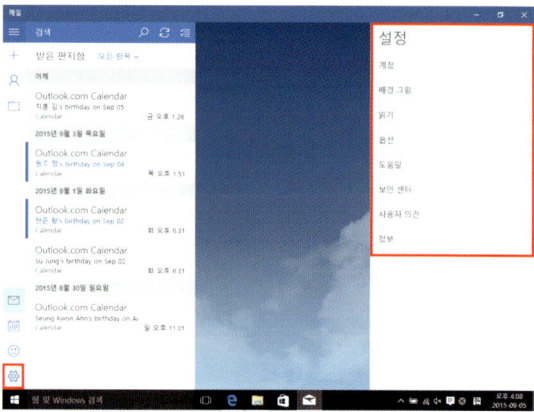

02 계정을 클릭하면 현재 메일에 연결된 계정을 확인할 수 있고, + 를 클릭해 계정을 추가할 수 있습니다.

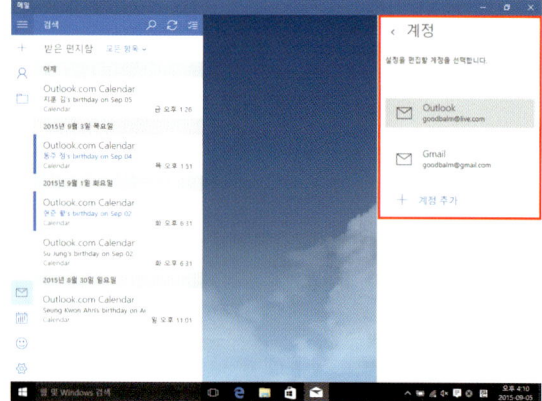

03 배경 그림을 클릭하면 메일의 배경을 변경할 수 있습니다.

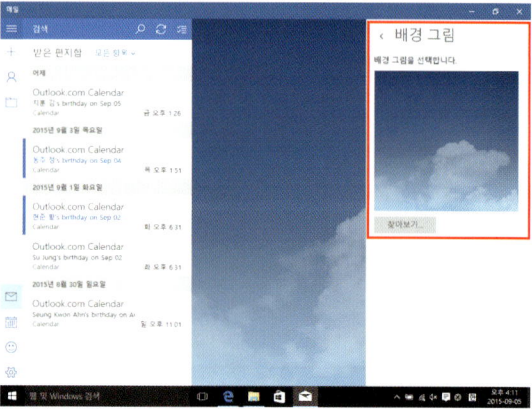

04 읽기를 클릭하면 항목이 읽음으로 표시되고 커서 브라우징을 설정해 사용할 수 있습니다.

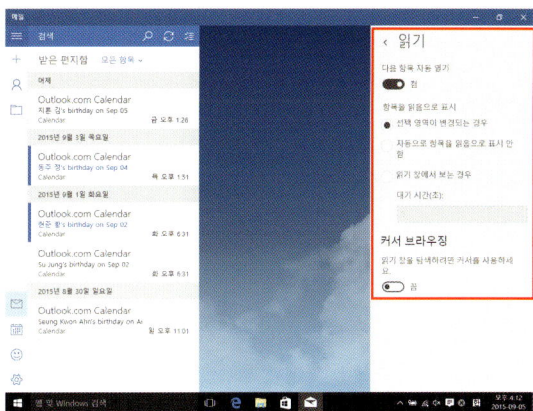

05 옵션을 클릭하면 살짝 밀기 동작을 선택할 수 있습니다. 오른쪽으로 밀면 플래그 설정이 되고, 왼쪽으로 밀면 삭제되는데 이 기능은 터치 디바이스에서 유용하게 사용됩니다.
메일 하단에 남겨지는 서명 옵션을 선택/ 수정할 수 있으며 알림 센터에 알림 표시, 소리 설정을 할 수 있습니다.

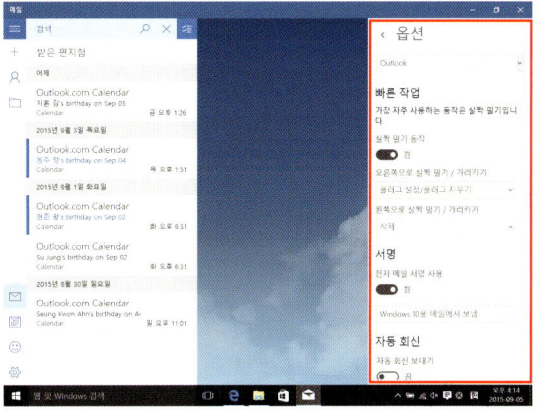

CHAPTER 2
일정 앱 활용하기

일정 앱을 사용하면 Outlook.com, Gmail 등 기타 계정의 모든 일정을 하나의 앱에서 확인할 수 있습니다. 모든 일정을 한번에 확인하고 추가할 수 있어 일정 관리에 효율적입니다.

01 일정 앱 시작하기 **02** 일정 앱 구성 알아보기 **03** 일정 확인하기 **04** 일정 추가하기 **05** 일정 변경하기
06 일정 앱 설정하기

01 | 일정 앱 시작하기

일정 앱에 계정을 추가하는 방법에 대해 알아보겠습니다. 사용 중인 여러 서비스의 계정을 추가하면 계정 별로 한데 모아 관리할 수 있어 일의 효율을 높일 수 있습니다.

01 시작 단추 클릭 > 일정 앱 클릭 또는 웹 및 윈도우 검색 상자에서 일정을 검색해 실행합니다.

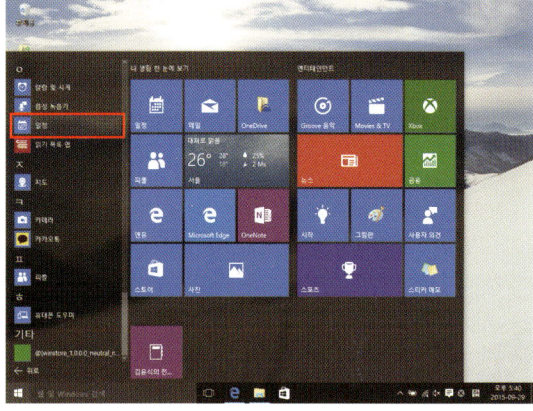

02 계정 추가 없이 사용할 경우에는 준비 완료를 클릭하고 계정을 추가해야 할 경우 + 계정 추가를 클릭합니다.

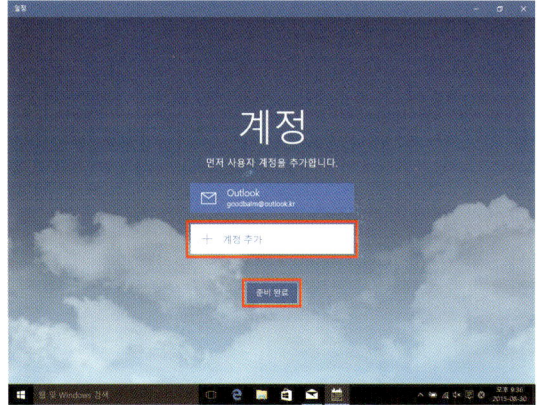

03 Outlook.com, Google 혹은 iCloud 계정 등 추가할 계정을 선택하여 정보를 입력합니다. 추가가 완료되면 준비 완료 버튼을 클릭합니다.

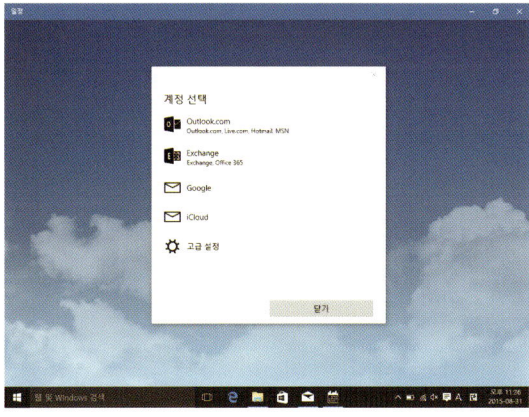

02 | 일정 앱 구성 알아보기

일정 앱의 구성과 기능들에 대해 알아보겠습니다.

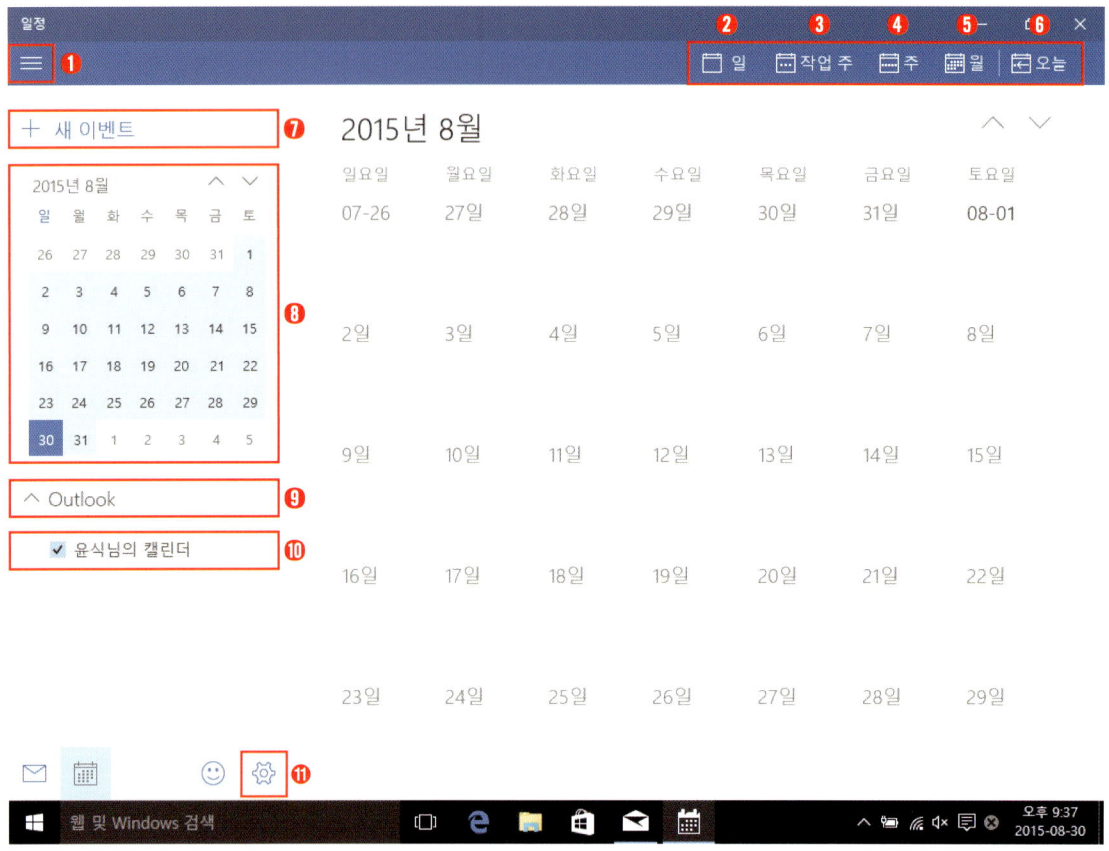

1. **축소/확장** : 단추를 클릭하면 왼쪽 메뉴가 축소 또는 확장이 됩니다.
2. **일** : 일 별로 캘린더를 사용할 수 있습니다. 상세한 시간을 입력할 때 용이합니다.
3. **작업 주** : 토,일을 제외한 월~금요일까지 작업하는 주 별로 캘린더를 사용할 수 있습니다.
4. **주** : 토,일을 포함한 한 주 별로 캘린더를 사용할 수 있습니다.
5. **월** : 가장 기본인 형태로 월 별로 캘린더를 사용할 수 있습니다.
6. **오늘** : 오늘 날짜로 캘린더가 이동합니다.
7. **새 이벤트** : 이벤트를 생성할 수 있습니다.
8. **캘린더** : 일,주,월 등 단추를 선택했을 때 날짜를 확인할 수 있는 공간입니다.
9. **계정** : 계정 별로 일정을 확인할 수 있습니다.
10. **상세 캘린더** : 일정이 캘린더 별로 구분되어있습니다. 체크 박스를 클릭하면 해당 캘린더의 일정만 확인할 수 있습니다.
11. **설정** : 계정 추가/ 삭제, 일정 설정, 날씨 설정 등 일정 앱 사용에 대한 설정을 할 수 있습니다.

03 | 일정 확인하기

일정 앱에서 계정 별, 날짜 별 일정을 확인하는 방법에 대해 알아보겠습니다. 여러 계정이 함께 등록되어 있을 때, 원하는 계정만 선택하여 보거나 날짜만 선택하여 볼 수 있습니다.

01 앱을 실행하면 추가된 계정들의 모든 일정을 한 눈에 확인할 수 있습니다.

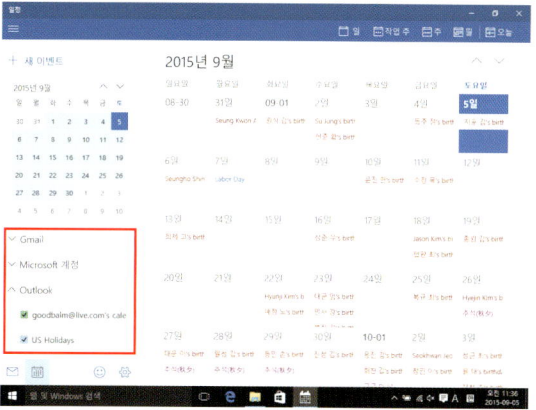

02 왼쪽에 추가된 계정 중 체크 박스를 클릭하면 원하는 계정의 일정만 확인 가능합니다.

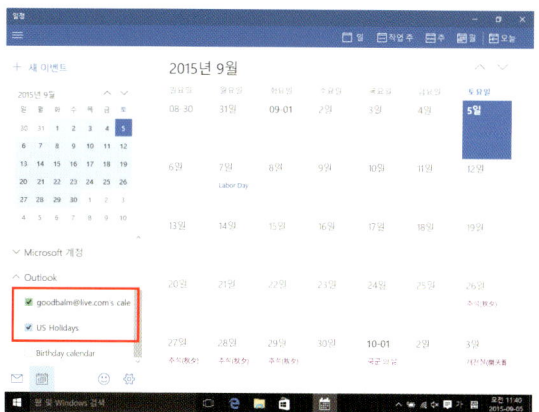

03 일/ 작업 주/ 주/ 월 단위로 일정을 확인할 수 있습니다. 작업 주를 클릭할 경우, 작업 요일만 나타납니다.

TIP!

작업 주는 꼭 월~금 까지만 표시되어야 하나요?

작업 주는 월요일부터 금요일까지 기본 저장되어 있으며 작업 주가 토요일 일요일이 포함되어 있다면 설정 > 일정 설정을 통해 변경 가능합니다.

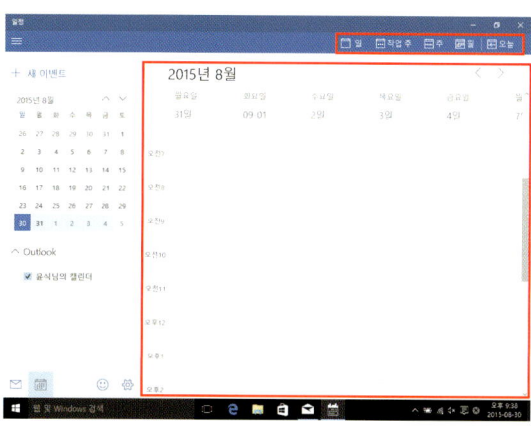

04 | 일정 추가하기

일정 앱에서 새로운 일정을 추가하고 알림을 설정하는 방법을 알아보겠습니다.

01 날짜를 클릭하면 새로운 일정을 간단하게 추가할 수 있습니다. 일정 추가할 때 하단 부분의 계정을 선택하면 해당 계정에 일정이 추가됩니다.

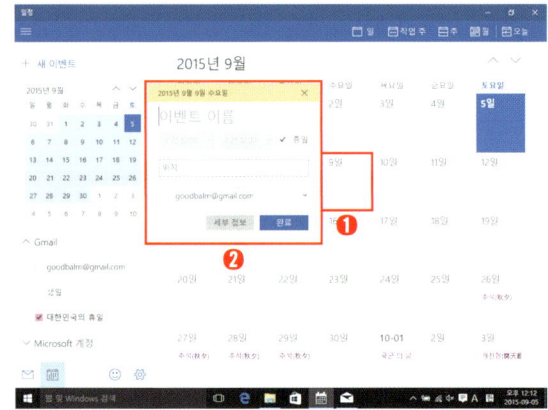

02 또는, 왼쪽 상단의 + 새 이벤트를 클릭해 새로운 일정을 좀 더 상세하게 입력할 수 있습니다.

1) 표시 형식 : 약속 여부 선택이 가능합니다.
2) 미리 알림 : 시간을 정해 일정을 미리 알려줍니다.
3) 반복 버튼 : 반복되는 일정을 선택해 쉽게 등록이 가능합니다.
4) 비공개 : 일정을 비공개 설정할 수 있습니다.

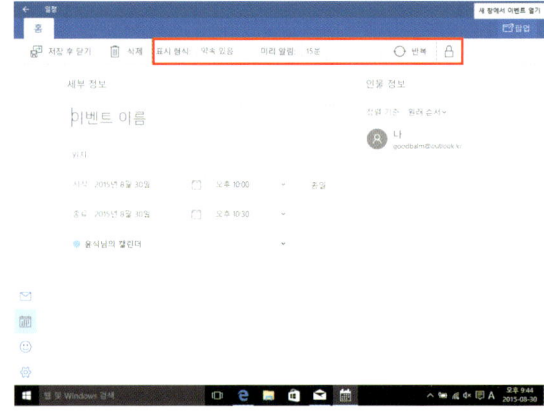

05 | 일정 변경하기

일정 앱에서 추가되어 있는 일정을 수정하여 편집하거나 필요하지 않은 일정을 삭제하는 방법을 알아보겠습니다.

01 저장된 일정에 마우스 포인터를 올려 놓으면 간략한 일정 정보를 확인할 수 있습니다. 일정을 클릭하면 수정화면으로 이동합니다.

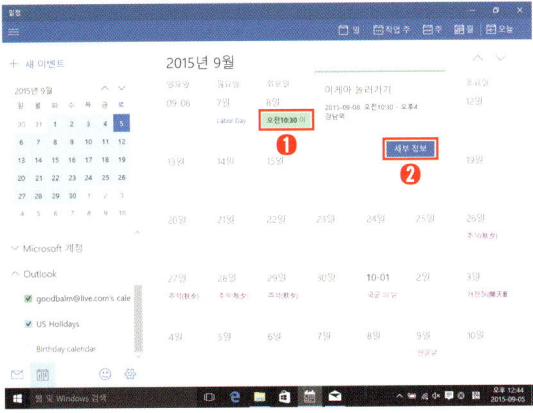

02 기존에 추가되어 있던 일정을 변경할 수 있습니다.

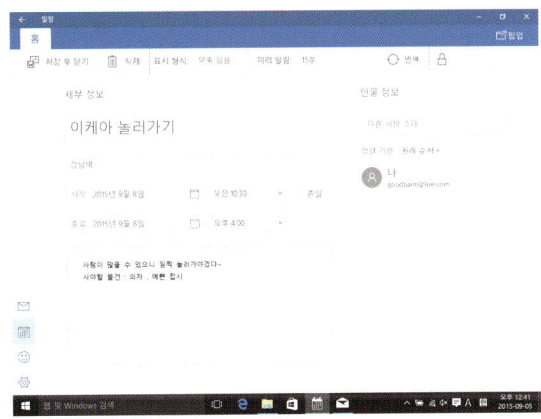

03 삭제를 원할 경우, 상단의 삭제 단추를 클릭합니다.

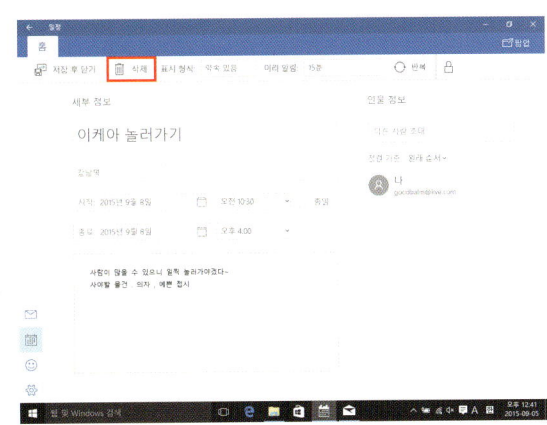

06 | 일정 앱 설정하기

일정을 등록할 계정을 추가하고 작업 주, 작업 시간, 일정 색 변경 등 일정 앱 설정하는 방법을 알아보겠습니다.

01 설정 단추를 클릭하면 화면 오른쪽에 설정 메뉴가 나타납니다.

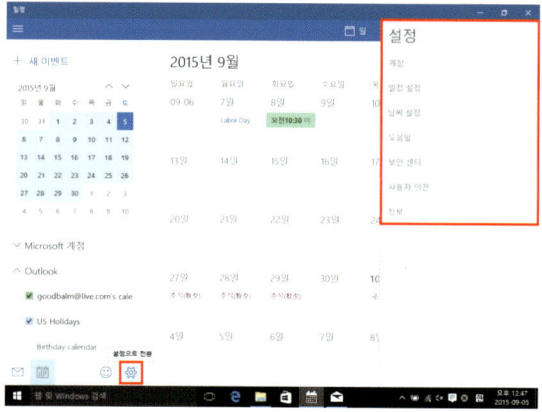

02 계정을 클릭하면 현재 일정에 연결된 계정을 확인할 수 있고, 계정을 추가할 수 있습니다.

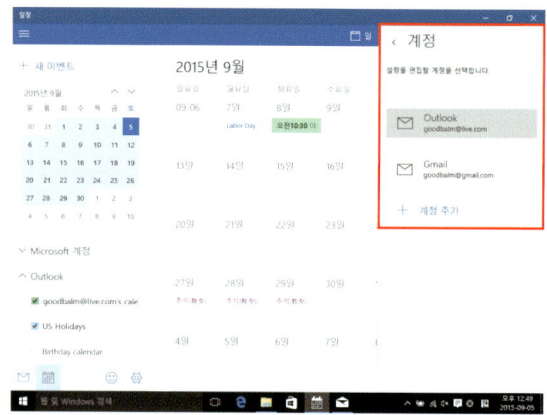

03 일정 설정을 클릭하면, 작업 주/ 작업 시간/ 주 번호/ 일정 색을 설정할 수 있습니다.
　주 시작 요일 : 캘린더의 시작 요일을 선택할 수 있습니다.
　작업 주 요일 : 작업 주는 기본 월 ~ 금으로 기본 설정되어있지만 원하는 요일로 수정할 수 있습니다.
　작업 시간 : 새 일정을 입력할 때, 작업 시간의 시작과 종료를 설정할 수 있습니다.
　주 번호 : 주 번호를 연도 또는 4일, 7일로 선택하거나 캘린더에 표시할 수 있습니다. 해제도 가능합니다.
　일정 색 옵션 : 일정의 표시되는 색상을 연한 색/ 밝은 색으로 선택할 수 있습니다.

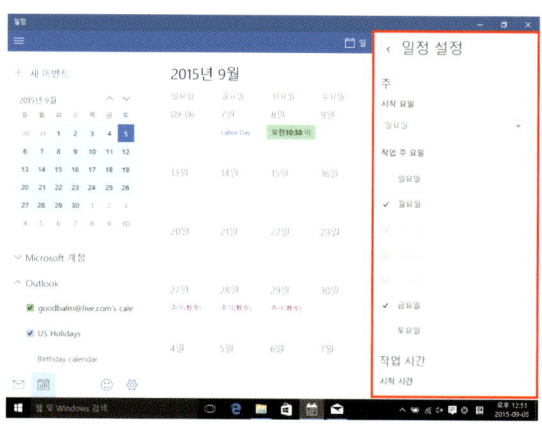

CHAPTER 3
원노트 앱 활용하기

원노트는 단순한 메모부터 그림, 스캔한 문서, 오디오, 비디오, 엑셀 스프레드시트 등 거의 모든 종류의 파일들을 삽입하고 수정할 수 있습니다. 삽입한 원본 파일을 수정할 경우 원노트에도 자동으로 반영되며 저장된 모든 데이터는 검색할 수 있습니다.

01 원노트 앱 시작하기 **02** 원노트 앱 구성 알아보기 **03** 일원노트 섹션 구분하기 **04** 원노트 페이지 작성하기
05 원노트 시작화면에 고정하기

01 | 원노트 앱 시작하기

원노트는 윈도우 10 스토어 앱과 데스크톱 앱 두 가지 버전이 있습니다. 글쓴이는 윈도우 10 스토어 앱 원노트를 사용했으며 마이크로소프트 계정을 추가하고 실행하는 방법을 알아보겠습니다.

01 시작 단추 클릭 > 원노트 앱 클릭 또는 웹 및 윈도우 검색 상자에서 OneNote를 검색해 실행합니다.

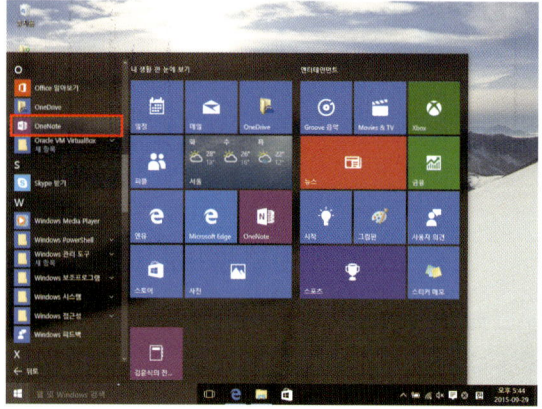

02 로그인 할 계정을 입력합니다. 사용 중인 Microsoft 계정을 등록하면 윈도우 10에 자동으로 연결되어 업무 효율을 높일 수 있습니다.

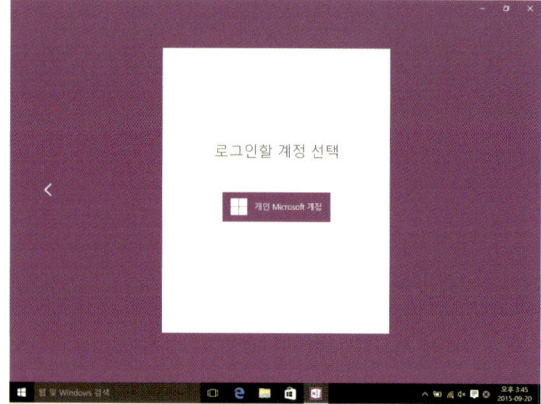

02 | 원노트 앱 구성 알아보기

원노트의 전체적인 구성에 대해 알아보겠습니다.

01 원노트는 크게 전자 필기장, 섹션, 페이지로 구성되어 있습니다.
전자 필기장 : 노트 한 권을 의미합니다.
섹션 : 날짜별, 과목별 등 인덱스를 의미합니다.
페이지 : 글의 주제, 소제목을 의미합니다.

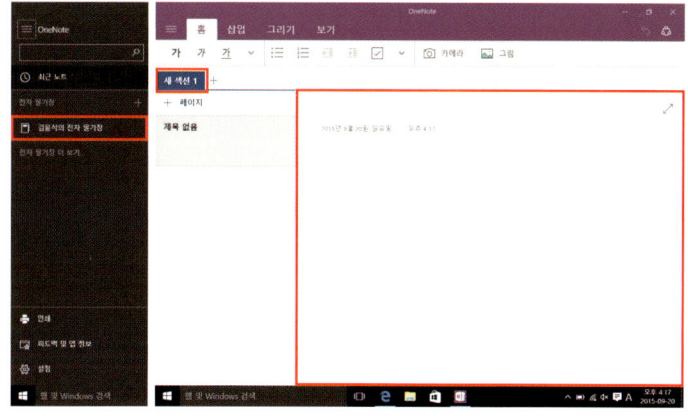

02 왼쪽 상단 탐색 표시(≡)를 클릭하면 원노트 검색, 최근 노트 확인, 전자 필기장을 생성 및 삭제 등을 할 수 있습니다.

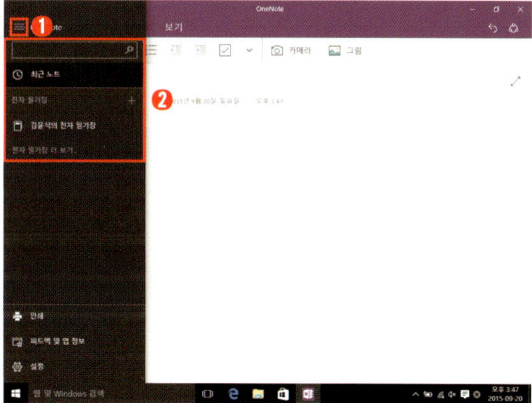

03 원노트를 검색했을 경우 검색 결과에서 검색할 위치를 선택할 수 있고, 제목, 페이지별 키워드에 대한 결과를 확인할 수 있습니다.

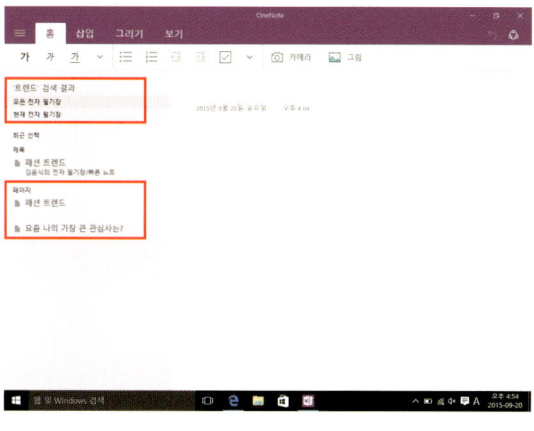

03 | 원노트 섹션 구분하기

원노트 섹션을 구분하는 방법에 대해 알아보겠습니다.

01 여러 페이지를 관리할 때 섹션으로 구분하면 업무 효율을 높일 수 있습니다. 섹션은 +를 눌러 추가합니다. 구분할 섹션 이름을 입력합니다.

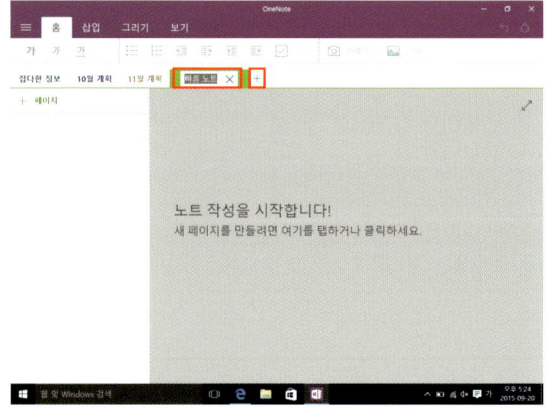

02 수정을 원하는 섹션 위에 마우스 오른쪽 단추로 클릭하면 섹션 삭제, 섹션 이름 바꾸기, 섹션 색상 변경, 시작화면에 고정 등을 할 수 있습니다.

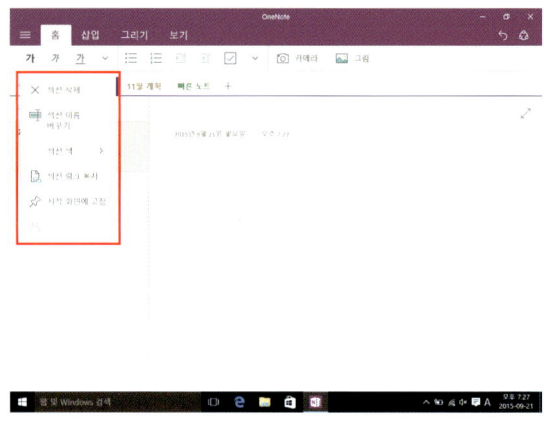

04 | 원노트 페이지 작성하기

원노트 페이지를 작성하는 다양한 기능과 방법에 대해 알아보겠습니다.

01 전자 필기장을 선택하면 글을 쓸 수 있는 페이지가 노출됩니다. 페이지는 + 단추를 클릭해 추가할 수 있습니다.

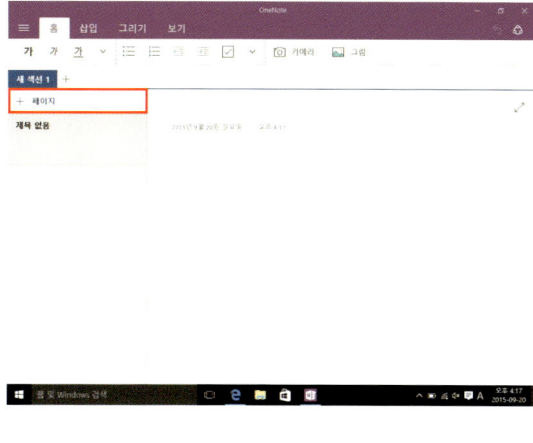

02 홈 메뉴는 글꼴 서식, 글머리 기호, 번호 매기기, 내어쓰기, 들여쓰기, 할일 태그 지정, 단락 서식, 그림 삽입 등을 할 수 있습니다.

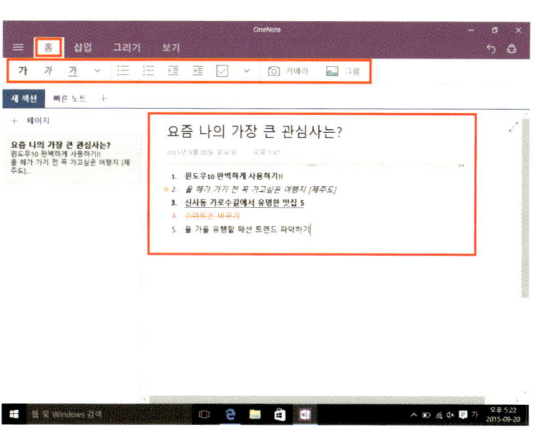

03 삽입 메뉴는 페이지 내에 표, 파일, 그림, 링크를 삽입할 수 있습니다.

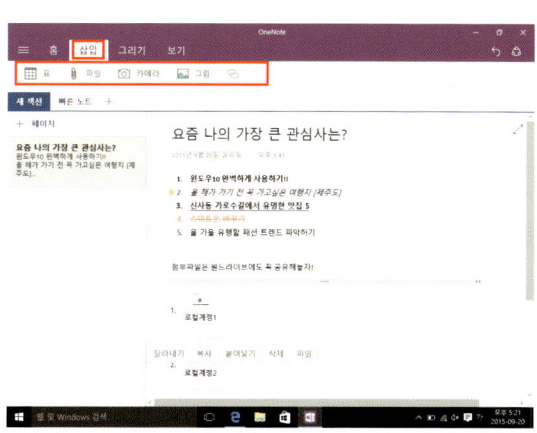

04 그리기 메뉴는 개체 선택 또는 텍스트 입력, 올가미 선택, 지우개, 펜/ 형광펜을 이용하여 페이지에 자유롭게 입력할 수 있습니다.

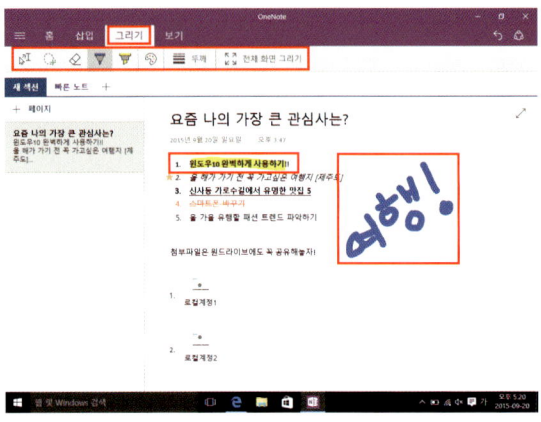

05 보기 메뉴는 페이지에 노트 선을 추가하거나, 화면 축소/ 확대 등을 할 수 있습니다.

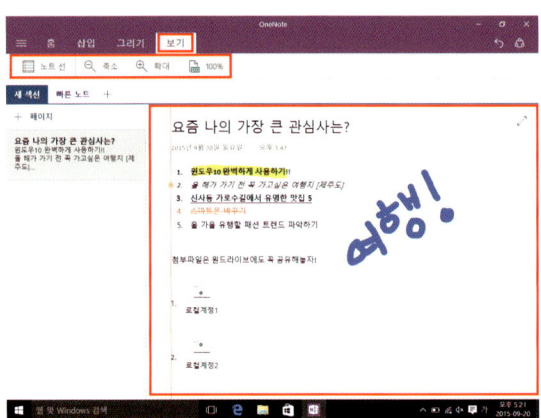

06 왼쪽 리스트 중 페이지를 마우스 오른쪽 단추로 클릭하면 선택한 페이지 삭제, 페이지 이름 바꾸기, 시작화면에 고정 등의 설정을 할 수 있습니다.

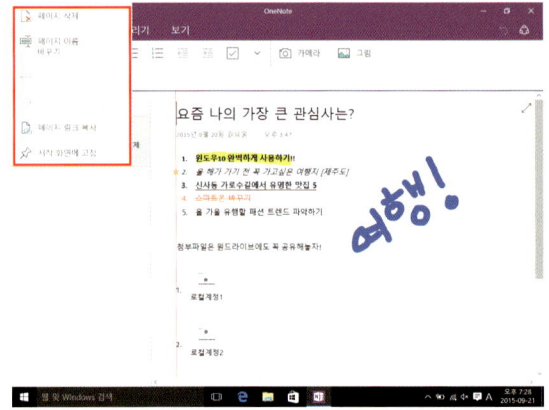

TIP!

계산기가 필요 없는 원노트

단순한 계산을 해야 할 때 페이지 어디에든 계산식을 입력하고 등호(=) 표시를 마지막에 덧붙여 엔터 또는 스페이스바를 치면 계산된 답을 얻을 수 있습니다.

05 | 원노트 시작화면에 고정하기

중요한 메모를 작성했다면 시작화면에 고정해 쉽게 확인할 수 있습니다.

01 시작화면에 고정하려는 전자 필기장을 선택해 마우스 오른쪽 단추 클릭 〉 '시작화면에 고정'을 클릭합니다.

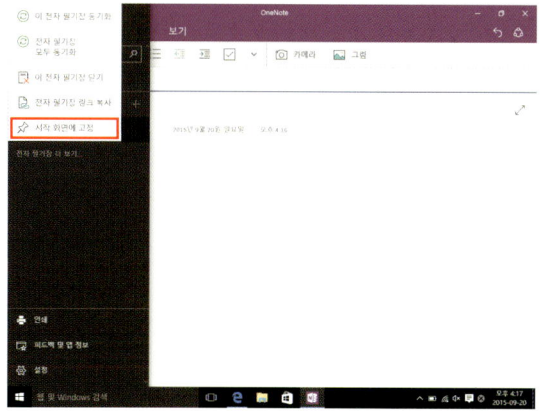

02 시작 단추를 클릭하면 라이브 타일 앱화면에 추가된 전자 필기장 타일을 확인할 수 있습니다.

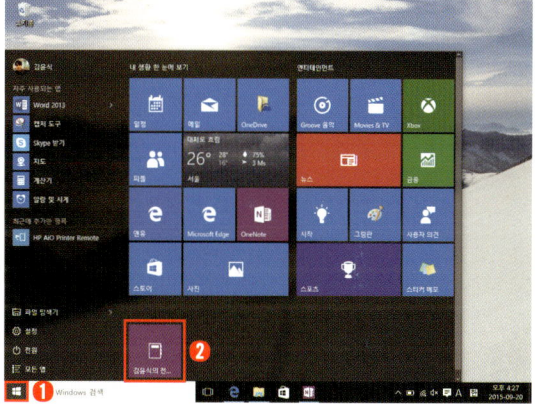

TIP!

전자 필기장 뿐만 아니라 섹션, 페이지도 시작화면에 고정할 수 있습니다. 각기 다른 아이콘으로 쉽게 구분할 수 있습니다.

CHAPTER 4
피플 앱 활용하기

피플 앱은 gmail, outlook, naver 등 사용 중인 계정을 추가해 친구들의 휴대폰 번호, 주소, 회사 등의 정보를 한 곳에서 확인할 수 있습니다. 피플 앱을 이용해 연락처를 등록하고 관리하는 방법에 대해 알아보겠습니다.

01 피플 앱 시작하기 **02** 피플 연락처 확인하기 **03** 피플 연락처 추가하기 **04** 피플 연락처 변경하기
05 피플 연락처 한 곳에 연결하기 **06** 피플 앱 설정하기

01 | 피플 앱 시작하기

피플 앱을 시작하고 계정을 추가하는 방법에 대해 알아보겠습니다.

01 시작 단추 클릭 > 모든 앱 클릭 > 피플 클릭 또는 웹 및 윈도우 검색 상자에서 피플을 검색해 실행합니다.

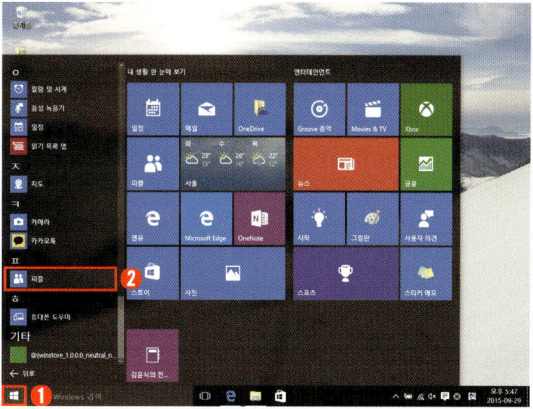

02 피플 앱 시작화면에서 계정 추가를 클릭합니다.

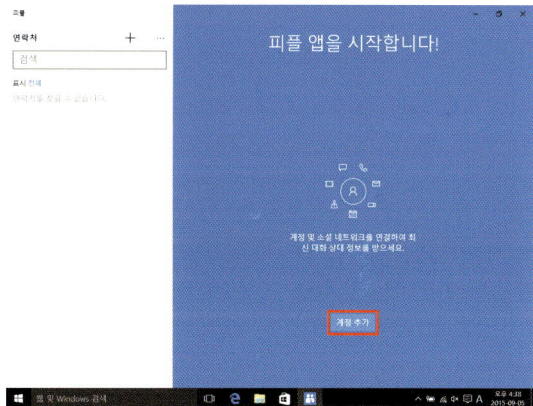

03 Outlook.com, Google 혹은 iCloud 계정 등 추가할 계정을 선택하여 정보를 입력합니다.

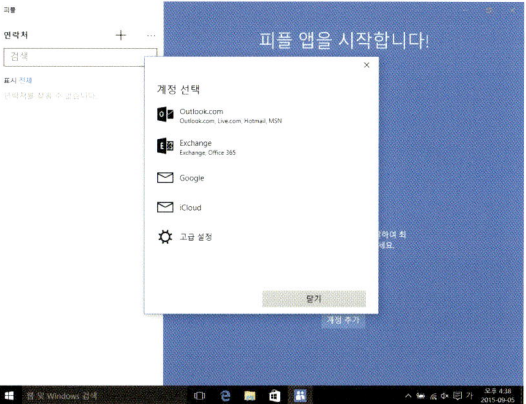

02 | 피플 연락처 확인하기

피플 앱 계정에 등록된 친구를 검색하고 등록된 정보를 확인하는 방법을 알아보겠습니다.

01 계정의 동기화가 완료되면 계정에 저장된 친구들의 연락처를 한눈에 확인할 수 있습니다.

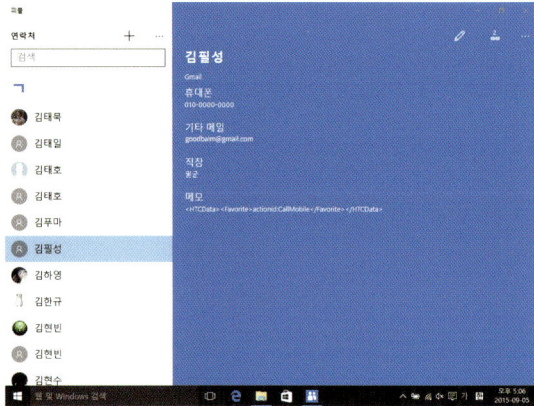

02 검색 창에 친구 이름을 검색하거나 초성 구분선을 클릭해 친구들의 정보를 쉽게 찾을 수 있습니다.

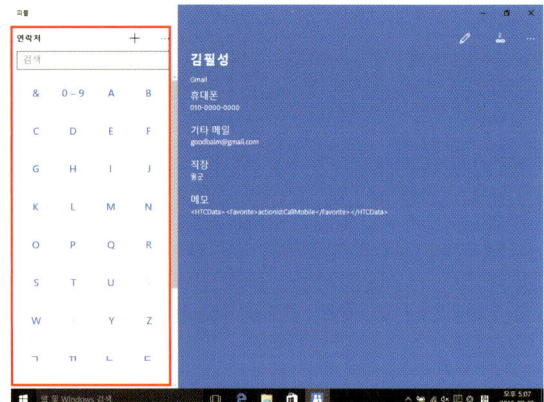

03 친구 프로필에서 메일 주소를 클릭하면 보낼 메일 계정을 선택한 뒤 바로 작성할 수 있습니다.

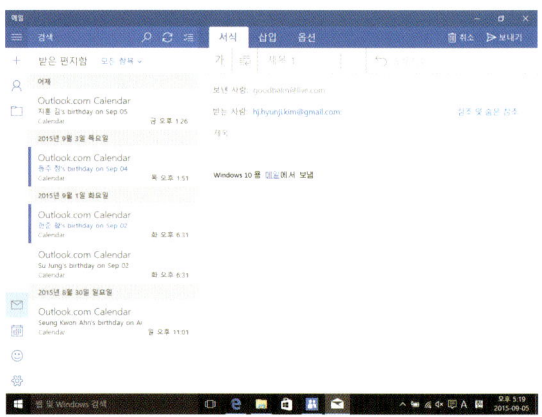

04 친구 프로필에서 주소를 클릭하면 지도 앱으로 이동하여 바로 위치를 확인할 수 있습니다.

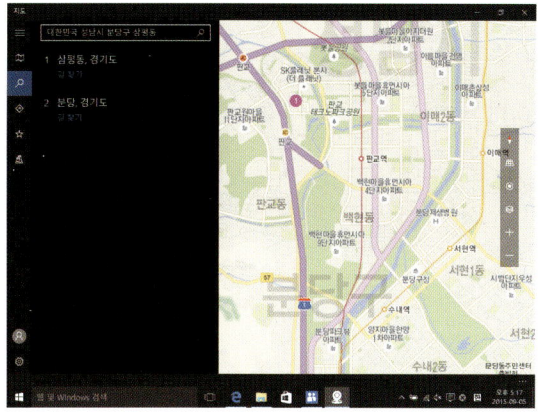

03 | 피플 연락처 추가하기

피플 앱에서 연락처 추가하는 방법을 알아보겠습니다.

01 새로운 연락처 추가는 + 단추를 클릭합니다.

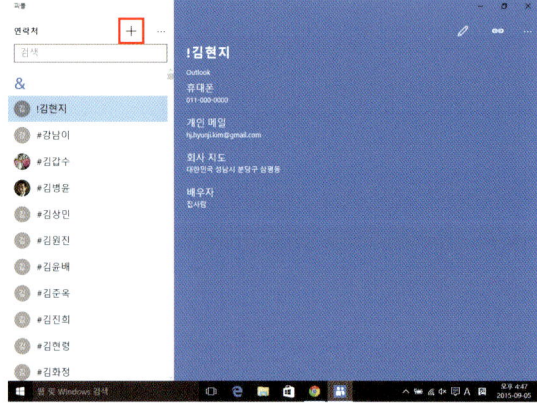

02 계정이 여러 개일 경우 저장 될 계정을 선택해 연락처를 생성합니다.

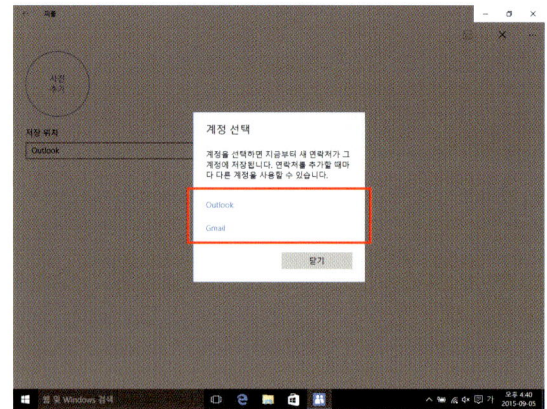

03 글쓴이는 아웃룩(Outlook.kr)계정을 선택하여 친구의 사진, 이름, 휴대폰, 이메일, 주소 등을 입력했습니다.

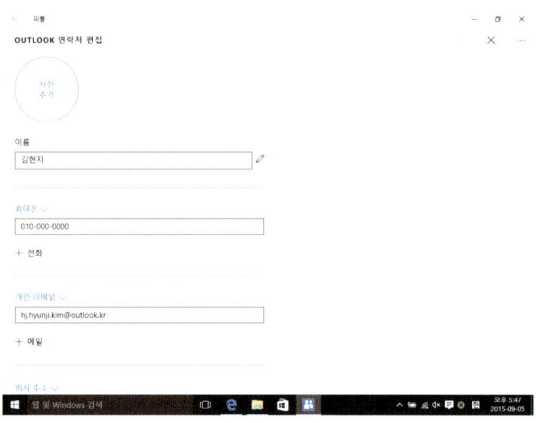

04 입력이 끝나면 저장된 연락처를 확인할 수 있습니다.

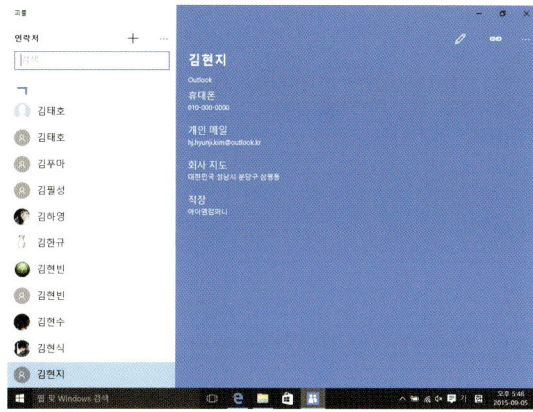

04 | 피플 연락처 변경하기

피플 앱에 등록된 연락처를 수정하는 방법을 알아보겠습니다.

01 친구의 연락처를 수정할 경우 연락처의 오른쪽 상단 편집(✎) 단추를 클릭합니다.

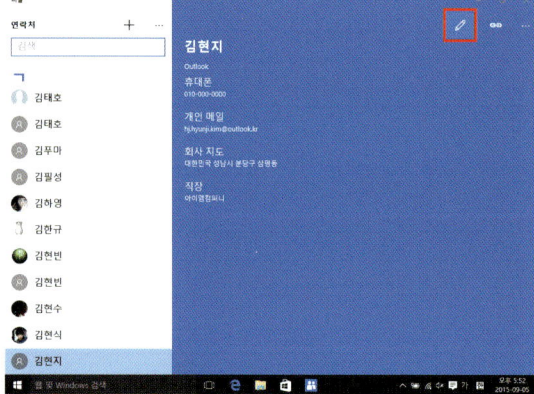

02 작성된 연락처를 수정한 후 오른쪽 상단의 저장 단추(🖫)를 클릭합니다.

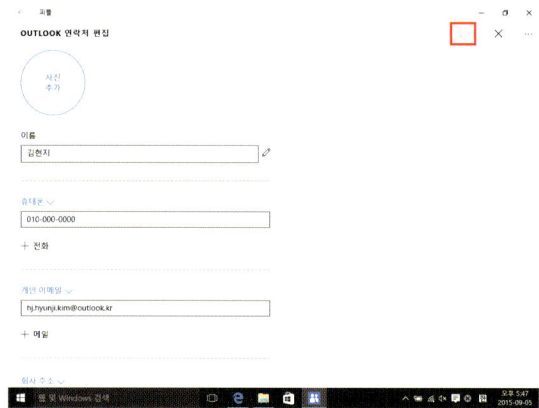

05 | 피플 연락처 한 곳에 연결하기

여러 계정을 피플에 연결 할 경우, 한 사람의 정보가 여러 번 입력되어 있을 수 있습니다.
한 곳에서 모든 정보를 볼 수 있게 프로필 연결하는 방법을 알아보겠습니다.

01 연락처가 중복된 친구를 클릭하여 오른쪽 상단에 연결 단추( )를 클릭합니다.

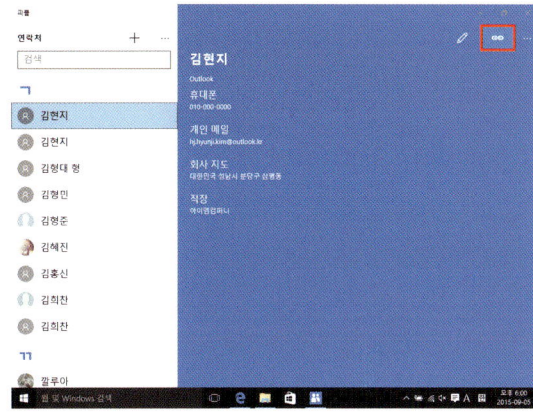

02 연결할 대화 상대 선택을 클릭합니다.

03 연결할 친구의 이름을 검색한 후, 선택합니다.

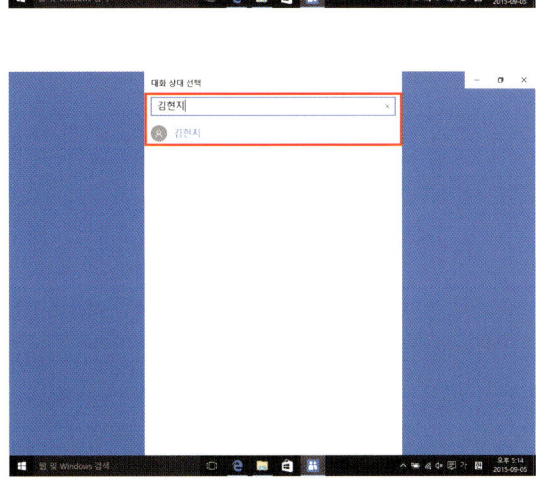

04 선택된 이름이 함께 노출되면 연결이 완료됩니다.

05 연결된 연락처는 오른쪽 상단 연결 단추 위에 숫자를 확인할 수 있습니다.

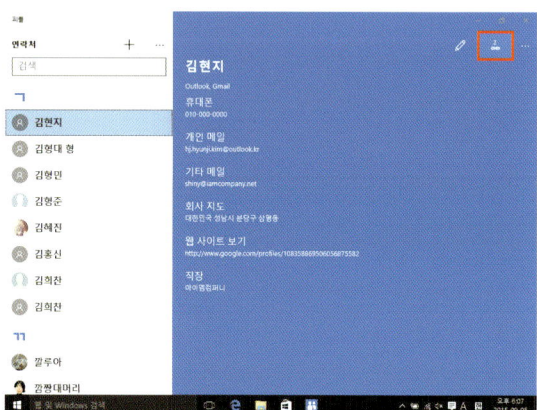

06 연락처를 잘못 연결했을 경우 연결 단추(⊙⊙) 클릭 〉 추가한 이름을 다시 클릭하면 연결이 해제됩니다.

06 | 피플 앱 설정하기

피플 앱 계정을 추가/ 삭제하고 동기화 설정하는 방법을 알아보겠습니다.

01 자세히 보기(…) 단추 클릭 〉 설정을 클릭합니다.

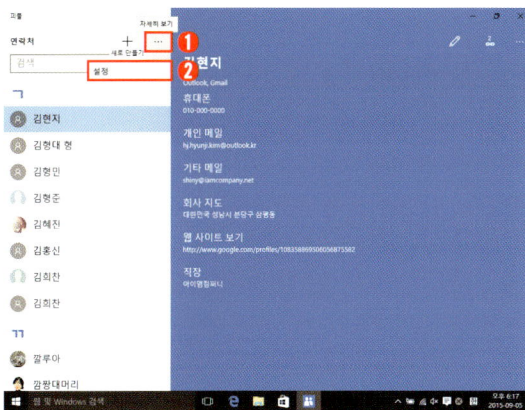

02 계정 추가 단추를 클릭하면 계정을 추가할 수 있습니다.

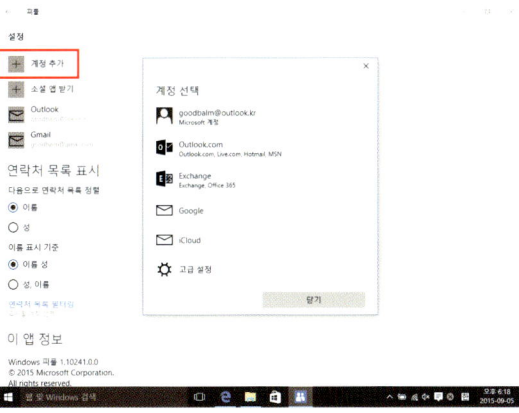

03 이미 추가된 계정을 클릭하면 사서함 동기화 설정 변경 및 계정 삭제할 수 있습니다.

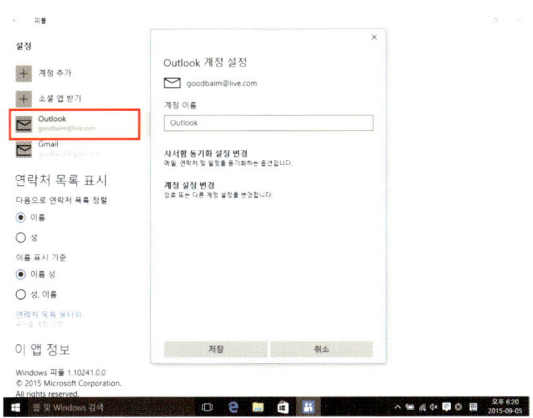

04 이미 추가된 계정에서 사서함 동기화를 클릭하면 사용 기준에 따라 옵션을 선택할 수 있고 메일, 일정 및 연락처를 동기화하는 옵션 설정이 가능합니다.

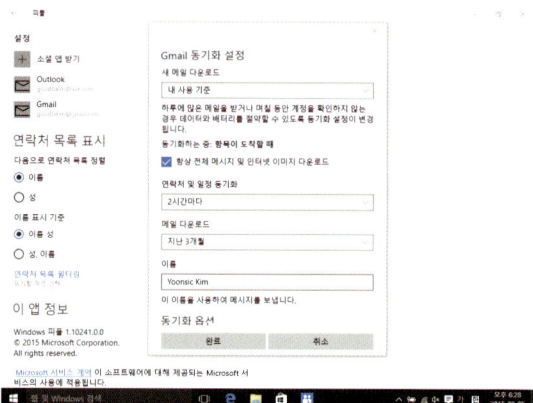

05 연락처 목록 표시는 연락처와 이름으로 설정할 수 있습니다.

연락처 목록 정렬 : 이름 정렬/ 성 정렬을 선택할 수 있습니다.

이름 표시 기준 : 이름-성 정렬/ 성-이름 정렬을 선택할 수 있습니다.

MEMO

PART 6
멋진 작업을 하세요

01_ 파일 탐색기 살펴보기
02_ 파일과 폴더 관리하기
03_ 윈도우 창 조작하기
04_ 원드라이브 활용하기
05_ 보조프로그램 활용하기

CHAPTER 1
파일 탐색기 살펴보기

윈도우에서 파일과 폴더를 관리할 때 가장 많이 사용하게 되는 기능이 파일 탐색기입니다.
파일 탐색기의 전체적인 구성과 홈, 공유, 보기 등의 리본 메뉴 기능들을 익혀 파일과 폴더를
효율적으로 관리해 보겠습니다

01 파일 탐색기 구성 알아보기 **02** 파일 메뉴 살펴보기 **03** 홈 리본 메뉴 살펴보기 **04** 공유 리본 메뉴 살펴보기
05 보기 리본 메뉴 살펴보기

01 | 파일 탐색기 구성 알아보기

업무하면서 가장 자주 사용하게 될 파일 탐색기의 구성과 기능에 대해 알아보겠습니다.

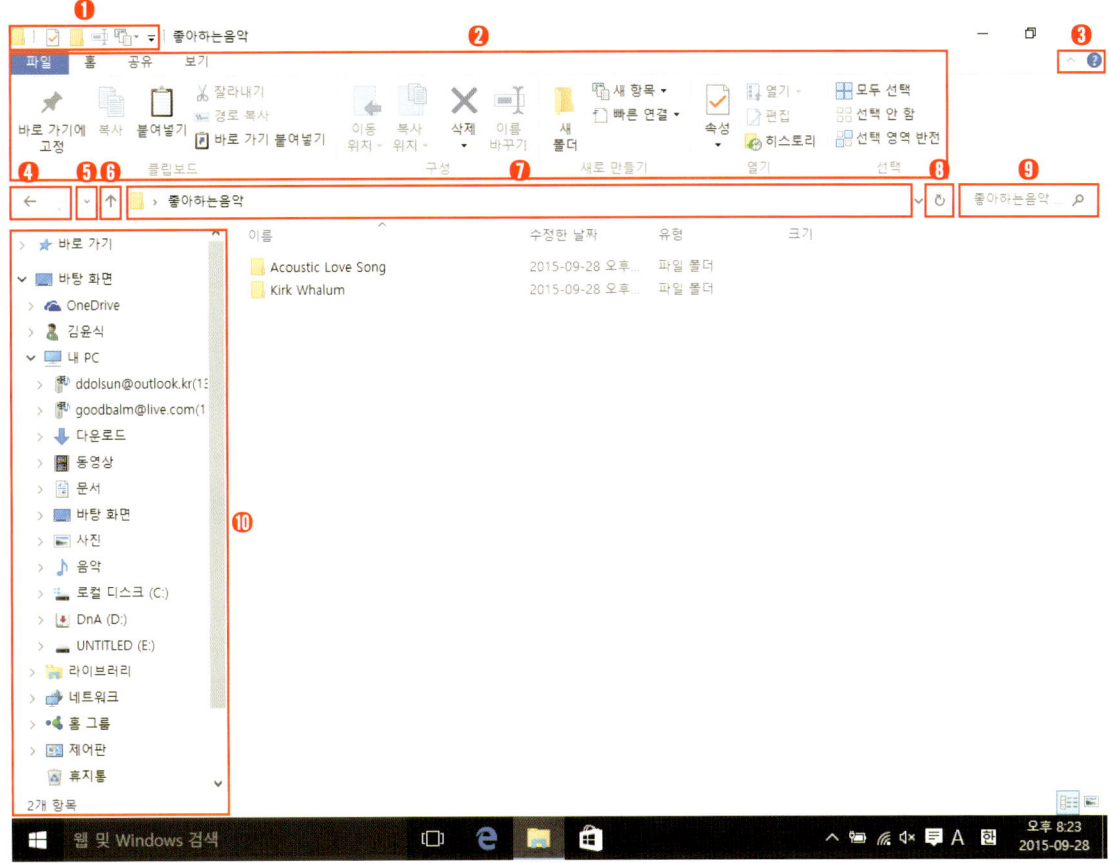

❶ **빠른 실행 도구 모음** : 원하는 실행 도구들을 추가하거나 해체할 수 있고 리본 위, 아래 위치 조정도 가능합니다.
❷ **메뉴 표시줄** : 메뉴 표시줄에는 파일, 홈, 공유, 보기 탭이 있고 각 탭 마다 리본이 다르게 구성되어 있습니다.
❸ **리본 최소화** : 리본을 최소화/ 확장을 통해 자신에 맞는 폴더 환경을 만들 수 있습니다.
❹ **앞으로/ 뒤로 버튼** : 최근 위치 기록에 따라 앞으로, 뒤로 이동합니다.
❺ **최근 위치** : 이전에 방문했던 기록들을 확인 및 이동할 수 있습니다.
❻ **상위 폴더로 이동** : 현재 폴더의 상위 폴더로 이동합니다.
❼ **주소 표시줄** : 현재 경로를 확인할 수 있습니다.
❽ **새로고침** : 현재 폴더에 있는 파일들을 갱신합니다.
❾ **검색** : 원하는 키워드를 통해 폴더 내의 파일을 찾을 수 있습니다.
❿ **탐색 창** : 자주 찾는 폴더, 내 PC, 네트워크, 클라우드 폴더들을 쉽게 접속할 수 있습니다.

02 | 파일 메뉴 살펴보기

파일 탐색기의 파일 메뉴 기능에 대해 알아보겠습니다.

❶ **새 창 열기** : 같은 창을 하나 더 열 수 있습니다.
❷ **명령 프롬프트 열기** : 도스(Dos) 창이라고 불리는 명령 프롬프트 창을 엽니다.
❸ **Windows PowefShell 열기** : 시스템 관리용 창을 엽니다.
❹ **폴더 및 검색 옵션 변경** : 파일 탐색기 기록을 지우거나 폴더 및 검색에 대한 옵션을 변경할 수 있습니다.
❺ **닫기** : 현재 창을 닫습니다.
❻ **자주 사용하는 폴더** : 자주 사용하는 폴더 목록을 보여줍니다. 핀을 활성화해 바로 가기 탐색 창에 등록할 수 있고, 한 번 더 핀을 누르면 해제됩니다.

TIP!

폴더 및 검색 옵션 변경

1. 일반 탭 : 파일 탐색기 여는 위치를 설정합니다. 폴더 찾아보기/ 항목을 클릭할 때 옵션/ 개인 정보 보호를 선택해 사용할 수 있습니다.
2. 보기 탭 : 폴더 보는 방식을 지정합니다.
3. 검색 탭 : 색인을 사용한 검색 방법을 설정합니다.

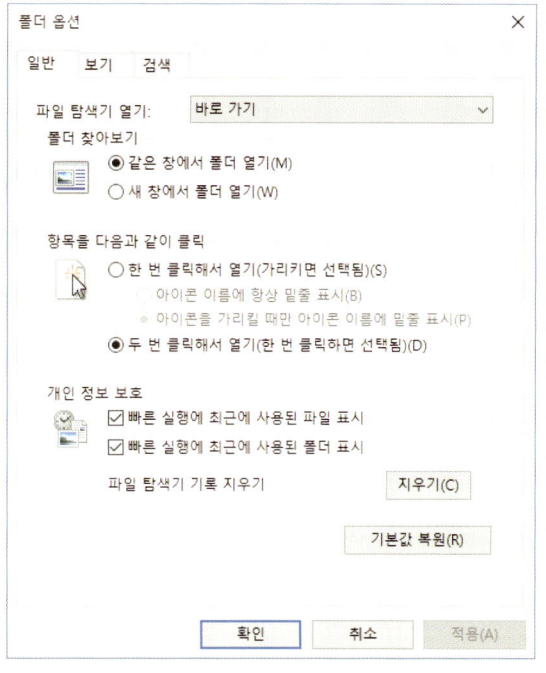

03 | 홈 리본 메뉴 살펴보기

파일과 폴더를 기본적으로 관리할 수 있는 파일 탐색기 홈 리본 메뉴 기능에 대해 알아보겠습니다.

❶ **바로 가기에 고정** : 탐색 창 바로 가기 카테고리에 추가 돼 쉽게 작업할 수 있습니다.
❷ **복사** : 선택한 파일/ 폴더를 복사합니다. (단축키 : Ctrl + C)
❸ **붙여넣기** : 복사 또는 잘라내기 한 파일/ 폴더를 붙여넣기합니다. (단축키 : Ctrl + V)
❹ **잘라내기** : 선택한 파일/ 폴더를 잘라내기합니다. (단축키 : Ctrl + X)
❺ **경로 복사** : 선택한 파일/ 폴더의 경로를 복사합니다.
❻ **바로 가기 붙여넣기** : 복사한 파일/ 폴더의 바로 가기를 생성합니다.
❼ **이동 위치** : 잘라내기한 파일/ 폴더를 위치를 선택하여 이동합니다.
❽ **복사 위치** : 복사한 파일/ 폴더를 선택한 폴더로 복사합니다.
❾ **삭제** : 선택한 파일/ 폴더를 삭제합니다.
❿ **이름 바꾸기** : 선택한 파일/ 폴더의 이름을 바꿉니다.
⓫ **새 폴더** : 새로운 폴더를 만듭니다.
⓬ **새 항목**: 새로운 파일/ 폴더를 만듭니다.
⓭ **빠른 연결** : 선택한 파일/ 폴더를 라이브러리에 추가하거나 네트워크 드라이브에 연결합니다.
⓮ **속성** : 파일/ 폴더의 속성 창을 나타냅니다.
⓯ **열기** : 선택한 파일/ 폴더를 그대로 열거나 연결 프로그램을 이용해 열 수 있습니다.
⓰ **편집** : 선택한 파일/ 폴더를 연결 프로그램을 이용해 편집합니다.
⓱ **히스토리** : 선택한 파일의 히스토리를 확인할 수 있습니다.
⓲ **모두 선택** : 창의 파일/ 폴더를 모두 선택, 선택 안함, 반전 선택할 수 있습니다.

TIP!

작업 표시줄에 있는 파일 탐색기를 마우스 오른쪽 단추로 클릭하면 바로 가기에 고정한 폴더의 목록을 쉽게 확인할 수 있습니다.

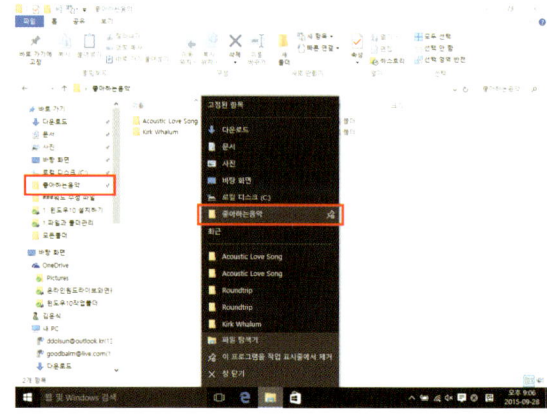

04 | 공유 리본 메뉴 살펴보기

파일 탐색기에서 파일과 폴더들을 공유할 수 있는 공유 리본 메뉴 기능에 대해 알아보겠습니다.

❶ **공유** : 선택한 파일을 메일 또는 사용하는 앱을 이용해 공유할 수 있습니다.
❷ **전자 메일** : 선택한 파일/ 폴더를 전자 메일로 발송합니다.
❸ **압축(ZIP)** : 선택한 파일/ 폴더를 zip 파일로 압축합니다.
❹ **디스크에 굽기** : 선택한 파일/ 폴더를 CD나 DVD로 제작할 수 있습니다.
❺ **인쇄** : 선택한 파일을 연결된 프린터로 출력합니다.
❻ **팩스** : 선택한 파일을 연결된 팩스로 전송합니다.
❼ **특정 사용자** : 선택한 파일/ 폴더를 특정 사용자, 홈 그룹을 이용해 공유할 수 있습니다.
❽ **공유 중지** : 공유를 중지합니다.
❾ **고급 보안** : 공유에 필요한 사용 권한, 공유, 감사, 유효한 액세스 정보를 수정할 수 있습니다.

05 | 보기 리본 메뉴 살펴보기

파일 탐색기에서 파일과 폴더 보는 방법을 설정할 수 있는 보기 리본 메뉴 기능에 대해 알아보겠습니다.

❶ **탐색 창** : 탐색 창을 활성화하거나 비활성화할 수 있습니다. 원하는 탐색 창 메뉴들을 적용/ 해제하여 관리할 수 있습니다.
❷ **미리 보기 창** : 선택한 파일을 미리 볼 수 있는 창을 적용/ 해제할 수 있습니다.
❸ **세부 정보 창** : 선택한 파일의 세부 정보를 확인할 수 있는 창을 적용/ 해제할 수 있습니다.
❹ **레이아웃** : 자신이 보기 편한 방식을 선택해 파일을 확인할 수 있습니다.
❺ **정렬 기준** : 파일의 정렬 기준을 이름, 수정한 날짜, 유형, 크기 등 다양한 방법으로 정렬합니다.
❻ **분류 방법** : 이름, 수정한 날짜, 유형, 크기 등 다양한 방법으로 분류합니다.
❼ **항목 확인란** : 파일을 확인 했는지 알 수 있는 체크 박스가 나타납니다.
❽ **파일 확장명** : 파일 확장명을 숨기거나 나타나게 합니다.
❾ **숨긴 항목** : 숨긴 속성을 가진 파일을 볼 수 있도록 합니다.
❿ **선택한 항목 숨기기/ 해체** : 선택한 폴더/ 파일을 숨김 속성을 적용/ 해제할 수 있습니다.
⓫ **옵션** : 폴더 및 검색 옵션을 변경합니다.

TIP!

미리 보기 창과 세부 정보 창을 활성화 했을 때

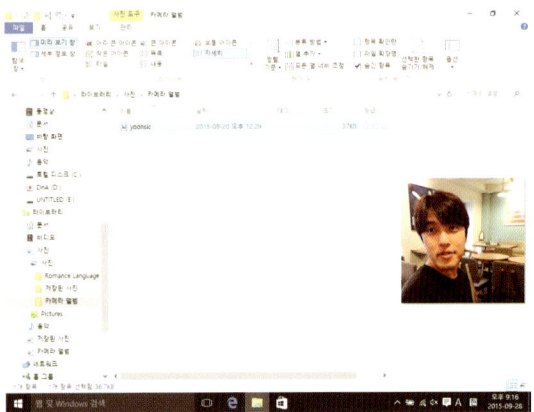
미리 보기 창

세부 정보 창

CHAPTER 2
파일과 폴더 관리하기

파일과 폴더를 관리하는 방법은 매우 중요합니다. 기초적인 파일과 폴더를 생성하는 것부터
공유하고 관리하는 방법까지 알아보겠습니다.

01 파일과 폴더 생성하기 02 파일과 폴더 이름 변경하기 03 파일과 폴더 이동하기 04 파일과 폴더 다중 선택하기
05 파일과 폴더 정렬/ 분류하기 06 파일과 폴더 삭제 및 복원하기 07 파일과 폴더 숨김 처리하기
08 파일과 폴더 공유하기 09 파일 연결 프로그램 설정하기

01 | 파일과 폴더 생성하기

문서 작업하기 위한 기본적인 단계로 파일과 폴더 생성하는 방법을 알아보겠습니다.

01 파일 탐색기 홈 탭 클릭 > 새 항목 클릭 > 폴더를 클릭합니다. 파일을 생성할 경우 원하는 형식의 파일을 클릭합니다.

02 파일 탐색기의 빈 공간을 마우스 오른쪽 단추로 클릭 > 새로 만들기 클릭> 폴더 클릭합니다. 파일을 생성할 경우 원하는 형식의 파일을 클릭합니다.

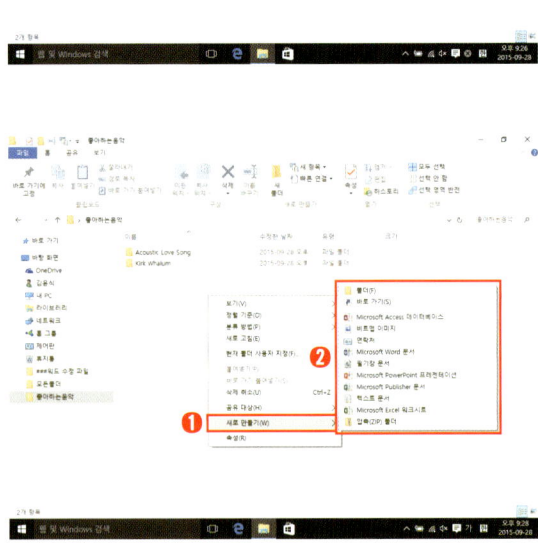

02 | 파일과 폴더 이름 변경하기

파일과 폴더명을 정하는 것은 매우 중요한 작업입니다. 작업했던 내용을 반영해 파일과 폴더명을 작성할 경우 검색 및 작업 내용을 찾을 때 편리합니다. 파일과 폴더 이름 변경하는 방법을 알아보겠습니다.

01 파일 탐색기의 기능을 활용해 파일/ 폴더의 이름을 바꿔보겠습니다.
파일 또는 폴더를 선택한 뒤 파일 탐색기 리본에 이름 바꾸기 클릭해 변경합니다.

02 마우스 오른쪽 단추를 이용해 파일/ 폴더의 이름을 바꿔보겠습니다.
파일 또는 폴더를 마우스 오른쪽 단추로 클릭 〉 이름 바꾸기를 클릭한 후 변경합니다.

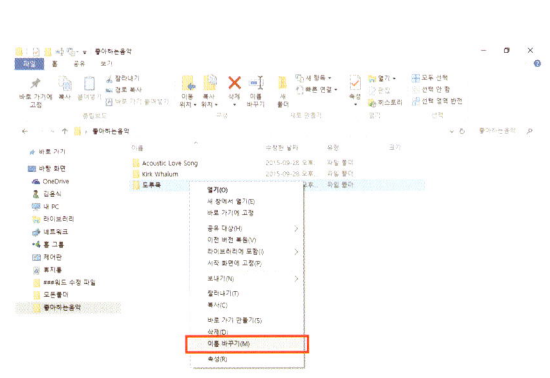

03 마우스 클릭을 이용해 파일/ 폴더의 이름을 바꿔보겠습니다.
파일 또는 폴더를 마우스로 클릭한 후, 한번 더 클릭하면 이름을 바꿀 수 있게 활성화됩니다. (빠르게 두 번을 누르면 해당 폴더 또는 파일이 열립니다. 시간의 차를 두어 클릭하도록 합니다.)

TIP!

여러 개의 파일/ 폴더 한번에 이름 변경하기

여러 개의 파일을 같은 이름으로 변경할 수 있습니다. 단, 원하는 순서대로 변경되지 않으니 순서 없이 이름을 통일 할 때만 사용하는 것을 추천합니다.

01 전체 파일을 선택한 후 마우스 오른쪽 단추 클릭 〉 이름 바꾸기 클릭〉 이름을 변경합니다. 또는 전체 파일을 선택한 후 F2 키를 눌러서 변경합니다.

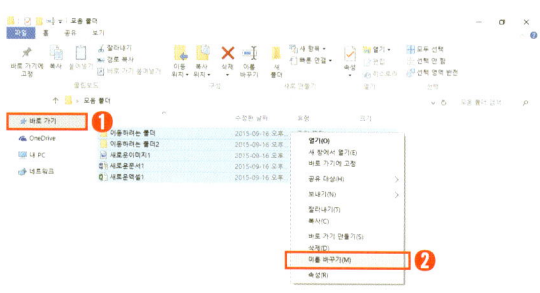

02 파일 형식이 다를 경우, 동일한 이름으로 저장되며 파일 형식이 동일할 경우 (2), (3) 등의 숫자로 표시됩니다.

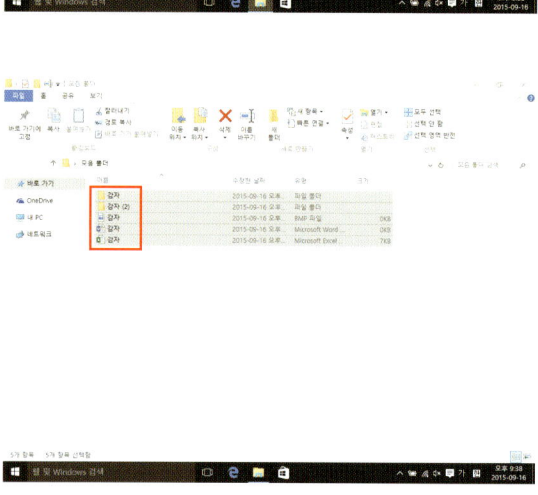

03 | 파일과 폴더 이동하기

파일과 폴더를 관련 있는 항목들로 분류해 정리하면 작업 히스토리를 확인하기 편리합니다.
파일과 폴더를 분류하기 위한 이동 방법에 대해 알아보겠습니다.

01 파일/ 폴더를 선택한 뒤 파일 탐색기 리본에 이동 위치를 클릭해 원하는 폴더를 클릭합니다.

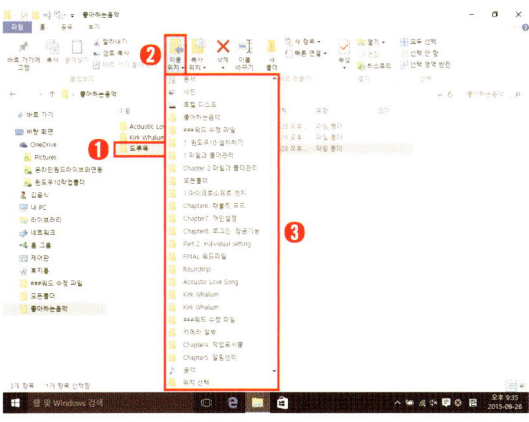

02 원하는 폴더가 없을 경우 위치 선택을 클릭 〉 이동할 위치 선택 〉 이동을 클릭합니다.

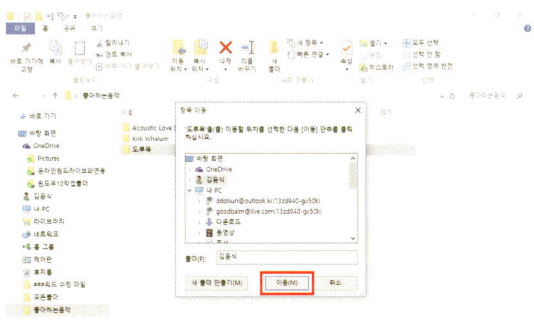

03 파일/ 폴더를 선택한 뒤 이동 위치를 클릭해 원하는 폴더로 끌어주면 이동됩니다.

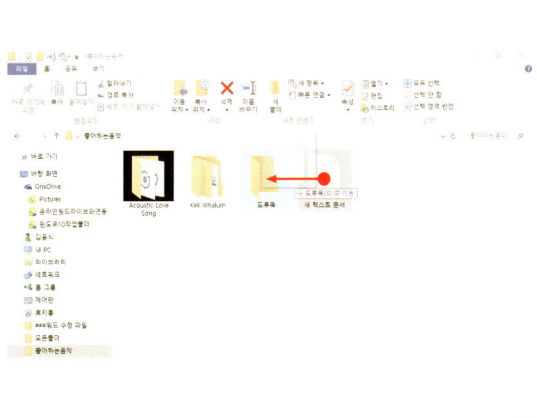

Part6 멋진 작업을 하세요 | 269

04 | 파일과 폴더 다중 선택하기

파일과 폴더를 하나씩 이동하거나 삭제하지 않고 좀 더 쉽게 다중 선택을 통해 한번에
관리할 수 있는 방법을 알아보겠습니다.

01 파일과 폴더를 다중 선택할 수 있습니다.

02 Ctrl + A 키를 누르면 창에 있는 모든 파일/ 폴더를 선택합니다.

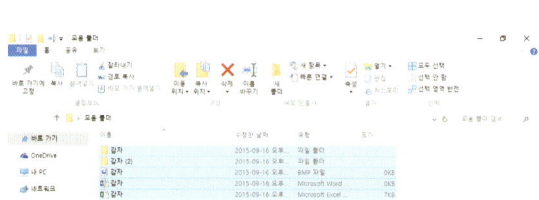

03 Shift 누르면서 선택할 파일/ 폴더 중 맨 앞과 뒤를 누르면 그 사이에 있는 파일/ 폴더가 모두 선택됩니다.

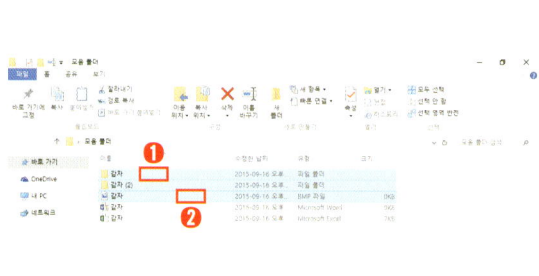

04 마우스를 이용해 파일의 처음을 포함한 빈 공간을 클릭한 상태에서 파일 끝을 포함한 빈 공간까지 드래그하면 선택된 공간 내의 파일이 모두 선택됩니다.

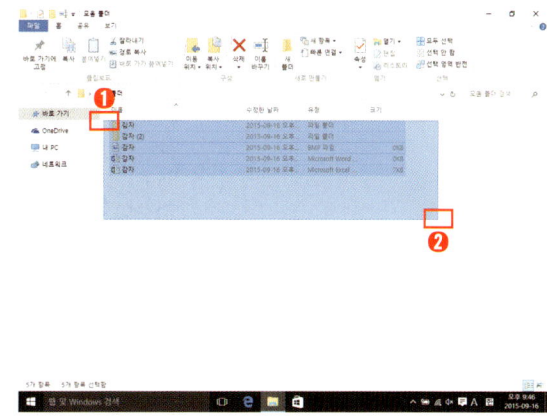

05 | 파일과 폴더 정렬/ 분류하기

파일과 폴더가 무작위로 나열돼 있을 경우 이름, 날짜, 유형, 크기 순으로 보기 좋게 정렬/ 분류하는 방법에 대해 알아보겠습니다.

01 폴더의 항목을 이용해 파일/ 폴더를 정렬해보겠습니다.
주소 표시줄 하단에 이름/ 수정한 날짜/ 유형/ 크기 별로 클릭하여 파일이나 폴더를 정렬할 수 있습니다.

02 마우스 오른쪽 단추를 이용해 파일/ 폴더를 정렬해보겠습니다.
폴더의 빈 공간에 마우스 오른쪽 단추로 클릭 〉 정렬 기준 클릭 〉 이름, 수정한 날짜. 오름차순 등 원하는 정렬 방식을 선택하여 정렬이 가능합니다.

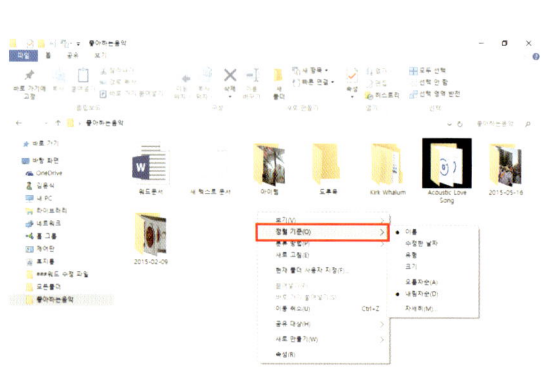

03 리본 메뉴를 이용해 파일/ 폴더를 정렬해보겠습니다.
보기 탭 클릭 〉 정렬 기준 리본을 클릭하여 정렬 방식을 선택합니다.

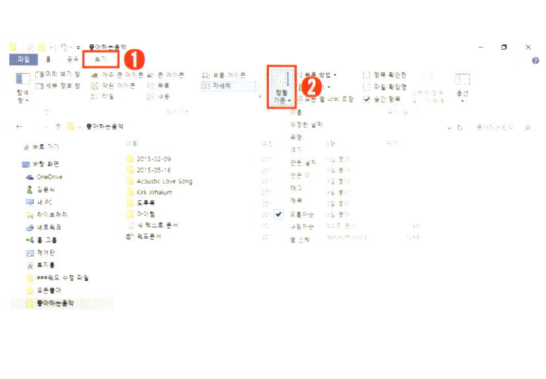

04 마우스 오른쪽 단추를 이용해 파일/ 폴더를 분류해보겠습니다.

폴더의 빈 공간에 마우스 오른쪽 단추로 클릭 〉 분류 방법 클릭 〉 이름, 수정한 날짜, 유형 등 원하는 분류 방식을 선택하여 분류가 가능합니다.

05 리본 메뉴를 이용해 파일/ 폴더를 분류해보겠습니다.

보기 탭 클릭 〉 분류 방법 클릭 〉 분류 방식을 선택합니다.

06 파일의 종류별로, 폴더별로 분류된 것을 확인할 수 있습니다.

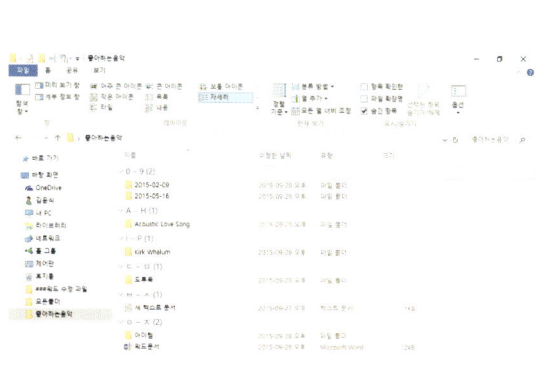

06 | 파일과 폴더 삭제 및 복원하기

필요 없는 파일과 폴더를 삭제하고 실수로 삭제한 경우 복원해 다시 사용하는 방법을 알아 보겠습니다.

01 삭제하려는 파일/ 폴더를 마우스 오른쪽 단추로 클릭 〉 삭제를 클릭합니다.
또는 파일/ 폴더 선택 후 Delete 키를 누르면 쉽게 삭제할 수 있습니다.

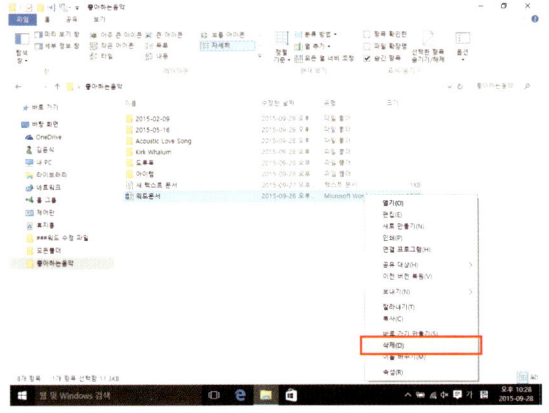

02 파일/ 폴더를 잘 못 삭제하거나 복원을 해야 할 경우. 삭제한 파일/ 폴더를 찾기 위해 휴지통을 더블 클릭합니다.

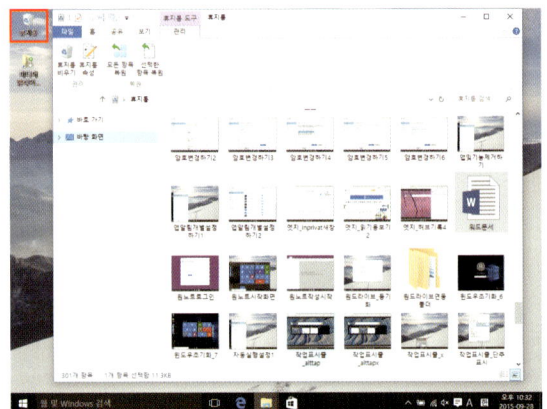

03 복원할 파일을 마우스 오른쪽 단추로 클릭 〉 복원을 클릭하면 삭제하기 전 위치로 파일/ 폴더가 복원됩니다.

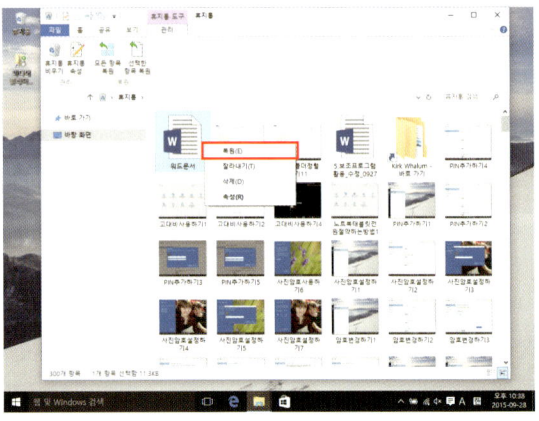

04 휴지통의 관리 탭을 이용해 모든 항목을 복원할 수도 있고 선택한 항목들을 복원할 수 있습니다.

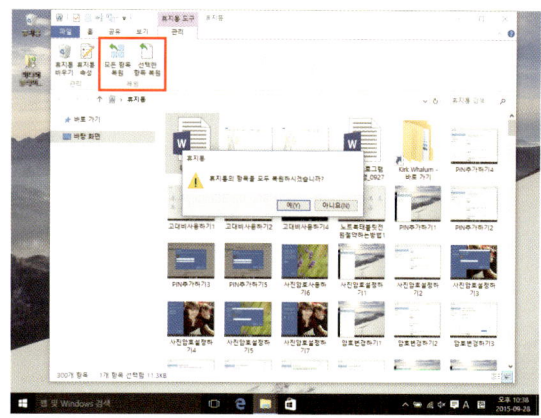

07 | 파일과 폴더 숨김 처리하기

파일과 폴더를 다른 사용자가 보지 못하게 숨겨놓을 수 있고 다시 표시해 관리할 수 있습니다. 파일과 폴더를 숨기고 표시하는 방법에 대해 알아보겠습니다.

01 보안상 중요하거나 감추고 싶은 파일/ 폴더를 숨김 처리 해보겠습니다.
숨김을 원하는 파일/ 폴더 위에 마우스 오른쪽 단추로 클릭 〉 속성을 클릭합니다.

02 파일/ 폴더 별 속성 창이 뜨면 일반 탭 클릭 〉 특성의 숨김을 체크합니다.

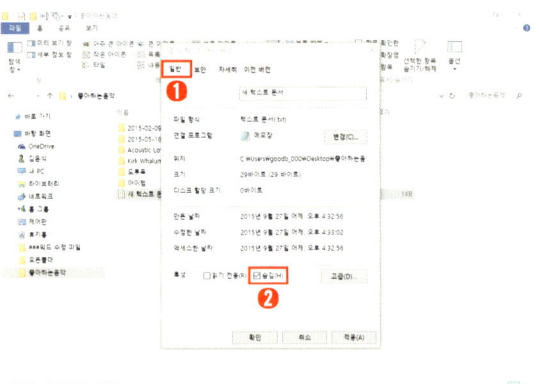

03 숨김 처리한 파일이 보이지 않는 것을 확인할 수 있습니다.

04 숨김 처리된 파일/ 폴더를 표시해보겠습니다.
보기 탭 클릭 〉 숨김 항목을 체크하면 숨김 항목을 볼 수 있습니다.

05 또는 보기 탭 클릭 〉 옵션 클릭 〉 폴더 및 검색 옵션 변경 클릭 〉 폴더 옵션 창의 보기 탭 클릭 〉 숨김 파일, 폴더 및 드라이브 표시를 체크합니다.

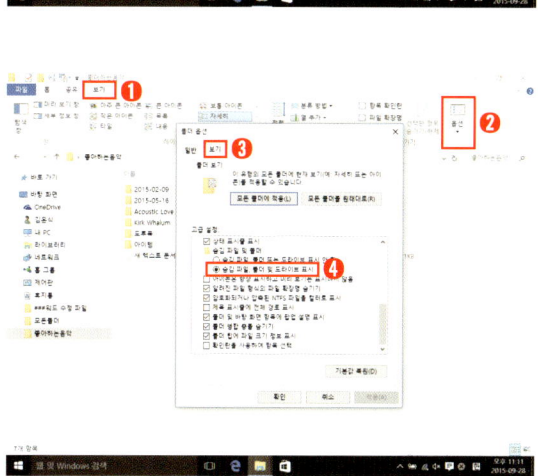

08 | 파일과 폴더 공유하기

두 대 이상의 컴퓨터를 사용할 경우 파일과 폴더를 공유하면 더 쉽게 작업할 수 있습니다.
홈 그룹을 이용해 파일과 폴더를 특정 사용자와 공유하는 방법에 대해 알아보겠습니다.

01 자동으로 공유되지 않는 파일과 폴더는 공유 대상을 이용해 개별 파일과 폴더를 선택하고 다른 사용자와 공유할 수 있습니다.
공유할 파일/ 폴더를 마우스 오른쪽 단추로 클릭 〉공유 대상 클릭 〉홈그룹 또는 공유할 대상을 선택합니다.

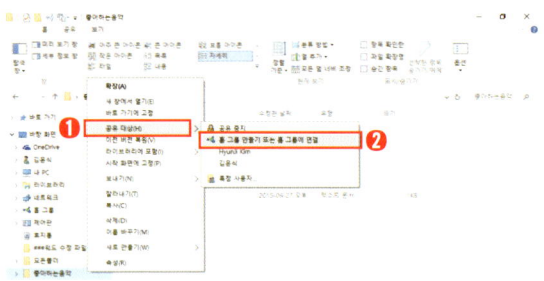

02 특정 사용자를 클릭해 사용자를 추가할 수 있고, 추가하려는 사용자의 권한을 선택하여 부여할 수 있습니다.

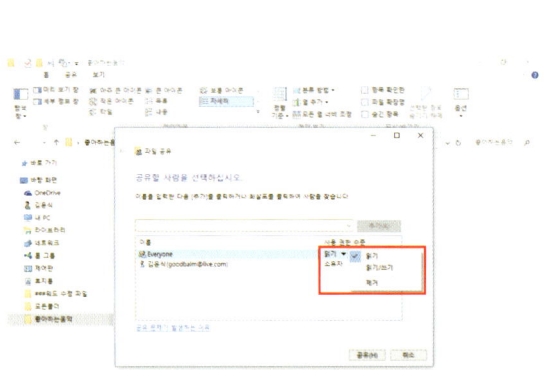

03 공유 버튼을 클릭하면 공유한 파일/ 폴더에 대해 완료된 창을 확인하고, 공유 항목에 대한 링크를 메일로 보낼 수 있습니다.

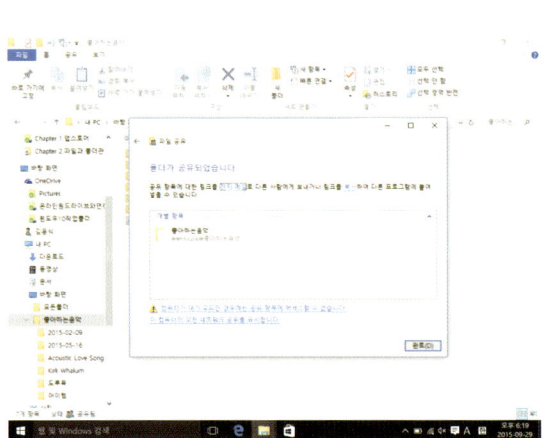

09 | 파일 연결 프로그램 설정하기

파일을 실행시키기 위해선 프로그램이 필요합니다. 파일을 더블 클릭하면 기본으로
연결된 프로그램이 파일이 실행되지만, 파일을 열 수 있는 프로그램이 다양할 경우 나에게
맞는 프로그램을 선택해 활용할 수 있습니다.

01 실행시킬 파일을 마우스 오른쪽 단추로 클릭 〉
연결 프로그램을 클릭하면 파일을 열 수 있는 추
천 프로그램 목록을 확인할 수 있습니다.

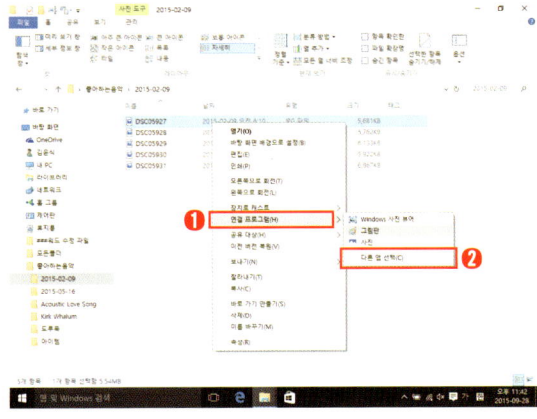

02 다른 프로그램으로 사용하고 싶다면 다른 앱 선
택 클릭 〉 원하는 프로그램 선택 〉 항상 이 앱을
사용하기 체크 〉 확인을 클릭합니다.

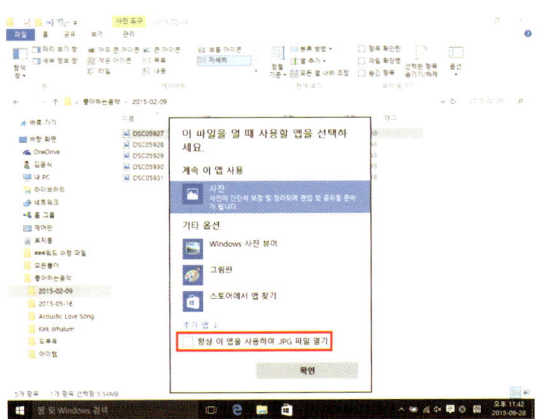

CHAPTER 3
윈도우 창 조작하기

윈도우 10에서 다양한 작업을 하다 보면 많은 윈도우 창을 실행하게 됩니다. 작은 모니터나
노트북, 태블릿을 활용할 경우 윈도우 창을 효과적으로 배치해 업무의 효율을 높이도록 합니다.

01 윈도우 창 이동하기 **02** 윈도우 창 최대화하기 **03** 윈도우 창 이전 크기로 복원하기 **04** 윈도우 창 최소화하기
05 스냅 기능으로 화면 분할 활용하기 **06** 작업 중인 윈도우 창 한눈에 보기 **07** 가상 데스크톱 사용하기

01 | 윈도우 창 이동하기

윈도우 창 이동은 PC를 이용한 작업을 할 때에 가장 많이 하게 되는 행동입니다.
사용 중인 윈도우 창의 위치를 마우스와 키보드를 이용해 이동해보겠습니다.

01 마우스로 창 위치를 이동해보겠습니다.
윈도우 창의 제목 표시줄을 마우스로 클릭한 상태에서 원하는 위치로 끌어 이동합니다.

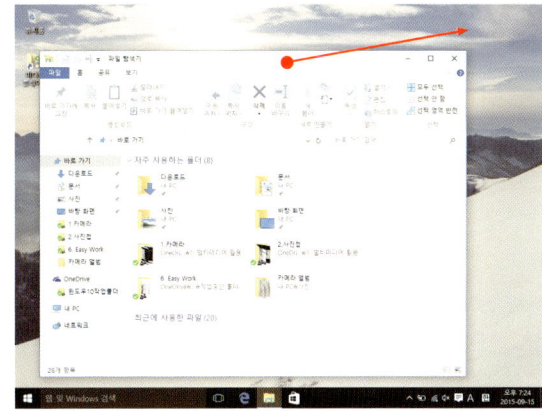

02 키보드로 창 위치를 이동해보겠습니다.
제목 표시줄에 마우스 오른쪽 단추를 클릭 〉 이동을 클릭하면 방향 화살표(✥)가 나옵니다. (단축키 : Alt + Space + M)
키보드의 방향키 위/ 아래/ 오른쪽/ 왼쪽을 누르면 창의 위치가 이동합니다.

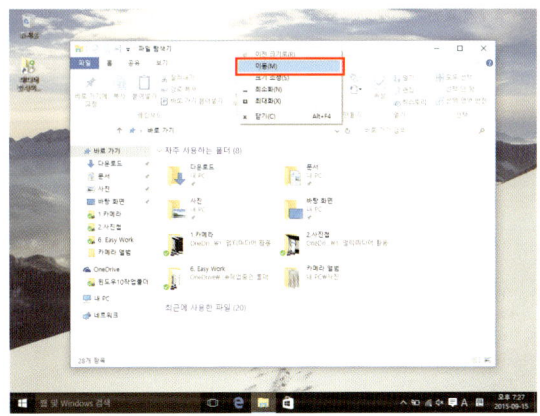

02 | 윈도우 창 최대화하기

사용 중인 윈도우 창의 크기를 최대화 해보겠습니다. 작업 중인 상황에 맞게 선택하여 창을 최대화할 수 있습니다.

01 단추를 이용해 최대화 해보겠습니다.
제목 표시줄 오른쪽 상단에 있는 최대화(□)단추를 클릭합니다.

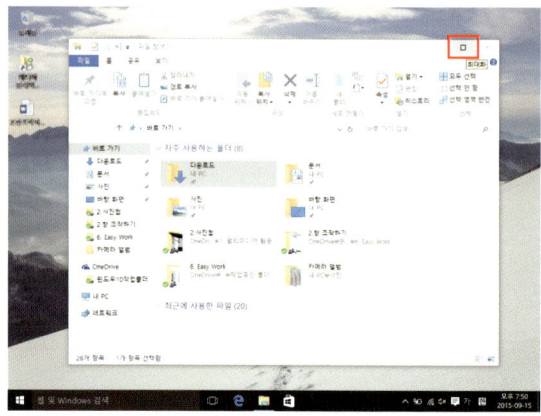

02 더블 클릭을 이용해 창을 최대화해보겠습니다.
창의 제목 표시줄을 마우스로 더블 클릭합니다.

03 드래그를 이용해 창을 최대화해보겠습니다.
제목 표시줄을 마우스로 클릭한 상태에서 화면 상단 중앙으로 드래그합니다.

03 | 윈도우 창 이전 크기로 복원하기

최대화한 윈도우 창의 크기를 이전 크기로 복원 해보겠습니다. 작업 중인 상황에 맞게
선택하여 창의 크기를 복원할 수 있습니다.

01 단추를 이용해 이전 크기로 복원해보겠습니다.
창의 제목 표시줄 오른쪽에 이전 크기로 복원
(🗗)단추를 클릭합니다.

02 더블 클릭을 이용해 이전 크기로 복원해보겠습니다.
최대화된 창의 제목 표시줄을 더블 클릭합니다.

03 드래그를 이용해 이전 크기로 복원해보겠습니다. 제목 표시줄을 클릭한 상태에서 살짝 밑으로
드래그합니다.

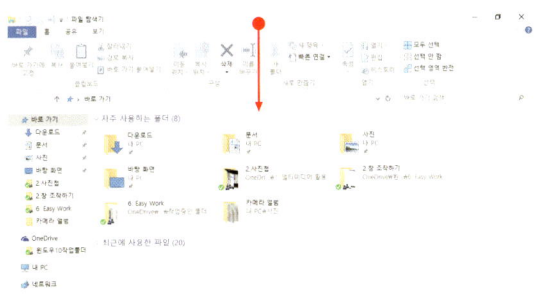

04 | 윈도우 창 최소화하기

사용 중인 윈도우 창의 크기를 최소화해보겠습니다. 작업 중인 상황에 맞게 선택하여 창을 최소화할 수 있습니다.

01 선택한 한 개의 창을 최소화해보겠습니다.
제목 표시줄 오른쪽에 최소화(—) 단추를 클릭하거나, 작업 표시줄에서 최소화하고 싶은 창의 아이콘을 클릭합니다.

02 바탕화면 보기 단추를 이용해 실행 중인 모든 창을 최소화해보겠습니다.
작업 표시줄에서 알림 영역의 끝에 있는 바탕화면 보기 단추를 클릭합니다. 최소화된 창을 원래 크기로 되돌리려면 바탕화면 보기(▮)단추를 다시 클릭합니다.

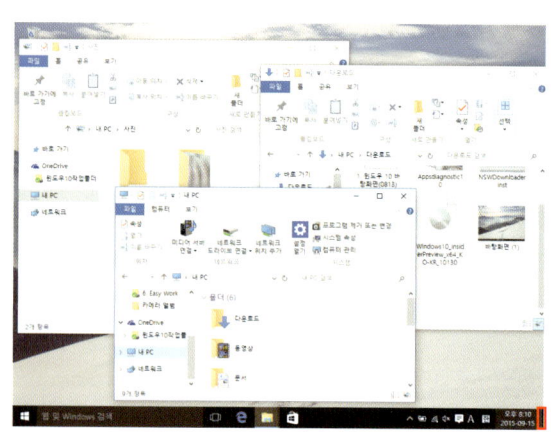

03 마우스 오른쪽 단추를 이용해 실행 중인 모든 창을 최소화해보겠습니다.
작업 표시줄을 마우스 오른쪽 단추로 클릭 〉 바탕화면 보기를 클릭합니다. 최소화된 창을 원래 크기로 되돌리려면 작업 표시줄을 마우스 오른쪽 단추로 클릭 〉 열린 창 보기를 클릭합니다.

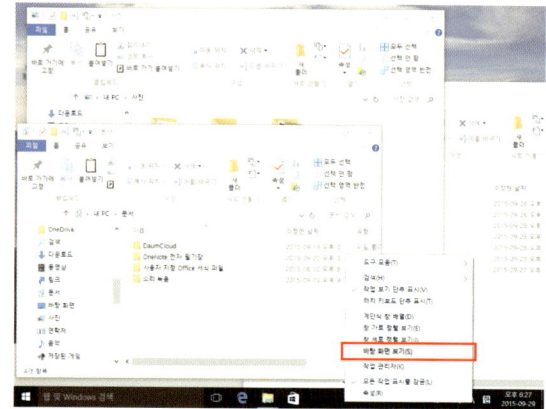

04 현재 작업 중인 창 외의 모든 창을 최소화하고 싶을 때 창 제목 표시줄을 클릭한 상태에서 좌우로 마우스를 움직이면, 선택한 창 외의 모든 창은 최소화됩니다. 다시 창의 제목 표시줄을 좌우로 움직이면, 최소화된 창들이 원래 상태로 되돌아옵니다.

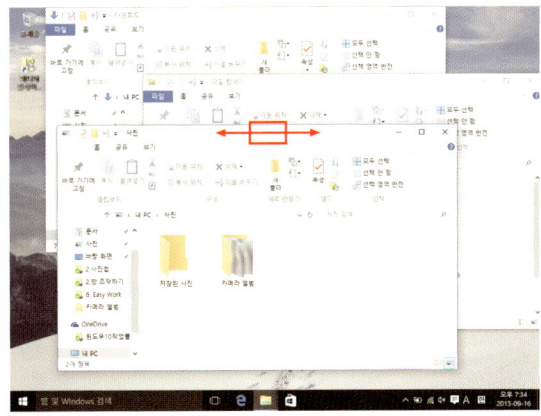

05 | 스냅 기능으로 화면 분할 활용하기

스냅 기능은 한 화면에 최대 4개의 창을 띄워 효과적으로 작업할 수 있도록 하는 기능입니다. 작업 시 유용한 기능이니 꼭 참고하길 바랍니다.

01 창의 제목 표시줄을 마우스로 클릭한 상태에서 화면 왼쪽/ 오른쪽의 중앙 혹은 화면 위/ 아래의 중앙으로 끌어주면 변하게 될 크기와 위치를 미리보기로 확인할 수 있습니다.

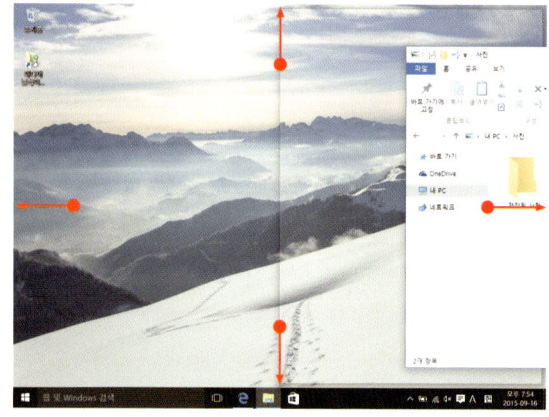

02 오른쪽 중앙으로 창을 끌었더니 화면의 1/2크기로 창이 정리된 것을 확인할 수 있습니다. 사용 중인 다른 창들은 반대편 여백에 노출됩니다.

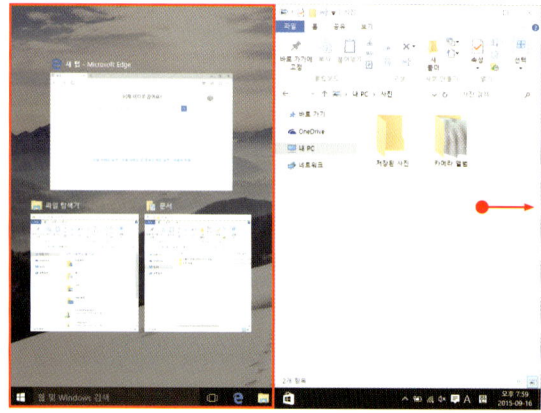

03 여백에 노출된 창 중 하나를 클릭하면, 남은 화면의 1/2에 정리됩니다. 이렇게 2개의 창을 동시에 띄워 사용할 수 있습니다.

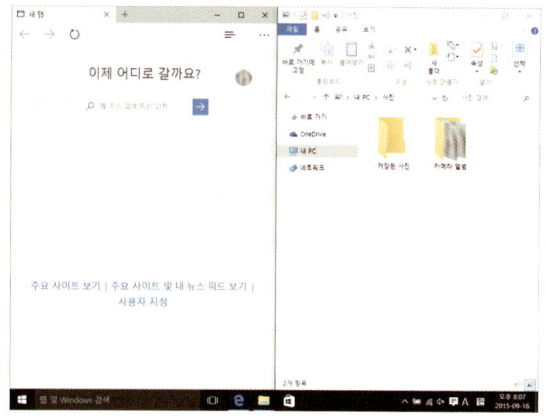

04 사용 중인 창의 제목 표시줄을 화면의 오른쪽 모서리로 끌어주면 1/4의 크기로 창이 정리되고, 나머지 여백에 사용 중인 창 들이 노출됩니다. 창 중 하나를 클릭하면 1/4 크기로 여백에 정리됩니다. (화면의 네 모서리에 가져가면 1/4 크기로 정리됩니다.)

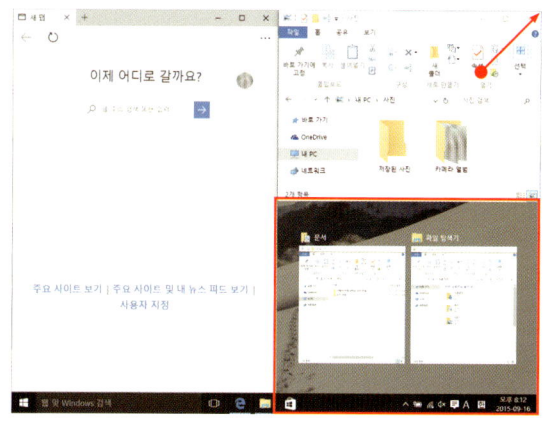

05 마찬가지로 왼쪽 창을 왼쪽 모서리로 끌어주면 1/4 크기로 창이 정리되고, 나머지 여백에 남은 창이 노출됩니다.
창을 클릭하면 1/4 크기로 남은 자리에 위치합니다.

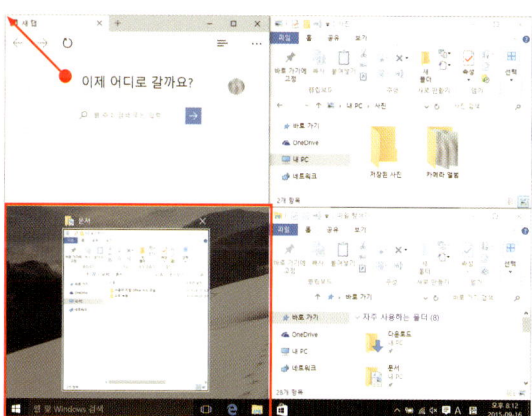

06 모니터의 사이즈가 클수록 스크롤 없이 최대 4개의 창을 띄워 효율적으로 화면을 사용할 수 있습니다.

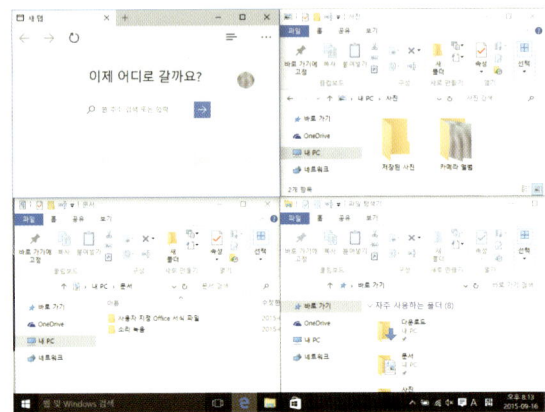

TIP!

윈도우 창 화면 분할 설정 방법

스냅 기능을 사용하기 위해서는 멀티태스킹 기능이 켜짐이어야 합니다.

1. 시작 단추 클릭 > 설정 클릭 > 시스템 클릭 > 멀티태스킹을 클릭합니다.
2. 창을 화면 모서리 또는 가장자리로 끌어 창을 자동으로 정렬합니다. : 꺼짐으로 할 경우, 여러 개의 창을 띄워 작업할 때 수동으로 정렬해야 합니다.
3. 두 개 이상의 창을 끌 때 창 크기를 자동으로 조정합니다.
4. 창을 끌 때 창 옆으로 끌어올 수 있는 항목을 표시합니다. : 이 항목을 끌 경우 옆으로 창을 끌 때 작업 중인 다른 창이 자동으로 조정되지 않습니다.

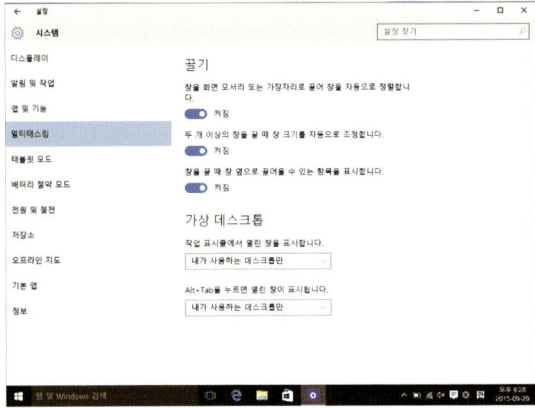

06 | 작업 중인 윈도우 창 한눈에 보기

Alt + Tab을 이용하면 많은 윈도우 창을 띄워 놓고 작업할 경우, 쉽게 창을 이동하면서 효율적으로 작업할 수 있습니다.

01 키보드 Alt + Tab 를 누르면 현재 작업 중인 창들을 한 눈에 볼 수 있습니다. Alt를 누른 상태에서 Tab 버튼을 반복적으로 누르거나, 화살표 키를 좌우로 눌러 창 이동이 가능하며 원하는 작업 창에서 Alt을 떼면 창이 열립니다.

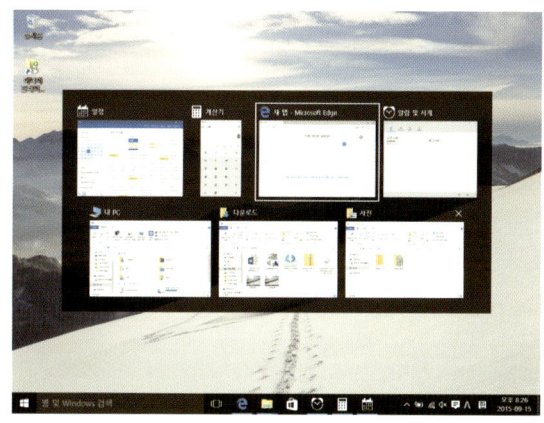

TIP!

윈도우 창 정렬하기

작업 중인 창을 정렬하여 한 눈에 볼 수 있습니다. 작업 표시줄을 마우스 오른쪽 단추로 클릭 > 계단식 창 배열/ 창 가로 정렬 보기/ 창 세로 정렬 보기를 선택해 열려있는 창을 정렬합니다.

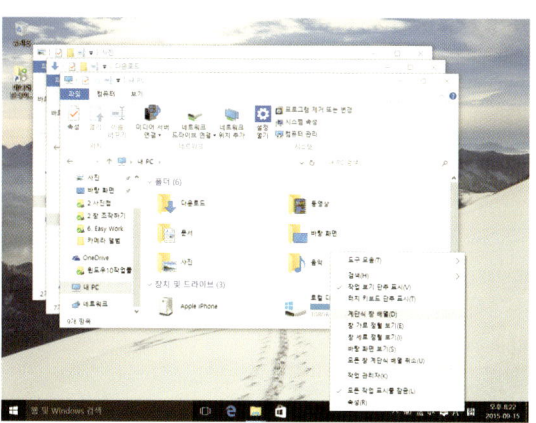

07 | 가상 데스크톱 사용하기

가상 데스크톱은 하나의 화면에 여러 개의 데스크톱을 생성할 수 있는 기능입니다.
한 개의 화면을 사용하지만 마우스나 단축키를 이용해 여러 데스크톱을 전환하면서
업무를 처리할 수 있어 멀티 태스킹 능력을 향상 시킬 수 있습니다.

01 작업 보기를 누르면 현재 작업 중인 창과 데스크톱을 한 눈에 볼 수 있습니다.
(단축키 : 윈도우 키 ■ + Tab)
Alt + Tab과 같이 작업 중인 창을 한눈에 볼 수 있지만 사용 방법에 차이가 있습니다. 작업 보기를 누르면 화면이 고정되어 있고 키보드 방향키를 누르거나 마우스로 클릭해 창을 이동할 수 있습니다.

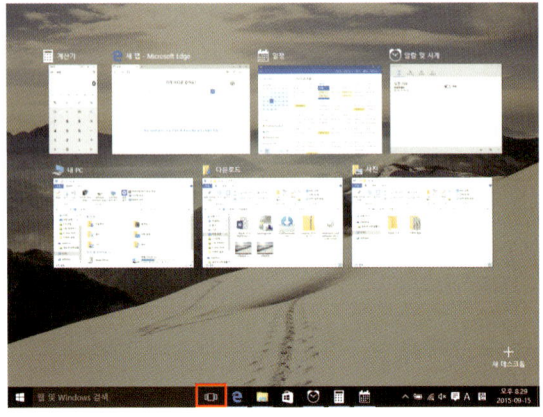

02 새 데스크톱은 ■ 버튼을 눌러 생성합니다.
(단축키 : 윈도우 키 ■ + Ctrl + D)

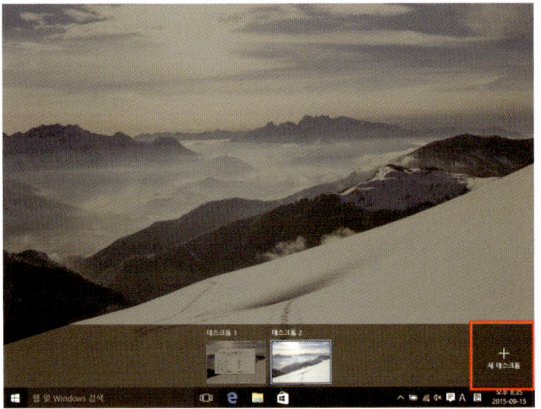

03 생성한 데스크톱의 제목 오른쪽 상단에 마우스 커서를 가져가면 ✕ 단추를 눌러 삭제할 수 있습니다.
(단축키 : 윈도우 키 ■ + Ctrl + F4)

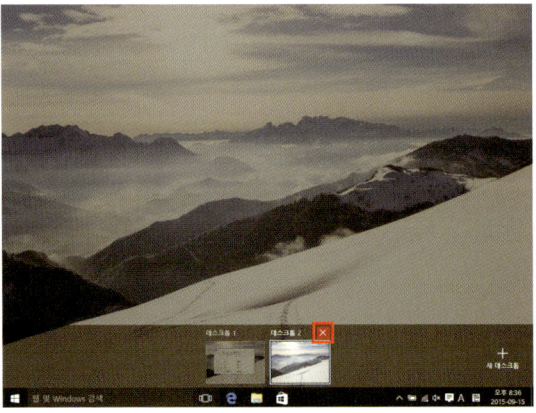

04 마우스로 클릭하여 데스크톱을 이동하거나 Tab 키를 눌러 좌/ 우 키로 데스크톱을 선택해 이동할 수 있습니다.
(단축키 : 윈도우 키 + Ctrl + ←/→)

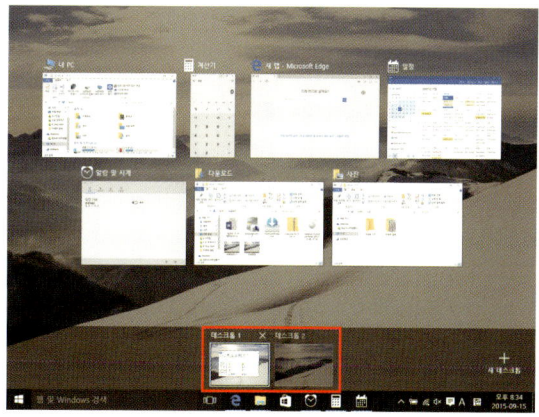

05 사용 중인 창 하나를 마우스로 클릭한 상태에서 새로 생성한 가상 데스크톱으로 끌어주면 데스크톱을 이동해 창을 사용할 수 있습니다.

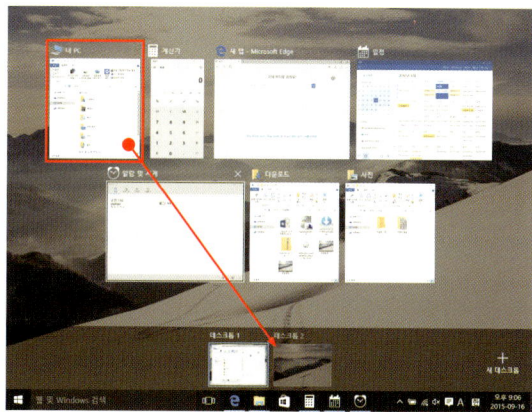

CHAPTER 4
원드라이브 활용하기

원드라이브(Onedrive)는 MS에서 제공하고 있는 클라우드 서비스입니다. 원드라이브에 사진, 영상, 음악, 문서 등 원하는 파일을 업로드하면 PC, 태블릿, 스마트폰 등 다양한 기기를 통해 언제 어디서든 자유롭게 공유할 수 있습니다. 특히 원드라이브를 데스크톱과 동기화해 사용하는 기능은 업무를 진행하는데 매우 유용합니다.

01 원드라이브 시작하기 **02** 원드라이브 구성 알아보기 **03** 원드라이브 파일 새로 만들기
04 원드라이브에서 폴더 생성하기 **05** 원드라이브 업로드하기 **06** 원드라이브 옵션 알아보기
07 원드라이브 PC에 동기화하기 **08** 원드라이브 동기화 설정 알아보기 **09** 원드라이브에서 폴더 생성하기
10 원드라이브에서 폴더 생성하기

01 | 원드라이브 시작하기

01 원드라이브 홈페이지에 접속(onedrive.live.com) 접속합니다.
계정이 없는 경우, 등록 버튼을 클릭합니다.

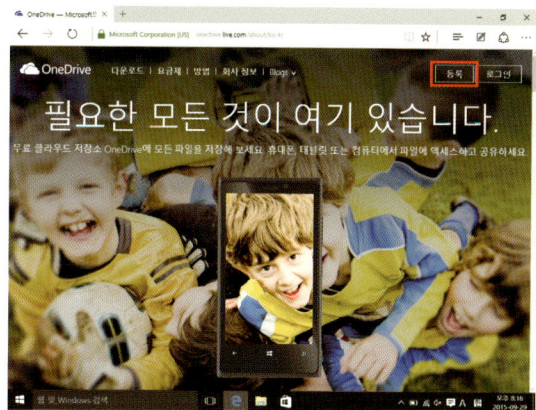

02 Microsoft 계정 만들기를 클릭해 계정을 생성합니다.
원드라이브 계정을 생성하면 기본적으로 15GB의 무료 저장 공간을 제공하며 오피스365를 사용할 경우 1TB를 무료로 제공하고 있습니다.

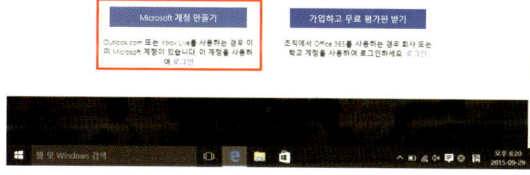

03 계정이 있거나 새로 만든 계정을 입력해 로그인합니다.

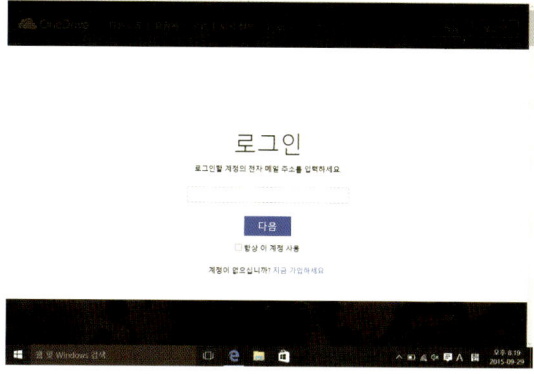

02 | 원드라이브 구성 알아보기

파일과 사진들을 업로드하고 그룹화하여 관리할 수 있는 원드라이브의 구성에 대해 알아보겠습니다.

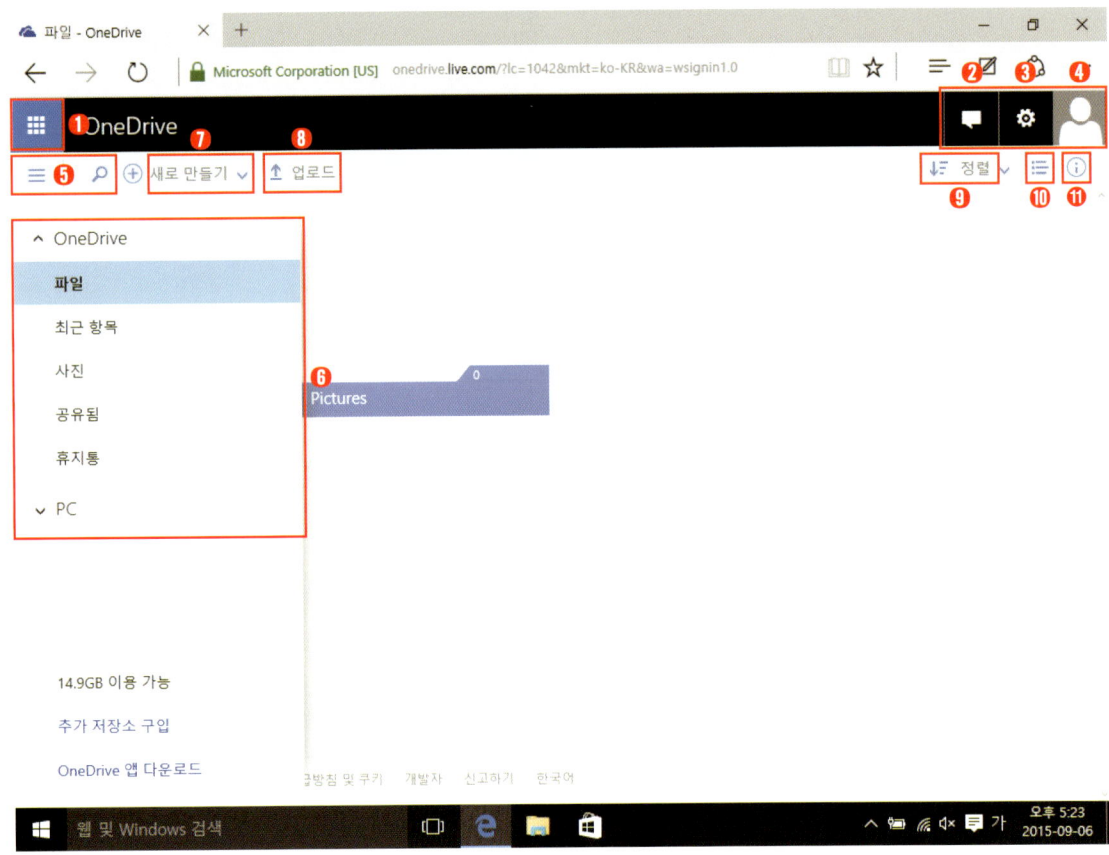

원드라이브는 윈도우 10의 폴더 창과 비슷합니다.
❶ **타일 박스** : 계정으로 연결된 온라인 서비스로 이동할 수 있습니다.
❷ **대화창** : 계정으로 연결된 지인들과 대화할 수 있고, 공유할 수 있습니다.
❸ **설정** : 원드라이브 사용 옵션에 대해 설정할 수 있습니다.
❹ **계정** : 계정을 설정하거나, 로그아웃할 수 있습니다.
❺ **검색 창** : 파일/ 폴더를 검색해 쉽게 찾을 수 있습니다.
❻ **탐색 창**
  1) **파일** : 생성된 모든 파일들을 확인할 수 있습니다.
  2) **최근 항목** : 최근 파일을 얼거나 수정됐던 순으로 보여줍니다.
  3) **사진** : 사진이 업로드된 순서대로 일자와 함께 저장 돼 보여줍니다.
  4) **공유됨** : 공유된 사진이나 폴더를 볼 수 있습니다.
  5) **휴지통** : 지워진 파일이나 폴더를 확인할 수 있습니다.
❼ **새로 만들기** : 원드라이브에 올릴 파일들의 타입을 선택하여 새로 만들 수 있습니다.

❽ **업로드** : 원드라이브에 올릴 파일을 불러옵니다.
❾ **정렬** : 업로드된 폴더 및 파일들을 조건에 맞춰 정렬할 수 있습니다.
❿ **보기** : 업로드된 폴더 및 파일들을 크게 보기/ 작게 보기로 선택할 수 있습니다.
⓫ **정보** : 선택한 폴더 및 파일들의 위치, 태그, 공유 상태, 파일 크기 등의 정보를 확인할 수 있습니다.

03 | 원드라이브 파일 새로 만들기

원드라이브는 PC에 저장된 파일들을 업로드할 뿐만 아니라 원드라이브 내에서 새로운 문서를 만들고 업로드할 수 있습니다. Word, Excel, Power Point 등 다양한 파일을 만들어보겠습니다.

01 새로 만들기 단추를 클릭하면 폴더를 비롯해 워드, 엑셀, 파워포인트, 원노트, 엑셀 설문조사, 일반 텍스트 문서 중 원하는 파일을 선택해 만들 수 있습니다.

02 글쓴이는 Excel 통합 문서를 선택했습니다. 엑셀시트에 바로 작업할 수 있으며, 쉽게 공유하여 다른 사람들과 협업도 가능합니다.

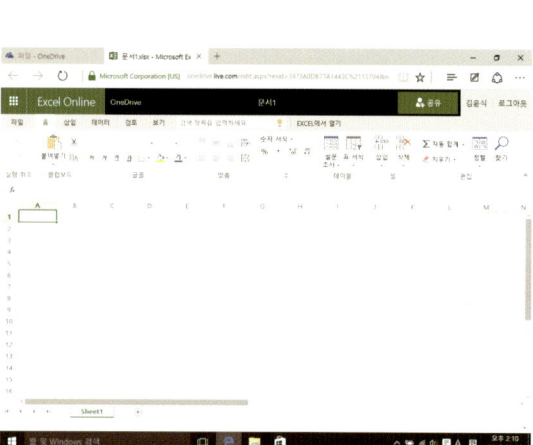

04 | 원드라이브에서 폴더 생성하기

폴더를 생성하면 좀 더 다양한 기능들을 사용하여 파일을 구분하고 관리 할 수 있습니다.
폴더 생성 방법에 대해 알아보겠습니다.

01 원 드라이브의 빈 공간에 마우스 오른쪽 단추 클릭 > 새로 만들기 클릭 > 폴더를 클릭합니다.

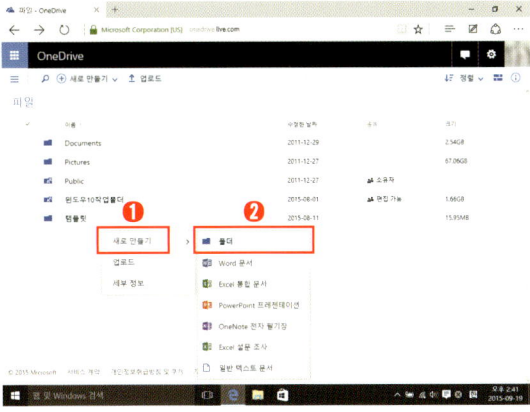

02 폴더 이름을 입력하여 새로운 폴더를 생성합니다.

03 생성한 폴더를 클릭하면, 폴더 내에 파일을 새로 만들거나 업로드, 공유, 복사 등 다양한 작업을 할 수 있습니다.

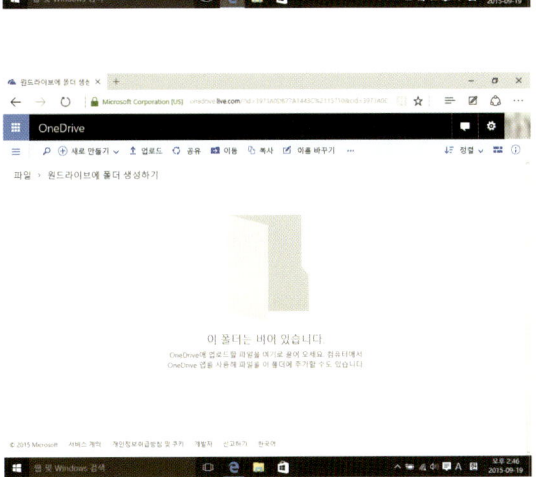

Part6 멋진 작업을 하세요 | 297

TIP!

원드라이브 폴더 구성 살펴보기

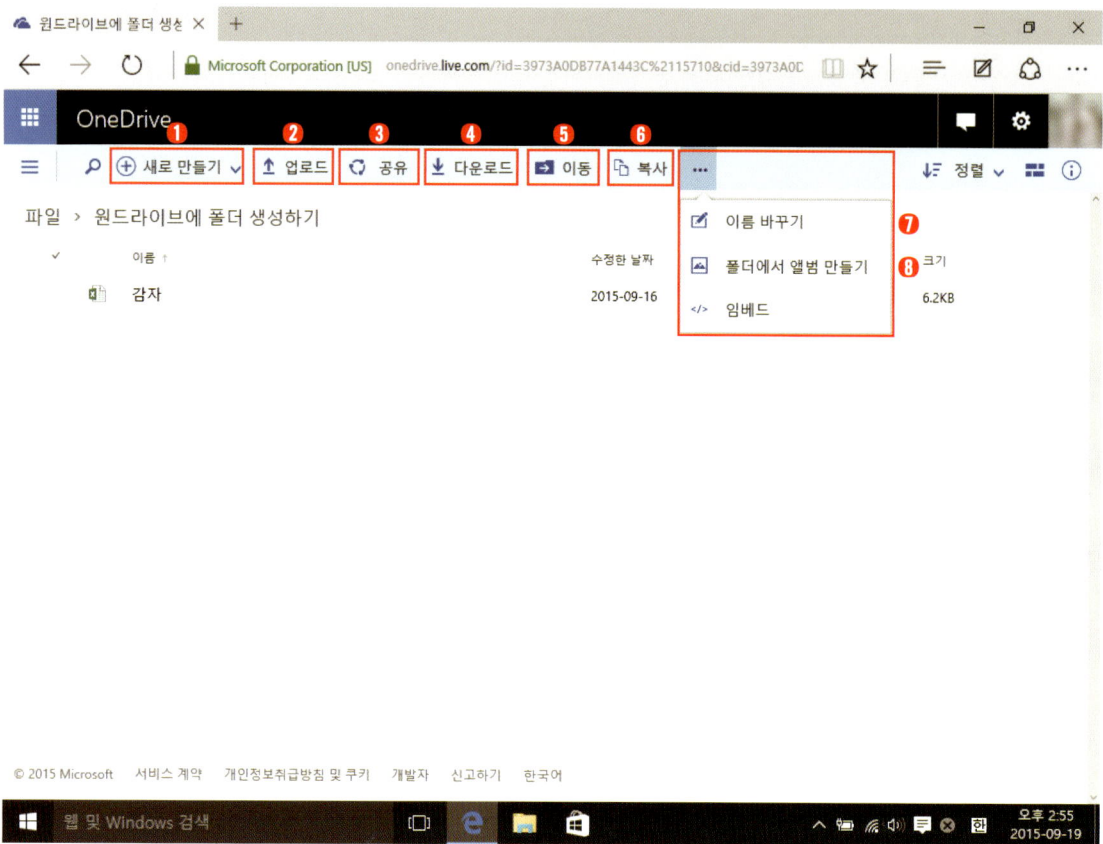

❶ **새로 만들기** : 폴더 내에 새로운 폴더 혹은 파일을 생성할 수 있습니다.
❷ **업로드** : 폴더 내에 파일을 업로드합니다.
❸ **공유** : 폴더나 파일들을 공유할 있도록 초대. 링크를 만들 수 있습니다. (단축 링크 가능)
❹ **다운로드** : 선택한 폴더나 파일을 다운로드합니다.
❺ **이동** : 선택한 파일을 원드라이브 내의 다른 폴더로 이동시킬 수 있습니다.
❻ **복사** : 선택한 파일/ 폴더를 원드라이브 내의 다른 폴더로 복사할 수 있습니다.
❼ **이름 바꾸기** : 선택한 파일/ 폴더의 이름을 바꿀 수 있습니다.
　　　　　　　 파일 선택 > 이름 바꾸기를 선택하면 파일의 이름을 바꿀 수 있습니다.
❽ **폴더에서 앨범 만들기** : 폴더에서 앨범을 만들 수 있습니다.

05 | 원드라이브 업로드하기

PC에 저장된 파일을 업로드 해보겠습니다. 동영상, 이미지, 문서 파일 등 모든 파일을
업로드할 수 있습니다.

01 업로드 단추를 클릭하면 파일을 선택해 업로드
할 수 있습니다.

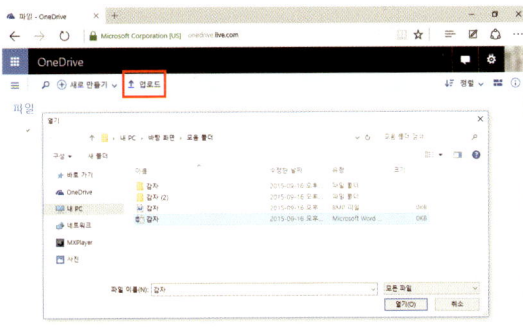

02 원드라이브의 빈 공간에 마우스 오른쪽 단추로
클릭 〉 업로드를 클릭하여 파일을 선택할 수 있
습니다.

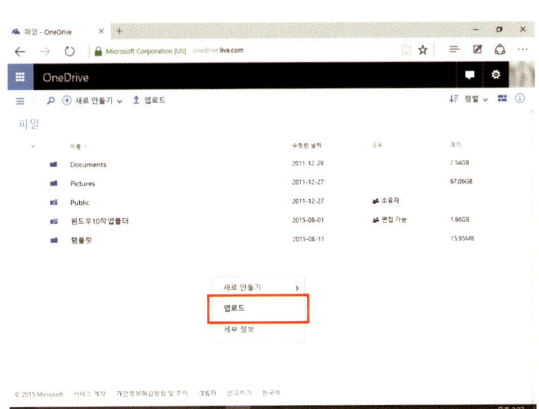

03 파일 상태가 올바르지 않거나, 어떠한 이유로 에
러가 났을 때 상단에 업로드되지 않았다는 알림
이 표시됩니다.

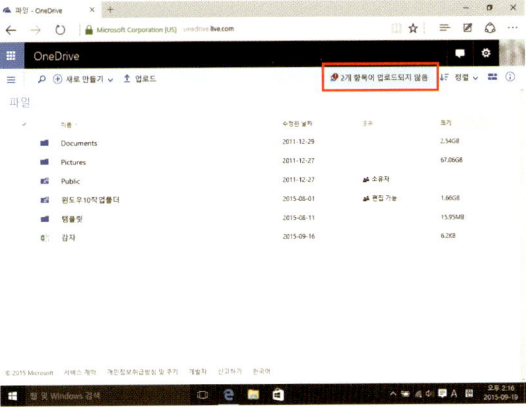

04 업로드되지 않은 이유를 확인할 수 있으며, ✖ 단추를 클릭하면 업로드 취소가 됩니다

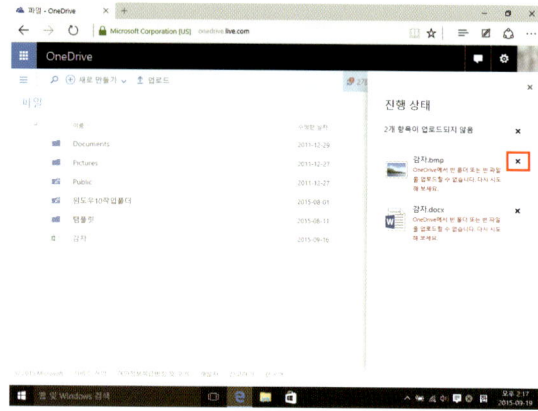

06 | 원드라이브 옵션 알아보기

원드라이브의 옵션에서는 저장소에 남은 용량과 사용한 용량을 확인하고, 추가 구입이 가능합니다. 그 외에 태그 지정, 문서 형식, 알림 지정 등을 할 수 있습니다. 원드라이브 옵션에 대해 알아보겠습니다.

01 원드라이브 상단의 설정(⚙) 단추 클릭 〉 옵션을 클릭합니다.

저장소에서는 총 사용 가능한 용량과, 남은 용량, 사용하는 요금제에 대한 정보들을 확인할 수 있습니다.

용량이 부족할 경우 '추가 저장소 구입' 단추를 클릭하면 원드라이브에서 제공하는 요금제 구입이 가능합니다.

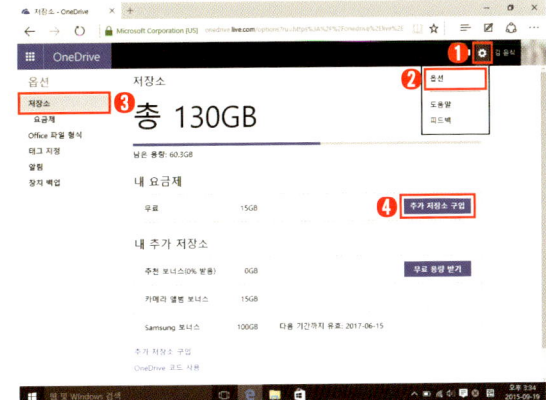

02 Office 파일 형식을 클릭하면 원드라이브에서 만드는 문서의 형식을 지정할 수 있습니다. 워드, 파워포인트, 엑셀 파일에만 적용 가능합니다.

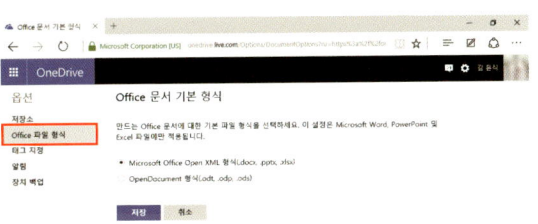

03 태그 지정을 클릭하면 자동 태그 지정, 내 사진, 내 사진의 인물 태그 들을 설정 혹은 변경할 수 있습니다.

태그를 지정할 경우 검색 혹은 구분이 용이합니다.

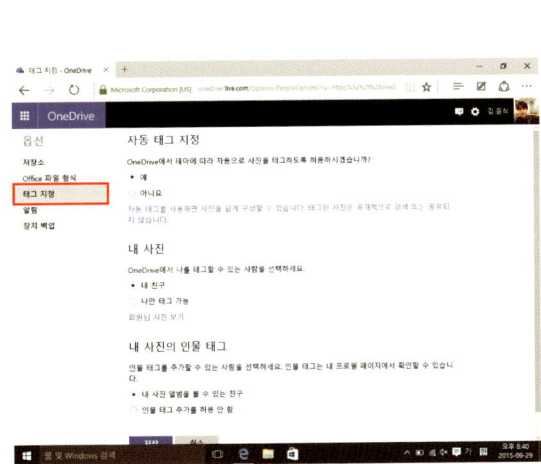

Part6 멋진 작업을 하세요 | 301

04 알림을 클릭하면 다른 사용자가 내 공유 파일을 변경할 때 메일을 보내도록 설정할 수 있습니다. 협업할 때에 중요한 설정이 될 수 있습니다.

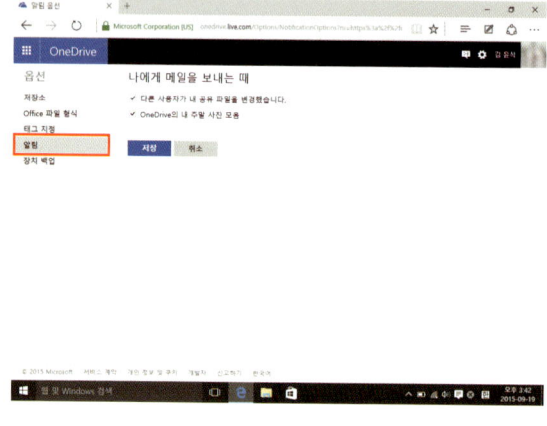

07 | 원드라이브 PC에 동기화하기

원드라이브(OneDrive)에 파일을 저장하면 PC, 태블릿 또는 휴대폰에서 해당 파일에
액세스할 수 있습니다. PC와 동기화하여 온라인 원드라이브에 접속하지 않고 폴더처럼
쉽게 사용해보겠습니다.

01 시작 단추 클릭 〉 모든 앱 클릭 〉 Onedrive 클릭
또는 웹 및 윈도우 검색 상자에서 Onedrive를
검색 후 실행합니다.

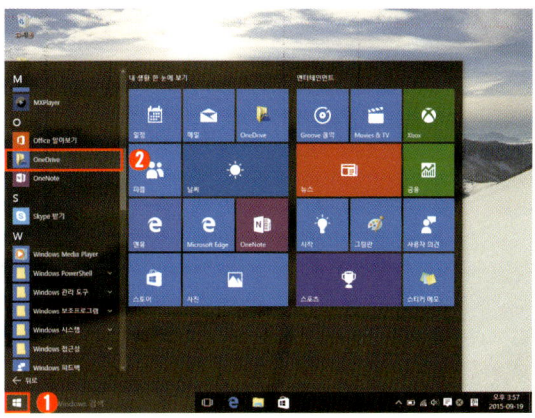

02 원드라이브(OneDrive) 시작하기 단추를 클릭합
니다.

03 동기화 할 온라인 원드라이브 계정을 입력합니다.

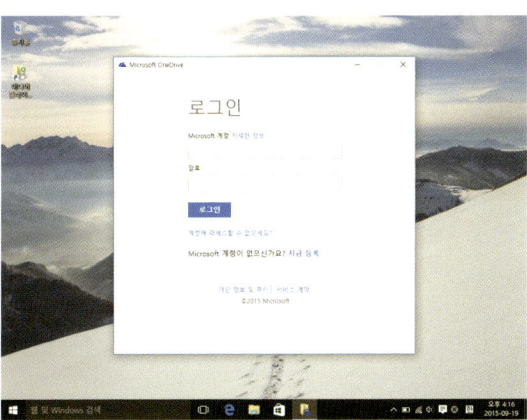

04 온라인 원드라이브에 저장된 파일 및 폴더 중 원하는 폴더를 선택해 PC에 동기화합니다.
(동기화하는 파일은 PC의 공간을 사용하니 사용 전 PC에 여유 공간이 있는지 확인이 필요합니다.)

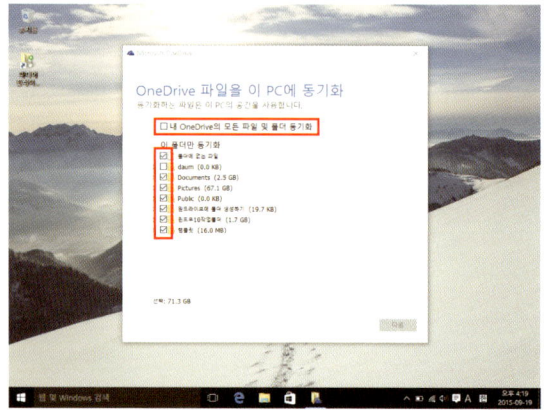

05 완료를 누르면 파일 및 폴더가 동기화되며 파일 탐색기에서도 확인할 수 있습니다.

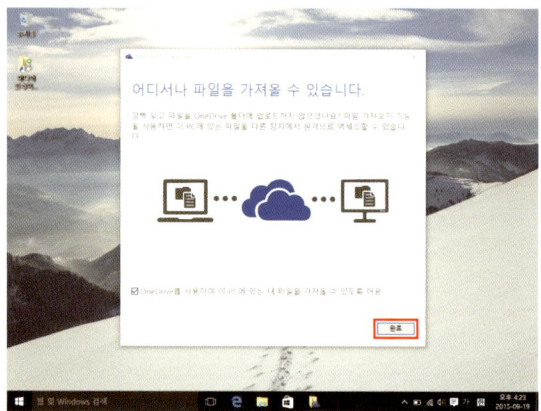

06 파일 탐색기에 추가된 원드라이브 모습입니다. 다른 폴더와 같이 사용 가능하며 인터넷이 연결되어 있으면 자동으로 동기화됩니다.

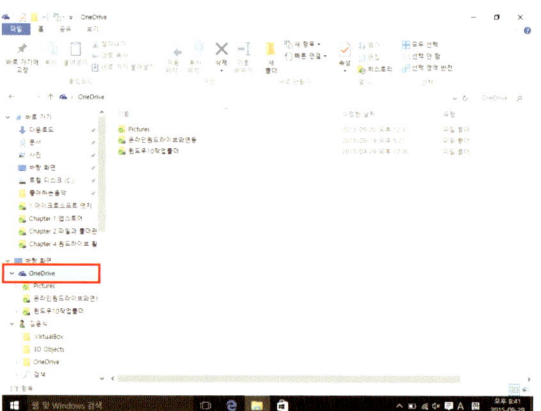

07 동기화 될 경우 작업 표시줄에 원드라이브를 더블 클릭하면 동기화되는 과정을 확인할 수 있습니다.

TIP!

원드라이브 꼭 인터넷이 연결되어야 사용할 수 있을까?

원드라이브에 저장되어 동기화된 파일은 온라인 원드라이브(OneDrive.com)와 오프라인 PC에서 모두 사용할 수 있습니다. 인터넷이 연결되지 않은 경우에도 언제든지 PC에서 파일을 사용할 수 있는데, 인터넷이 연결되면 OneDrive가 오프라인 PC에서 작업한 내용을 온라인 원드라이브에 업데이트합니다.

08 | 원드라이브 동기화 설정 알아보기

원드라이브에 대한 동기화 설정 방법을 알아보겠습니다. 원드라이브와 PC의 동기화를 끊거나, 장치를 연결할 때 파일 업로드 등의 설정을 할 수 있습니다.

01 작업 표시줄에 있는 원드라이브 아이콘에 마우스 오른쪽 단추를 클릭하면 관련 메뉴들이 나타납니다.
1) Onedrive 폴더 열기 : PC에 동기화되어있는 원드라이브 폴더를 열 수 있습니다.
2) Onedrive.com 으로 이동 : 온라인 원드라이브로 이동합니다.
3) 저장소 관리 : 온라인 원드라이브의 설정 > 저장소로 이동하여 사용 중인 용량을 확인할 수 있습니다.
4) 설정 자동 로그인. 동기화를 설정할 수 있고 연결을 끊을 수도 있습니다.

02 설정을 누르면 설정/ 자동 저장/ 폴더 선택/ 성능/ 정보 5가지 탭으로 구성된 설정 창이 나타난다.
설정 탭은 일반/ OneDrive 연결 끊기 옵션을 선택할 수 있습니다.
1) 일반 : 원드라이브 자동 시작과 파일 가져오기를 설정할 수 있습니다.
2) OneDrive 연결 끊기 : 연결 끊기 단추를 클릭하면 현재 PC와 연결된 온라인 원드라이브와 동기화가 중지됩니다.
다른 Microsoft 계정으로 동기화할 수 있습니다.

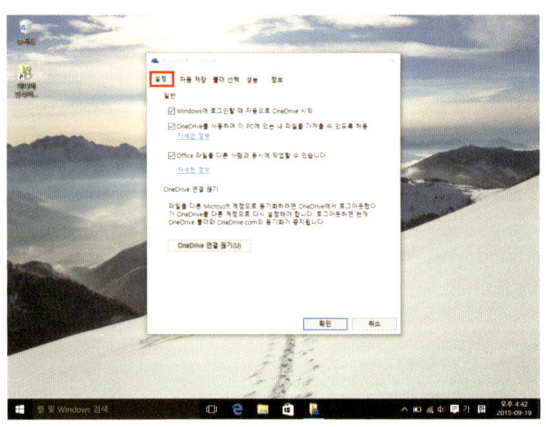

03 자동 저장 탭은 사진 및 동영상/ 스크린샷 동기화 옵션을 선택할 수 있습니다.

1) 사진 및 동영상 : 내 PC에 카메라, 휴대폰 등과 같은 장치를 연결할 때마다 OneDrive에 사진 및 비디오를 자동으로 저장할 수 있는 기능입니다.

2) 스크린샷 : PC에서 캡처한 스크린샷을 OneDrive에 자동 저장하는 기능입니다. 용량을 많이 차지할 수 있으니 적절한 사용이 필요합니다.

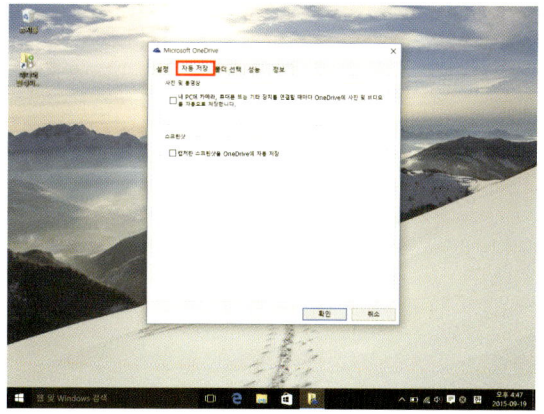

04 폴더 선택 탭은 동기화할 원드라이브 폴더를 변경 및 추가할 수 있습니다.

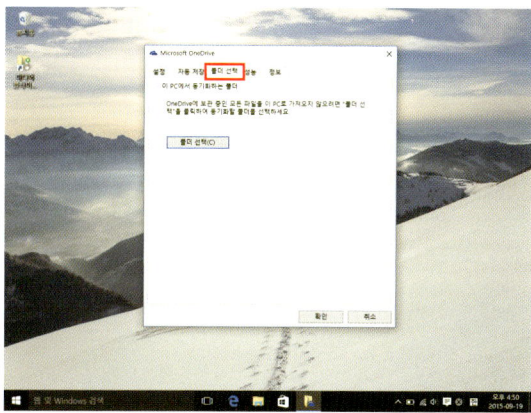

05 성능 탭은 인터넷 환경에 맞게 업로드 속도 설정이 가능합니다.

TIP!

스마트폰에서도 원드라이브 파일 확인하기

원드라이브에 저장된 파일들은 PC뿐만 아니라 모바일로도 동기화해 확인할 수 있습니다. 오피스 문서를 만들고 수정할 수 있어 급하게 업무를 해야 할 때 효율적으로 사용 가능합니다.

01 글쓴이는 온라인 원드라이브에 업로드한 파일이 PC, 모바일 에서도 잘 연동이 되는지 확인하기 위해 워드 파일을 업로드 했습니다.

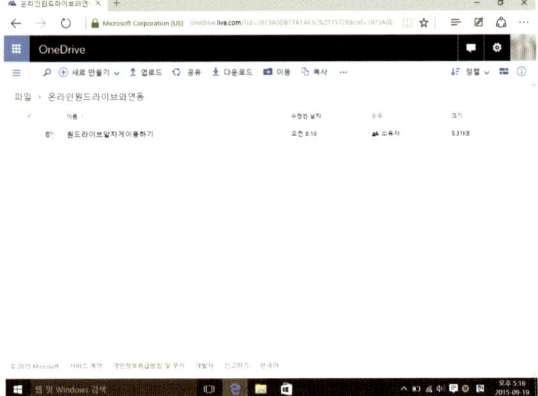

02 파일 탐색기 클릭 〉 OneDrive 클릭 〉 폴더를 클릭하여 PC에서 워드 파일을 확인할 수 있습니다.

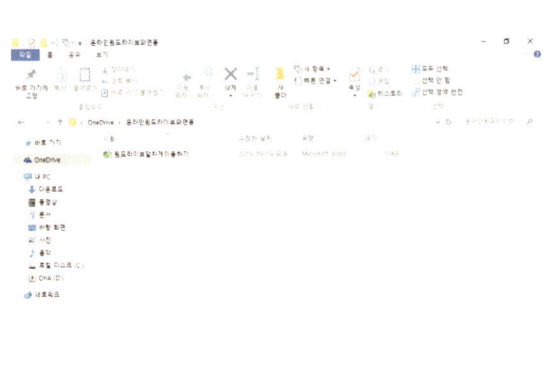

03 Android, IOS에 설치한 OneDrive 앱에서도 올린 워드 파일을 확인할 수 있습니다.

CHAPTER 5
보조프로그램 활용하기

윈도우 10 보조프로그램은 PC를 조금 더 잘 사용할 수 있게 돕는 도구들을 제공합니다. 그림판, 계산기, 메모장 등 기능은 간단하지만 유용하게 사용되는 보조프로그램에 대해서 알아보겠습니다.

01 그림판 활용하기 **02** 메모장 활용하기 **03** 스티커 메모 활용하기 **04** 수학 식 입력판 활용하기
05 워드패드 활용하기 **06** 캡처 도구 활용하기

01 | 그림판 활용하기

보조프로그램의 그림판은 간단한 그림을 그리거나 색상 및 크기 등을 변경하고 이미지를 편집할 수 있습니다. 특히 프린트 스크린 한 이미지를 편집할 때 유용합니다.

01 웹 및 윈도우 검색 상자에서 그림판을 검색해 클릭합니다.

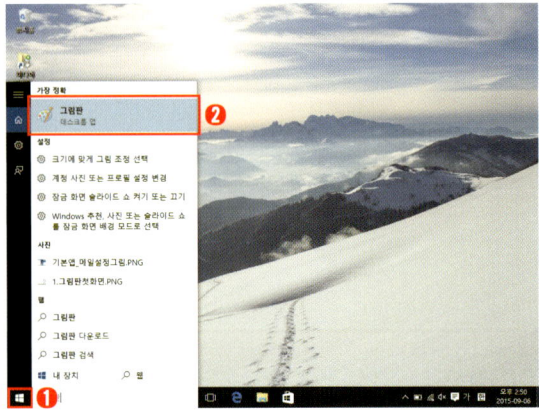

02 그림판의 메뉴는 파일/ 홈/ 보기로 구성되어 있습니다.

03 파일 탭은 파일을 열거나 작업한 이미지 파일을 저장하거나 인쇄 등을 할 수 있습니다.

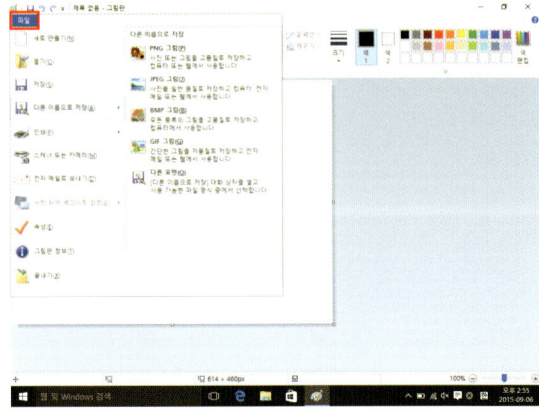

04 홈 탭은 이미지를 붙여 넣고 크기/ 회전 등을 조정하거나, 그림/ 도형을 그리고 색상을 바꾸는 등의 작업을 할 수 있습니다.

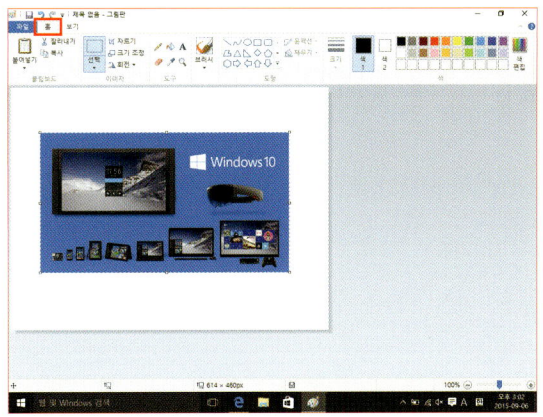

05 보기는 이미지를 확대/ 축소, 눈금자, 상태 표시줄 표시 등 이미지를 확인하는 작업을 할 수 있습니다.

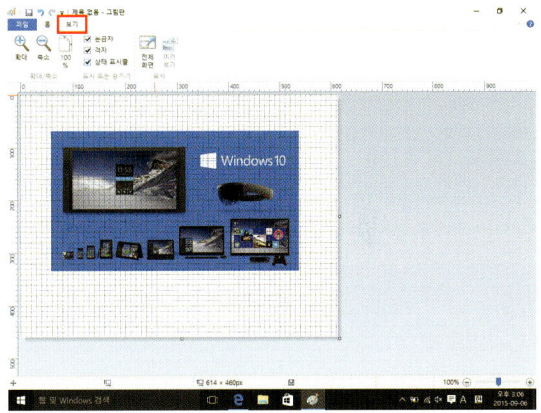

02 | 메모장 활용하기

메모장은 간단히 글을 작성하거나 편집할 수 있습니다. 메모장 사용법에 대해 알아보겠습니다.

01 웹 및 윈도우 검색 상자에서 메모장을 검색해 클릭합니다.

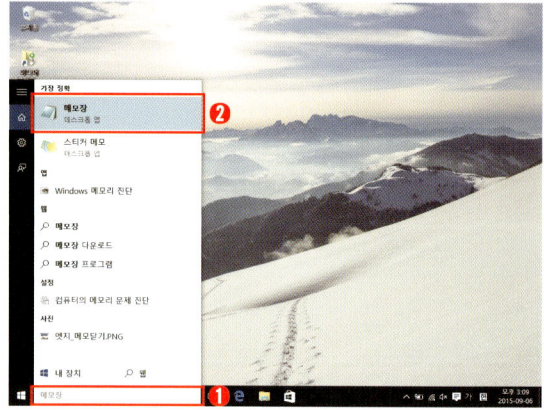

02 메모장은 파일/ 편집/ 서식/ 보기 메뉴로 구성됩니다.
메모장이 실행되면 내용을 입력합니다.

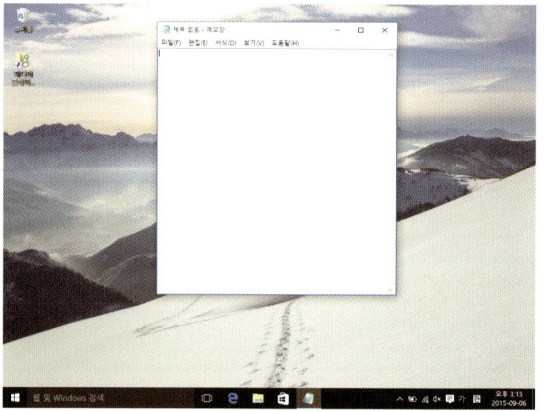

03 파일은 작성한 글을 저장하거나, 페이지 설정, 인쇄 등을 할 수 있습니다. 메모장 파일의 확장자는 .txt입니다.

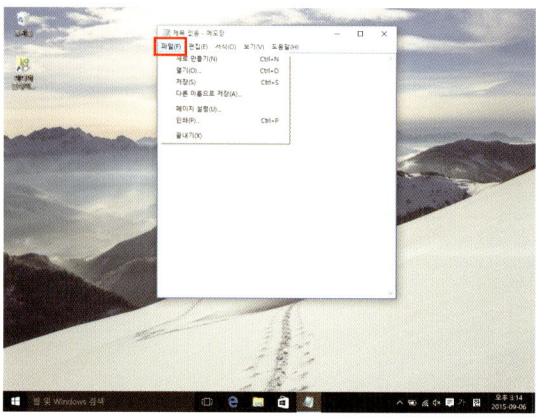

04 편집은 작성한 글의 작업을 취소하거나, 잘라내기, 복사, 단어 바꾸기 등의 편집을 할 수 있습니다.

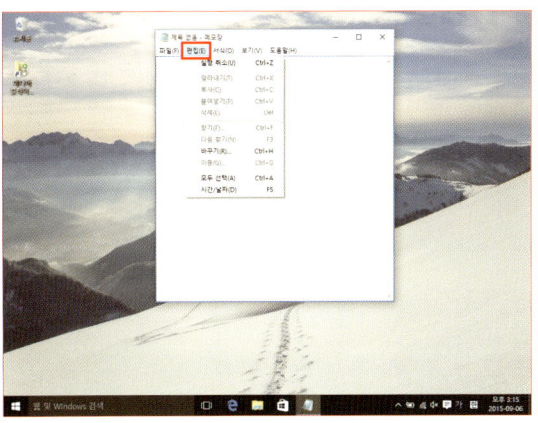

05 서식은 자동 줄 맞춤을 설정하거나, 글꼴을 변경할 수 있습니다.
자동 줄 바꿈 기능은 메모장 화면의 가로 길이에 따라서 자동으로 줄 바꿈되어 나타나는 기능으로 참고하십시오.

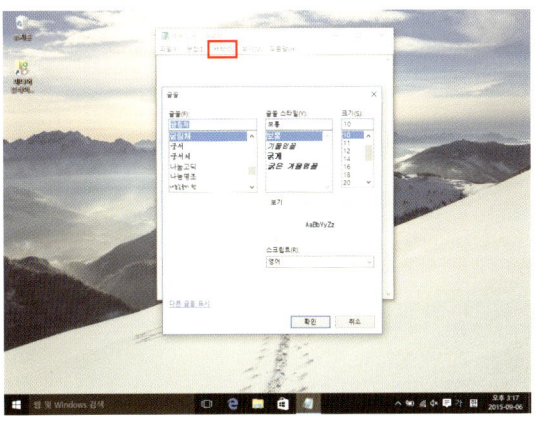

03 | 스티커 메모 활용하기

스티커 메모는 실 생활에서 쓰는 포스트잇처럼 간단히 메모하거나 편집하여 바탕화면에서 보여줄 수 있습니다. 스티커 메모 활용법에 대해 알아보겠습니다.

01 웹 및 윈도우 검색 상자에서 스티커 메모를 검색해 클릭합니다.

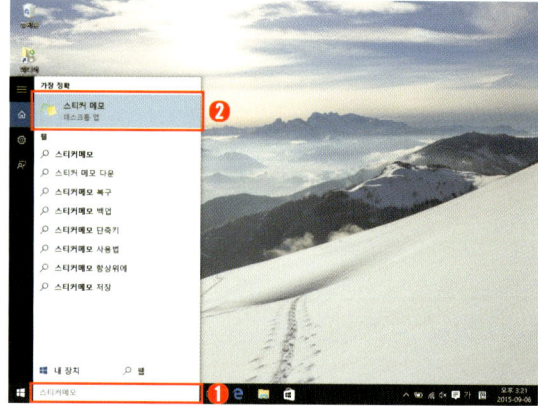

02 바탕화면의 오른쪽에 스티커 메모가 실행됩니다.

03 메모의 본문에서 마우스 오른쪽 단추를 클릭하면, 내용의 복사 및 선택, 메모의 색상 변경 등을 할 수 있습니다.

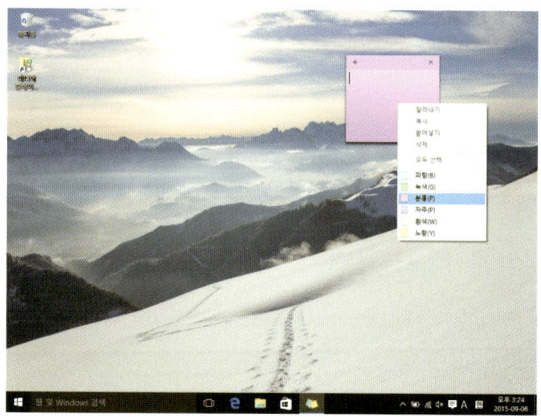

04 스티커 메모의 네 모서리의 끝에 마우스 커서가 양방향 화살표(↔)가 되면, 클릭한 상태로 대각선으로 움직이면 크기를 조정할 수 있습니다.

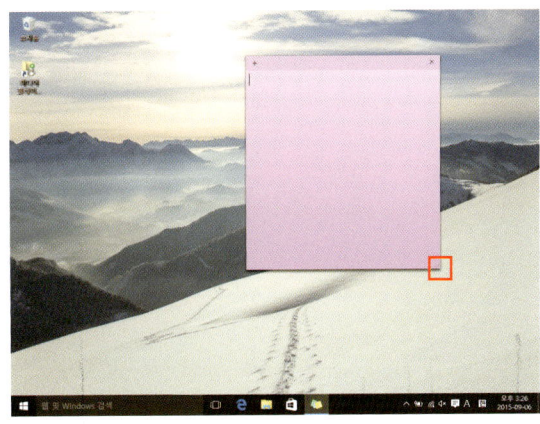

05 스티커 메모의 왼쪽 상단 '+' 누르면 새로운 메모가 생성됩니다. (단축키 : Ctrl + N)
또는 작업 표시줄의 스티커 메모 아이콘 위에서 마우스 오른쪽 단추를 눌러 '+새 메모'를 누르면 새로운 메모가 생성됩니다.

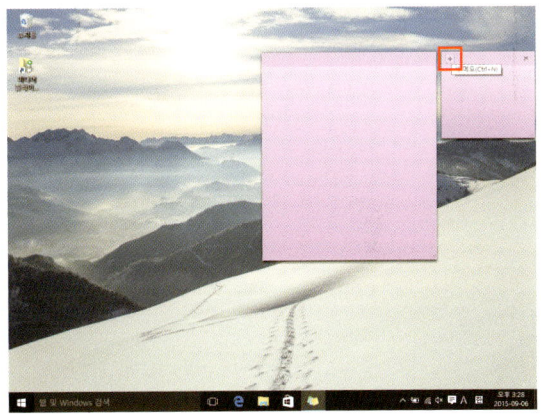

06 스티커 메모의 오른쪽 상단 'x' 누르면 메모를 삭제할 수 있습니다. (단축키 : Ctrl + D)

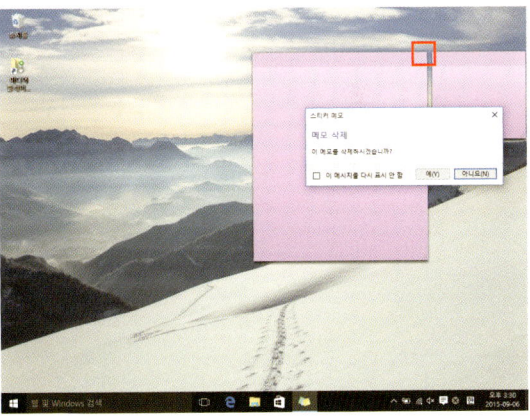

07 활성화된 모든 스티커 메모를 잠시 닫거나, 잠시 닫은 스티커 메모를 열고 싶은 경우 작업 표시줄의 스티커 메모 아이콘을 클릭합니다.

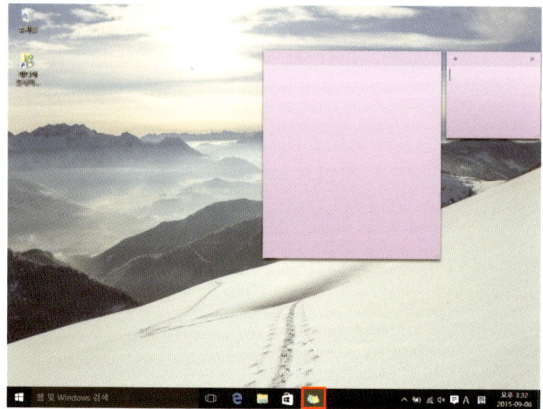

08 스티커 메모의 창을 닫고 싶은 경우 작업 표시줄의 스티커 메모 아이콘 위에서 마우스 오른쪽 단추를 눌러 '창닫기' 버튼을 누릅니다.

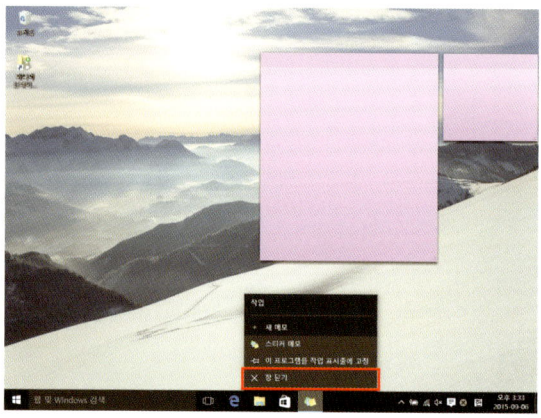

04 | 수학 식 입력판 활용하기

수학 식 입력판은 어려운 수학식들을 직접 작성하여 문서에 옮길 수 있도록 도와줍니다.
수학 식 입력판 사용법에 대해 알아보겠습니다.

01 웹 및 윈도우 검색 상자에서 수학 식 입력판을 검색해 클릭합니다.

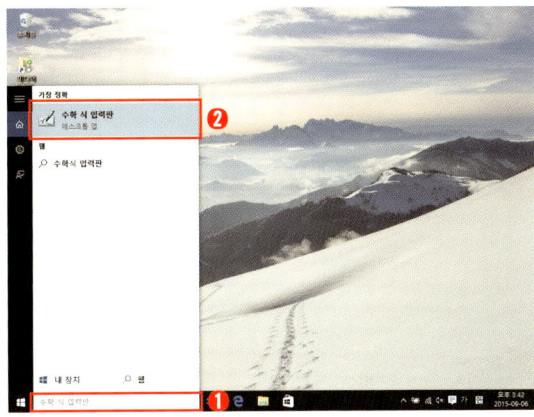

02 단순한 수학식을 마우스를 이용하여 써보도록 합니다.
  1) 쓰기 : 입력판에 수학식을 쓸 수 있습니다.
  2) 지우기 : 작성한 수학식을 지울 수 있습니다.
  3) 선택 및 수정 : 작성한 수학식을 선택하여 수정할 수 있습니다.
  4) 실행 취소 : 이전 작업으로 돌아갈 수 있습니다.
  5) 다시 실행 : 실행 취소한 경우 다시 원상태로 돌아갈 수 있습니다.
  6) 지우기 : 작성한 수학식을 모두 삭제합니다.

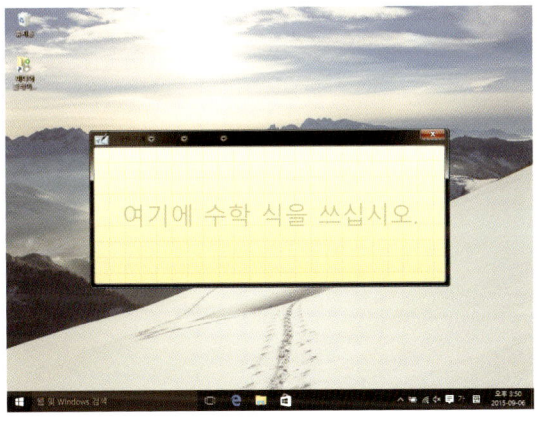

03 입력판에서 잘못 인식한 경우, 오른쪽 메뉴의 '선택 및 수정'을 클릭한 후 잘못 입력한 부분을 원을 그리면서 선택합니다. 또는 잘못 입력한 문자를 마우스 오른쪽 단추로 눌러 선택할 수 있습니다.

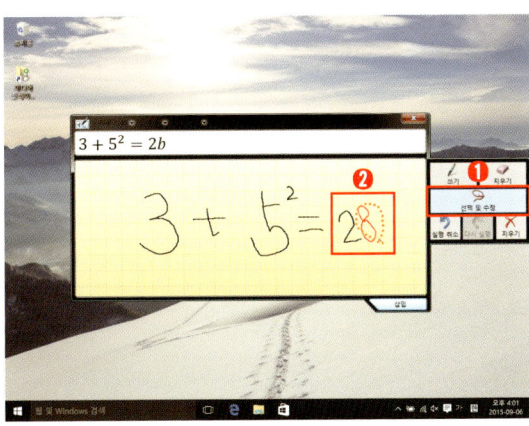

04 선택한 부분을 대체할 다른 문자 목록이 나타나면 변경할 문자를 클릭합니다.

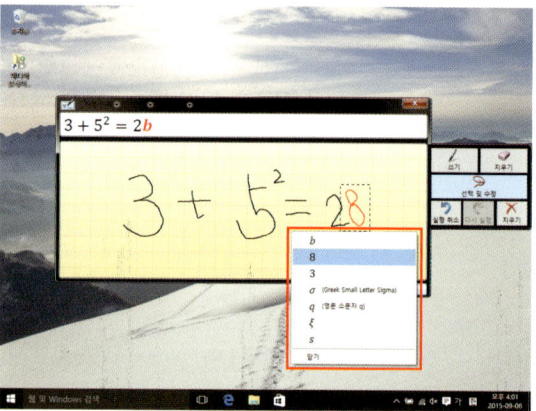

05 변경한 수학식은 상단의 미리 보기에서 확인할 수 있습니다.

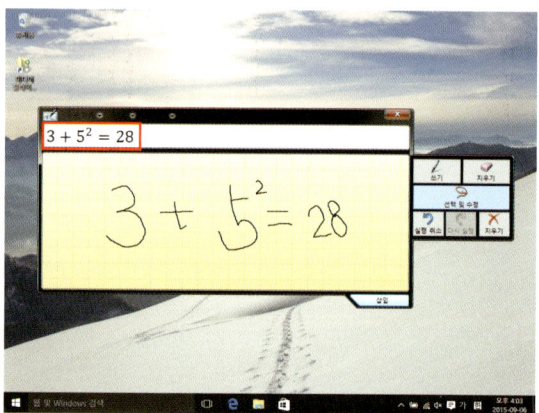

06 Microsoft Word를 실행한 상태에서 수학 식 입력판 아래쪽의 '삽입' 버튼을 누르면 작성한 수식을 입력할 수 있습니다.

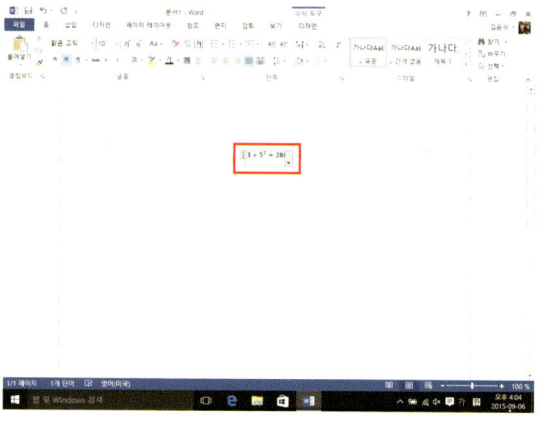

05 | 워드패드 활용하기

워드패드는 사진을 입력하거나, 개체 삽입 아이콘을 이용해 차트 추가 등 메모장보다 좀 더 다양한 기능을 사용하여 문서 작업을 할 수 있습니다. 워드패드 활용법에 대해 알아보겠습니다.

01 웹 및 윈도우 검색 상자에서 워드패드를 검색해 클릭합니다.

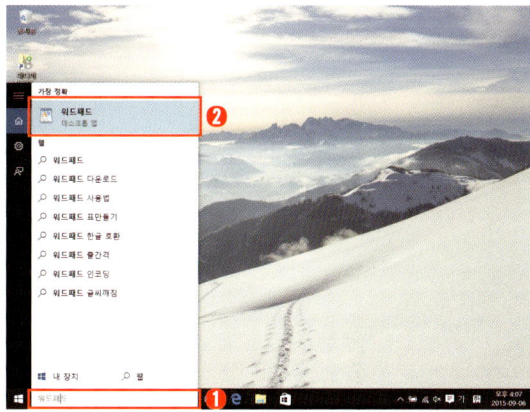

02 워드패드는 간단한 기능들로 파일/ 홈/ 보기 3개의 메뉴로 구성되어 있습니다.

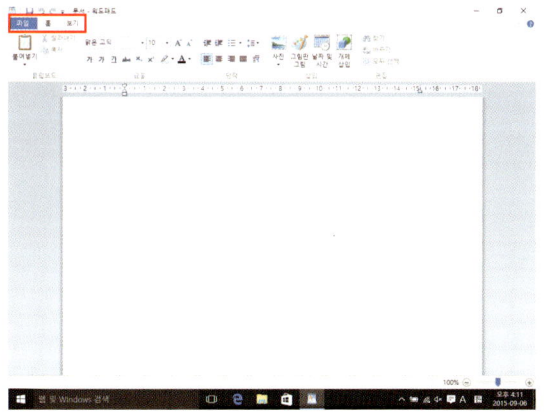

03 홈의 삽입 메뉴에서 '그림판 그림' 아이콘을 클릭하면 그림판이 실행됩니다. 그림판에 입력한 그림이 워드패드에도 자동으로 입력됩니다.

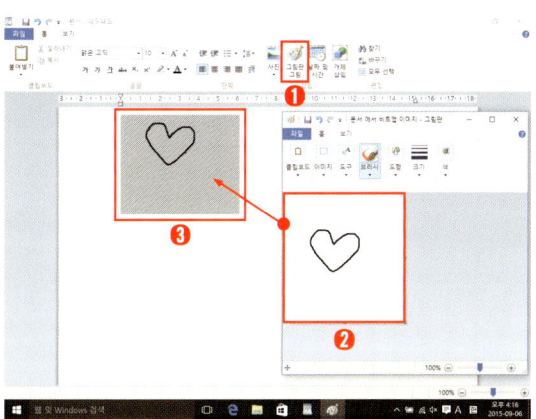

04 저장한 파일은 마이크로소프트 워드에서도 열고, 작업할 수 있습니다. 워드패드에서 저장한 파일을 마이크로소프트 워드에서 불러온 화면입니다.

06 | 캡처 도구 활용하기

Print Screen을 이용해 캡처한 후 그림판을 실행해 편집하는 것과는 다르게 캡처 도구를 활용하면 이미지 캡처와 편집을 한번에 쉽게 할 수 있습니다. 캡처 도구 활용법을 알아보겠습니다.

01 웹 및 윈도우 검색 상자에서 캡처 도구를 검색해 클릭합니다.

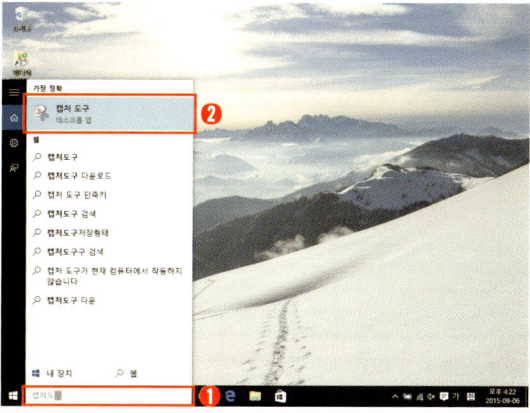

02 캡처 도구가 활성화되면 캡처할 화면으로 이동합니다.
'새로만들기' 단추 옆의 '화살표'를 클릭하여 캡처 유형을 선택합니다.
1) 자유형 캡처 : 마우스로 그림을 그려 원하는 부분만 자유롭게 캡처할 수 있습니다.
2) 사각형 캡처 : 원하는 부분만 사각형으로 캡처할 수 있습니다.
3) 창 캡처 : 원하는 창을 선택하면 해당 창만 자동으로 캡처할 수 있습니다.
4) 전체화면 캡처 : 현재 보는 전체화면을 캡처할 수 있습니다.

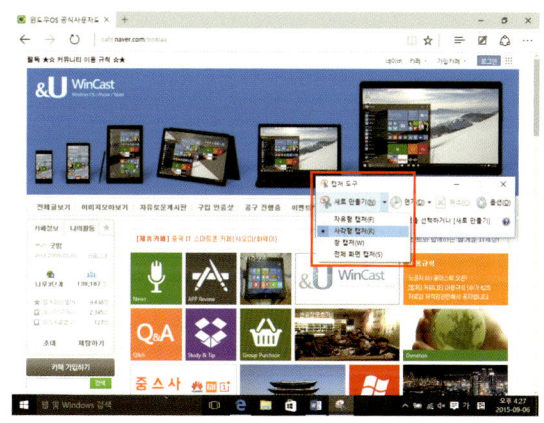

03 연기 단추 옆의 화살표를 클릭하여 1~5초 까지 시간을 선택할 수 있습니다.
선택한 시간 이후에 캡처할 수 있습니다.

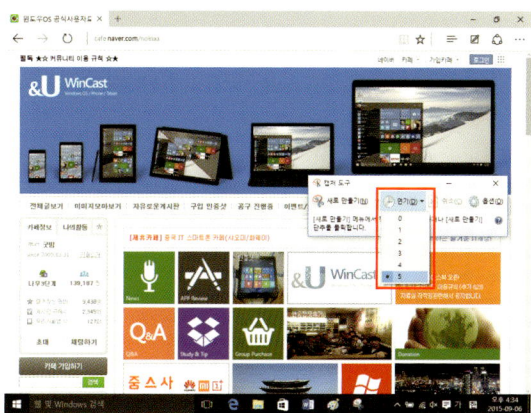

04 캡처할 수 있는 상태가 되면 원하는 부분에 마우스를 이용해 캡처합니다. (글쓴이는 사각형 캡처를 사용했습니다.)

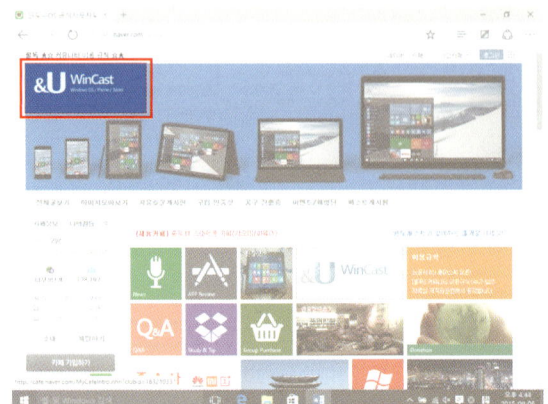

05 캡처한 이미지를 다양한 도구들을 이용해 작업할 수 있습니다.

저장 : 캡처한 이미지를 저장할 수 있습니다.

전자 메일 : 캡처한 이미지를 메일로 전송할 수 있습니다.

펜 : 캡처한 화면에 글씨나 체크 등 표시를 할 수 있습니다.

형광펜 : 밑줄 등을 표시할 수 있습니다.

지우개 : 펜, 형광펜으로 표시한 내용을 지울 수 있습니다.

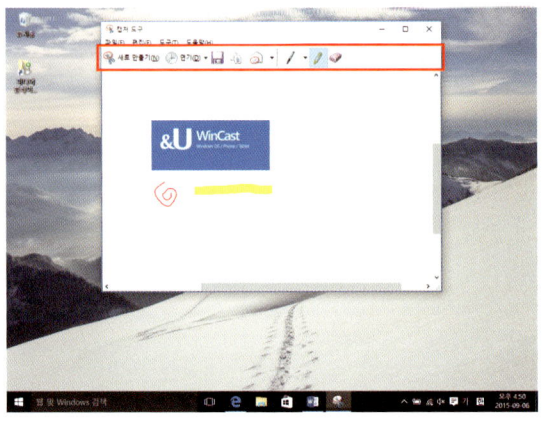

MEMO

PART 7
일상에 즐거움을 느껴보세요

01_ 멀티미디어 활용하기
02_ XBOX 활용하기

CHAPTER 1
멀티미디어 활용하기

사진, 음악, 영화의 멀티미디어 파일을 윈도우 10 앱을 이용해 언제 어디서든 즐길 수 있습니다.

01 사진 관리하기 **02** 사진 편집하기 **03** Groove 음악 앱 활용하기 **04** Movies & TV 앱 활용하기

01 | 사진 관리하기

사진앱은 PC에 저장된 사진들을 한데 모아 편집하고 관리할 수 있습니다. 사진들을 자동으로 인식하여 앨범을 생성할 수 있고, 원드라이브에 저장된 사진을 불러 올 수 있습니다. 사진 앱을 이용해 흩어져 있는 사진들을 모아 간편하게 관리해보겠습니다.

01 시작 단추 클릭 〉 모든 앱 클릭 〉 사진 클릭 또는 웹 및 윈도우 검색 상자에서 사진을 검색해 실행합니다.

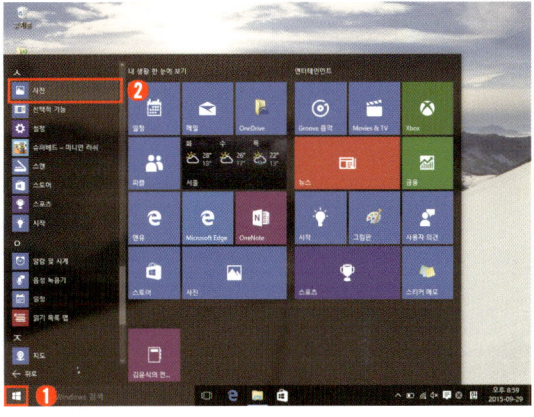

02 컬렉션은 월별/ 날짜별로 모든 사진을 볼 수 있습니다.

03 앨범은 자동으로 생성되며, 사진을 찍은 시간과 장소. 사진을 찍은 사람들의 얼굴을 인식해서 앨범으로 만들어줍니다.

TIP!

아직 앨범을 수동으로 만들 수 있는 방법은 없고, 이미 만들어진 앨범에 사진을 추가하거나 삭제하는 것만 가능합니다.

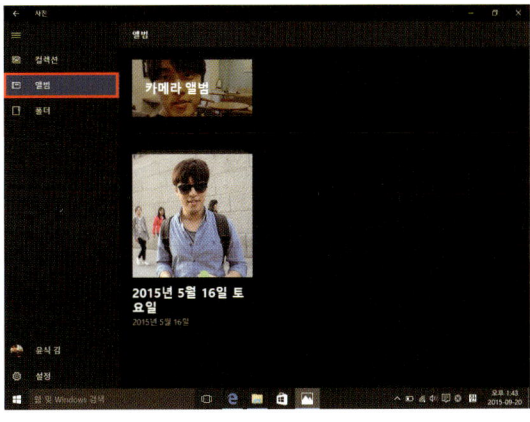

04 사진을 클릭하면 선택한 사진을 공유하거나, 슬라이드 쇼로 재생, 자동 보정, 편집, 삭제 등을 할 수 있습니다.

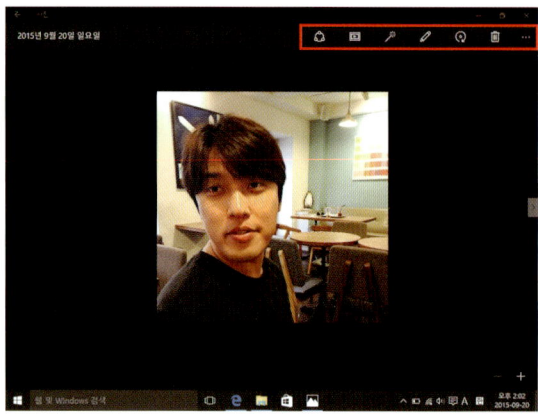

05 사진 앱을 실행하면 '사진' 폴더에 있는 사진과 원드라이브에 저장된 사진을 기본적으로 가져옵니다. 사진 앱에 불러오는 폴더들의 목록과 위치를 확인할 수 있습니다.

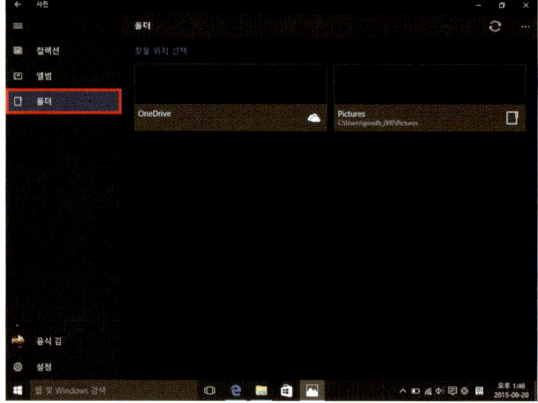

06 다른 드라이브나 폴더에 사진을 모아두었다면 설정 클릭 〉 소스의 '+폴더 추가'를 눌러 폴더를 추가합니다. 원드라이브에 저장된 사진을 불러오고 싶지 않다면 'OneDrive에서 내 사진 및 동영상 표시'를 해제합니다.

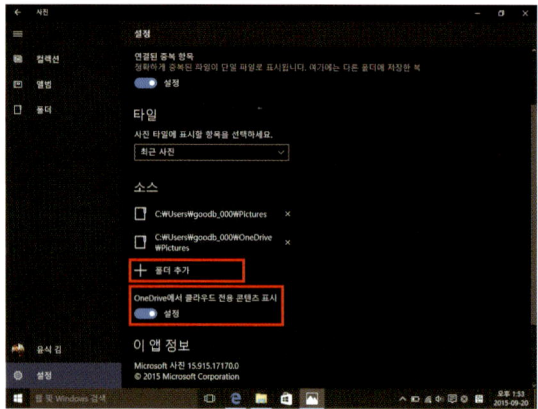

02 | 사진 편집하기

사진 앱은 관리뿐만 아니라 사진 보정 기능도 제공합니다. 자르기, 회전 등의 기본 수정뿐만 아니라 밝기/ 색 조정, 다양한 필터 등을 사용하여 사진을 보정할 수 있습니다.
사진 앱을 이용해 간단한 보정을 해보겠습니다.

01 기본 수정을 클릭하면 보정, 회전, 자르기, 수평 조절, 적목 수정, 잡티 제거 기능을 사용할 수 있습니다.

02 필터를 클릭하면 사진에 어울리는 다양한 필터를 선택할 수 있습니다.

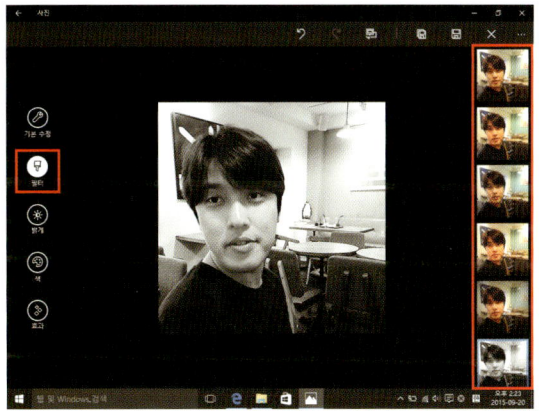

03 밝게를 클릭하면 휠을 이용하여 밝기, 대비, 하이라이트, 음영을 -100 에서 +100까지 섬세하게 설정할 수 있습니다.

04 색을 클릭하면 색 온도, 색조, 채도, 색 증폭을 휠을 이용하여 -100에서 +100까지 섬세하게 설정할 수 있습니다.
그 중 색 증폭은 특정 색상을 강조하여 재미난 효과를 줄 수 있습니다.

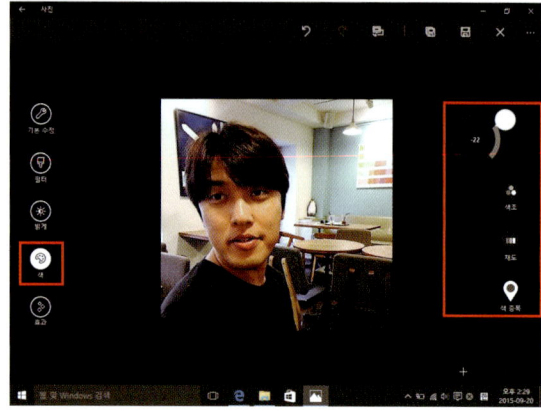

05 효과를 클릭하면 가장자리 어둡게, 선택적 포커스를 이용해 사진을 집중시킬 수 있는 효과를 줄 수 있습니다.

06 상단 메뉴에서 실행 취소, 원본 사진과 비교, 복사본 저장, 편집 취소 등을 할 수 있습니다.
편집 작업이 완료되면 저장 단추를 클릭하여 파일을 저장하도록 합니다.

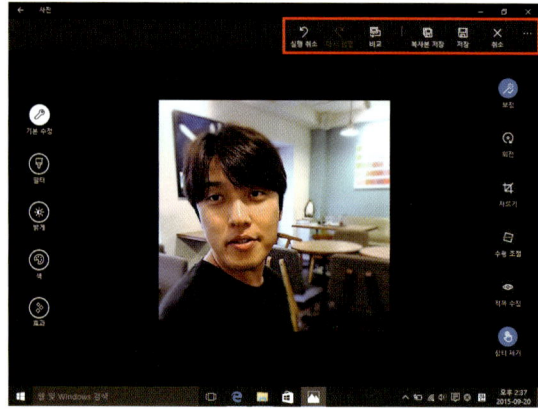

TIP!

동영상 편집하기

사진 앱 에서는 간단한 동영상 편집도 가능합니다. 동영상 파일에서 자르기(　)를 클릭한 후, 동영상의 시작과 끝을 이동하여 부분적으로 편집할 수 있습니다.

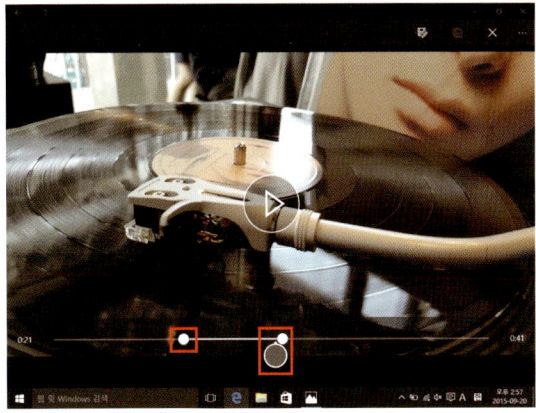

03 | Groove 음악 앱 활용하기

Microsoft Groove 음악은 윈도우 10에서 처음 선보이는 앱으로 재생 목록을 만들거나 음악을 재생할 수 있습니다.
국내에는 음악을 스트리밍/ 다운로드할 수 있는 Groove Music Pass 서비스가 제공되고 있지 않아 소지한 음악 파일을 추가하고 재생하는 기능을 소개합니다.

01 시작 단추 클릭 〉 모든 앱 클릭 〉 Groove 음악 클릭 또는 웹 및 윈도우 검색 상자에서 Groove 음악을 검색 후 실행합니다.

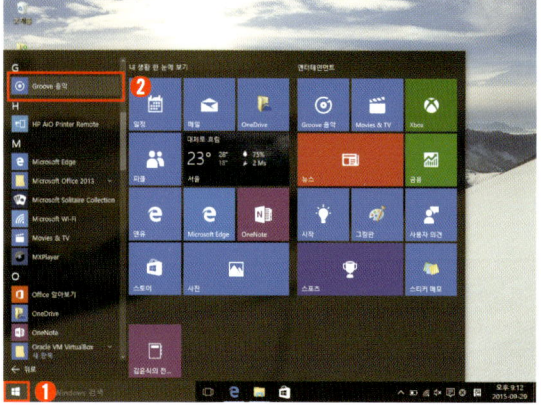

02 '검색 위치 변경'을 클릭하면 음악 파일이 있는 경로를 추가/ 수정할 수 있습니다.
⊕단추를 클릭해 음악 파일이 있는 폴더를 추가합니다.

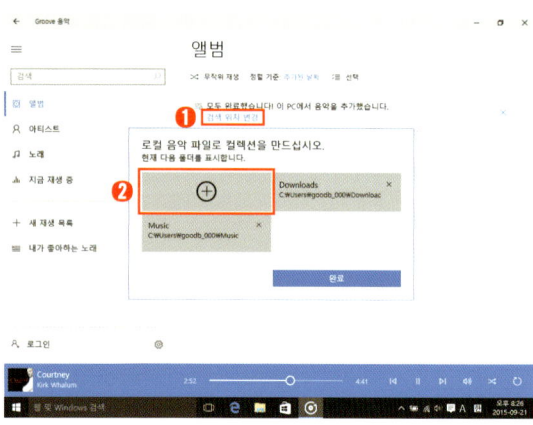

03 Groove 앱에 연결된 폴더에 음악 파일이 있을 경우, 자동으로 앨범, 아티스트, 노래 메뉴에 리스트가 생성됩니다.

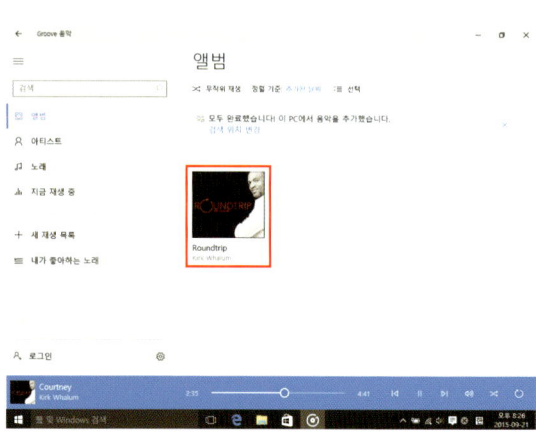

04 생성된 앨범을 클릭하면 앨범에 연결된 모든 곡들을 확인할 수 있습니다.
바로 재생하거나, 재생 목록에 추가, 시작화면에 고정 등을 할 수 있습니다.

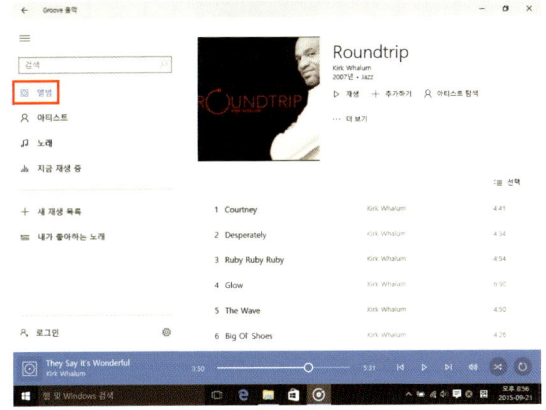

05 아티스트를 클릭하면, 알파벳 순의 아티스트 목록을 확인할 수 있습니다.

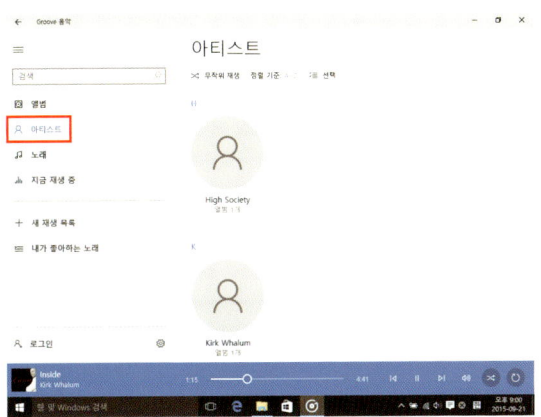

06 오른쪽 상단의 선택 단추 클릭 〉 아티스트를 클릭 〉 추가하기를 클릭하면 한꺼번에 선택한 아티스트의 모든 곡들을 추가하여 들을 수 있습니다.

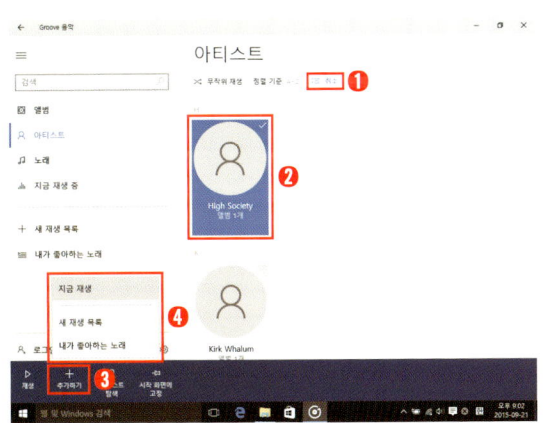

Part7 일상에 즐거움을 느껴보세요 | 333

07 노래를 클릭하면, 노래 제목과 가수를 함께 확인하여 선택 후 추가하여 들을 수 있습니다.

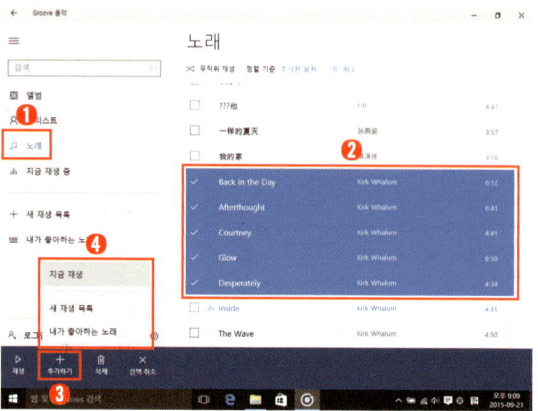

08 지금 재생 중을 클릭하면, 재생되는 노래들의 목록이 나열됩니다.
현재 재생 중인 곡의 진행은 하단 바에서 확인할 수 있습니다.

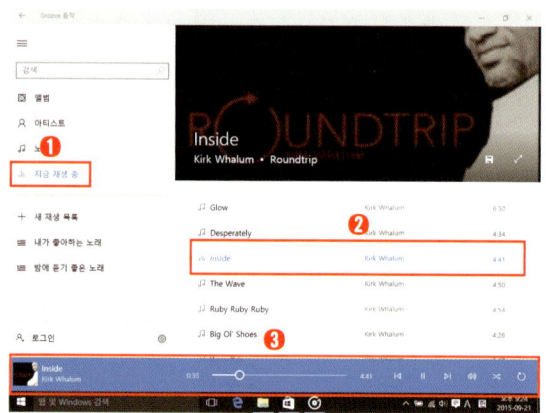

09 '+ 새 재생 목록'을 클릭하면 새로운 재생 목록을 만들어 구분하여 음악을 들을 수 있습니다.

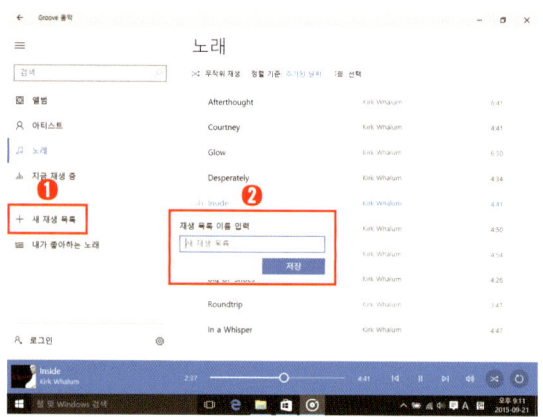

10 노래를 클릭하면, 바로 재생하거나 ➕단추를 클릭해 재생 목록에 추가할 수 있습니다.

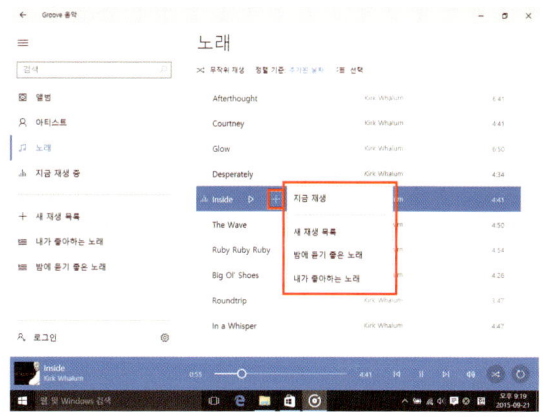

11 노래를 마우스 오른쪽 단추로 클릭하면, 재생/추가하기뿐만 아니라 삭제, 시작화면에 고정, 속성 확인 등을 할 수 있습니다.

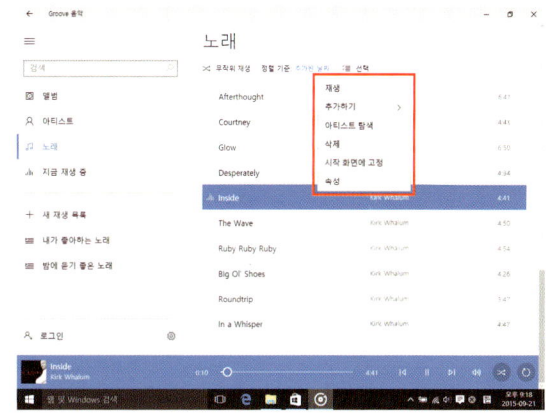

12 설정 단추를 클릭하면, 연결된 음악 폴더를 추가/ 수정할 수 있습니다. 또 누락된 앨범 아트와 메타데이터 자동 검색 유무, 배경의 밝기를 선택할 수 있습니다.

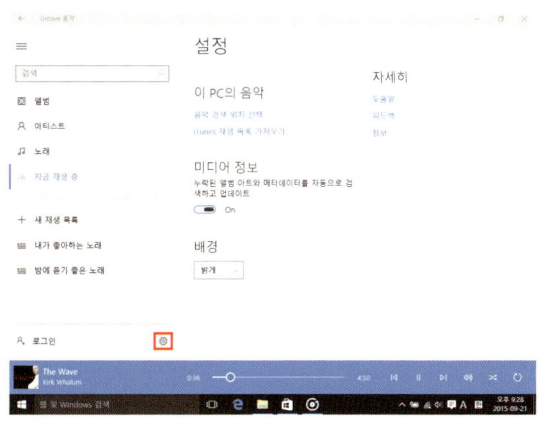

TIP!

파일 탐색기를 통해 MP3파일 실행하기

01 파일 탐색기에서 원하는 MP3파일을 선택한 뒤, 마우스 오른쪽 단추 클릭 〉 열기를 클릭합니다. 윈도우 10에서는 기본 플레이어가 'Groove앱'으로 지정되어 있어 바로 음악 앱이 실행된다.

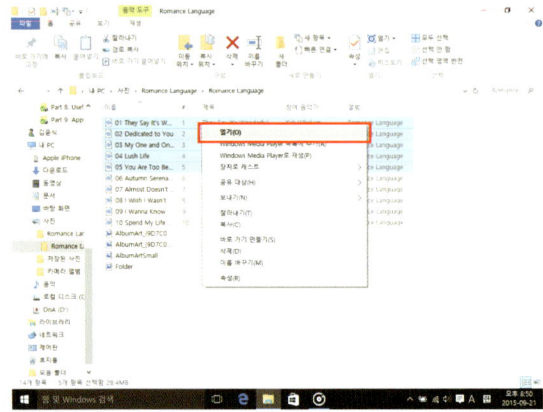

02 지금 재생 중 목록에서 재생 중인 음악을 확인할 수 있습니다.

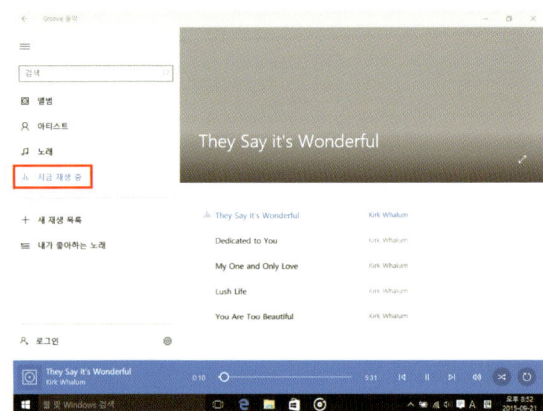

04 | Movies & TV 앱 활용하기

Movies & TV 앱은 비디오 파일 재생 목록을 만들거나 비디오를 재생할 수 있습니다. 국내에는 영화 또는 TV컨텐츠를 다운받아 볼 수 있는 서비스를 지원하지 않아 소지한 비디오 파일을 재생하는 기능을 소개하도록 합니다.

01 시작 단추 클릭 〉 모든 앱 클릭 〉 Movies & TV 클릭 또는 웹 및 윈도우 검색 상자에서 Movies & TV를 검색 후 실행합니다.

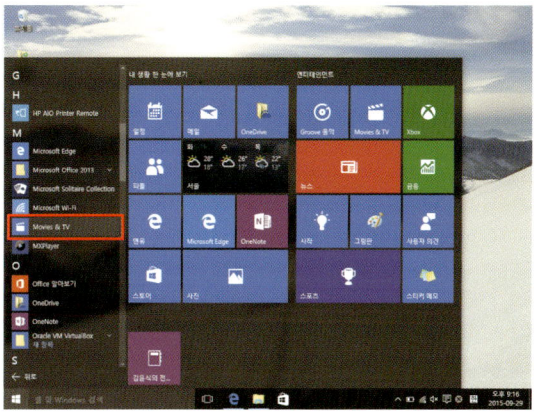

02 '검색 위치 변경'을 클릭하면 비디오 파일이 있는 경로를 추가/ 수정할 수 있습니다.
➕ 단추를 클릭해 비디오 파일이 있는 폴더를 추가합니다.

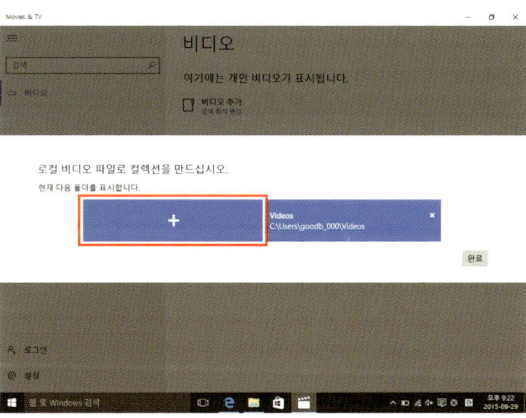

03 검색 추가한 폴더에 비디오 또는 비디오가 있는 폴더가 있을 경우 타입 별로 그룹 지어 보여줍니다.

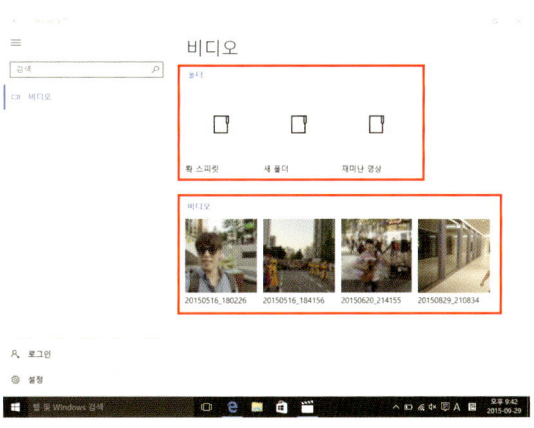

04 비디오 파일을 재생하면 장치로 전송, 가로 세로 비율 조절, 재생/ 일시 중지, 볼륨 조정, 반복 재생 등을 할 수 있습니다.

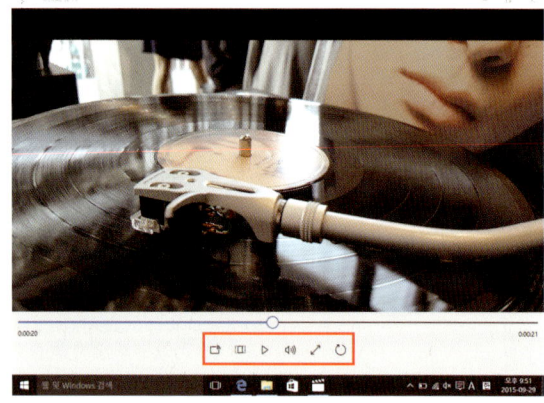

CHAPTER 2
XBOX 활용하기

Xbox 앱을 이용해 가정에서 Xbox One 콘솔을 연결하여 스트리밍 방식으로 윈도우 10이 설치된 태블릿 또는 PC에서 게임을 즐길 수 있습니다. 이제는 어디서든 윈도우 디바이스들 상에서 Xbox의 게임 경험을 느낄 수 있습니다. Xbox앱을 사용하여 게임 친구들과 메시지를 나누고 정보를 공유하면서 즐겁게 게임을 해보겠습니다.

01 Xbox 시작하기 **02** Xbox 구성 알아보기 **03** Xbox 2배 즐기기

01 | Xbox 시작하기

Xbox는 마이크로소프트 계정을 이용하여 로그인할 수 있습니다. Xbox를 실행해보겠습니다.

01 시작 단추 클릭 〉 모든 앱 클릭 〉 Xbox 클릭 또는 웹 및 윈도우 검색 상자에서 Xbox를 검색해 실행합니다.

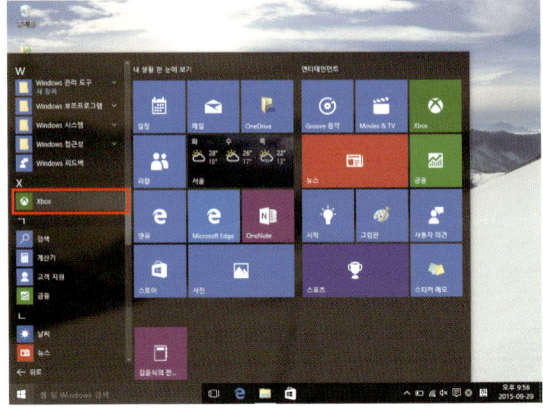

02 Micosoft 계정을 입력하여 로그인합니다.
나의 분신을 만들어 꾸미고, 친구들과 공유할 수 있습니다.

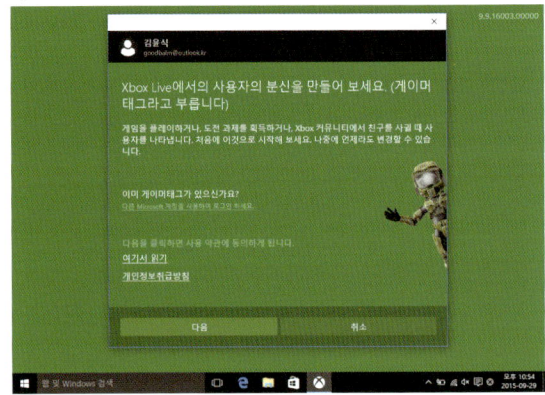

03 계정으로 로그인하면 나의 정보를 확인할 수 있습니다.
'플레이해요!'를 클릭하면 Xbox 게임을 실행할 수 있습니다.

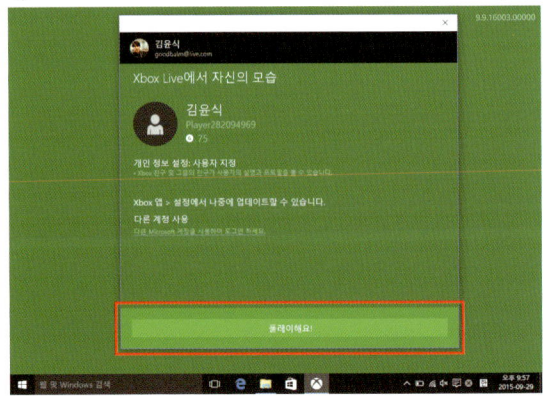

02 | Xbox 구성 알아보기

Xbox는 내 게임의 기록뿐만 아니라 게임 친구들과 정보를 공유하고 비교할 수 있어 한층 더 즐겁게 사용할 수 있습니다. Xbox앱의 구성에 대해 알아보겠습니다.

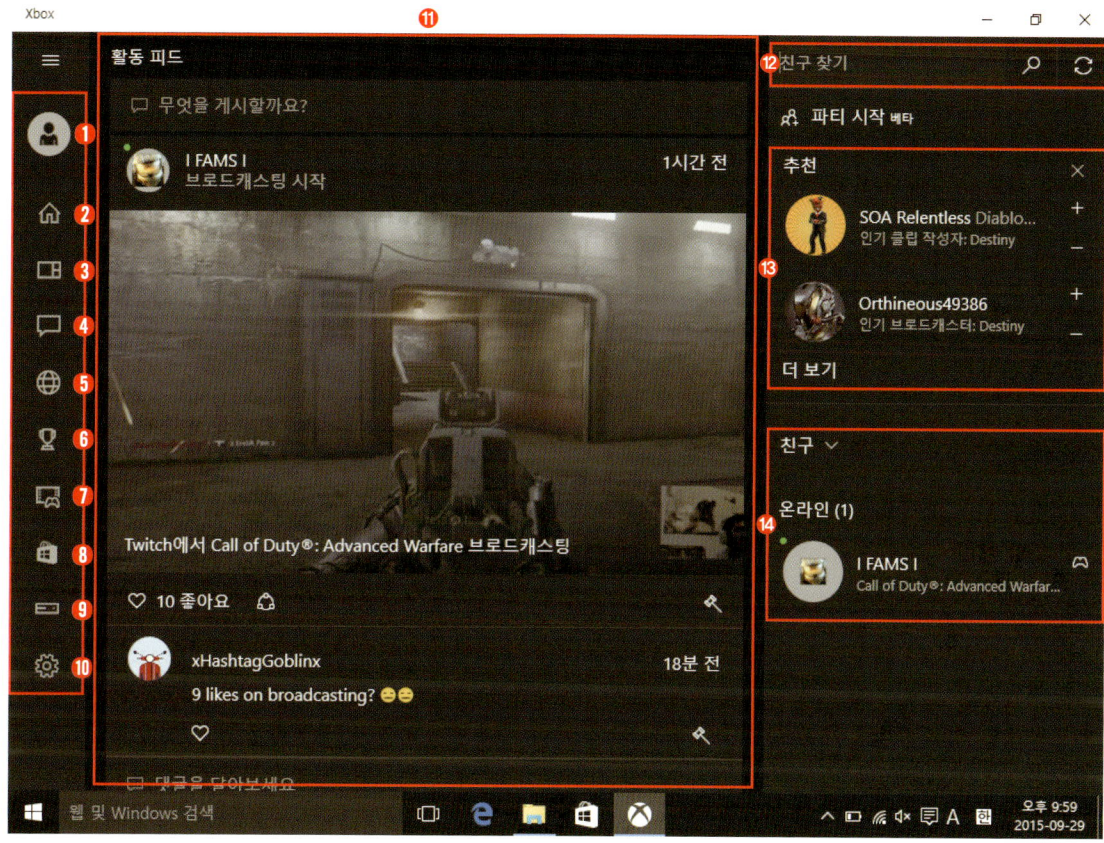

❶ **내 계정** : 로그인한 계정으로 플레이한 게임 목록과 성취한 도전 과제, 캡처 모음, 내 친구 등을 확인할 수 있습니다.
❷ **홈** : 활동 피드에 글을 쓰고 댓글을 달아 친구들과 공유할 수 있습니다.
❸ **내 게임** : 내 게임의 목록을 확인하고, 실행할 수 있습니다.
❹ **메시지** : 친구와 메시지를 주고 받을 수 있습니다.
❺ **활동 알림** : 다른 사용자들이 나의 활동 피드 글을 좋아하거나 공유, 댓글을 단 경우 알림을 확인할 수 있습니다.
❻ **도전 과제** : 게임에서 달성해야 할 도전 과제와 달성한 도전 과제를 확인하고, 친구와 비교할 수 있습니다.
❼ **게임 DVR** : 게임 도중 촬영한 비디오들을 확인하고 공유, 트리밍할 수 있습니다.
❽ **스토어** : 스토어로 연결하여 게임을 다운받을 수 있습니다.
❾ **연결** : Xbox One/ Xbox 360 등 장치를 연결할 수 있습니다.

❿ **설정** : 계정에 대한 설정과 게임 DVR 단축키 설정, 비디오 인코딩 수준 설정 등을 할 수 있습니다.
⓫ **활동 피드** : 게임 결과, 이미지 등을 게시해 친구들과 공유할 수 있습니다.
⓬ **친구 찾기** : 친구의 아이디를 검색해 찾을 수 있습니다.
⓭ **친구 추천** : 함께 게임을 할 친구를 추천 받고 친구 추가할 수 있습니다.
⓮ **친구 리스트** : 추가된 친구들을 리스트로 확인할 수 있습니다.

03 | Xbox 2배 즐기기

게임 도중 게임 표시줄을 이용해 동영상 촬영하거나 스크린샷을 찍어 기록을 남기고 공유할 수 있습니다. 나의 멋진 게임 기록들을 남겨 친구들에게 공유해보겠습니다.

01 게임을 실행해 윈도우 키 + G 키를 동시에 누르면 게임 표시줄이 나타납니다.

02 게임 표시줄에서 배경 녹화( )를 클릭하면, 게임의 마지막 30초를 녹화할 수 있습니다.
녹화된 게임 클립은 Xbox ( ) 〉 게임 DVR 에서 확인 가능합니다. (단축키 : 윈도우 키 + Alt + G)

03 배경 녹화( )가 비활성화되어있는 경우, 설정( )을 클릭합니다. '배경에서 게임 녹화'를 체크하면 배경 녹화 기능을 사용할 수 있습니다.
설정에서는 배경 녹화의 시간, 클립 타이머 표시 등 설정을 할 수 있습니다.

Part7 일상에 즐거움을 느껴보세요 | 343

04 스크린샷(📷)을 클릭하면, 게임 도중의 사진을 찍을 수 있습니다.

(단축키 : 윈도우 키⊞ + Alt + PrtSc)

05 녹화(🔴)를 클릭하면, 게임 중의 녹화가 시작되고 다시 클릭하면 녹화가 중지됩니다. 녹화가 시작되고 종료될 때 화면이 깜빡입니다.

(단축키 : 윈도우 키⊞ + Alt + G)

녹화되는 타이머를 숨김 또는 표시를 원하면 윈도우 키⊞ + Alt + T를 동시에 누릅니다.

MEMO

PART 8
윈도우 10을 관리하세요

01_ 시스템 유지 및 관리하기
02_ 네트워크 구축 및 관리하기
03_ 윈도우 10 설정하기

CHAPTER 1
시스템 유지 및 관리하기

시스템 유지 및 관리를 잘 할수록 효율적으로 PC를 사용할 수 있습니다. 윈도우 10에서 제공하는 관리 기능들을 이용해 PC를 관리해보겠습니다.

01 드라이브 오류 검사하기 **02** 드라이브 최적화 및 조각모음하기 **03** 디스크 정리하기 **04** 디스크 속성 살펴보기
05 시스템 구성 살펴보기 **06** 시스템 복원 지점 만들기 **07** 시스템 복원하기 **08** 윈도우 업데이트하기
09 윈도우 디펜더 설정하기 **10** 윈도우 10 초기화하기 **11** 하드디스크 파티션 분할하기
12 하드디스크 파티션 병합하기 **13** BitLocker 드라이브 암호화 설정하기 **14** BitLocker 드라이브 암호 변경하기
15 BitLocker 드라이브 해제하기

01 | 드라이브 오류 검사하기

드라이브 오류 검사를 통해 하드 디스크에 오류가 없는지 확인하여 일부 컴퓨터 문제를 해결하고 컴퓨터 성능을 향상 시킬 수 있습니다. 드라이브 오류 검사를 실행해보겠습니다.

01 웹 및 윈도우 검색 상자에서 내PC 를 검색해 실행 또는 바탕화면에서 내 PC를 클릭합니다.

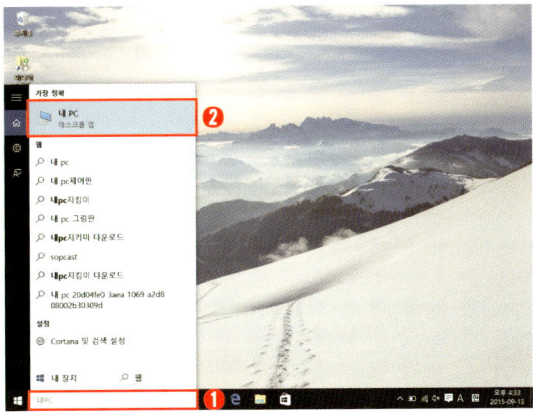

02 검사 할 드라이브를 마우스 오른쪽 단추로 클릭 〉 속성을 클릭합니다.

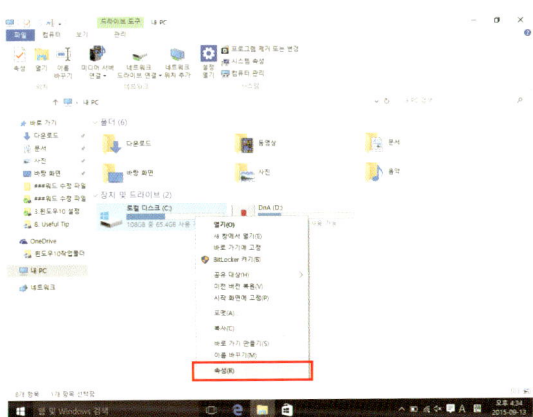

03 속성 대화 상자의 도구 탭을 클릭 〉 오류 검사의 검사 단추를 클릭합니다.

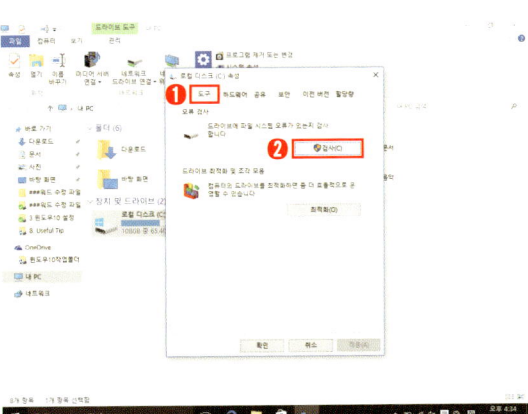

04 검사 단추를 누르면 드라이브 오류 검사가 시작됩니다. 발견된 오류가 없으면 닫기 단추를 누릅니다. 오류가 발견되면 수정 여부를 결정할 수 있습니다.

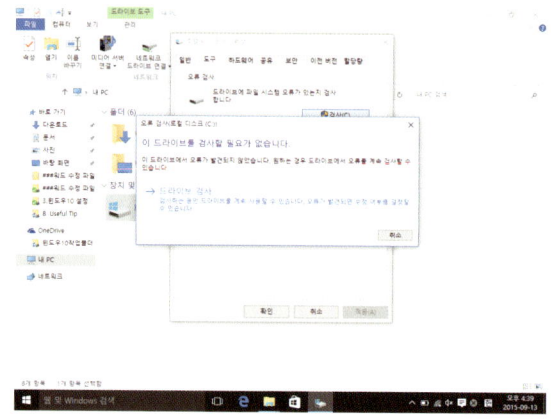

02 | 드라이브 최적화 및 조각모음하기

드라이브를 최적화하면 컴퓨터를 더 효율적으로 실행할 수 있습니다. 드라이브 최적화는 예약 실행 가능하며 주기적으로 정리해주는 것을 권장합니다.

01 웹 및 윈도우 검색 상자에서 내 PC를 검색해 실행 또는 바탕화면에서 내 PC를 클릭합니다.

02 정리할 디스크를 마우스 오른쪽 단추로 클릭 〉 속성을 클릭합니다.

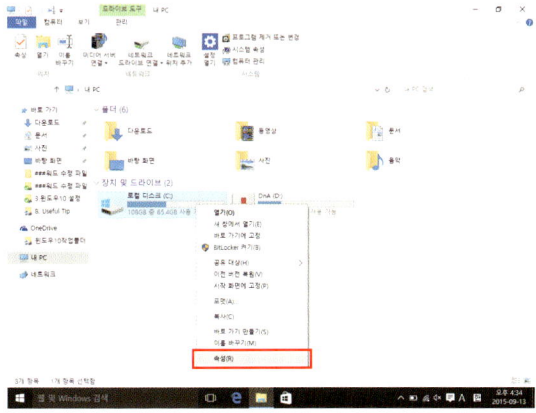

03 속성 대화 상자의 도구 탭을 클릭 〉 드라이브 최적화 및 조각 모음의 최적화 단추를 클릭합니다.

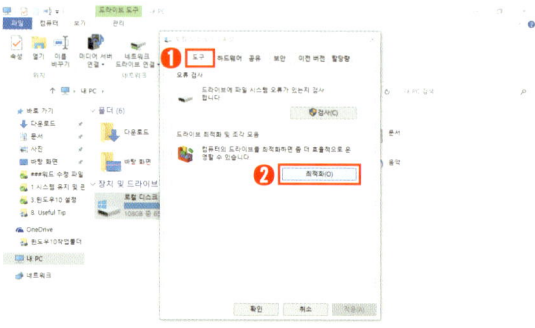

04 검사 단추를 누르면 드라이브 오류 검사가 시작됩니다. 발견된 오류가 없으면 닫기 단추를 누릅니다. 오류가 발견되면 수정 여부를 결정할 수 있습니다.

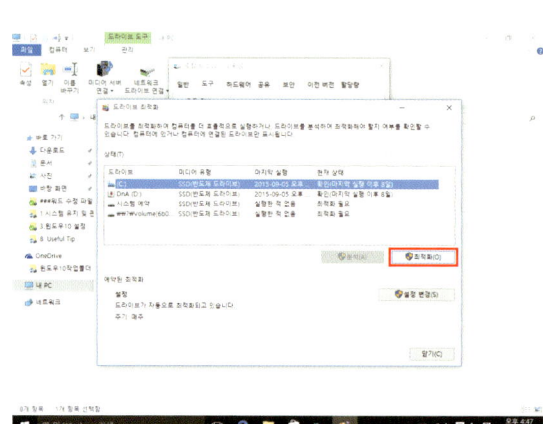

TIP!

드라이브 최적화 예약하기

01 최적화 예약 실행을 이용하면 주기적으로 관리하여 컴퓨터를 효율적으로 사용할 수 있습니다. 예약된 최적화의 설정 변경 단추를 클릭합니다.

02 빈도와 드라이브를 선택하면 정기적인 일정에 따라 선택한 드라이브가 최적화됩니다.

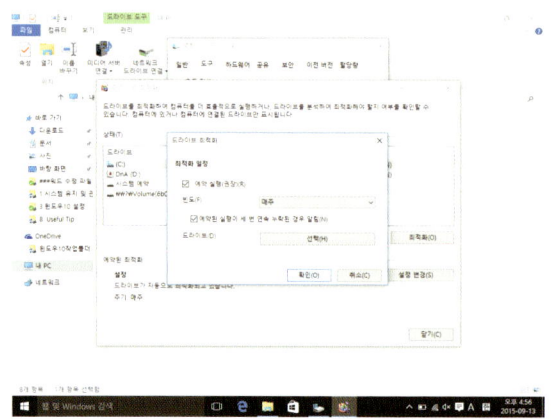

03 | 디스크 정리하기

임시 파일과 시스템 미리 보기 파일 등 불필요한 파일들을 삭제하여 디스크를 정리해보겠습니다.

01 웹 및 윈도우 검색 상자에서 내PC 를 검색해 실행 또는 바탕화면에서 내 PC를 클릭합니다.

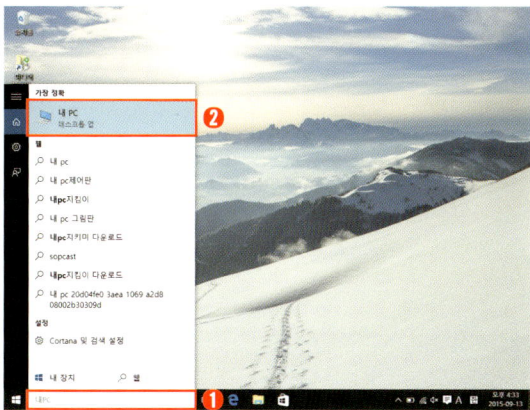

02 정리할 디스크를 마우스 오른쪽 단추로 클릭 > 속성을 클릭합니다.

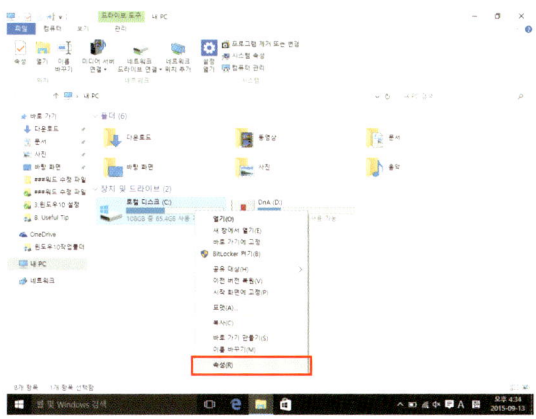

03 디스크 정리 단추를 클릭합니다.

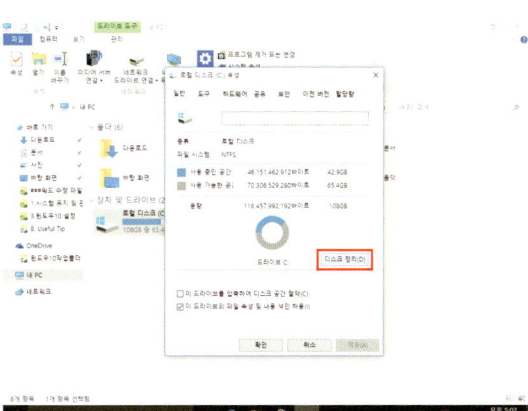

04 검사 단추를 누르면 드라이브 오류 검사가 시작됩니다. 발견된 오류가 없으면 닫기 단추를 누릅니다. 오류가 발견되면 수정 여부를 결정할 수 있습니다.

05 디스크 정리가 완료되면 삭제한 파일이 차지한 만큼의 디스크 공간을 확보할 수 있습니다.

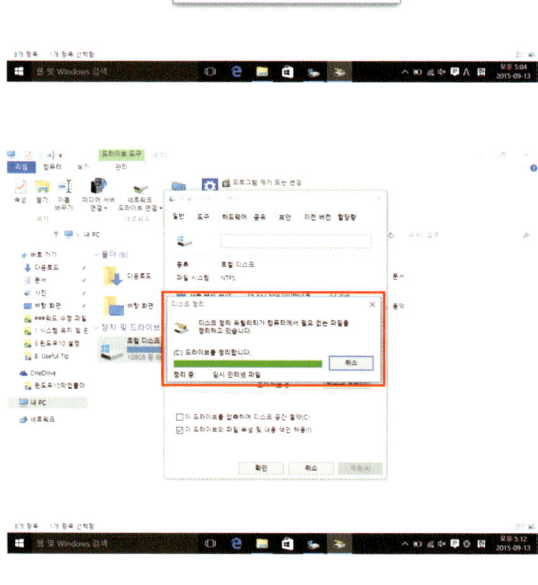

04 | 디스크 속성 살펴보기

드라이브 이름 변경, 오류검사 등을 하거나 컴퓨터에 연결된 모든 드라이브들을 확인할 수 있는 디스크 속성에 대해 알아보겠습니다.

01 일반 탭
- 이름 : 드라이브 이름 (변경 가능)
- 종류 및 파일 시스템 : 드라이브의 종류 및 파일 시스템 표시
- 사용 중인 공간/ 사용 가능한 공간 : 드라이브의 사용 중인 공간과 사용 가능한 공간 표시
- 디스크 정리 : 드라이브의 필요 없는 파일 정리 기능
- 이 드라이브를 압축하여 디스크 공간 절약 : 드라이브에 있는 데이터들을 압축하여 디스크 공간을 확보합니다. 다만 데이터 압축하는 과정에는 컴퓨터가 느려집니다.
- 이 드라이브의 파일 속성 및 내용 색인 허용 : 드라이브의 파일 속성 및 내용 색인 허용은 검색 속도를 빠르게 할 수 있습니다.

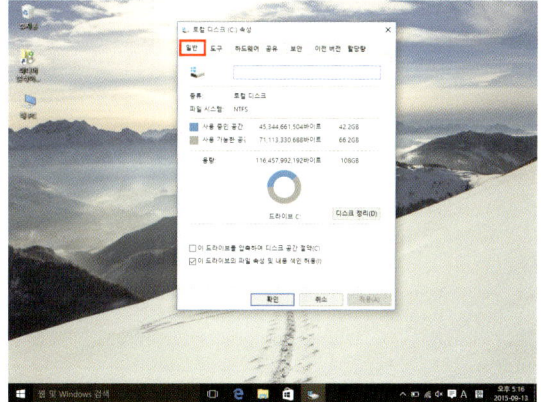

02 도구 탭
- 오류 검사 : 드라이브에 오류가 있는지 검사
- 드라이브 최적화 및 조각 모음 : 드라이브 최적화 또는 조각 모음

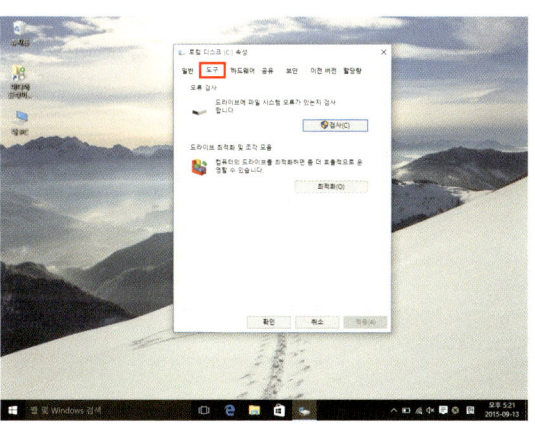

03 하드웨어 탭

— 모든 디스크 드라이브 : 컴퓨터에 연결된 모든 디스크 드라이브 표시
— 장치 속성 : 선택한 드라이브의 자세한 속성 확인

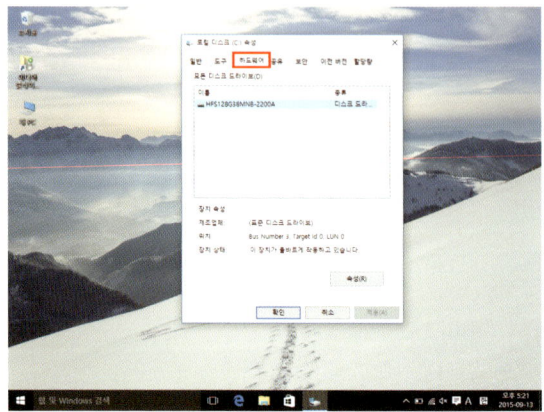

04 공유 탭

— 네트워크 파일 및 폴더 공유 : 선택한 드라이브 공유
— 고급 공유 : 공유 이름 설정, 사용자 수 제한, 사용 권한 등을 설정/ 공유
— 암호 보호 : 다른 사람이 이 컴퓨터에서 공유되는 드라이브에 접근할 수 있도록 설정

05 보안 탭

— 그룹 또는 사용자 이름 : 선택한 드라이브를 사용할 수 있는 권한을 가진 그룹 또는 사용자 이름을 표시
— 편집 : 사용 권한에 그룹 또는 사용자를 추가/ 제거 및 각 사용 권한 변경
— 사용 권한 : 그룹 또는 사용자 이름이 가진 사용 권한 표시
— 고급 : 사용 권한, 감사, 유효한 액세스 추가/ 제거 및 변경

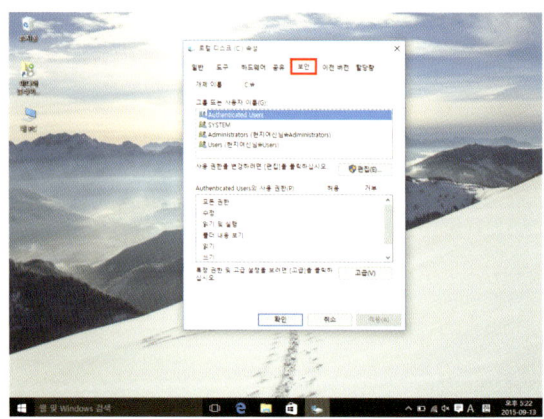

06 이전 버전 탭

– 폴더 버전 : 파일 히스토리 또는 복원 지점 디스크 확인

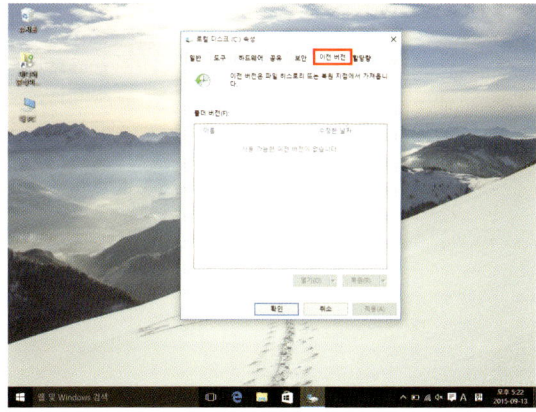

07 할당량 탭

– 할당량 설정 표시 : 각 사용자에게 디스크 공간 할당량 설정

05 | 시스템 구성 살펴보기

시스템 구성은 윈도우가 제대로 시작되지 않는 문제를 확인하도록 도와주는 고급 도구입니다. 시스템 구성을 사용해 문제의 원인이 되는 프로그램을 식별/ 확인하여 업데이트하거나 해당 프로그램을 제거해보겠습니다.

01 웹 및 윈도우 검색 상자에서 시스템 구성 클릭 또는 윈도우 키■ + R 〉 실행창에 msconfig를 입력합니다.

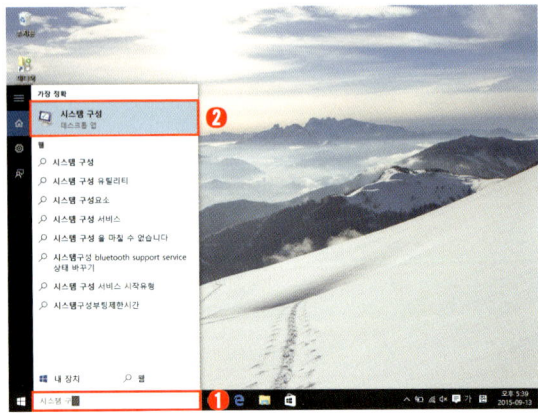

02 **일반 탭**은 시작 모드를 선택할 수 있습니다.
1) 정상 모드 : 일반적인 방식으로 윈도우 시작
2) 진단 모드 : 기본 서비스 및 드라이버만으로 윈도우 시작
이 모드는 기본 윈도우 파일을 문제에서 제외시키는데 유용합니다.
3) 선택 모드 : 기본 서비스 및 드라이버와 선택한 기타 서비스 및 시작 앱으로 윈도우를 시작
이 모드를 사용하면 서비스 및 시작 프로그램을 개별적으로 설정 또는 해제하여 다음에 컴퓨터를 다시 시작할 때 문제가 발생하는지를 확인할 수 있습니다.

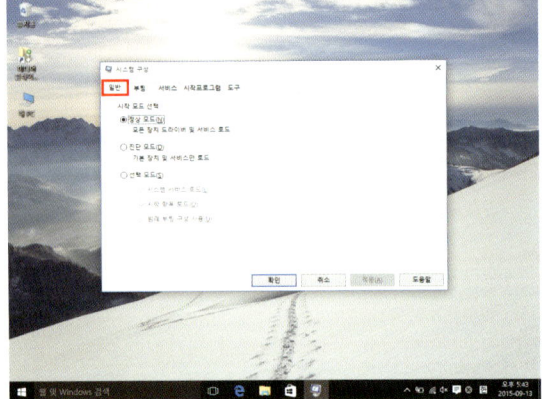

03 **부팅 탭**은 보통 바이러스로 인해 컴퓨터가 제대로 작동하지 않을 때 부팅 옵션을 안전 부팅으로 설정한 뒤 컴퓨터로 접근하는데 사용합니다.

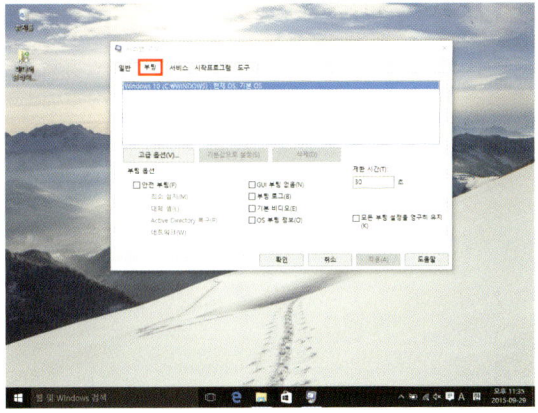

안전 부팅

- 최소 설치 : 시작 시 중요한 시스템 서비스만 실행되는 안전 모드에서 윈도우 그래픽 사용자 인터페이스(파일 탐색기)를 엽니다.
- 대체 셸 : 시작 시 중요한 시스템 서비스만 실행되는 안전 모드에서 윈도우 명령 프롬프트를 엽니다. 네트워킹 및 파일 탐색기를 사용할 수 없습니다.
- Active Directory 복구 : 시작 시 중요한 시스템 서비스 및 Active Directory가 실행되는 안전 모드에서 파일 탐색기를 엽니다.
- 네트워크 : 시작 시 중요한 시스템 서비스만 실행되는 안전 모드에서 파일 탐색기를 엽니다. 네트워킹을 사용할 수 있습니다.
- GUI 부팅 없음 : 시작 시 윈도우 시작화면을 표시하지 않습니다.
- 부팅 로그 : 시작 프로세스의 모든 정보를 '%SystemRoot%Ntbtlog.txt' 파일에 저장합니다.
- 기본 비디오 : 시작 시 최소 VGA 모드에서 파일 탐색기를 엽니다. 이렇게 하면 PC의 비디오 하드웨어 고유의 비디오 드라이버 대신 표준 VGA 드라이버가 로드됩니다.
- OS 부팅 정보 : 시작 프로세스 중에 드라이버가 로드되면 드라이버 이름을 표시합니다.
- 제한 시간 : 기본 부팅 항목을 자동으로 선택하기 전에 부팅 메뉴를 표시하는 시간을 지정합니다. 기본값은 30초입니다.
- 모든 부팅 설정을 영구히 유지 : 시스템 구성에서는 변경된 내용을 추적하지 않습니다. 시스템 구성을 사용하여 나중에 옵션을 변경할 수 있지만 수동으로 변경해야 하기 때문에 이 옵션을 선택하면 일반 탭에서 정상 모드를 선택하여 변경 내용을 롤백 할 수 없습니다.

04 **서비스 탭**은 PC가 시작될 때 실행되는 모든 서비스 목록과 현재 상태(실행 중 또는 중지됨)를 표시합니다. 서비스 탭을 사용하여 시작 시 개별 서비스를 사용하거나 사용하지 않도록 설정하면, 시작 문제를 발생시킬 수 있는 서비스 문제를 해결할 수 있습니다.

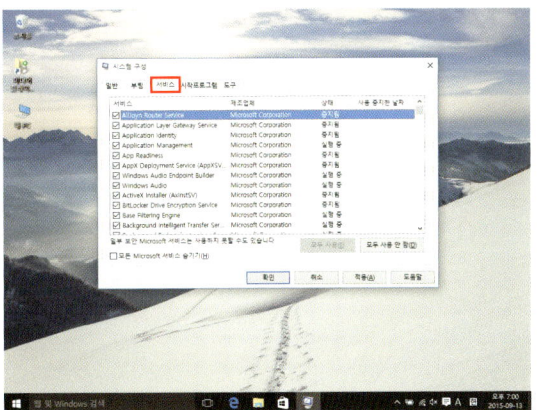

- 모든 Microsoft 서비스 숨기기 : 확인란을 체크하면 서비스 목록에 타사 앱만 표시됩니다.

시작할 때 정상적으로 실행되는 서비스를 사용하지 않도록 설정하면, 일부 앱이 작동을 멈추거나 시스템이 불안정해질 수 있습니다. PC의 작동에 필요 없는 경우가 아니면 모두 사용을 하도록 합니다.

05 **시작프로그램 탭**은 시작 항목을 관리할 수 있습니다.
작업 관리자 열기를 눌러 작업 관리 창에서 시작할 때 영향을 미치는 프로그램들을 사용하지 않도록 설정할 수 있습니다.

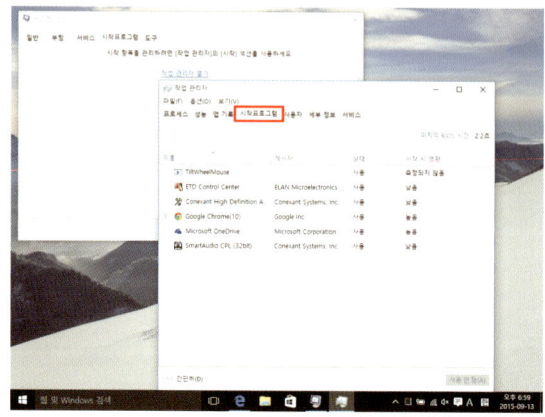

06 **도구 탭**은 도구 이름 및 설명이 나열되어 있습니다. 필요한 도구를 선택 후 시작 단추를 누르면 관련된 프로그램들을 실행시킬 수 있습니다.

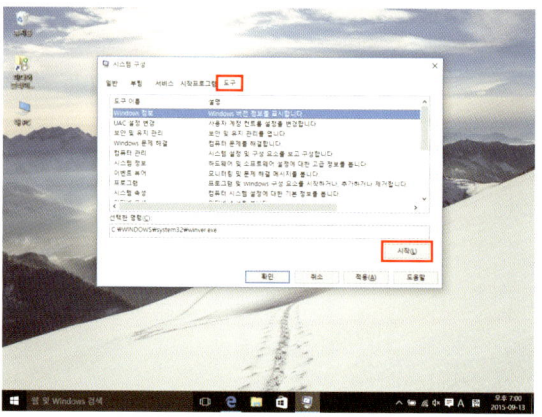

06 | 시스템 복원 지점 만들기

가장 필요한 프로그램들이 모두 설치되어 있고 현 상태가 최적화일 때, 복원 지점을 생성해 놓으면 윈도우 10에 문제가 생겼을 때 편리하게 사용할 수 있습니다.

01 웹 및 윈도우 검색 상자에서 시스템(제어판) 클릭 또는 시작 단추를 마우스 오른쪽 단추로 클릭 〉 시스템을 클릭합니다.

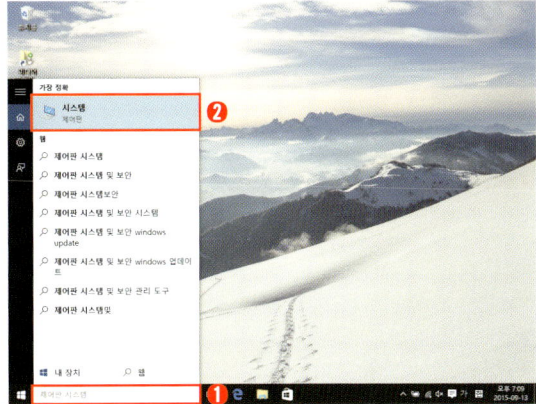

02 시스템 창이 열리면 시스템 보호를 클릭합니다.

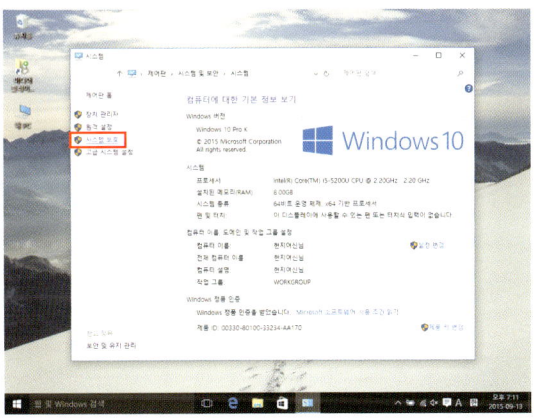

03 만들기 단추를 클릭하면 시스템 보호가 설정된 드라이브에 대해 복원 지점을 만들 수 있습니다.

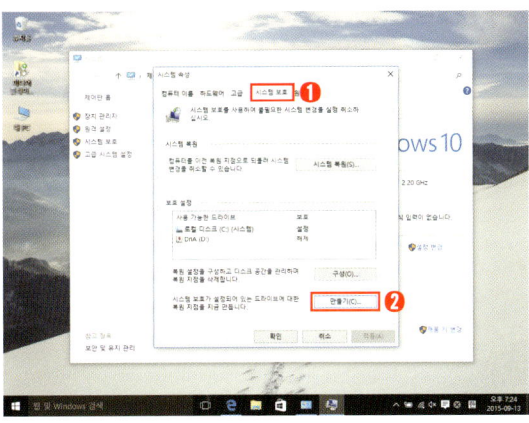

04 복원 지점을 식별할 수 있는 설명을 입력합니다. 생성할 때의 날짜와 시간이 자동으로 추가됩니다.

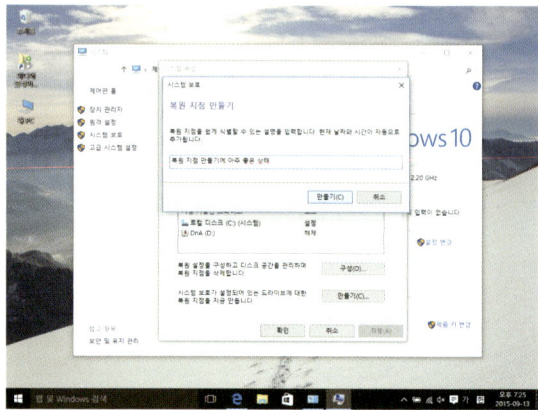

05 복원 지점 만들기 완료 팝업이 뜨면 앞으로 해당 지점으로 복원이 가능합니다.
가끔 새로운 프로그램을 설치했거나 시스템 환경에 변화가 있을 시에 시스템 복원 지점을 다시 만들어 주는 것이 좋습니다.

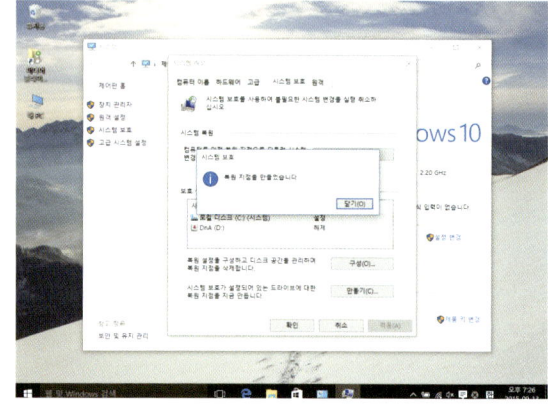

TIP!

불필요한 복원 지점 삭제하기

복원 지점을 많이 만들게 되면 디스크 공간을 많이 사용하게 됩니다. 디스크 공간을 지속적으로 확보하기 위해서는 불필요한 복원 지점들을 삭제하는 것을 추천합니다.

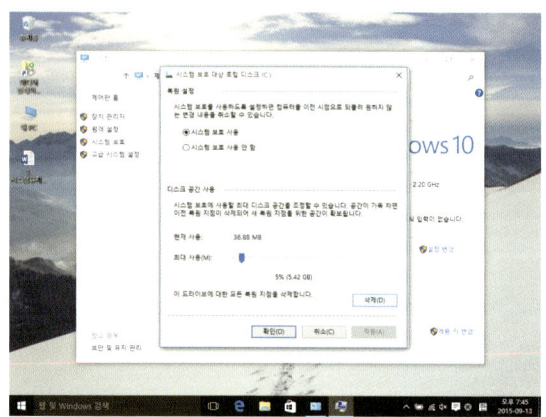

07 | 시스템 복원하기

복원 지점을 생성했다면 컴퓨터에 문제가 생겼을 때 그 지점으로 돌아갈 수 있습니다.
시스템 복원 방법에 대해 알아보겠습니다.

01 웹 및 윈도우 검색 상자에서 시스템(제어판) 클릭 또는 시작 단추를 마우스 오른쪽 단추로 클릭 〉 시스템을 클릭합니다.

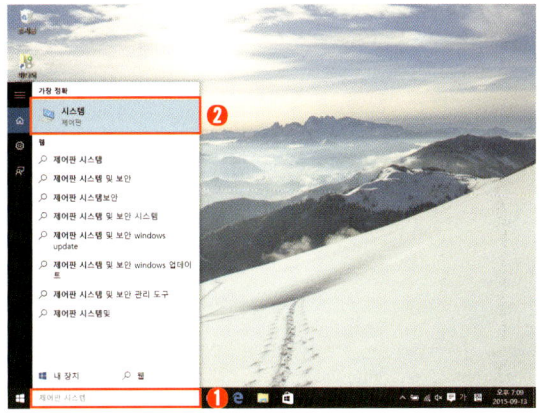

02 시스템 창이 열리면 시스템 보호를 클릭합니다.

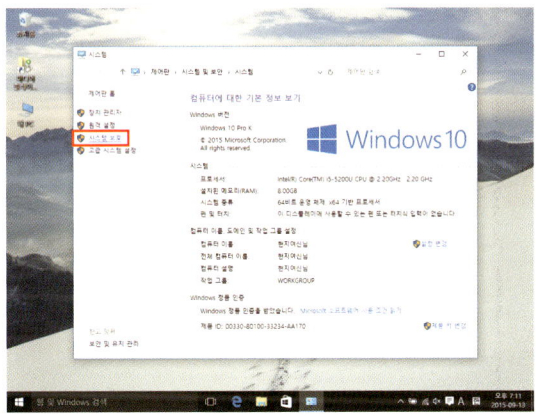

03 시스템 복원 단추를 클릭하면 컴퓨터를 이전 복원 지점으로 되돌려 시스템 변경을 취소할 수 있습니다.

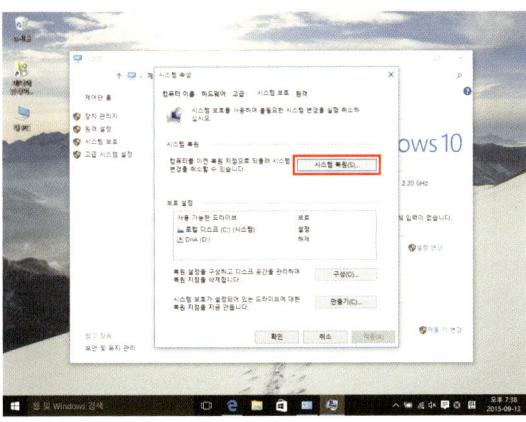

04 미리 만들어 둔 복원 지점에 대해 날짜, 시간, 설명을 확인할 수 있습니다. 원하는 복원 지점을 선택한 뒤 다음을 클릭합니다.

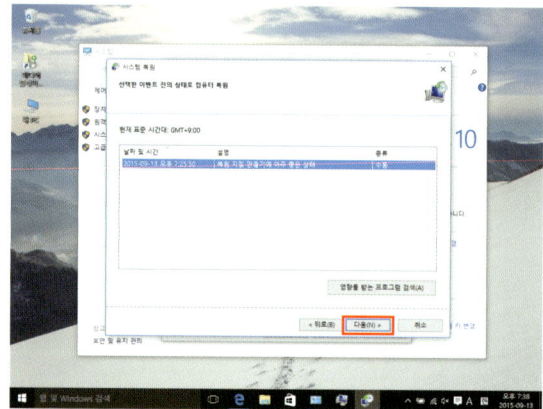

05 복원 지점을 확인한 뒤 마침을 누르면 재부팅과 함께 복원이 진행됩니다.

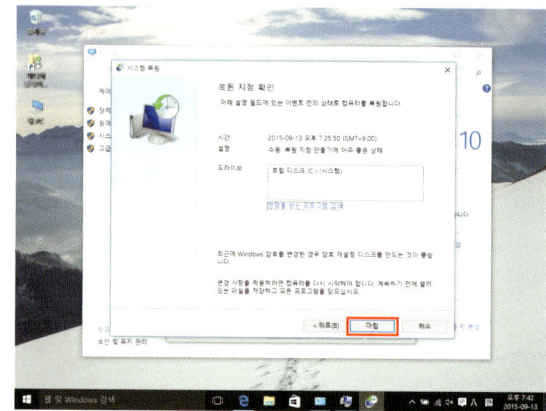

TIP!

시스템 복원 사용 안 하기

시스템 복원 기능을 사용하지 않으려면 구성 버튼 클릭 〉 시스템 보호 사용 안 함 〉 예를 클릭합니다.
시스템 보호 사용 안 함일 경우 디스크의 기존 복원 지점을 삭제하며, 새 복원 지점을 만들지 않습니다.

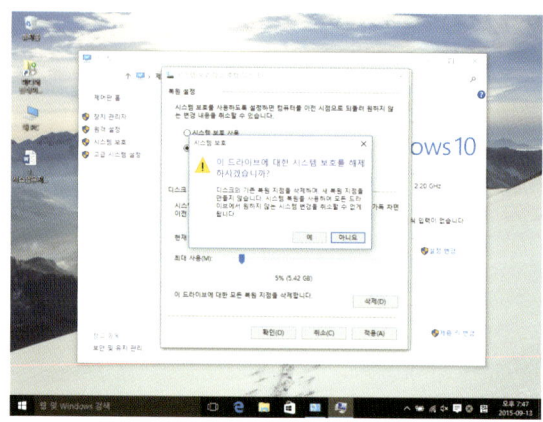

08 | 윈도우 업데이트하기

윈도우 10은 앞으로 여러 문제점들을 보완하기 위해 지속적인 업데이트가 진행될 것입니다. 윈도우 10 업데이트를 자동으로 설정하고 주기적으로 업데이트를 해야 원활하게 사용이 가능하니 꼭 참고합니다.

01 웹 및 윈도우 검색 상자에서 업데이트 확인을 검색해 실행 또는 시작 단추 클릭 > 설정 클릭 > 업데이트 및 복구를 클릭합니다.

02 윈도우 업데이트에서 사용 가능한 업데이트 목록을 확인할 수 있습니다.

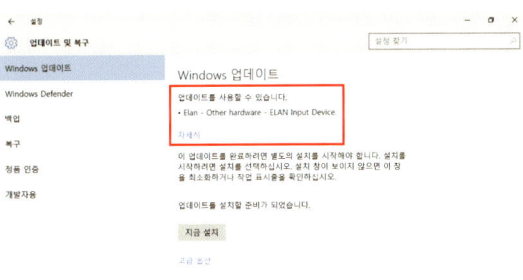

03 지금 설치를 클릭하면 현재 업데이트를 사용할 수 있는 목록이 바로 설치됩니다.

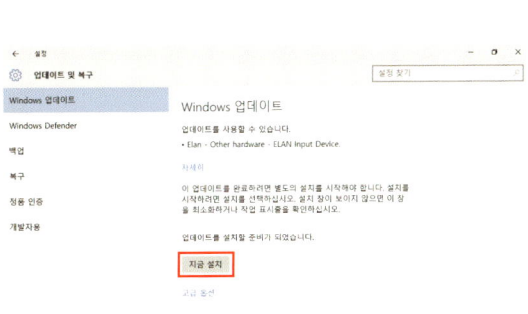

04 고급 옵션을 누르면 자동과 다시 시작 예약 알림을 선택할 수 있습니다. 업데이트는 자동으로 설정하는 것을 권장합니다.

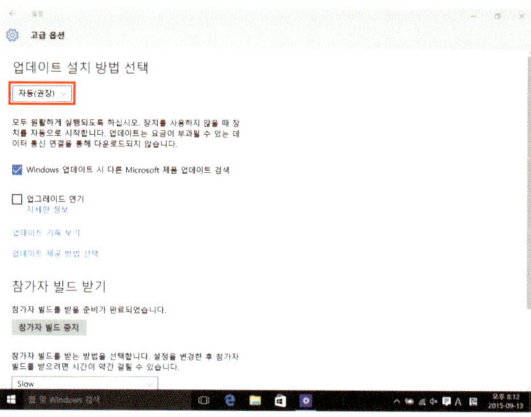

09 | 윈도우 디펜더 설정하기

윈도우 디펜더는 윈도우 10의 보안을 위해 탑재된 기본 백신입니다. 어지간한 무료 백신보다는 우수한 성능을 갖추고 있으며 다른 백신 프로그램을 설치한다면 자동으로 비활성됩니다. 만약 백신이 삭제 될 경우 다시 활성으로 바뀌어 윈도우 10을 보호하게 됩니다.

01 시작 단추 클릭 〉 설정 클릭 〉 업데이트 및 복구를 클릭합니다.

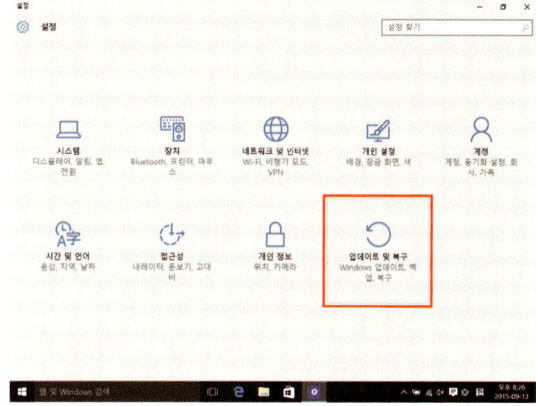

02 윈도우 디펜더를 클릭합니다.
스파이웨어 및 기타 잠재적으로 사용자 동의 없이 설치된 소프트웨어가 컴퓨터에서 실행되지 않도록 하려면 실시간 보호를 켜짐으로 활성화 합니다.

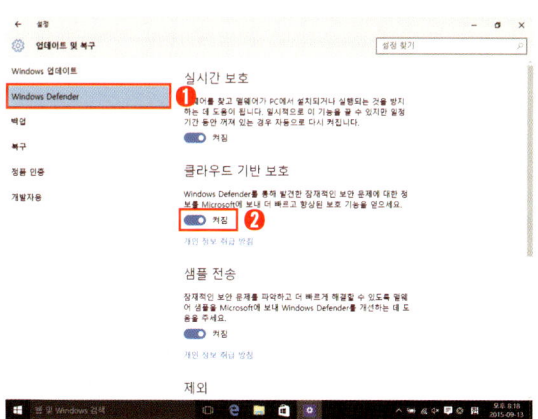

TIP!

윈도우 디펜더 실행하기

웹 및 윈도우 검색 상자에 윈도우 디펜더를 검색해 실행합니다. 선택한 검사 유형에 따라 시간이 걸릴 수 있지만 주기적으로 검사하도록 합니다.

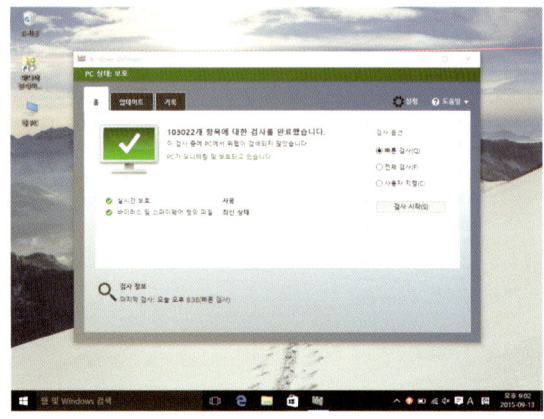

10 | 윈도우 10 초기화하기

초기화는 윈도우 10을 처음 설치했을 때의 클린 상태로 돌아가는 과정입니다. 주로 PC에 문제가 생겼을 때 도움이 됩니다. 윈도우 초기화 방법에 대해 알아보겠습니다.

01 웹 및 윈도우 검색 상자 > 이 PC 초기화를 검색해 실행 또는 시작 단추 클릭 > 설정 클릭 > 업데이트 및 복구 클릭 > 복구를 클릭합니다.

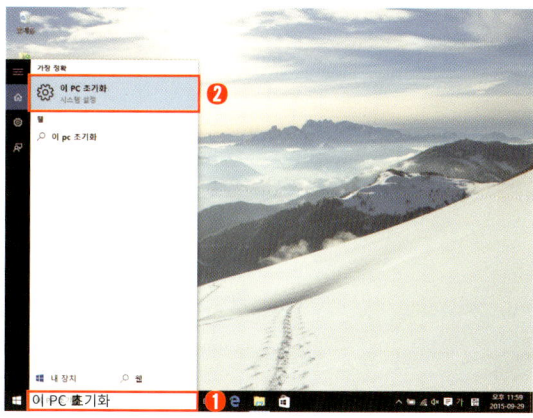

02 윈도우 키 + I > 업데이트 및 복구 클릭 > 복구 클릭 > 이 PC 초기화 시작 버튼을 클릭합니다.

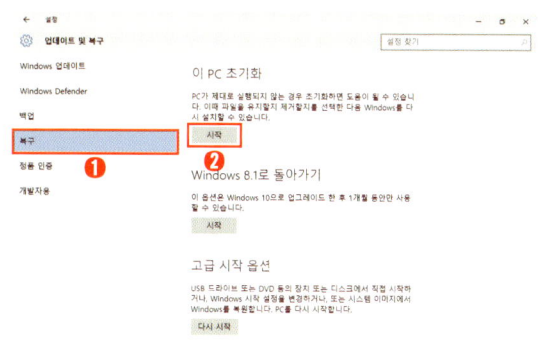

03 파일 유지와 모든 항목 제거 두 개의 옵션 중 하나를 클릭합니다. 모든 항목 제거를 선택할 경우 모든 개인 파일, 앱 및 설정들 모두 삭제되기 때문에 데이터를 백업한 뒤 진행해야 합니다.

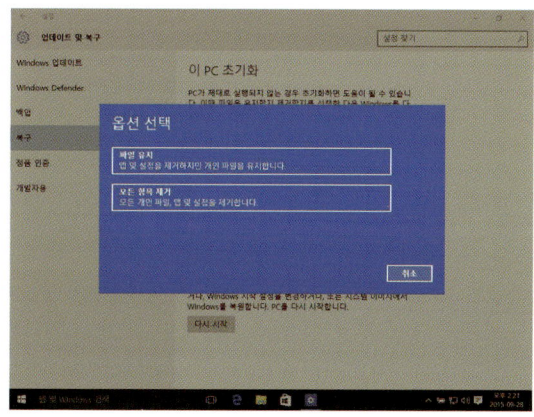

04 경고! 화면이 나타나면 다음을 클릭합니다.

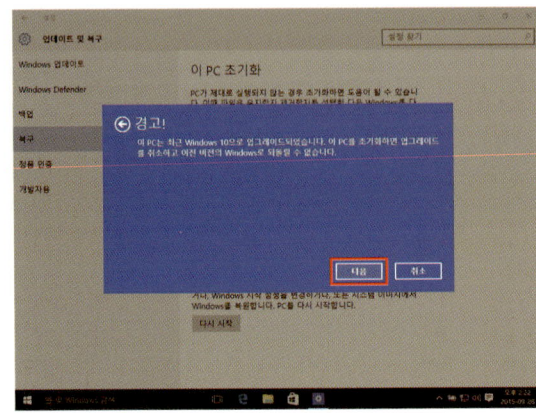

05 이 PC를 초기화할 준비 완료화면이 나타나면 초기화 단추를 클릭합니다.

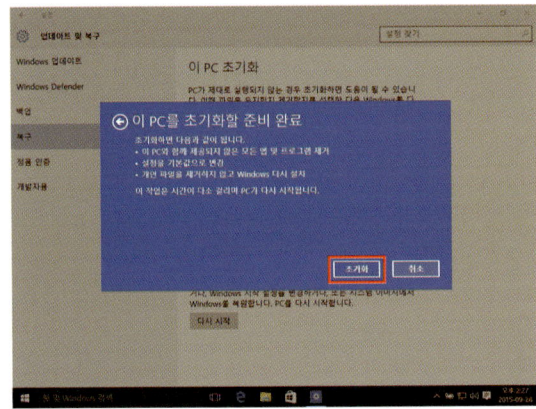

06 컴퓨터가 재부팅되면서 초기화를 진행합니다.

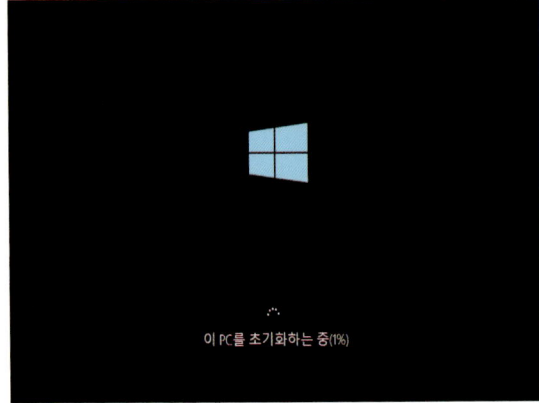

07 초기화 진행이 완료되면 다시 윈도우 10이 설치됩니다.

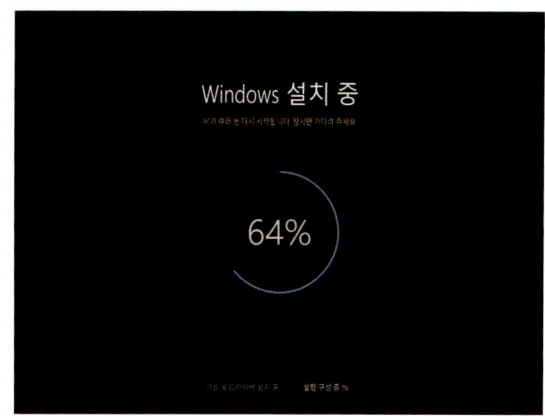

08 윈도우 10 설치가 완료되면 재부팅 후 잠금화면이 나타납니다. 잠금화면을 클릭합니다.

09 계정 비밀번호를 입력합니다.

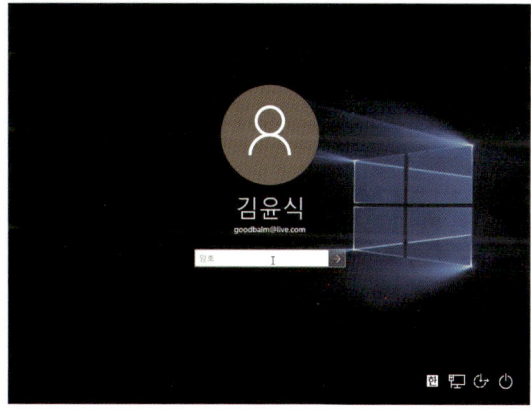

10 마지막으로 윈도우 10 계정 정보와 앱 설정을 진행합니다.

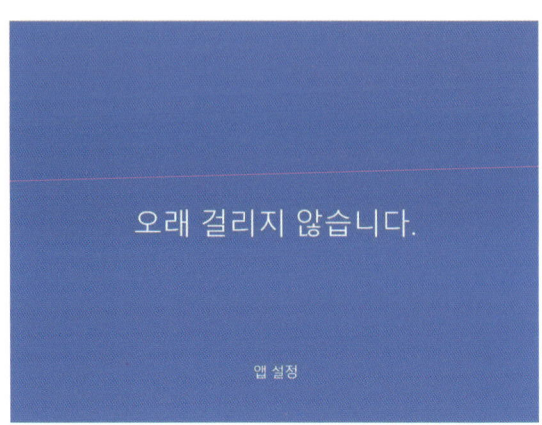

11 윈도우 10 설정이 완료되면 클린 상태의 윈도우 10을 만나볼 수 있습니다.

TIP!

윈도우 이전 버전으로 돌아가기

윈도우 키■ + I 〉 업데이트 및 복구 〉 복구 〉 윈도우 8.1로 돌아가기 시작 버튼 클릭하면 이전 버전으로 돌아갑니다.
(윈도우 7에서 윈도우 10으로 업데이트 했을 경우 윈도우 7로 돌아가기로 표시됩니다.)

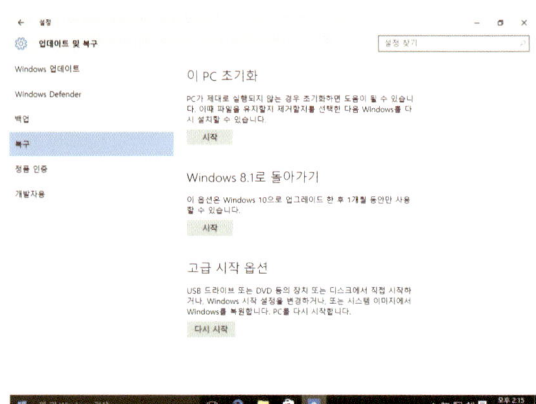

11 | 하드디스크 파티션 분할하기

하드디스크의 파티션을 분할해서 사용하면 중요한 데이터들을 같은 디스크 안에서도 따로 보관할 수 있습니다. 어떻게 파티션을 분할하는지 알아보겠습니다.

01 윈도우 시작 단추 위에서 마우스 오른쪽 단추로 클릭 〉디스크 관리 클릭 또는 윈도우 키 + X 키 〉 디스크 관리를 클릭합니다.

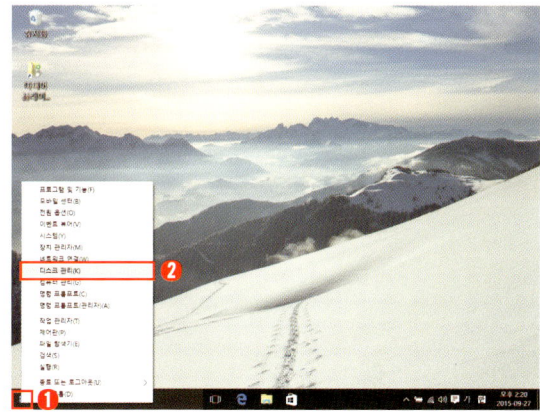

02 디스크 관리 창을 확인할 수 있습니다.

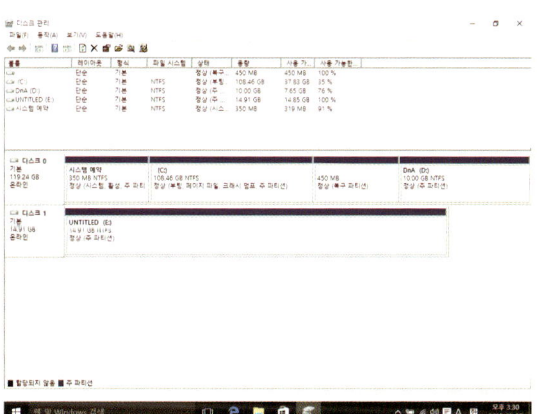

03 파티션을 분리할 볼륨을 마우스 오른쪽 단추로 클릭 〉 볼륨 축소를 클릭합니다.

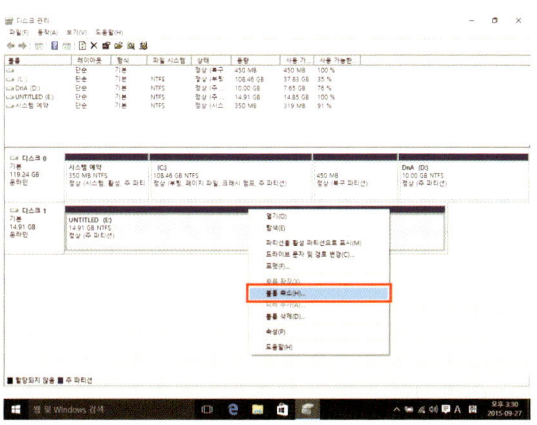

04 볼륨 축소 창이 뜨고 축소할 공간 입력한 뒤 축소 버튼을 누르면 입력한 만큼의 크기로 할당되지 않은 파티션이 생성됩니다.

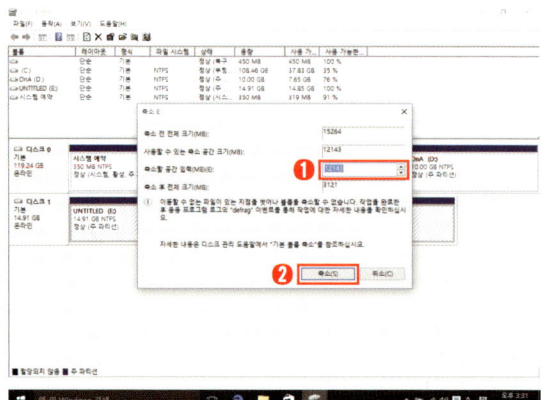

05 새로 생성된 할당되지 않은 파티션을 선택하고 마우스 오른쪽 단추로 클릭 〉새 단순 볼륨을 클릭합니다.

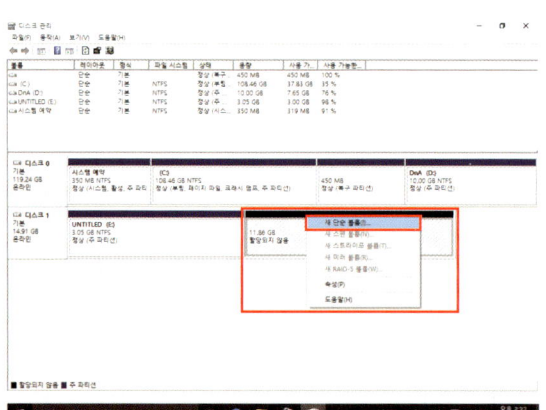

06 단순 볼륨 만들기 마법사 창이 뜨면 다음을 클릭합니다.

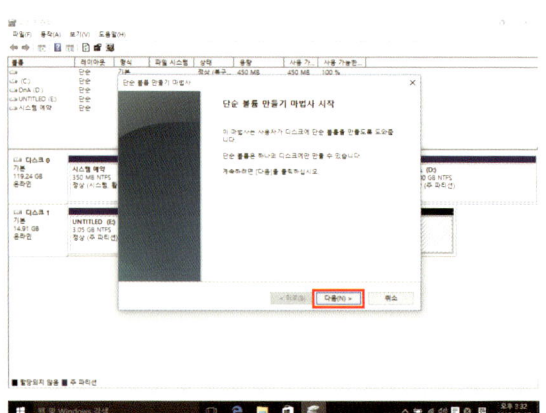

07 최대와 최소 파티션의 크기 사이에서 단순 볼륨의 크기를 지정한 뒤 다음을 클릭합니다.

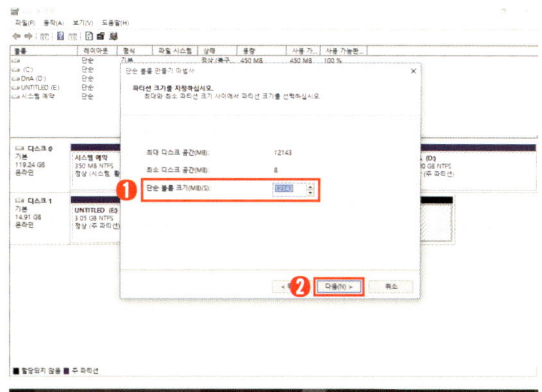

08 드라이브 문자 할당을 지정한 뒤 다음을 클릭합니다.

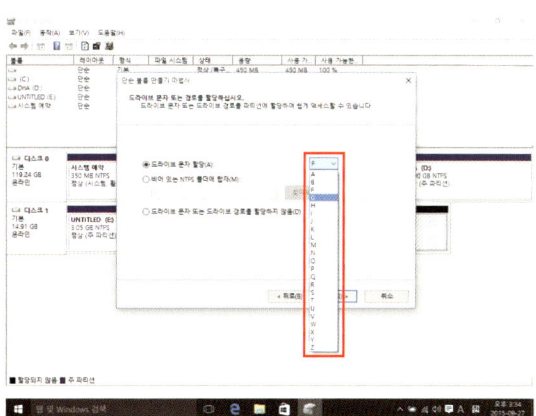

09 파티션에 데이터를 저장하기 위해서는 포맷을 해야 합니다. 다음을 클릭합니다.

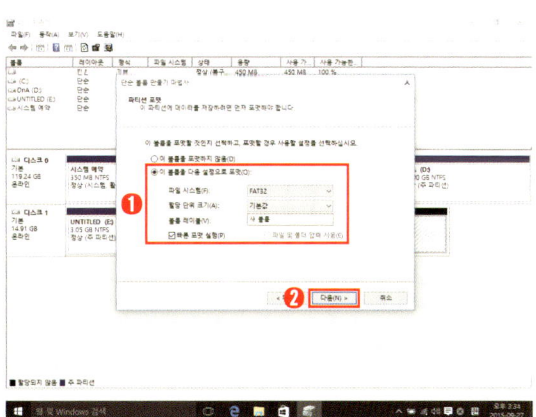

10 마법사 완료 창에서 선택한 설정을 확인한 후, 마침을 클릭합니다.

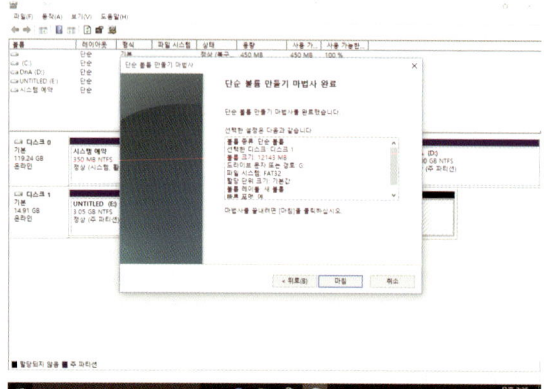

11 파티션이 두 개로 분할된 것을 확인할 수 있습니다.

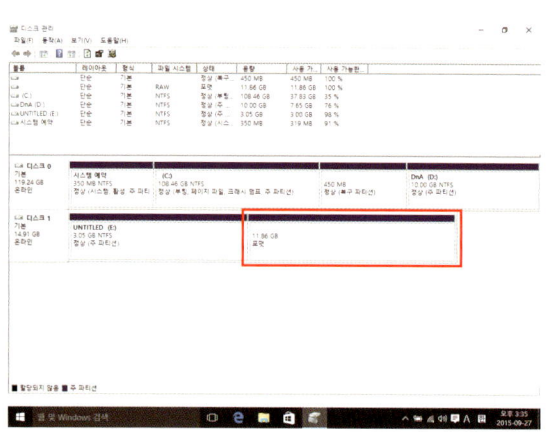

12 | 하드디스크 파티션 병합하기

분할했던 하드디스크의 파티션을 병합해보겠습니다. 사용하지 않는 파티션을 유지하기보다 기존 파티션과 병합하여 넉넉한 디스크공간을 만들어보겠습니다. 파티션을 병합할 때는 기존 데이터가 모두 날아가니 필요 데이터는 반드시 백업하도록 합니다.

01 윈도우 시작 단추 위에서 마우스 오른쪽 단추로 클릭 〉 디스크 관리 클릭 또는 윈도우 키 + X 클릭 〉 디스크 관리를 클릭합니다.

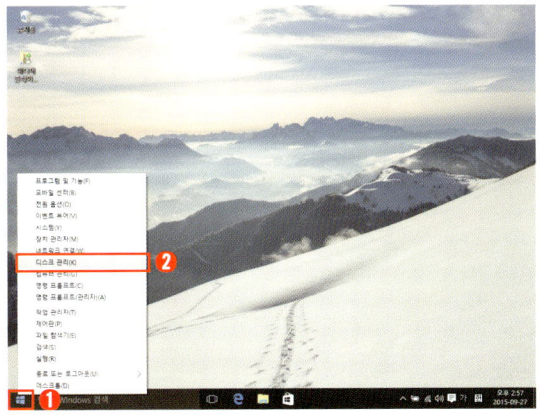

02 디스크 관리 창을 확인할 수 있습니다.

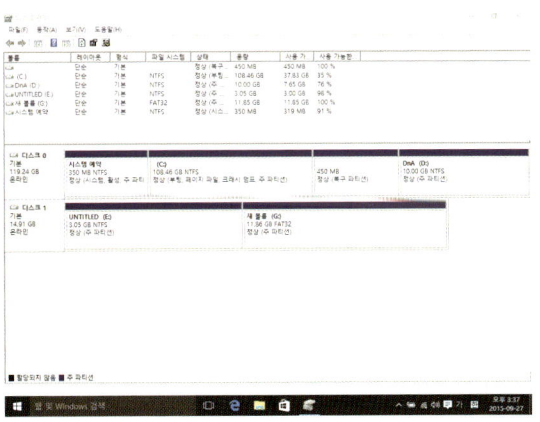

03 병합할 하드디스크 파티션 중 데이터를 삭제할 파티션을 선택한 뒤 마우스 오른쪽 단추 클릭 〉 볼륨 삭제를 클릭합니다.

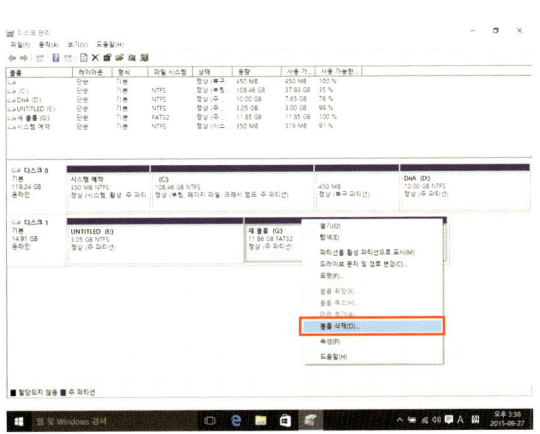

04 단순 볼륨 삭제 창이 나타나면 예를 클릭합니다.

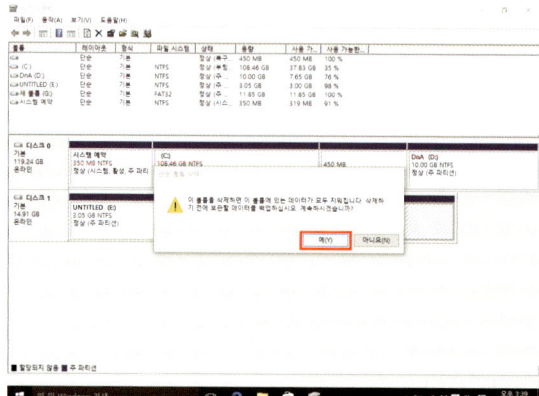

05 삭제된 파티션은 할당되지 않음으로 표시됩니다.

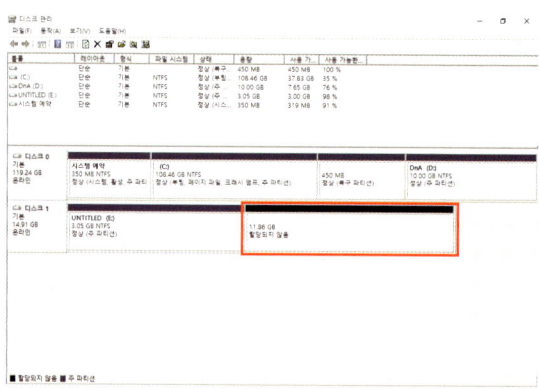

06 병합할 다른 파티션을 마우스 오른쪽 단추로 클릭 후 볼륨 확장을 클릭합니다.

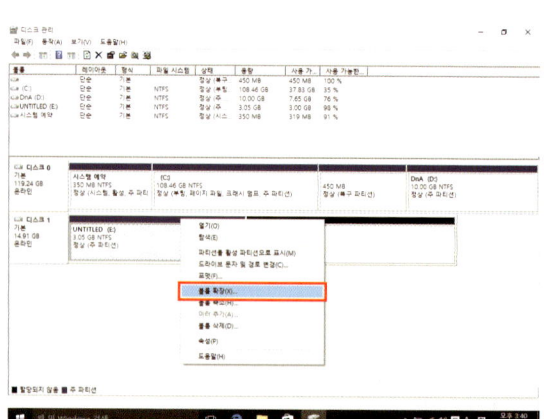

07 볼륨 확장 마법사 창이 뜨면 다음을 클릭합니다.

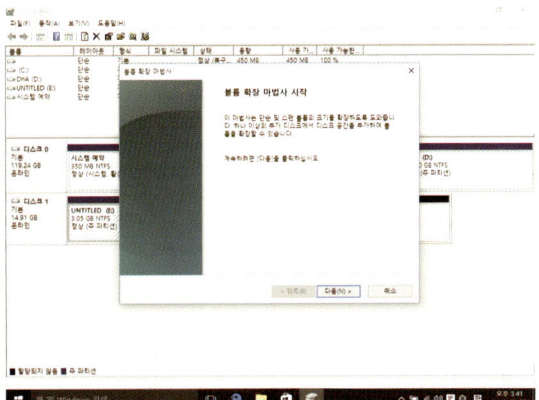

08 볼륨 확장 공간을 선택한 후 다음을 클릭합니다.

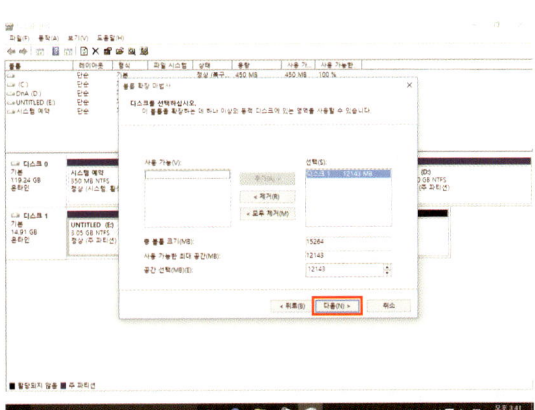

09 완료 창에서 마침 버튼을 클릭하면 파티션이 병합됩니다.

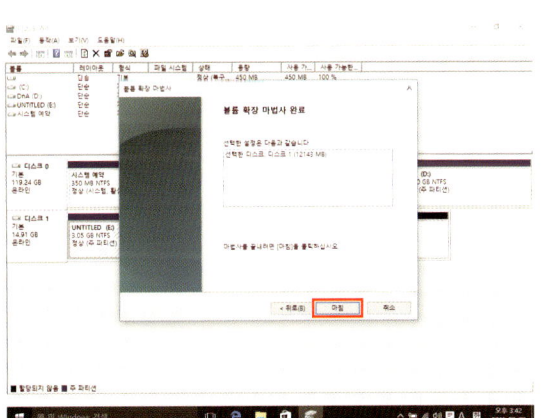

10 둘로 나뉜 파티션이 다시 하나로 합쳐진 것을 확인할 수 있습니다.

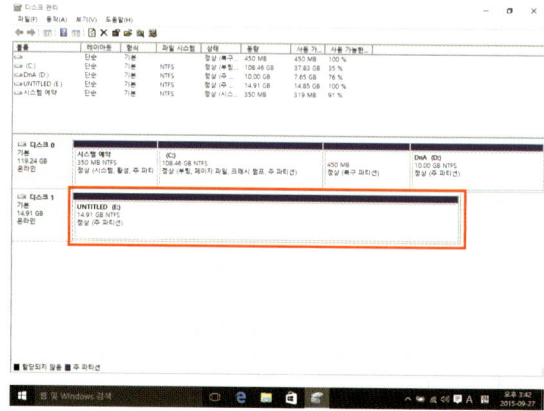

13 | BitLocker 드라이브 암호화 설정하기

BitLocker는 드라이브 암호화를 사용하여 시스템 드라이브 및 데이터 드라이브의 파일을 보호하는 방법을 배워보도록 하겠습니다.

01 파일 탐색기를 실행한 뒤 내 pc를 클릭합니다.

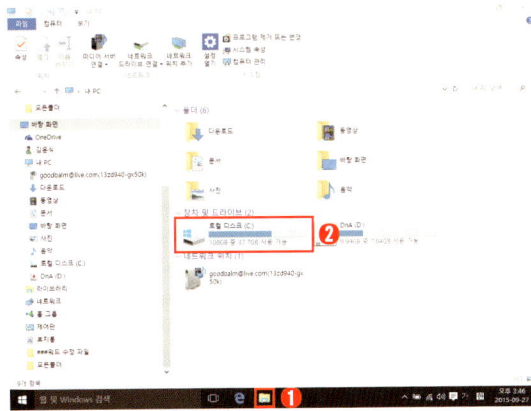

02 암호화할 드라이브를 선택하고 마우스 오른쪽 단추 클릭 〉 BitLocker 켜기를 클릭합니다.

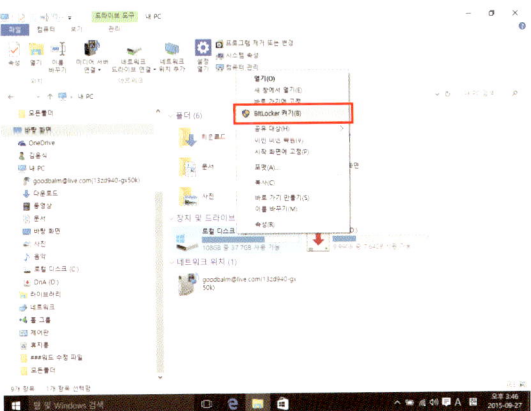

Part8 윈도우 10을 관리하세요 | 381

03 다음과 같은 창이 나타나면 취소 버튼을 클릭합니다.
(BitLocker를 시작하기 위해 호환 TPM이 없는 BitLocker 허용 옵션을 설정해야 합니다.)

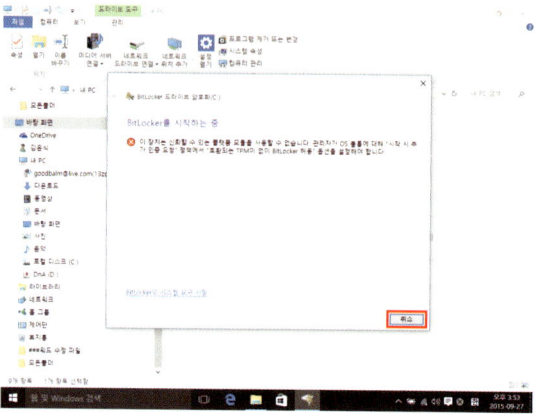

04 윈도우 키 + R 키를 눌러 gpedit.msc를 입력한 뒤 확인을 클릭합니다.

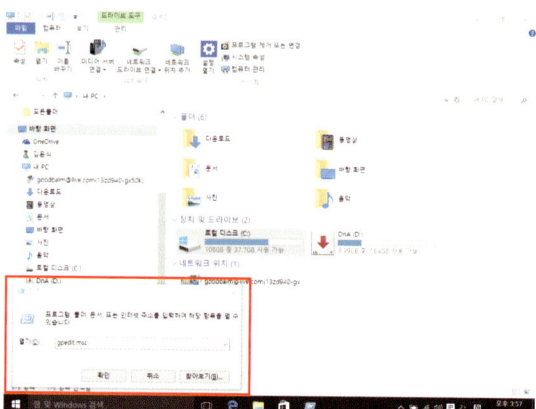

05 로컬 컴퓨터 정책 〉 컴퓨터 구성 의 관리 템플릿 〉 Windows 구성 요소 〉 BitLocker 드라이브 암호화 〉 운영 체제 드라이브 순으로 선택한 뒤 시작 시 추가 인증 요구를 더블 클릭합니다.

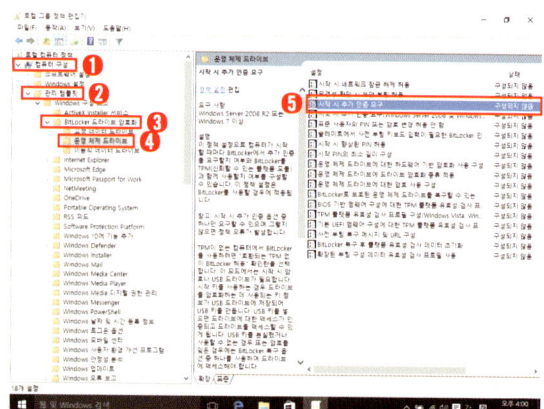

06 시작 시 추가 인증 요구를 사용으로 선택한 뒤 확인을 클릭합니다.

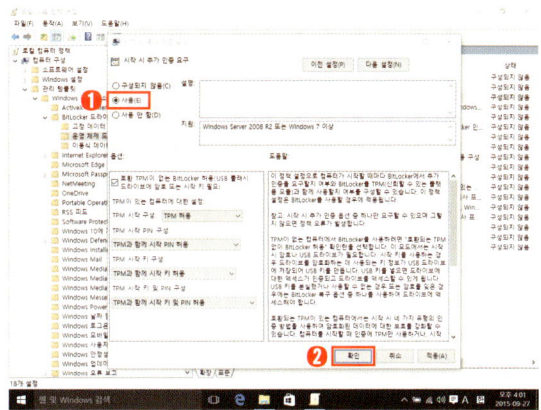

07 다시 드라이브를 선택 후 마우스 오른쪽 단추를 클릭 후 BitLocker 켜기를 클릭합니다.

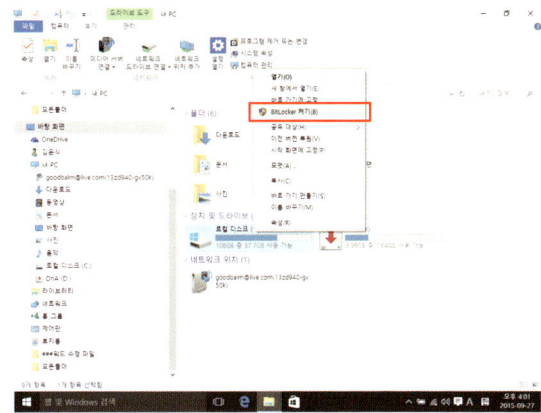

08 이전과 다르게 시작 시 드라이브 잠금 해제 방법 선택 옵션 창으로 이동합니다. USB 플래시 드라이브 삽입은 USB가 있어야 부팅 가능하며 암호 입력은 암호로 부팅 가능합니다. 글쓴이는 암호 입력을 클릭했습니다.

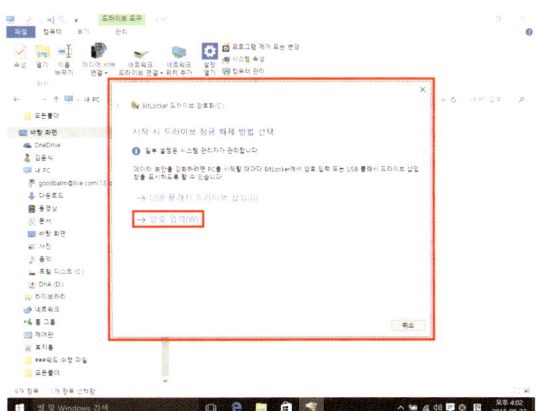

09 드라이브 잠금을 해제할 암호를 입력하고 다음을 클릭합니다.

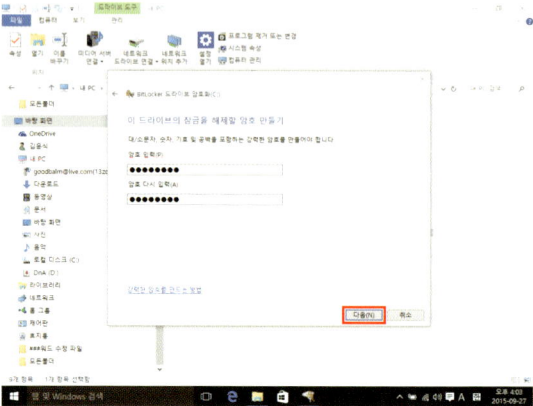

10 복구 키를 백업할 방법을 선택하는 창으로 이동합니다. 복구 키는 패스워드를 잊었을 때 BitLocker 암호화를 해제할 수 있는 다른 방법입니다. 글쓴이는 Microsoft 계정에 저장을 클릭했습니다.

11 드라이브 암호화할 공간을 선택한 뒤 다음을 클릭합니다.

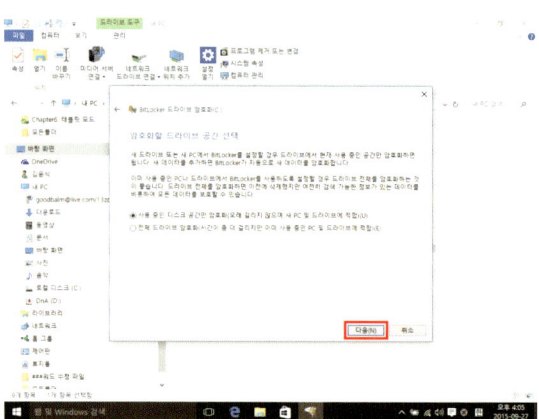

12 BitLocker 시스템 검사 실행 창에서 계속을 클릭합니다.

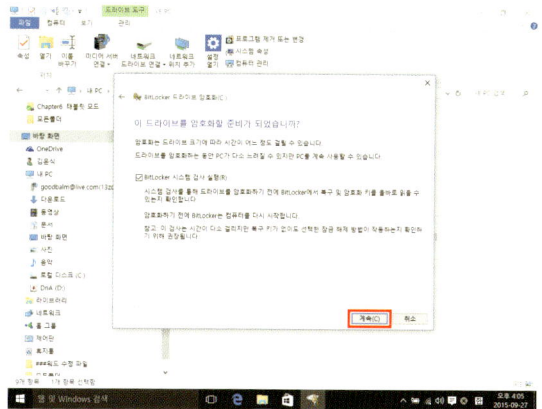

13 컴퓨터를 다시 시작합니다.

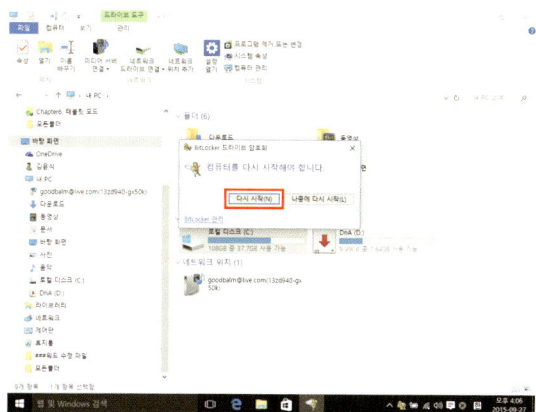

14 재부팅할 때 암호를 넣어야 정상적으로 부팅됩니다.
작업 표시줄에서 암호화 진행 중인 아이콘을 클릭하면 암호화 진행률을 알려주는 창이 나타나 진행 사항을 확인할 수 있습니다.

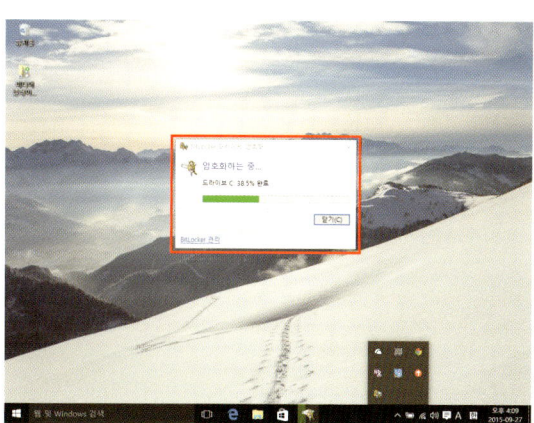

15 암호가 완료됐다는 창이 나타나면 닫기를 클릭합니다.

BitLocker 드라이브 암호화가 끝난 드라이브에 자물쇠 아이콘이 추가된 것을 확인할 수 있습니다.

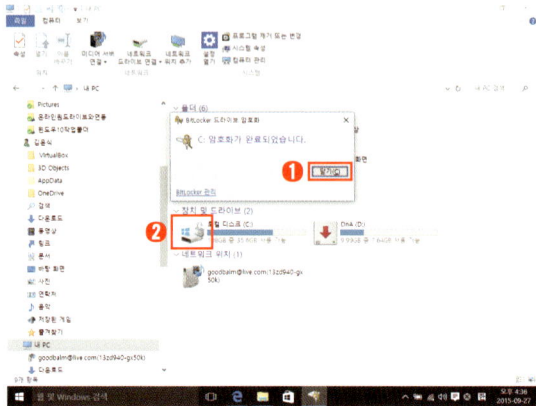

TIP!

BitLocker to GO 기능이란?

시스템이 설치되어있는 하드디스크를 제외한 USB메모리와 같은 외장형 저장 장치에 대해 암호화할 수 있는 기능입니다.

암호화하는 방법은 BitLocker 드라이브 암호화와 동일합니다.

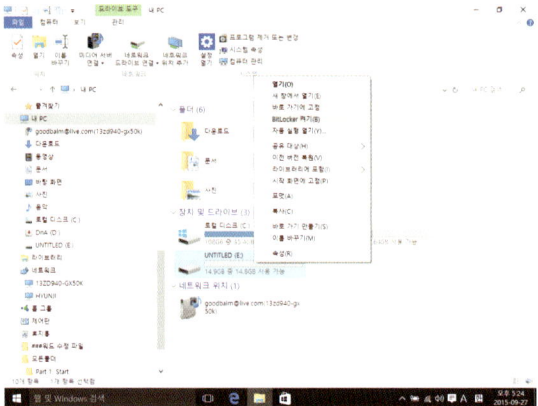

14 | BitLocker 드라이브 암호 변경하기

BitLocker 드라이브에 설정한 암호를 변경해보겠습니다.

01 BitLocker 암호를 변경할 드라이브를 선택한 뒤 마우스 오른쪽 단추 클릭 〉 BitLocker 암호 변경을 클릭합니다.

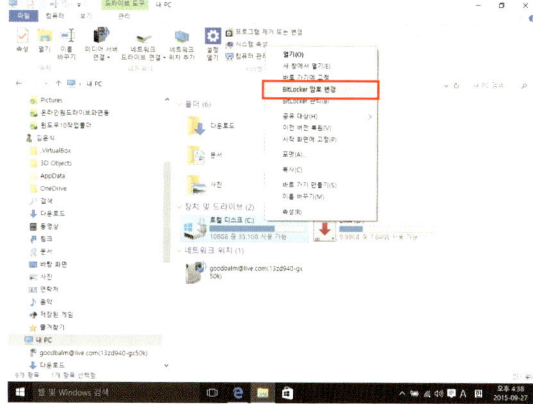

02 시작 암호 변경 창이 뜨면 암호를 입력 후 암호 변경 버튼을 클릭합니다.

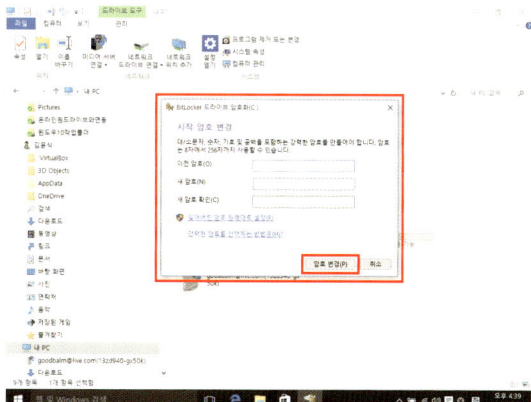

03 암호가 변경되면 '암호를 변경했습니다.'가 표시됩니다. 창을 닫고 다음 부팅부터 변경된 암호를 사용하면 됩니다.

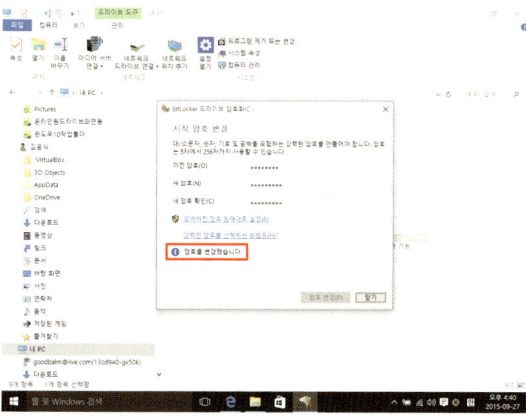

15 | BitLocker 드라이브 해제하기

BitLocker로 암호화된 운영 체제 드라이브, 하드 드라이브 또는 이동식 데이터 드라이브의
잠금을 해제하는 방법을 알아보겠습니다.

01 BitLocker 드라이브 암호를 해제하고 싶은 드라이브를 선택한 뒤 마우스 오른쪽 단추 클릭 〉 BitLocker 관리를 클릭합니다.

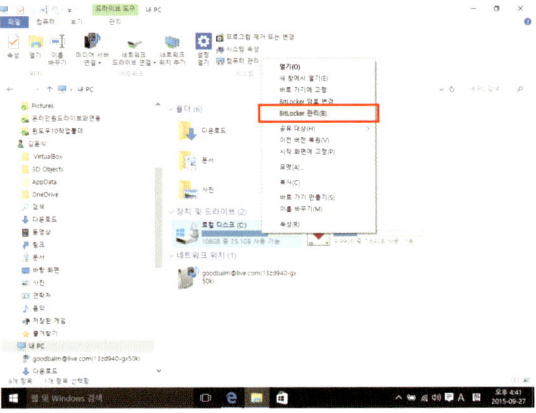

02 BitLocker 드라이브 암호화 창이 나타나면 운영 체제 드라이브의 BitLocker 끄기를 클릭합니다.

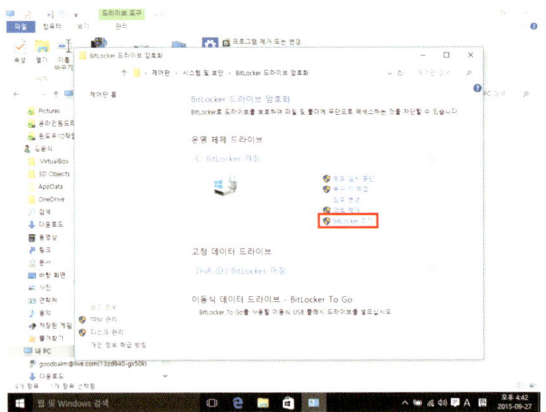

03 BitLocker 끄기를 클릭합니다.

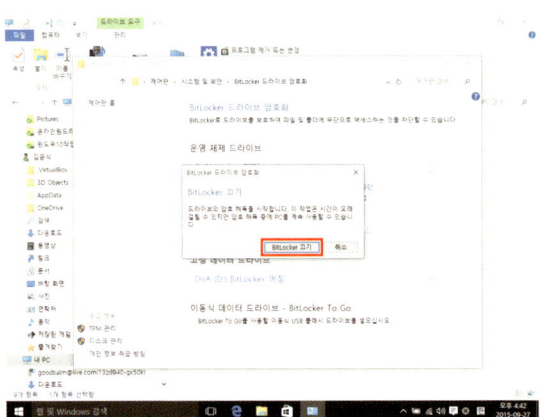

04 운영 체제 드라이브의 상태가 암호 해독 중이라고 표시됩니다.

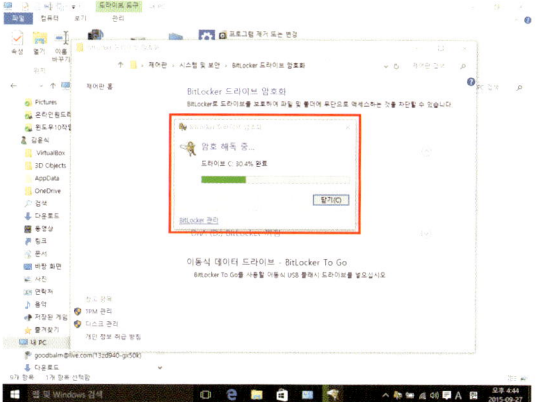

05 암호 해독이 완료됐다는 창이 나타나고 닫기를 클릭하면 BitLocker 꺼짐으로 표시되며 해제가 완료됩니다.

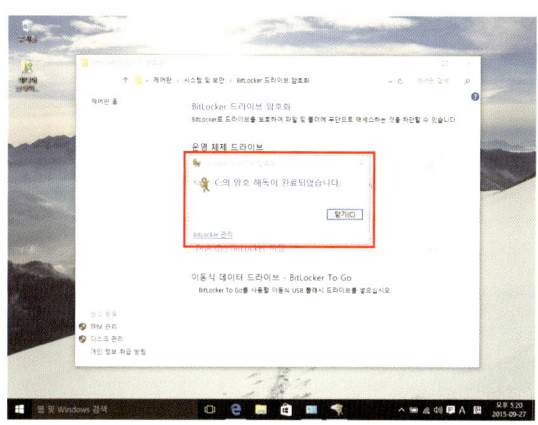

CHAPTER 2
네트워크 구축 및 관리하기

네트워크 환경을 구축하고 홈 그룹을 만들어 파일과 장치들을 공유하는 방법에 대해 알아보겠습니다.

01 윈도우 10 네트워크 환경 설정하기 **02** 무선 네트워크 Wi-Fi 연결하기 **03** W-Fi 센스 끄기 **04** 홈 그룹 만들기
05 홈 그룹 설정 변경하기 **06** 홈 그룹 연결하기 **07** 홈 그룹 나가기(홈 그룹 삭제하기)

01 | 윈도우 10 네트워크 환경 설정하기

유/무선 네트워크 환경을 설정하고 네트워크 통해 공유 옵션 설정하는 방법을 알아보겠습니다.

01 웹 및 윈도우 검색에 네트워크 및 공유 센터를 검색한 뒤 실행합니다.

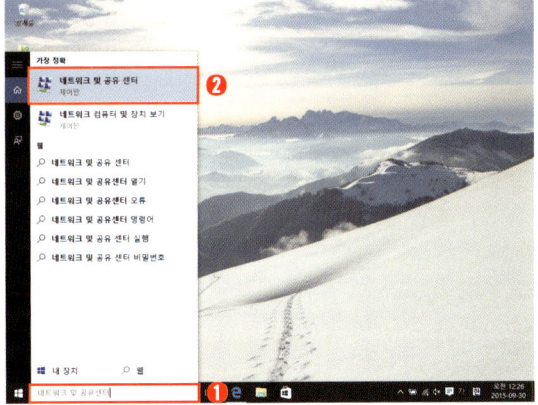

02 현재 연결되어 있는 네트워크를 확인할 수 있습니다. 네트워크 공유 옵션을 설정하기 위해 고급 공유 설정 변경을 클릭합니다.

03 사용하는 네트워크 프로필에 따라 공유 옵션을 선택할 수 있습니다. 원하는 옵션으로 선택 후 변경 내용 저장을 클릭하면 적용됩니다.

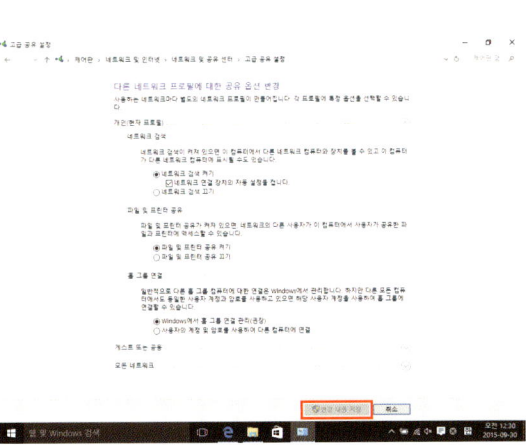

02 | 무선 네트워크 Wi-Fi 연결하기

주변에 공유된 Wi-Fi를 확인하고 연결하는 방법에 대해 알아보겠습니다.
암호화된 Wi-Fi가 아닌 공용 Wi-Fi는 보안에 취약하니 주의합니다.

01 웹 및 윈도우 검색 상자 〉 Wifi 설정 변경을 검색 후 실행 또는 시작 단추 클릭 〉 설정 클릭 〉 네트워크 및 인터넷 클릭 〉 Wi-Fi를 클릭합니다.

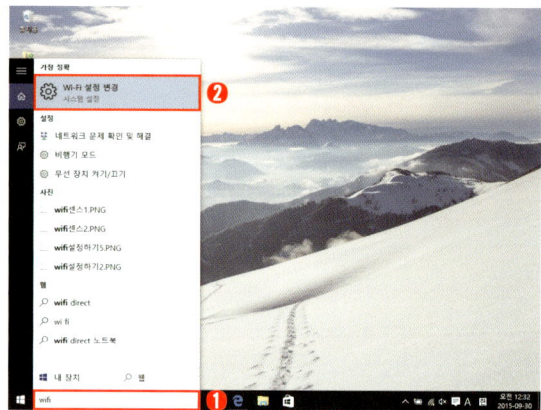

02 Wi-Fi를 켜짐으로 활성화시키면 주변에 연결 할 수 있는 wifi를 자동으로 검색합니다.

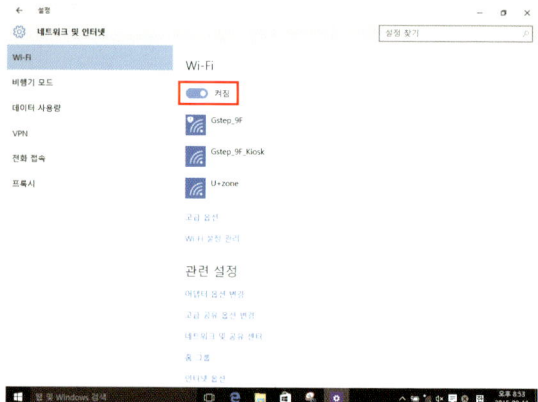

03 사용 가능한 Wi-Fi를 클릭하여 연결합니다.
자동으로 연결을 체크하면 다시 연결할 때 기억된 정보로 이용해 자동으로 연결합니다. 회사나 집 등 자주 가는 장소의 Wi-Fi 자동 연결을 설정 할 경우 매우 편리하게 이용할 수 있습니다.

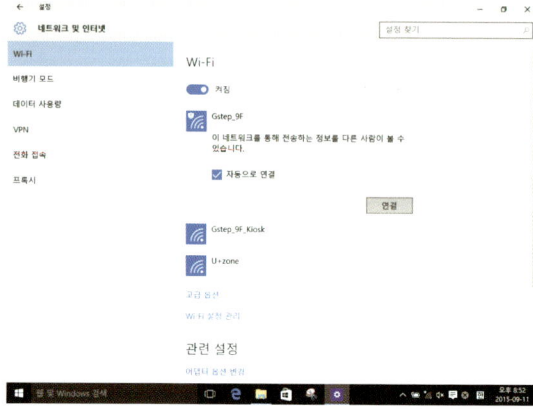

04 연결한 Wi-Fi를 다시 클릭해 연결 끊기 버튼을 클릭하면 연결이 끊어집니다.

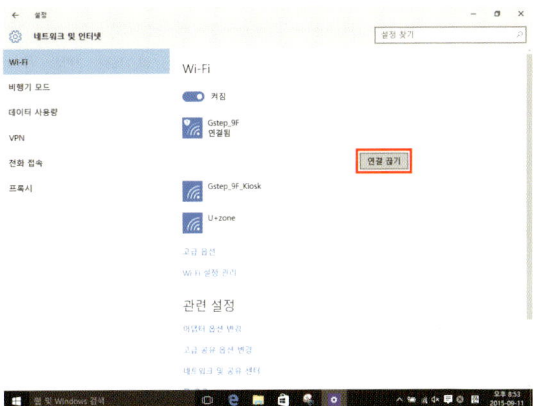

05 무선 네트워크에 암호를 설정했다면 암호 입력 상자에 연결 암호를 입력하고 다음을 클릭합니다. 암호를 입력하지 않는 공용 Wi-Fi는 타인에게 정보가 쉽게 노출될 수 있기 때문에 보안에 유의하도록 합니다.

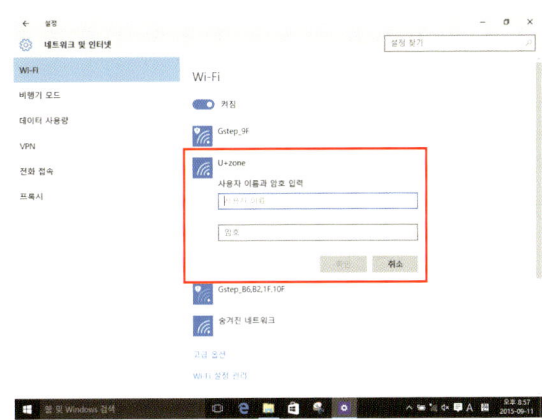

TIP!

작업 표시줄 오른쪽 와이파이( ) 아이콘을 클릭하면 연결 할 수 있는 Wi-Fi를 검색해 보여줍니다.
Wi-Fi를 선택하고 클릭하면 연결되며 한 번 더 클릭해 연결 끊기 버튼을 클릭하면 연결이 끊어집니다.

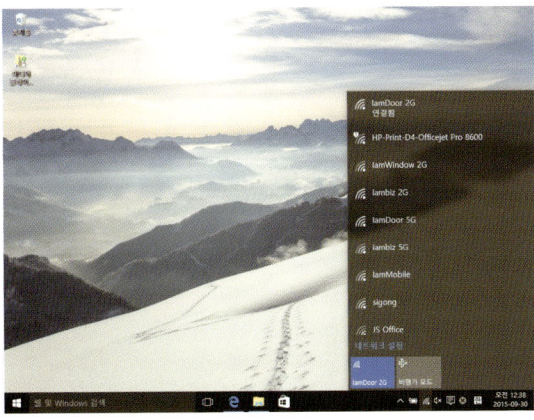 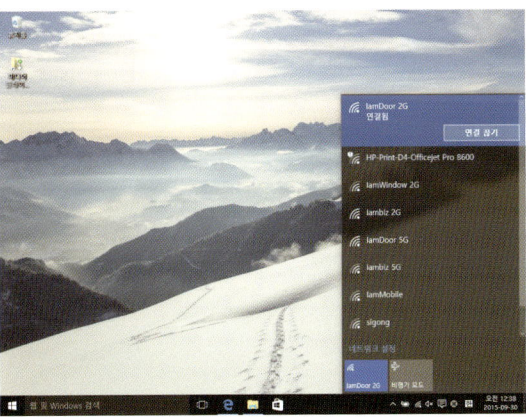

03 | Wi-Fi 센스 끄기

Wi-Fi 센스는 이미 연결했었던 Wi-Fi 정보를 Outlook.com 연락처/ Skype 연락처/ Facebook 친구들에게 자동으로 공유되는 기능입니다. 친구들과 공유 된 Wi-Fi 정보를 통해 네트워크에 암호를 입력하지 않고 쉽게 연결할 수 있는 장점이 있지만 보안 위험성 때문에 Wi-Fi 센스 기능을 권장하지 않습니다. Wi-Fi 센스 기능을 끄는 방법에 대해 알아보겠습니다.

01 시작 단추 클릭 〉 설정 클릭 〉 네트워크 및 인터넷 클릭 〉 Wi-Fi 클릭 〉 Wi-Fi 설정 관리를 클릭합니다.

02 연락처와 공유되는 네트워크에 연결 꺼짐 클릭합니다.

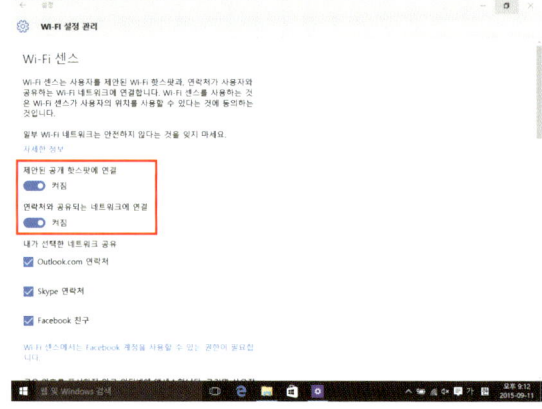

04 | 홈 그룹 만들기

홈 그룹은 같은 네트워크를 사용하는 컴퓨터에서 사진, 음악, 프린터와 파일 및 폴더 공유 및 장치와 미디어 공유를 할 수 있는 기능입니다. 사무실 또는 집에서 네트워크가 연결되어 있다면 홈 그룹을 이용해 편리하게 자료들을 공유해보겠습니다.

01 웹 및 윈도우 검색 상자에서 홈 그룹을 검색해 실행합니다.

02 제어판 홈 그룹 창이 나타나고 홈 그룹에 연결할 수 없다는 알림이 있을 경우 네트워크 위치 변경을 클릭합니다.

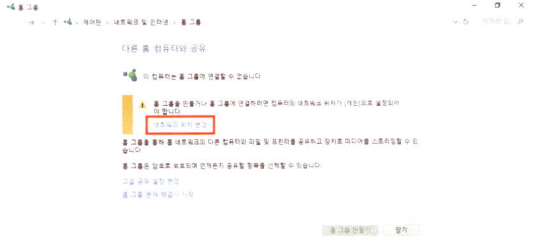

03 오른쪽에 네트워크 알림이 나타나면 예를 클릭합니다.

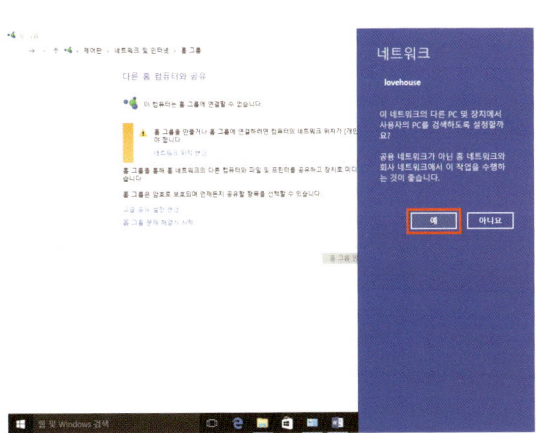

Part8 윈도우 10을 관리하세요 | 395

04 내 컴퓨터가 네트워크에 검색되면서 네트워크의 홈 그룹을 검색합니다. 홈 그룹이 없을 경우 홈 그룹 만들기 단추를 클릭합니다.

05 홈 그룹 만들기 창이 나타나면 다음을 클릭합니다.

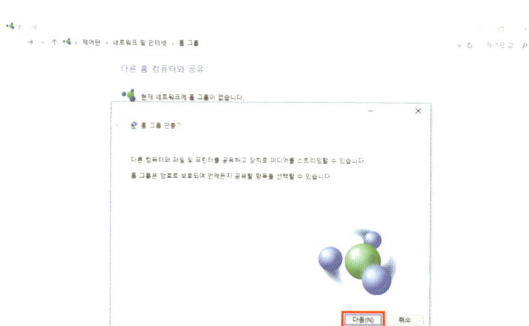

06 홈 그룹 구성원들과 공유할 파일과 장치를 선택하고 사용 권한 수준을 설정합니다. 설정이 끝났으면 다음을 클릭합니다.

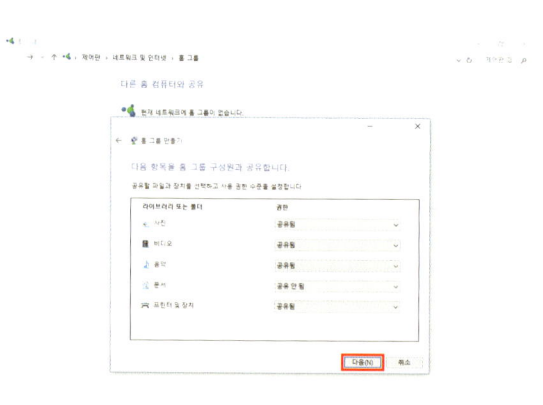

07 내 컴퓨터가 네트워크에 검색되면서 네트워크의 홈 그룹을 검색합니다. 홈 그룹이 없을 경우 홈 그룹 만들기 단추를 클릭합니다.

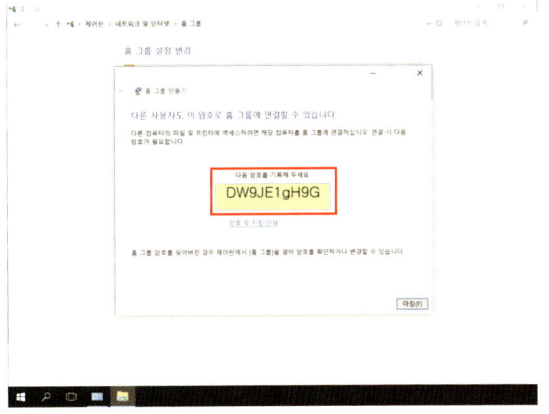

08 홈 그룹 만들기 창이 나타나면 다음을 클릭합니다.

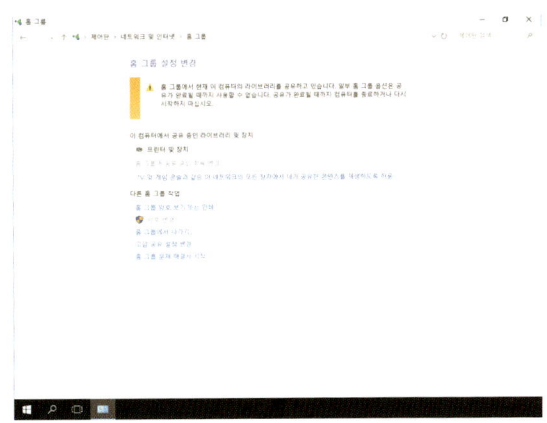

05 | 홈 그룹 설정 변경하기

홈 그룹 암호가 외부에 노출되었다면 신속하게 암호를 변경하도록 합니다. 주기적인 암호 변경은 보안을 위한 긍정적인 방법이나 암호를 변경할 경우 매번 공유 중이던 사용자들과의 연결이 끊어져 다시 연결해야 합니다는 것을 참고합니다.

01 홈 그룹을 생성 후 변경할 부분이 있습니다면 홈 그룹을 마우스 오른쪽 단추로 클릭 〉홈 그룹 설정 변경을 클릭합니다.

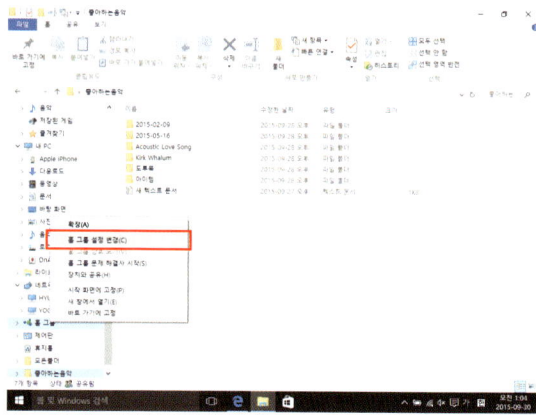

02 공유 중인 항목을 변경하거나, 암호 변경, 홈 그룹 나가기 등을 할 수 있습니다.
1) 홈 그룹과 공유 중인 항목 변경 : 공유할 파일과 장치를 선택 및 권한 수준을 변경할 수 있습니다.
2) 홈 그룹 암호 보기 또는 인쇄 : 기억나지 않는 홈 그룹 암호를 다시 확인할 수 있습니다.
3) 암호 변경 : 홈 그룹 암호를 변경할 수 있습니다.
4) 홈 그룹에서 나가기 : 홈 그룹 연결을 중지할 수 있습니다.

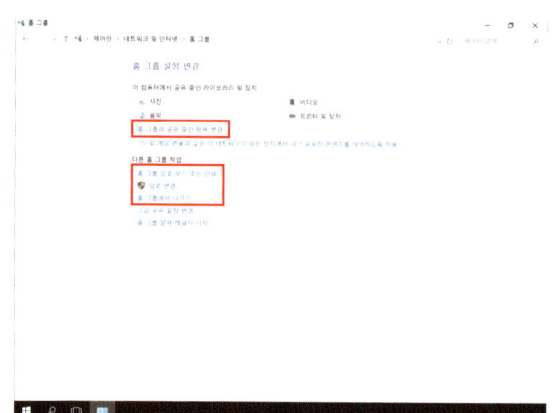

03 암호 변경을 클릭하면 새로운 암호를 설정할 수 있습니다.
암호를 변경할 경우 공유 중이던 사용자들과의 연결이 끊어집니다는 것을 참고합니다.

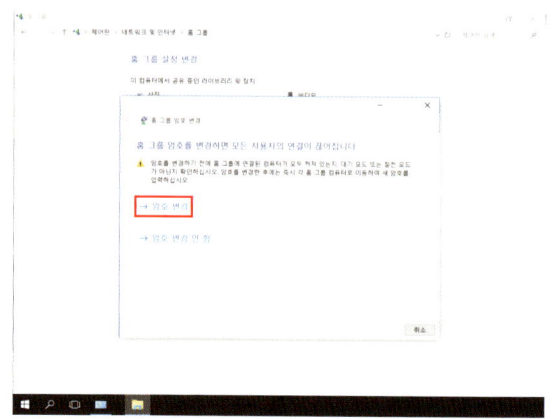

04 변경할 암호를 입력합니다. 보안에 민감하다면 암호를 여러 문자로 불규칙하게 만드는 것을 추천합니다.

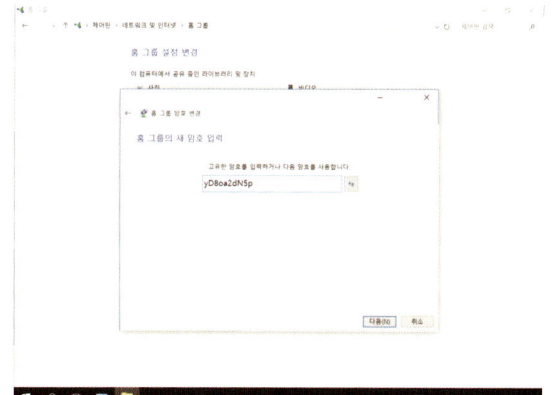

05 변경된 암호를 확인할 수 있습니다. 홈 그룹 구성원들에게 공유하여 다시 암호를 입력하도록 합니다.

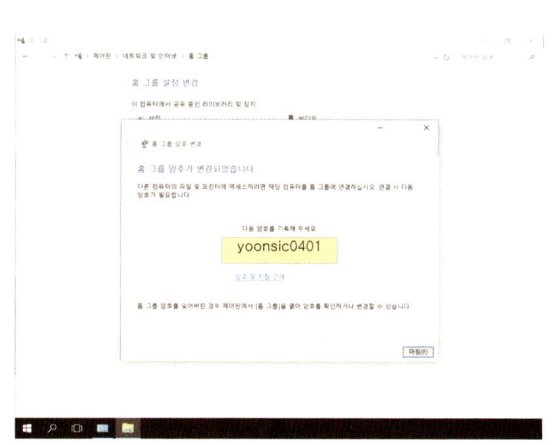

06 | 홈 그룹 연결하기

같은 네트워크 환경에서 다른 컴퓨터에서 공유된 홈 그룹을 연결해 사용하는 방법을 살펴보겠습니다.

01 웹 및 윈도우 검색 상자에서 홈 그룹 검색 〉 지금 연결 클릭 또는 파일 탐색기 탐색창의 홈 그룹 클릭 〉 지금 연결을 클릭합니다.

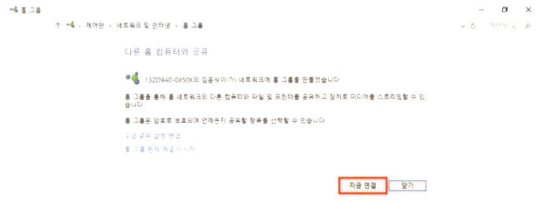

02 홈 그룹에 연결 창이 뜨면 다음을 클릭합니다.

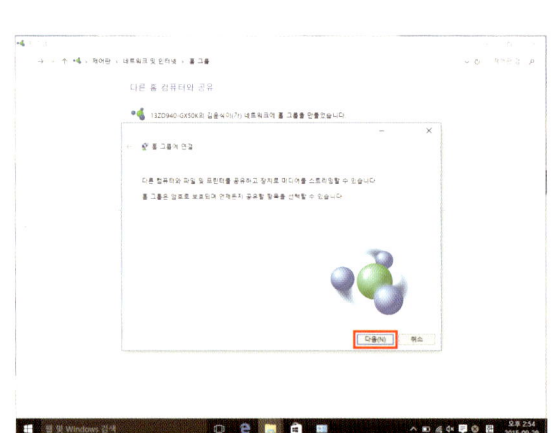

03 홈 그룹 구성원들과 공유할 파일과 장치를 선택하고 사용 권한 수준을 설정한 뒤 다음을 클릭합니다.

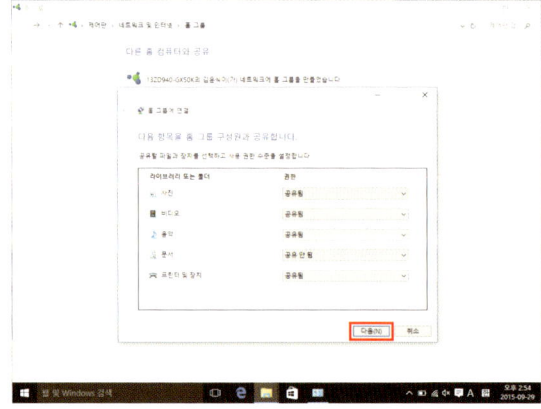

04 홈 그룹에 설정된 암호를 입력하고 다음을 클릭합니다.

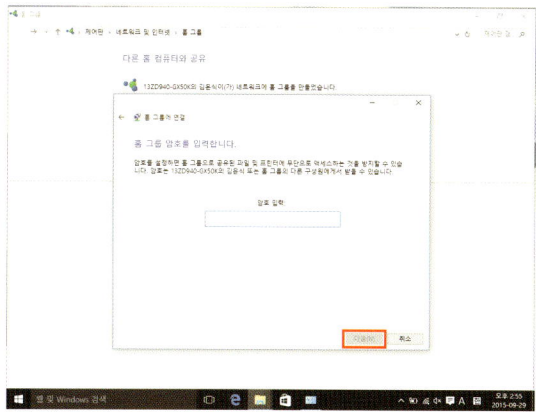

05 연결이 완료되면 파일 탐색기 탐색 창에서 홈 그룹에 연결된 컴퓨터를 클릭해 공유 파일들을 확인할 수 있습니다.

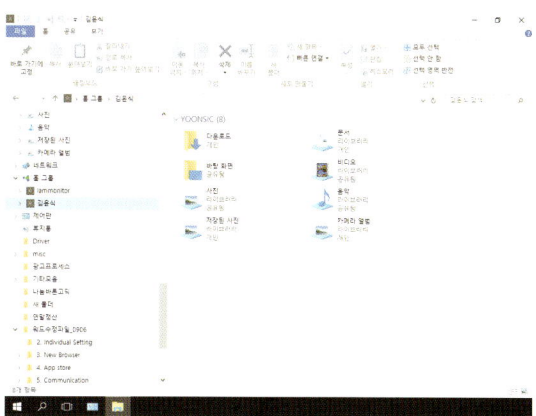

07 | 홈 그룹 나가기 (홈 그룹 삭제하기)

개인용 컴퓨터에서 홈 그룹을 사용하지 않을 경우, 홈 그룹은 디스크 리소스를 낭비하고 시스템을 느려지게 하는 원인이 됩니다. 홈 그룹 나가기 또는 홈 그룹 삭제를 통해 윈도우 10 시스템 리소스 낭비를 줄여보겠습니다.

01 웹 및 윈도우 검색 상자에서 홈 그룹 검색해 실행 〉 홈 그룹에서 나가기를 클릭합니다.

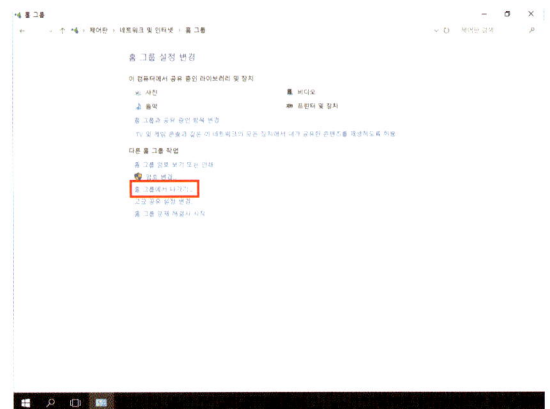

02 '홈 그룹에서 나갑니다'를 클릭합니다.
홈 그룹 연결을 끊었지만 파일 탐색기에 홈 그룹이 남아있는 상태입니다. 언제든 홈 그룹을 다시 연결하여 사용할 수 있습니다.

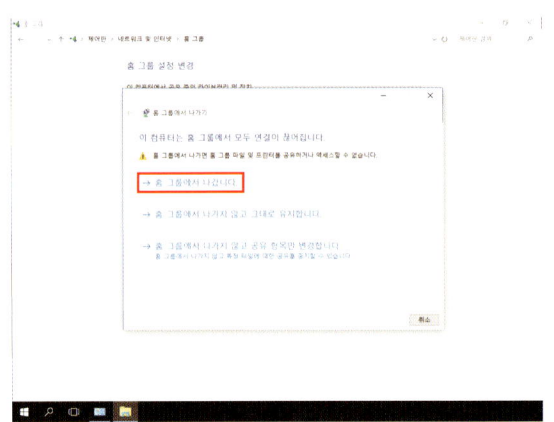

03 파일 탐색기의 탐색 창에서 홈 그룹을 삭제해보 겠습니다.
윈도우 키 + R 〉 Services.msc 를 입력합니다.

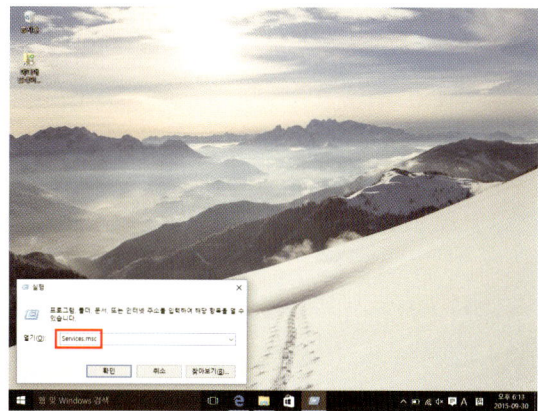

04 서비스(로컬) 창에서 HomeGroup Listener 와 HomeGroup Provider 두 개의 상태를 '사용 안 함'으로 변경해보겠습니다.

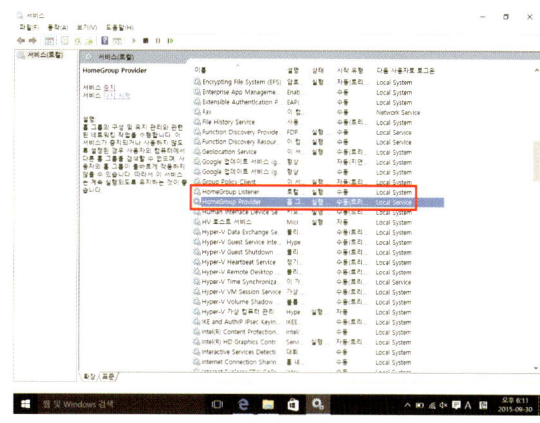

05 HomeGroup Provider를 마우스 오른쪽 단추로 클릭 〉 속성을 클릭합니다.

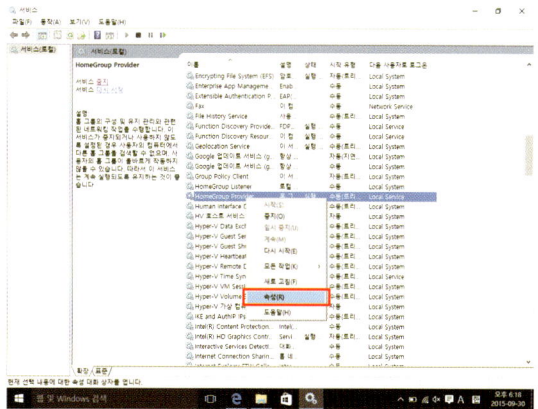

06 시작 유형을 클릭해 '사용 안함' 으로 변경 > 적용 클릭 > 서비스 상태의 중지 버튼을 클릭한 후 확인 버튼을 클릭합니다.

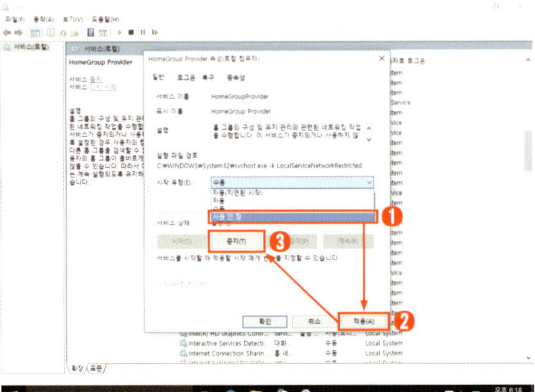

07 HomeGroup Provider를 마우스 오른쪽 단추로 클릭 > 속성을 클릭합니다.

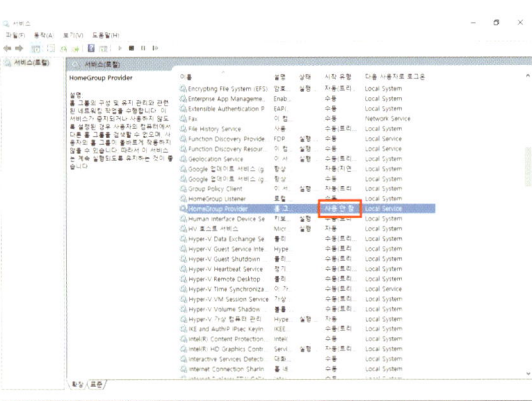

08 위의 방법과 동일하게 HomeGroup Listener의 시작 유형도 '사용 안함'으로 변경하면 홈 그룹 삭제하기가 완료됩니다.

추후 다시 홈 그룹을 사용하고자 하는 경우에는 중지시켰던 HomeGroup Listener 와 HomeGroup Provider를 서비스 사용으로 다시 활성화 시켜주면 됩니다.

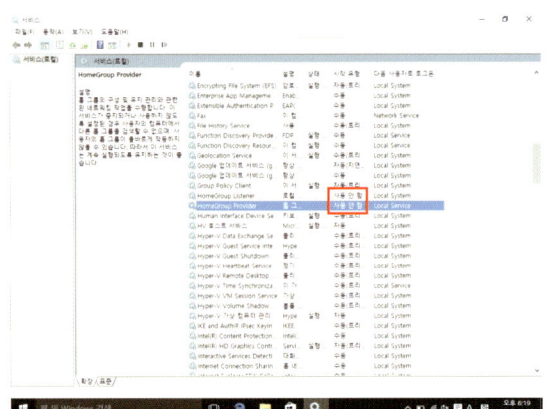

CHAPTER 3
윈도우 10 설정하기

윈도우 10은 사용자 스스로 최적화된 작업 환경을 설정할 수 있습니다. 디스플레이 설정부터 개인 정보 보호 설정까지 다양한 설정 방법에 대해 살펴보겠습니다.

01 디스플레이 설정하기 **02** 알림 설정하기 **03** 앱 및 기능 설정 알아보기 **04** 배터리 사용시간 늘리기
05 전원 및 절전 시간 설정하기 **06** 저장소 공간 관리하기 **07** 기본 앱 지정하기 **08** 프린터 및 스캐너 설치하기
09 장치 추가 및 제거하기 **10** 블루투스 연결 및 사용하기 **11** 마우스 설정하기 **12** 자동 실행 설정하기
13 데이터 사용량 확인하기 **14** Microsoft 계정 정보 변경하기 **15** 윈도우 10 로컬 계정 관리하기
16 가족 계정 추가 및 관리하기 **17** 내 PC에 다른 계정 추가하기 **18** 윈도우 10 시간 변경하기
19 윈도우 10 언어 설정하기 **20** 돋보기 사용하기 **21** 키보드 설정하기 **22** 개인 정보 보호 설정하기

01 | 디스플레이 설정하기

디스플레이에서는 해상도를 변경하거나, 좌우 대칭, 방향, 밝기 등의 설정을 할 수 있습니다.
디스플레이를 이용한 설정 방법을 알아보겠습니다.

01 바탕화면의 빈 공간에서 마우스 오른쪽 단추를 클릭해 디스플레이 설정을 클릭합니다.
웹 및 윈도우 검색 상자에서 디스플레이 설정을 검색해 실행 또는 시작 단추 클릭 〉 설정 클릭 〉 시스템 클릭 〉 디스플레이를 클릭하여 이동할 수 있습니다.

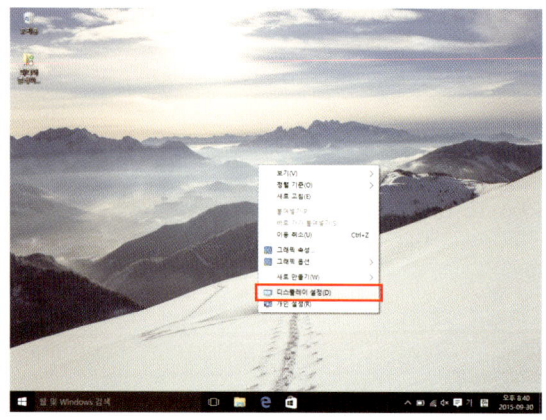

02 디스플레이에 대한 모든 설정을 할 수 있습니다.
1) 식별 : 숫자로 디스플레이를 식별합니다.
2) 검색 : 연결 할 수 있는 디스플레이를 검색합니다.
3) 무선 디스플레이에 연결 : 블루투스를 이용한 무선 디스플레이를 검색 및 연결합니다.
4) 텍스트,앱 및 다른 항목의 크기를 변경합니다 : 작업 표시줄의 아이콘, 폴더 내의 텍스트 등 크기를 변경할 수 있습니다.
권장 크기는 150% 이며, 개인의 취향에 따라 좌우로 이동하여 크기를 변경할 수 있습니다.
5) 방향 : 가로, 세로, 가로(대칭 이동), 세로(대칭 이동)이 있습니다. 모니터를 여러 개 사용할 때 유용합니다.

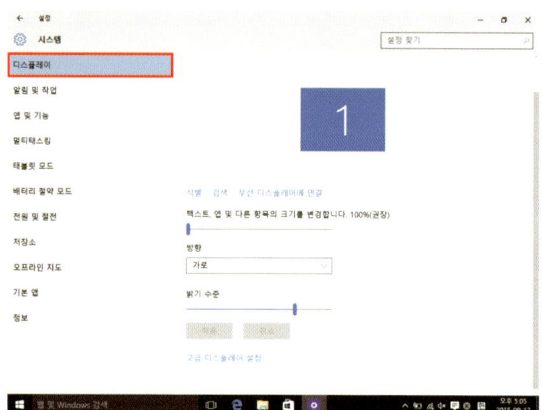

6) 밝기 수준 : 화면의 밝기를 좌우로 이동하여 조절할 수 있습니다.
7) 다중 디스플레이 : 디스플레이 복제, 디스플레이 확장, 1에만 표시, 2에만 표시가 있습니다. (모니터를 여러 개 사용할 때 나타나는 메뉴입니다.)

03 설정 변경 후 적용 단추를 클릭하면 '지금 로그아웃' 또는 '나중에 로그아웃'을 클릭해야 합니다. 지금 로그아웃이 안정적이지만, 작업하는 중이라면 나중에 로그아웃을 클릭합니다.

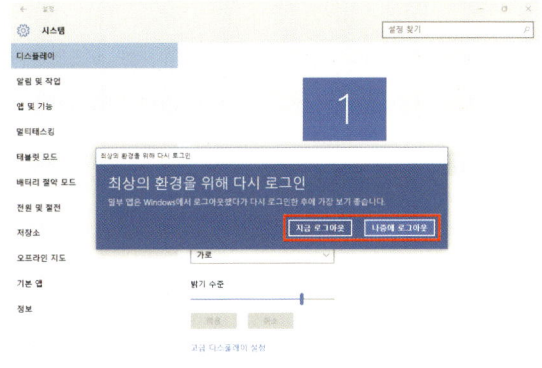

04 디스플레이 해상도를 변경하기 위해선 고급 디스플레이 설정을 클릭합니다.

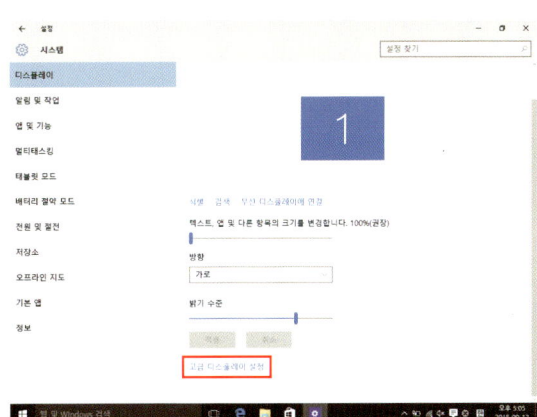

05 모니터마다 권장 해상도가 있으니 적절하게 선택하도록 해야 합니다.

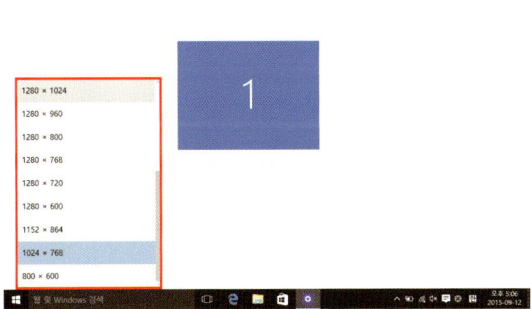

TIP!

디스플레이 관련 설정

- 색 보정 : 디스플레이에 색이 정확하게 표시되도록 조정합니다.
- ClearType 텍스트 : 디스플레이 텍스트의 가독성을 향상시킵니다.
- 텍스트 및 기타 항목의 고급 크기 기능 : 특정 항목들의 크기만 별도로 변경 가능합니다.
- 어댑터 속성 표시 : 디스플레이 어댑터의 속성을 보여줍니다.

02 | 알림 설정하기

윈도우 10에서는 원하는 알림들을 설정할 수 있습니다. 시스템 알림뿐만 아니라 설치된 앱의 개별 알림 설정도 가능합니다. 나의 사용 패턴에 맞게 알림을 설정해보겠습니다.

01 웹 및 윈도우 검색 상자에서 알림 및 작업 설정 검색해 실행 또는 시작 단추 클릭 〉 설정 클릭 〉 시스템 클릭 〉 알림 및 작업을 클릭합니다.

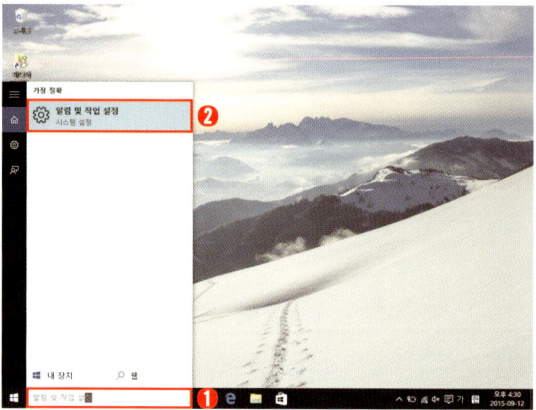

02 알림 설정을 켜짐/ 꺼짐으로 선택할 수 있습니다.
1) 윈도우에 대한 팁 표시 : 윈도우 10 사용 팁을 표시하도록 합니다.
2) 앱 알림 표시 : 페이스북/ 메일/ 일정 등 앱에 대한 알림을 표시합니다.
3) 잠금화면에 알림 표시 : 잠금화면 상태에서 사용 중인 앱 알림을 표시합니다.
4) 잠금화면에서 알림, 미리 알림, 수신 VOIP 통화보기 : 잠금화면 상태에서 일정 등의 알림 등을 표시합니다.
5) 프레젠테이션 중에 알림 숨기기 : 프레젠테이션 중에 화면 위로 알림이 오지 않도록 합니다.

03 앱 알림 표시가 켜짐 일 경우. 앱 알림 개별 설정의 꺼짐/ 켜짐을 이용하여 앱 마다 개별로 알림 수신 여부를 선택할 수 있습니다.

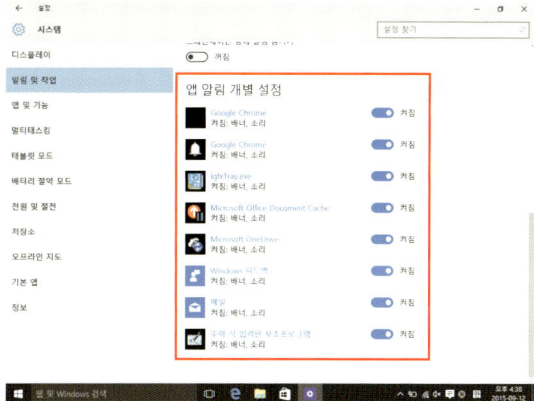

04 앱 이름을 클릭하면 알림 배너와 알림 도착 소리를 따로 설정할 수 있습니다.

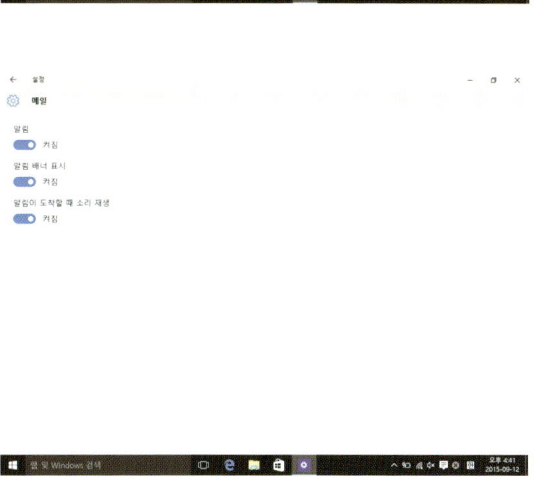

03 | 앱 및 기능 설정 알아보기

드라이브 별로 검색, 정렬 및 필터링하며 앱을 제거하거나 이동할 수 있습니다.
내 PC에 설치된 앱을 확인해보겠습니다.

01 웹 및 윈도우 검색 상자 〉 앱 및 기능 검색해 실행 또는 시작 단추 클릭 〉 설정 클릭 〉 시스템 클릭 〉 앱 및 기능을 클릭합니다.

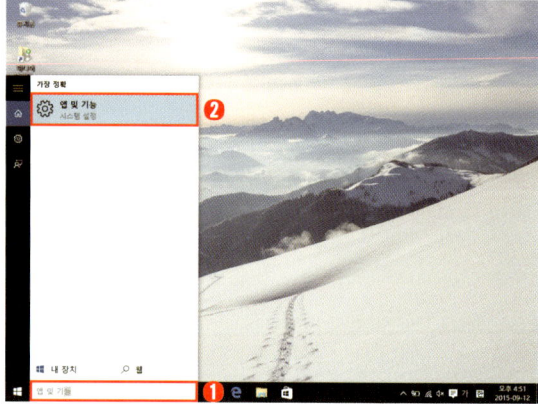

02 설치된 날짜와 앱의 크기가 표시되고, 드라이브 별로 프로그램 검색, 정렬 및 필터링할 수 있습니다.

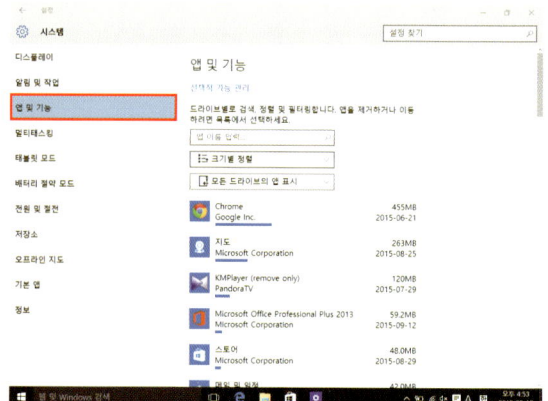

03 앱을 클릭하면 제거 단추를 눌러 삭제할 수 있습니다.

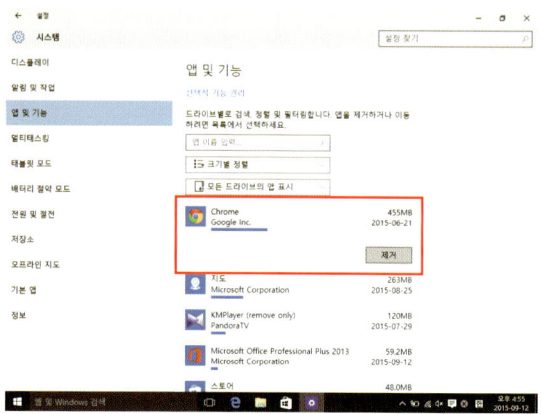

04 | 배터리 사용 시간 늘리기

태블릿, 노트북에서만 확인할 수 있는 배터리 절약 모드는 백그라운드 활동과 푸시 알림을 제한하여 배터리 사용 시간을 늘려주는 기능입니다. 배터리 소모에 민감한 사용자라면 꼭 참고하도록 합니다.

01 웹 및 윈도우 검색 상자 〉 배터리 절약 모드를 검색해 실행 또는 시작 단추 클릭 〉 설정 클릭 〉 시스템 클릭 〉 배터리 절약 모드를 클릭합니다.

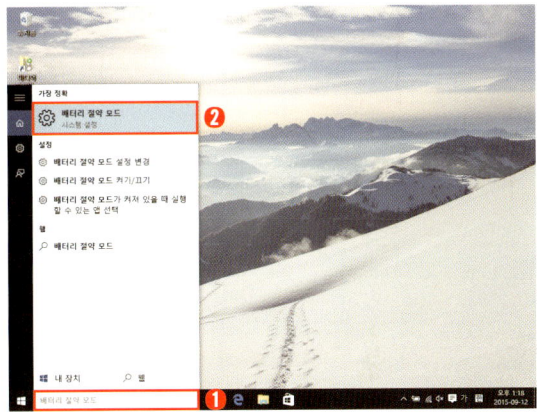

02 배터리의 잔량을 확인할 수 있습니다.

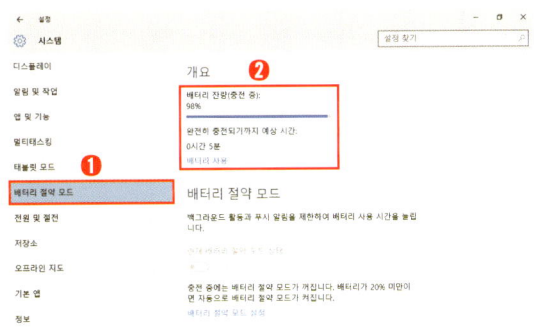

03 배터리 절약 모드 설정을 클릭하면, 잔여 배터리를 설정해 자동으로 배터리 절약 모드를 켤 수 있습니다.
자주 쓰거나 중요한 앱은 항상 허용으로 추가해야 푸시 알림을 계속 받을 수 있습니다.

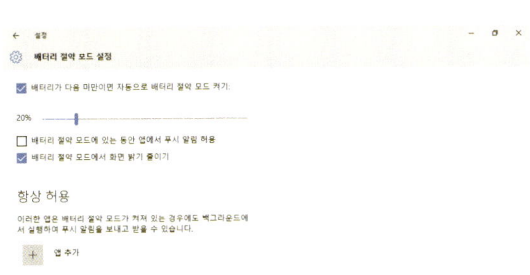

TIP!

백그라운드 앱 실행에서 중요하지 않은 앱을 끄면 전원을 절약할 수 있습니다.

시작 단추 클릭 > 설정 클릭 > 개인 정보 클릭 > 백그라운드 앱을 클릭합니다.

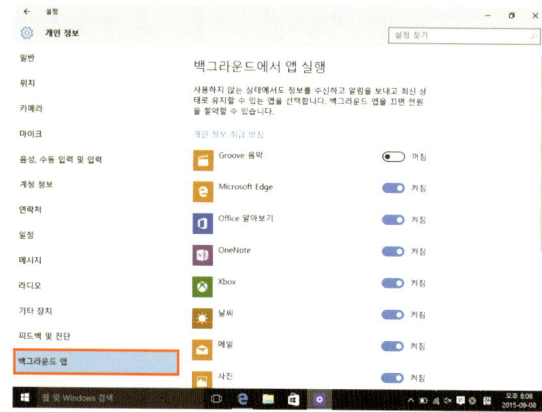

05 | 전원 및 절전 시간 설정하기

화면을 끄거나 절전 모드 시간을 설정하는 방법만으로도 PC의 전력 소모량을 줄일 수 있습니다. 태블릿, 노트북을 사용하는 사용자에게 간단하지만 유용한 팁이니 참고합니다.

01 웹 및 윈도우 검색 상자 > 전원 및 절전 설정을 검색해 실행 또는 시작 단추 클릭 > 설정 클릭 > 시스템 클릭 > 전원 및 절전을 클릭합니다.

02 화면과 절전 모드 시간을 설정할 수 있습니다. 선택한 시간이 지나면 화면을 끄거나 절전 모드로 전환됩니다.
배터리를 사용할 때와 전원을 사용할 때 나누어서 설정할 수 있습니다.

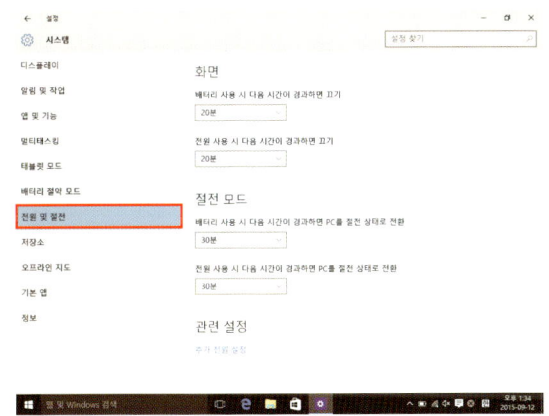

06 | 저장소 공간 관리하기

저장소는 사용 중인 드라이브가 어떻게 공간을 차지하고 있는지 확인할 수 있습니다.
자주 사용하지 않는 앱, 임시 파일 등을 삭제하여 저장소를 효율적으로 관리해보겠습니다.

01 웹 및 윈도우 검색 상자 〉 저장소를 검색해 실행 또는 시작 단추 클릭 〉 설정 클릭 〉 시스템 클릭 〉 저장소를 클릭합니다.

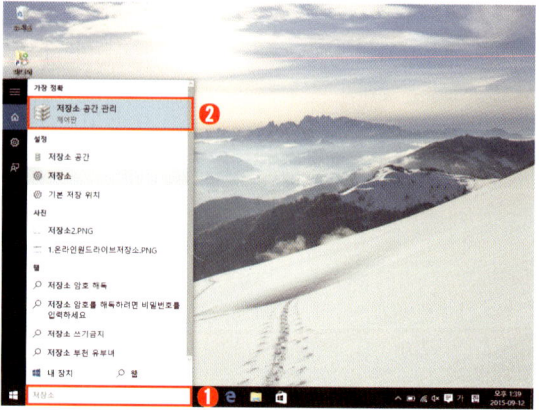

02 드라이브 별로 차지한 공간이 표시되어 간략하게 확인할 수 있습니다. 전체 용량과 사용 중인 용량이 표시되며 자세한 정보는 드라이브를 클릭합니다.

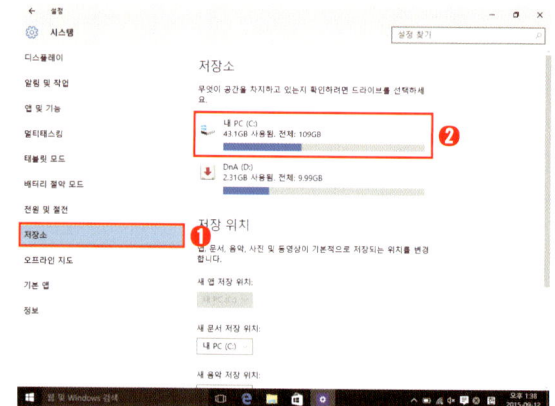

03 드라이브를 클릭하면 저장소 사용에 섹션별로 색상이 표시됩니다.

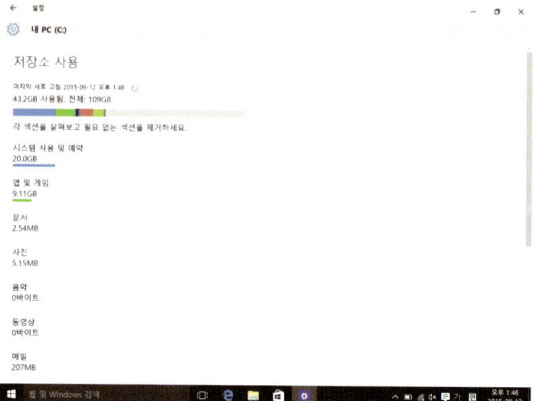

04 각 섹션을 클릭하면 섹션 성격에 맞는 관리 방법을 제시해줍니다. 앱 및 게임 섹션을 클릭하면 앱의 크기와 설치한 날짜가 표시되고, 앱을 제거할 수 있습니다.

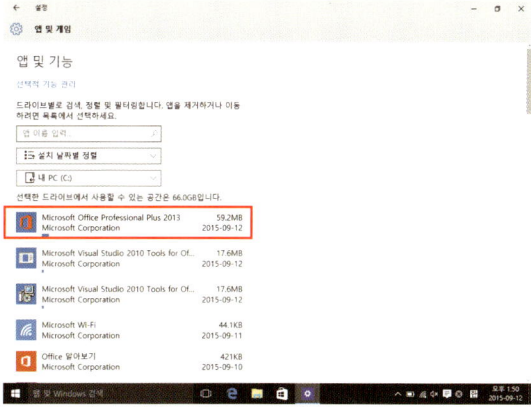

05 임시 파일 섹션을 클릭하면 임시 파일, 다운로드, 휴지통을 관리하여 저장소 공간을 늘릴 수 있습니다.

07 | 기본 앱 지정하기

사진 파일을 열거나 동영상을 재생할 때 실행 프로그램이 여러 개 설치되어 있을 경우 어떤 프로그램으로 실행할 것인지 선택해야 합니다. 매번 실행할 때마다 선택하기 번거롭다면, 기본적으로 실행되는 앱을 지정해 보겠습니다.

01 웹 및 윈도우 검색 상자 〉 기본 앱 설정을 검색해 실행 또는 시작 단추 클릭 〉 설정 클릭 〉 시스템 클릭 〉 기본 앱을 클릭합니다.

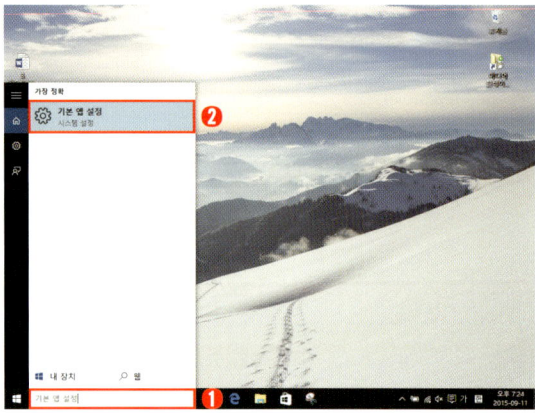

02 + 기본 앱 선택을 클릭합니다.

03 연결할 수 있는 앱이 없을 경우, 스토어에서 앱을 다운받아 지정할 수 있습니다.

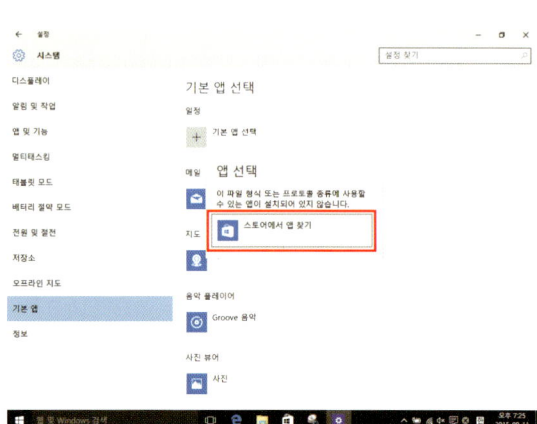

04 글쓴이는 음악 플레이어를 Groove 음악에서 Windows Media Player로 변경하고자 합니다. 음악 플레이어에서 미리 사용 중인 Groove 음악을 클릭하면 앱 리스트를 확인할 수 있습니다.

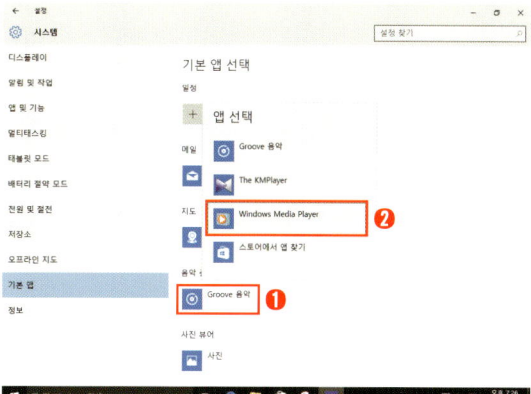

05 Windows Media Player를 클릭하면 음악 플레이어에 지정된 것을 확인할 수 있습니다.

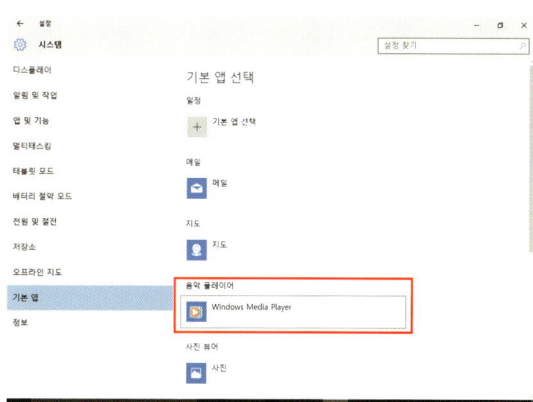

06 초기화 버튼을 누르면 Microsoft 권장 기본 값으로 변경됩니다.
음악 플레이어 의 기본 앱이 Groove 음악으로 변경된 것을 확인할 수 있습니다.

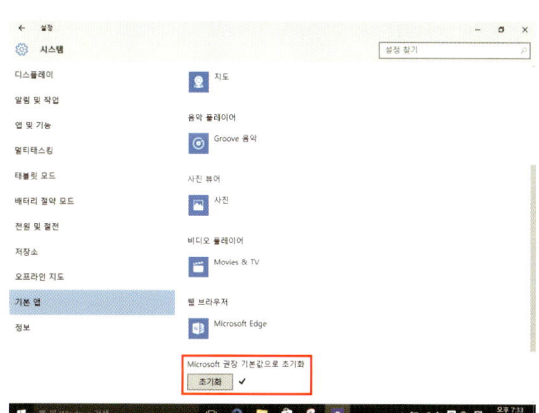

Part8 윈도우 10을 관리하세요 | 417

08 | 프린터 및 스캐너 설치하기

네트워크로 공유되어있는 프린터 및 스캐너를 설치하고 사용하는 방법은 매우 간단합니다.
프린터를 선택하고 설치해보겠습니다.

01 웹 및 윈도우 검색 상자 > 프린터 및 스캐너 검색해 실행 또는 시작 단추 클릭 > 설정 클릭 > 장치 클릭 > 프린터 및 스캐너를 클릭합니다.

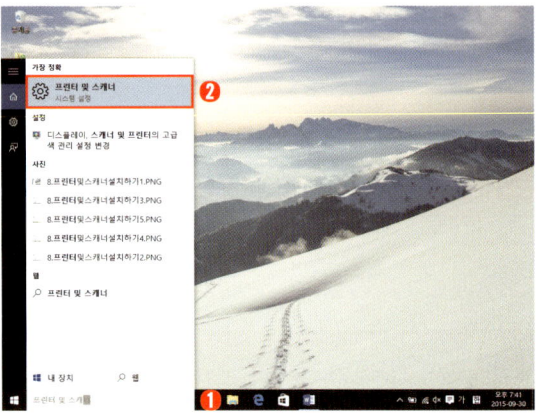

02 연결 가능한 프린터 및 스캐너를 검색한 후에 원하는 프린터 클릭 > '장치 추가'를 클릭합니다.

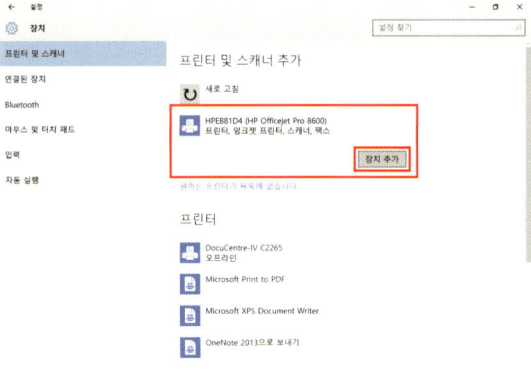

03 선택한 프린터가 추가되는 것을 확인할 수 있습니다.

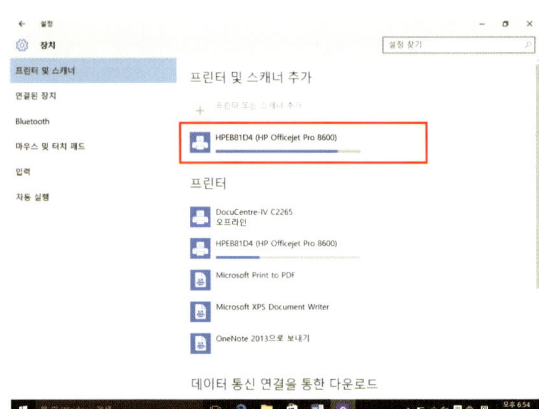

04 준비상태가 되면 정상적으로 추가하여 프린터를 사용할 수 있습니다.

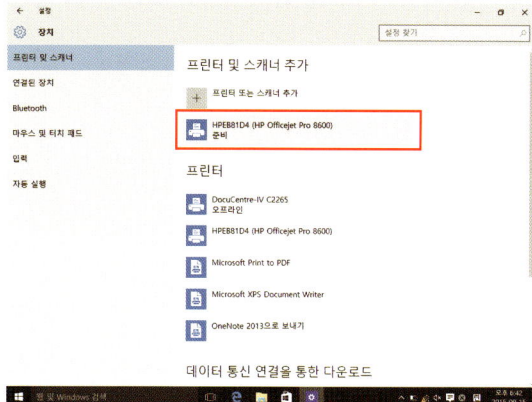

05 프린터 연결을 제거하고 싶을 경우, 원하는 프린터 클릭 〉 '장치 제거'를 클릭합니다.

TIP!

네트워크를 이용한 프린터 연결 방법은 연결할 프린터가 무선 네트워크 또는 인터넷을 통해 인쇄할 수 있는 기능이 있어야 가능합니다.

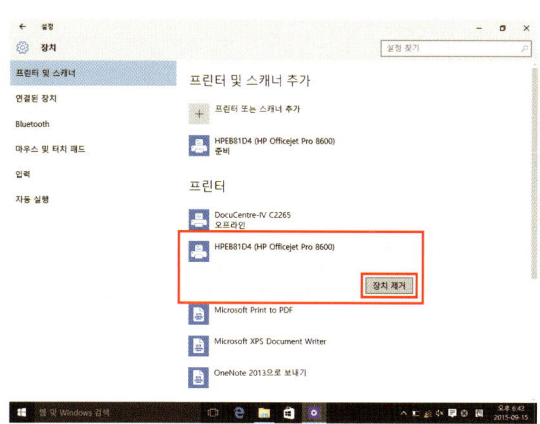

09 | 장치 추가 및 제거하기

내 PC에 연결된 장치들을 확인하고 추가/ 제거 해보겠습니다.

01 웹 및 윈도우 검색 상자 > 장치 추가 또는 제거를 검색해 실행 또는 시작 단추 클릭 > 설정 클릭 > 장치 클릭 > 연결된 장치를 클릭합니다

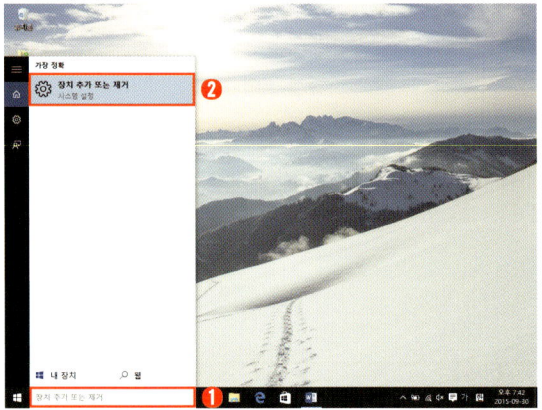

02 + 장치추가를 클릭하면 PC와 연결 가능한 장치들을 검색하여 선택할 수 있습니다.

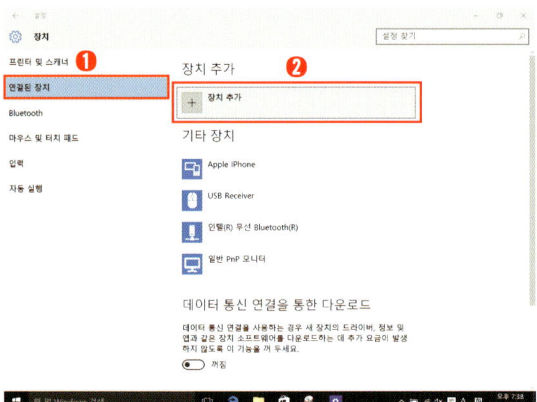

03 기타 장치에는 PC와 연결된 USB 등의 부가 장치에 대한 정보를 보여줍니다. 연결된 장치를 클릭하면 제거 단추를 눌러 제거할 수 있습니다.

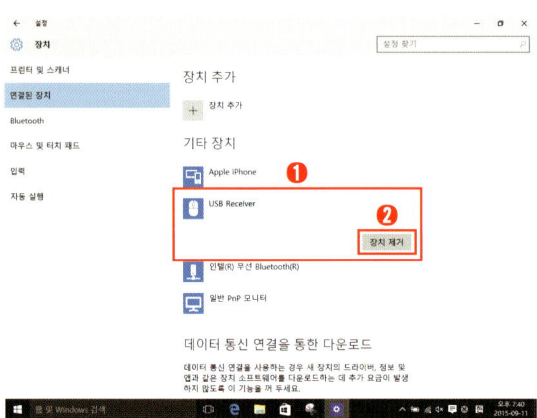

10 | 블루투스 연결 및 사용하기

Bluetooth 기능을 통해 내 PC와 연결할 수 있는 Bluetooth 기기들을 검색하고 연결해 보겠습니다.

01 웹 및 윈도우 검색 상자 〉 Bluetooth 설정을 검색해 실행 또는 시작 단추 클릭 〉 설정 클릭 〉 장치 클릭 〉 Bluetooth를 클릭합니다.

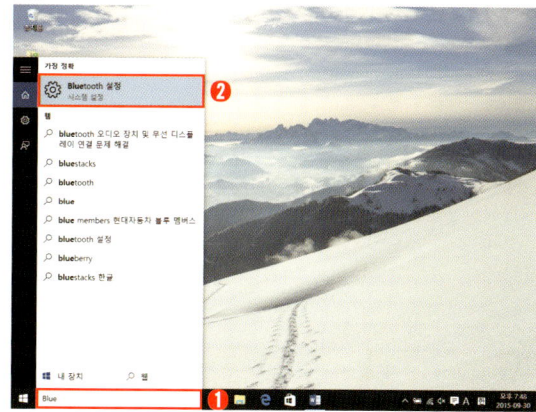

02 블루투스를 켜짐으로 활성화 시키면 PC와 연결 가능한 블루투스 장치를 검색합니다.

03 연결이 가능한 블루투스 기기는 검색 결과에 보여지며, 기기 클릭 시 연결됩니다.

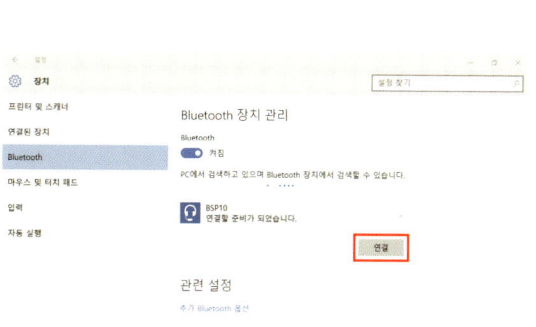

04 연결된 블루투스 기기를 다시 클릭하면 제거 단추를 눌러 제거할 수 있습니다.

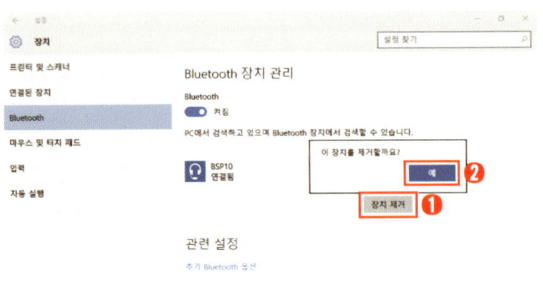

05 꺼짐으로 비활성화 시키면 연결된 블루투스가 중지됩니다.

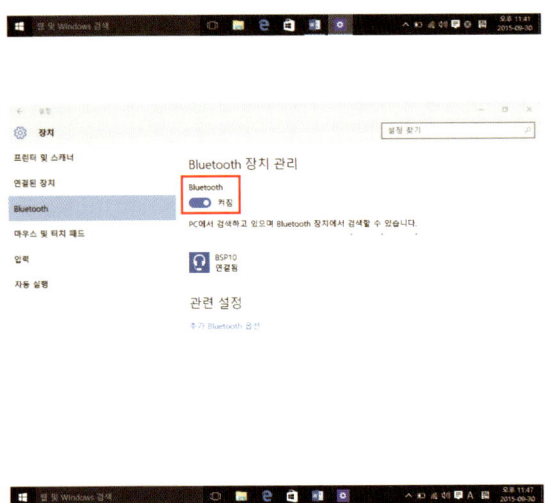

TIP!

조금 더 상세한 블루투스 설정하기

추가 Bluetooth 옵션을 클릭하면 Bluetooth 설정 창으로 이동합니다.

1. 검색 : 블루투스 장치에 PC의 이름이 표시되도록 설정할 수 있습니다.

2. 알림 : 블루투스 장치 연결 시 알림이 표시됩니다. 알림 표시를 원하지 않으면 체크를 해제합니다.

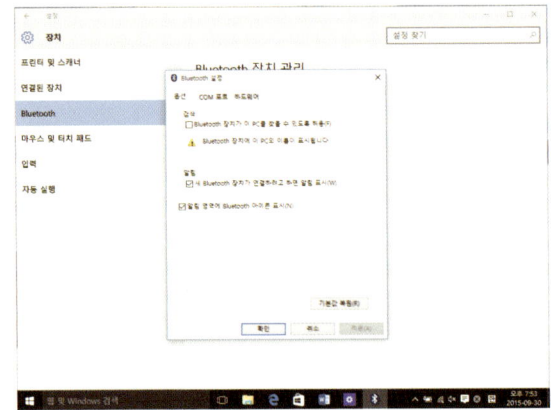

11 | 마우스 설정하기

PC를 사용할 때 필수적으로 사용되는 마우스는 사용자의 취향에 따라 설정할 수 있습니다. 클릭 기본 단추를 선택하거나 마우스 휠을 돌릴 때의 스크롤의 양, 마우스 포인터의 크기/ 색상 등을 자유롭게 변경해보겠습니다.

01 웹 및 윈도우 검색 상자 〉 마우스 설정 변경을 검색해 실행 또는 시작 단추 클릭 〉 설정 클릭 〉 장치 클릭 〉 마우스 및 터치패드를 클릭합니다.

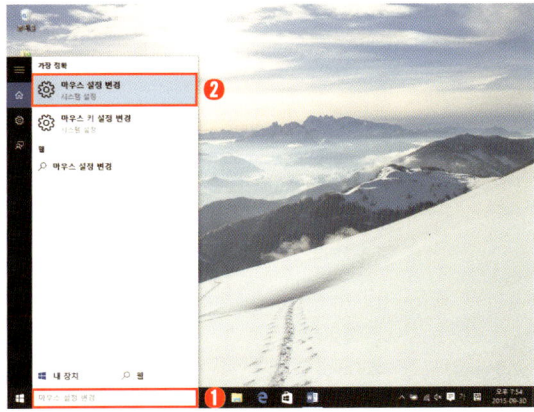

02 마우스의 기본 단추를 지정할 수 있습니다. 기본은 왼쪽 클릭입니다.

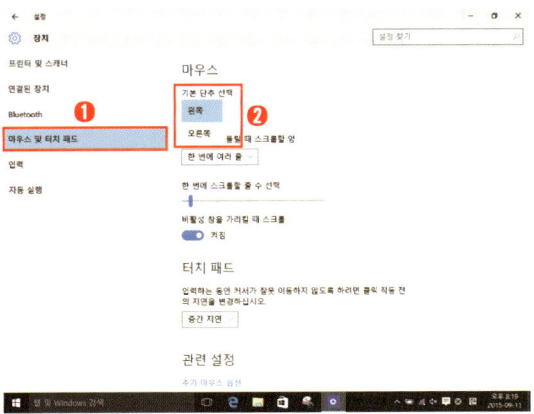

03 마우스 휠을 돌릴 때 스크롤 할 양을 지정할 수 있습니다.
기본은 한 번에 여러 줄이며, 한 번에 한 화면씩을 스크롤 할 경우 섬세한 내용 확인이 어려울 수 있습니다.

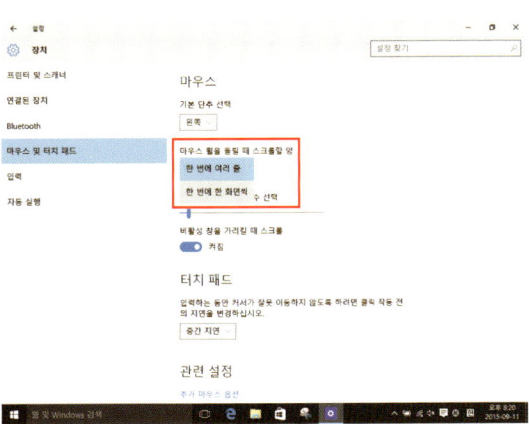

Part8 윈도우 10을 관리하세요 | 423

04 한 번에 스크롤할 줄 수를 왼쪽, 오른쪽으로 이동하여 지정할 수 있습니다.

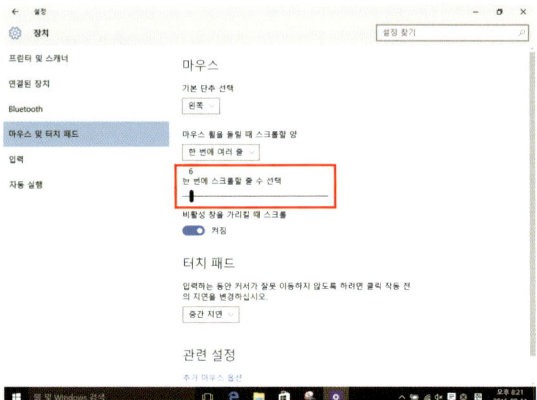

05 보통 스크롤의 기본 설정은 현재 작업 중인 활성화된 창만 위아래로 움직일 수 있습니다.
'비활성 창을 가리킬 때 스크롤'을 켜짐으로 하면 사용 중 이지 않은 비활성화 창에서도 스크롤 기능이 되어 위아래로 움직일 수 있습니다.

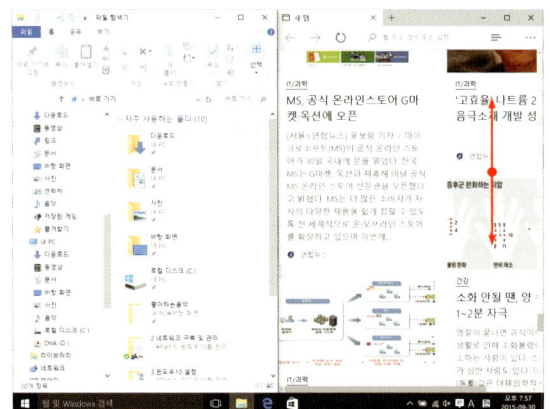

06 시작 단추 클릭 〉 설정 클릭 〉 접근성 클릭 〉 마우스를 클릭하면 마우스의 크기/ 색을 변경할 수 있습니다.
1) 포인터 크기 : 포인터의 크기를 1, 2, 3 단계로 선택할 수 있습니다.
2) 포인터 색 : 포인터의 색상을 흰색, 검정색, 흰색+검정색으로 선택할 수 있습니다.
3) 마우스 키 : 숫자 키패드를 사용하여 화면에서 마우스 이동을 켜짐으로 활성화하면 작업 표시줄에 마우스 아이콘( )이 노출됩니다. 속도 조절은 Ctrl (속도 빠르게), Shift (속도 느리게) 키를 사용하며, Num Lock 키가 켜져 있을 때 마우스 키 사용을 지정할 수 있습니다.

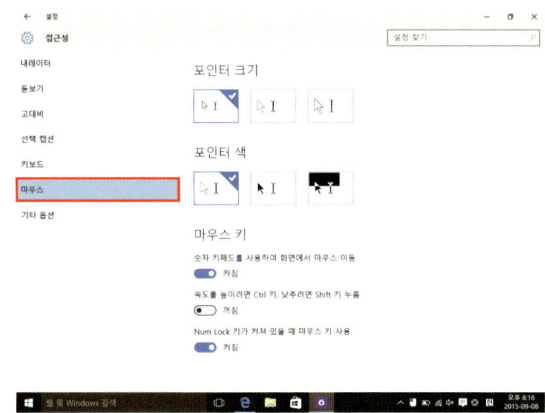

12 | 자동 실행 설정하기

한번 연결했던 모든 장치들을 다시 연결했을 때 사용자의 편의에 맞게 기본 실행 상태를 설정할 수 있습니다. 자동 실행 설정을 이용해 연결 상태를 변경해보겠습니다.

01 웹 및 윈도우 검색상자 〉 자동 실행 설정을 검색해 실행 또는 시작 단추 클릭 〉 설정 클릭 〉 자동 실행을 클릭합니다.

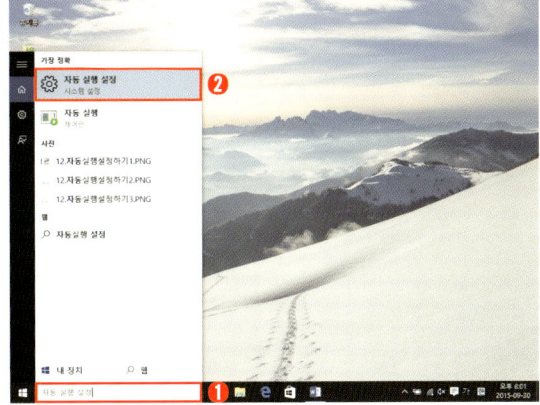

02 자동 실행을 켜짐으로 활성화하면 장치에 지정한 설정이 자동으로 실행됩니다.

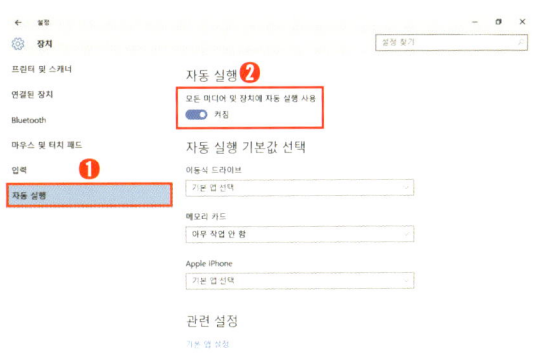

03 연결했던 장치들의 기본값을 선택할 수 있고 이후에 연결할 때는 선택한 연결 방식대로 자동 실행됩니다.

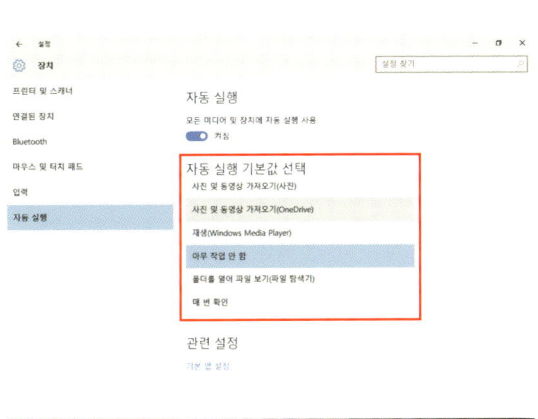

13 | 데이터 사용량 확인하기

네트워크 사용시 데이터 사용량을 확인할 수 있습니다. 3G/ 4G 스마트폰 핫스팟을 사용하거나 또는 와이브로 등을 사용시 데이터 사용량이 궁금할 때 유용한 정보이니 참고해두도록 합니다.

01 웹 및 윈도우 검색 상자 > 데이터 사용량 설정을 검색해 실행 또는 시작 단추 클릭 > 설정 클릭 > 네트워크 및 인터넷 클릭 > 데이터 사용량을 클릭합니다.

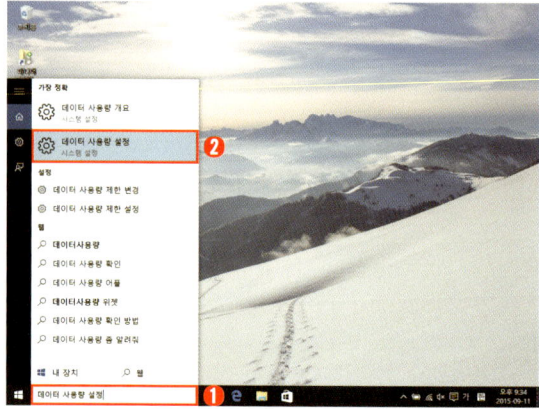

02 유선 인터넷과 무선인터넷의 약 30일간 데이터 사용량을 확인할 수 있습니다.

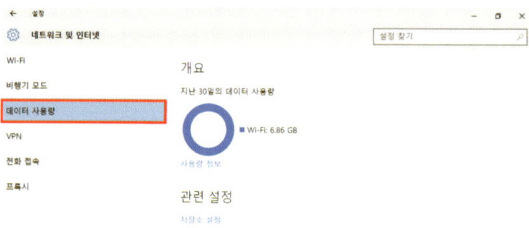

03 사용량 정보를 클릭하면 앱 별로 사용량을 확인할 수 있습니다.

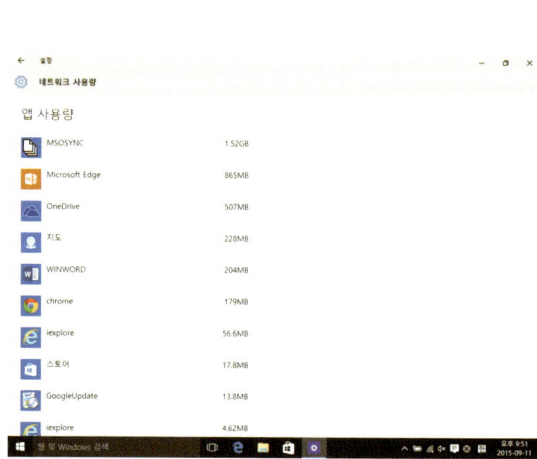

14 | Microsoft 계정 정보 변경하기

Microsoft 사이트에 접속하지 않아도 내 계정의 프로필사진을 쉽게 변경할 수 있습니다.
나를 잘 표현할 수 있는 프로필 사진으로 변경해보겠습니다.

01 시작 단추 클릭 > 계정 클릭 > 계정 설정 변경을 클릭합니다.
시작 단추 클릭 > 설정 클릭 > 계정 클릭 > 계정 클릭 또는 웹 및 윈도우 검색 상자 > 계정 사진 또는 프로필 설정 변경을 검색해 실행할 수 있습니다.

02 현재 로그인 중인 계정을 확인할 수 있고 사진을 선택해 간단히 계정 프로필 사진을 변경할 수 있습니다.

03 사진을 변경할 경우 찾아보기 단추를 클릭해 나를 표현할 수 있는 사진을 선택합니다. 이전에 등록한 사진으로 변경길 원하면 최근 등록한 2개의 사진 중 선택하면 됩니다.

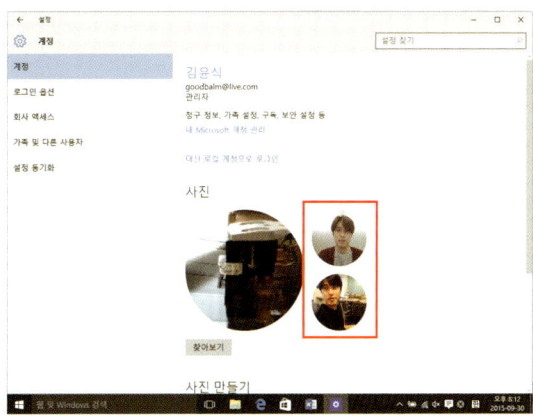

04 저장된 사진 파일이 없다면 사진 만들기의 카메라 아이콘을 클릭해 사진을 촬영합니다.

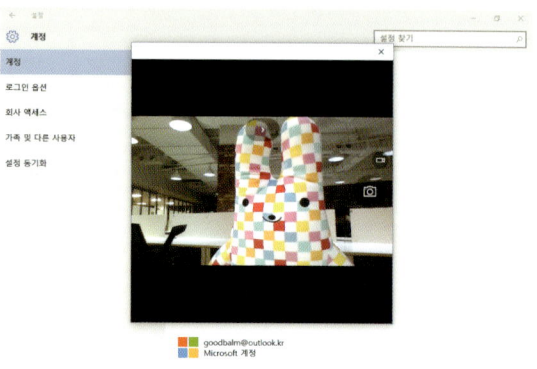

05 촬영한 사진에서 원하는 부분을 잘라 사용할 수 있습니다.

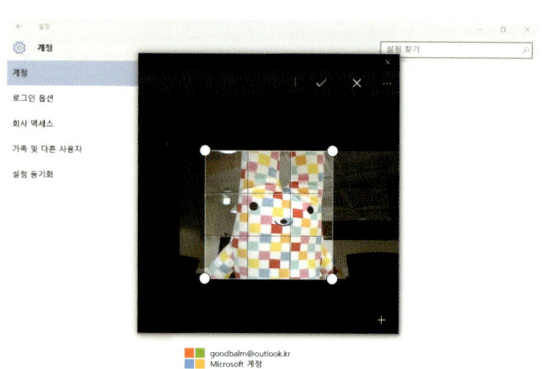

06 내 Microsoft 계정 관리를 클릭하면 Microsoft 계정 사이트로 이동해 내 정보, 결제 및 청구, 가족 설정, 보안 설정 등을 설정할 수 있습니다.

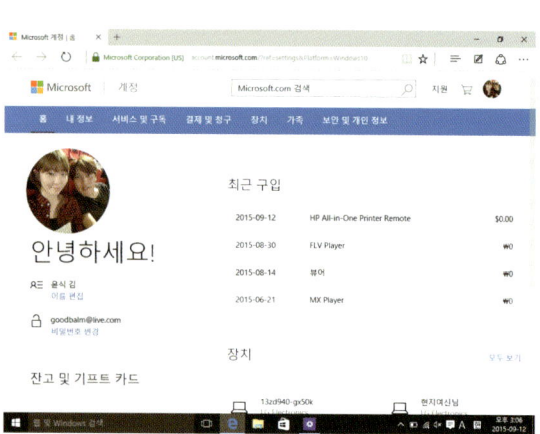

15 | 윈도우 10 로컬 계정 관리하기

Microsoft 계정을 사용해 로그인하는 게 편리하지만 Microsoft 계정을 만들고 싶지 않으면 내 PC에서만 사용 가능한 로컬 계정을 만들어 로그인할 수 있습니다. 내 PC의 로컬 계정을 만들어 보겠습니다.

01 시작 단추 클릭 〉 계정 클릭 〉 계정 설정 변경을 클릭합니다.

02 대신 로컬 계정으로 로그인을 클릭합니다.

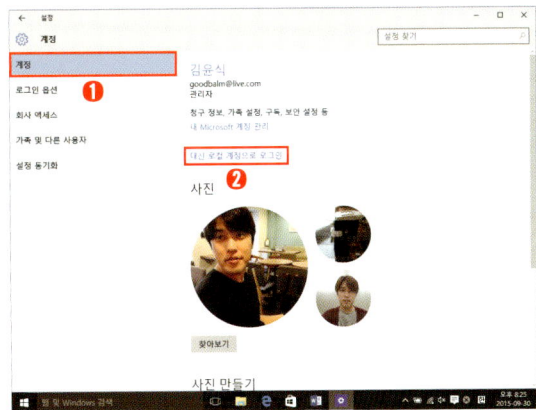

03 현재 로그인한 Microsoft 계정의 암호를 입력합니다.

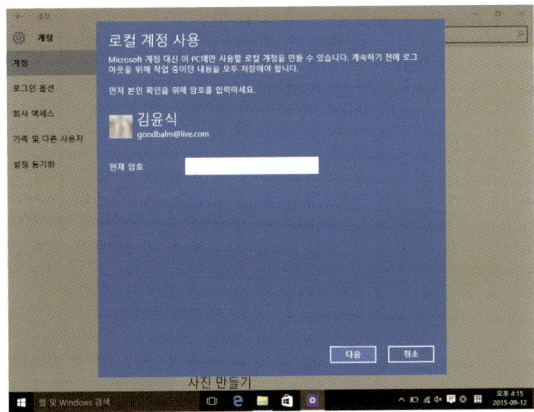

04 로컬 계정으로 사용할 정보를 입력합니다. PC를 켤 때에 로컬 계정이 생성된 것을 확인할 수 있습니다.

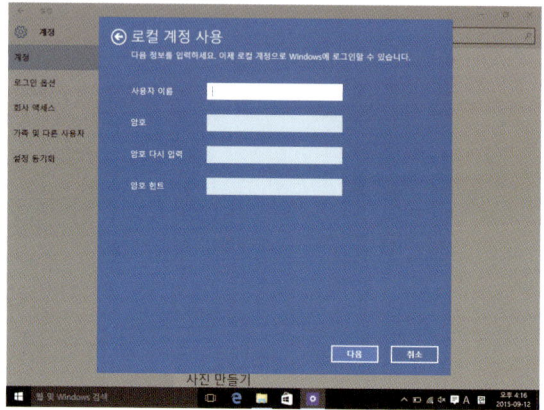

05 로컬 계정을 생성하면 사용 중이던 Microsoft 계정이 로그아웃되고 로컬 계정으로 로그인할 수 있습니다.

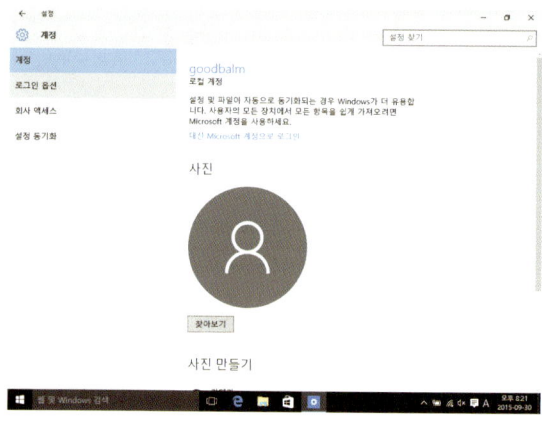

16 | 가족 계정 추가 및 관리하기

윈도우 10에 가족을 추가해 가족 구성원 계정별로 로그인 및 바탕화면을 따로 제공합니다.
자녀가 어릴 경우 적절한 웹 사이트, 시간 제한, 앱 및 게임을 사용하도록 설정하여 자녀를
안전하게 보호하도록 할 수 있습니다.

01 웹 및 윈도우 검색 상자 〉 로그인 옵션을 검색 후 실행 또는 시작 단추 클릭 〉 설정 클릭 〉 계정 클릭 〉 로그인 옵션을 클릭합니다.

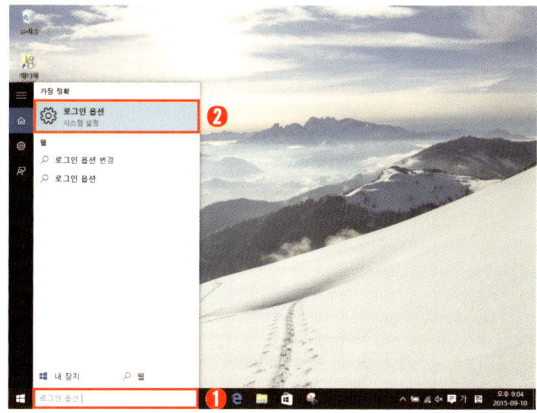

02 가족 및 다른 사용자 클릭 〉 가족 구성원 추가 단추를 클릭합니다.

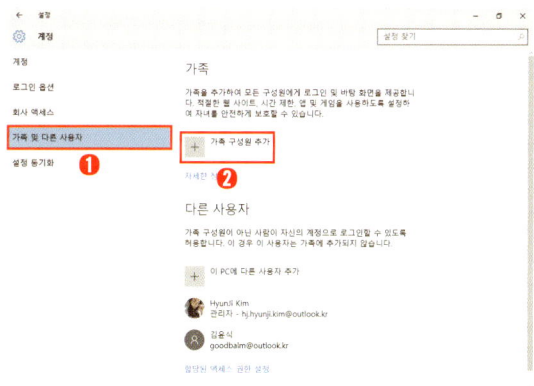

03 자녀, 성인 중 선택 후 마이크로소프트 메일 계정을 입력합니다.

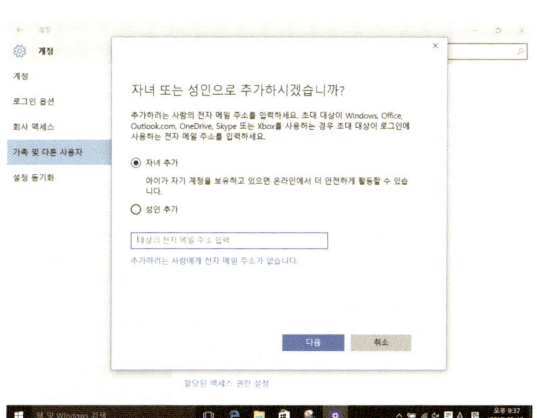

Part8 윈도우 10을 관리하세요 | 431

04 마이크로소프트 메일 계정이 없을 경우 '추가하려는 사람에게 전자 메일 주소가 없습니다.'를 클릭하여 새로운 계정을 만들 수 있습니다.

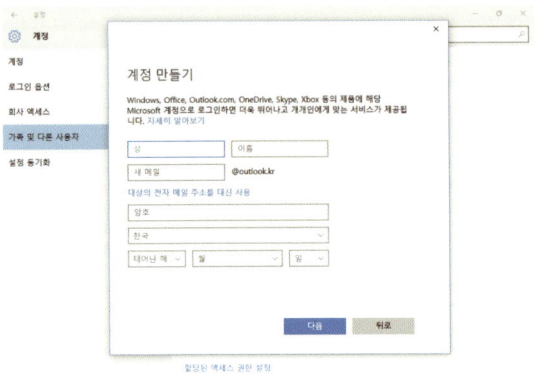

05 초대받은 자녀가 메일을 수락하면 가족으로 계정이 연결됩니다.

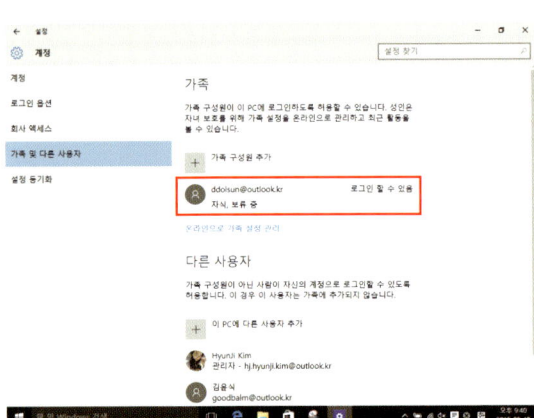

06 자녀의 계정이 연결되면 온라인으로 가족 설정을 관리할 수 있습니다.

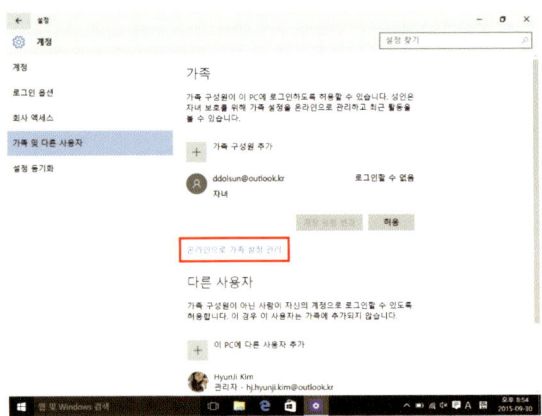

07 마이크로소프트 계정 사이트 (https://account.microsoft.com/family)에 접속한 뒤 관리할 자녀의 계정을 선택합니다.

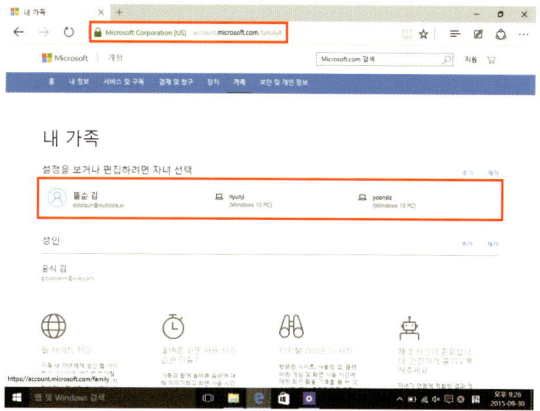

08 활동 보고를 켜짐으로 활성화하면 자녀의 최근 활동에 대해 주간 보고서를 이메일로 받을 수 있습니다. 최근 활동을 클릭하면 자녀의 웹 검색, 앱/ 게임 및 미디어, 화면 시간, 구매 및 지출에 대해 온라인으로 관리할 수 있습니다.

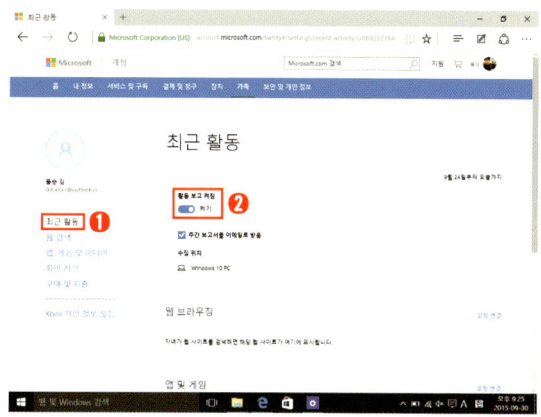

09 웹 검색을 클릭하면 부적절한 웹 사이트 차단할 수 있습니다. 일부 웹 사이트는 Microsoft Edge 또는 Internet Explorer 에서만 차단이 가능하니 하단의 항상 허용, 항상 차단 url를 입력해 추가로 관리하도록 합니다.

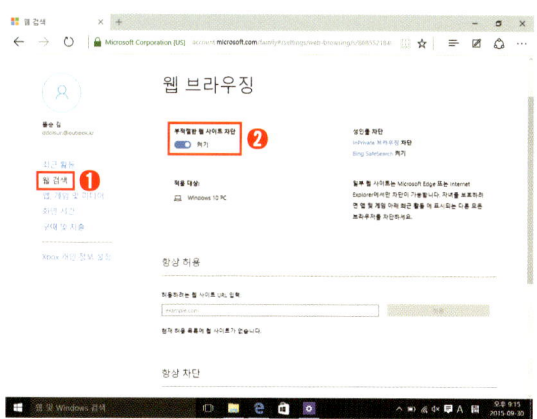

10 앱, 게임 및 미디어를 클릭하면 윈도우 스토어에서 앱 및 게임을 연령별로 제한하거나 자녀를 부적절한 앱 및 게임으로부터 차단할 수 있습니다.

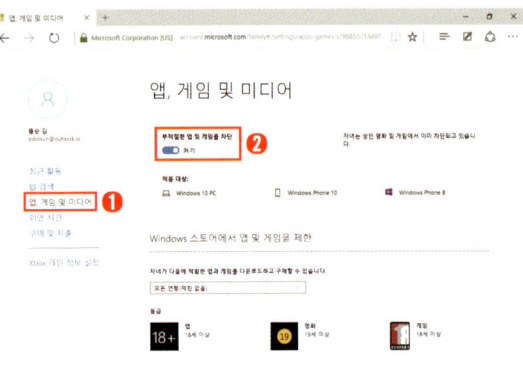

11 화면 시간을 클릭하면 자녀가 컴퓨터를 이용할 수 있는 시간을 설정할 수 있습니다. 시작 시간과 끝나는 시간을 설정할 수 있고, 요일 별로 시간도 제한할 수 있습니다.

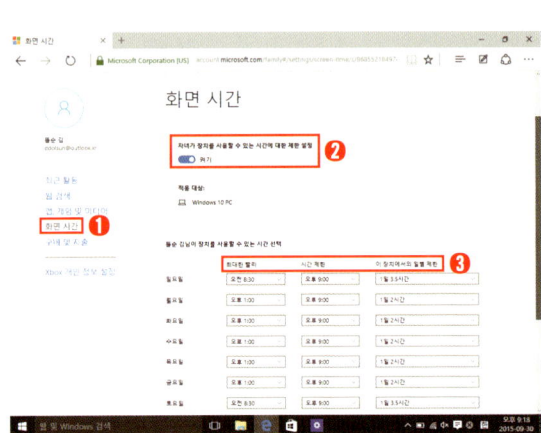

12 구매 및 지출을 클릭하면 마이크로소프트 계정에 일정 금액을 추가하고 자녀가 사용할 수 있게 설정할 수 있습니다.

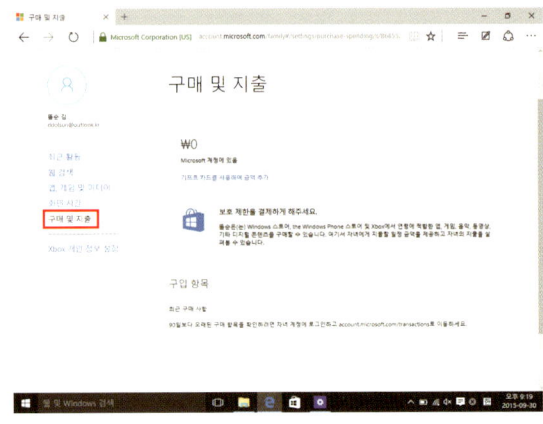

17 | 내 PC에 다른 계정 추가하기

한 대의 PC에 여러 사람이 함께 사용하는 경우에는 각 사용자에 대해 계정을 만들어
로그인할 수 있습니다. 다른 사용자의 계정을 추가해 분리하여 사용해보겠습니다.

01 웹 및 윈도우 검색 상자 〉 로그인 옵션을 검색 후 실행 또는 시작 단추 클릭 〉 설정 클릭 〉 계정 클릭 〉 로그인 옵션을 클릭합니다.

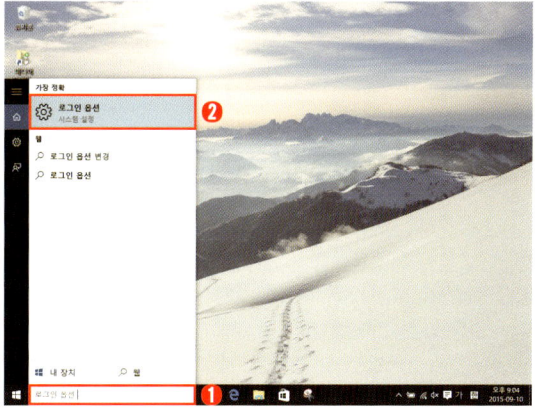

02 '이 PC에 다른 사용자 추가'를 클릭합니다.

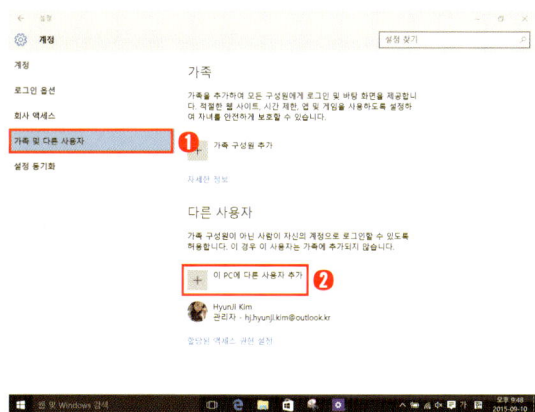

03 추가할 메일 계정을 등록 후 다음을 클릭합니다.
(마이크로소프트 계정만 추가 가능합니다.)

04 PC에 로그인할 때, 추가한 다른 사용자의 계정을 확인할 수 있습니다.

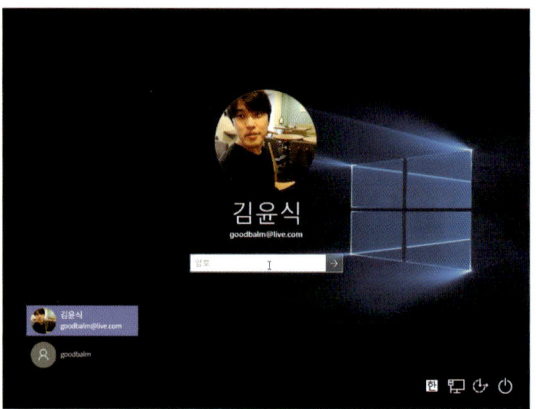

05 추가된 다른 사용자 이름을 클릭하면 계정 유형을 변경하거나 제거할 수 있습니다.

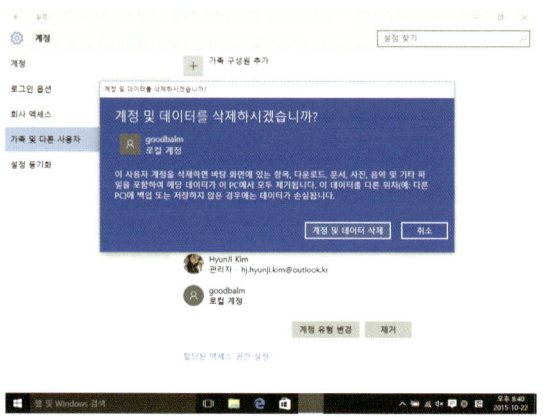

18 | 윈도우 10 시간 변경하기

컴퓨터를 사용하다보면 윈도우 시간이 맞지 않을 때가 종종 있습니다. 윈도우 시간 동기화가 끊어진 경우 아래의 방법으로 시간을 설정해보겠습니다.

01 웹 및 윈도우 검색 상자에서 날짜 및 시간을 검색 후 실행 또는 시작 단추 클릭 〉 설정 클릭 〉 시간 및 언어 클릭 〉 날짜 및 시간을 클릭합니다.

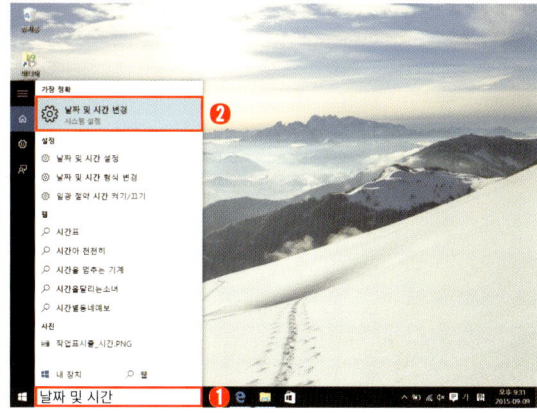

02 자동으로 시간 설정을 켜짐으로 활성화하면 현재의 날짜와 시간을 표시합니다.

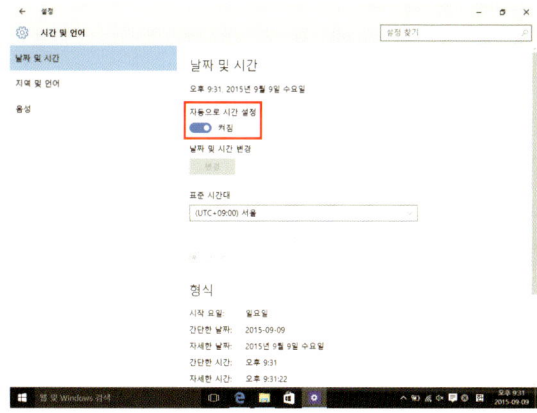

03 꺼짐으로 비활성화하면 날짜 및 시간을 변경할 수 있습니다.

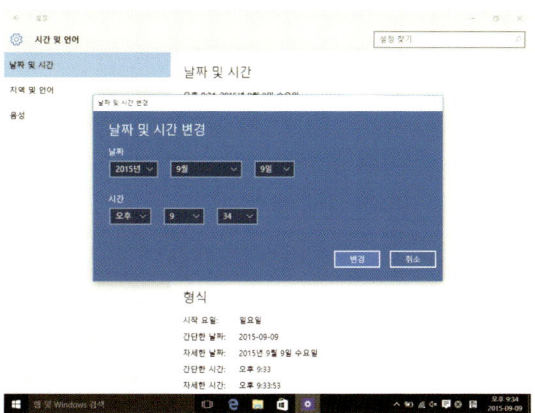

Part8 윈도우 10을 관리하세요 | 437

04 날짜 및 시간 형식 변경을 클릭하면, 다양한 양식을 이용하여 날짜/ 시간을 노출하는 형식을 변경할 수 있습니다.

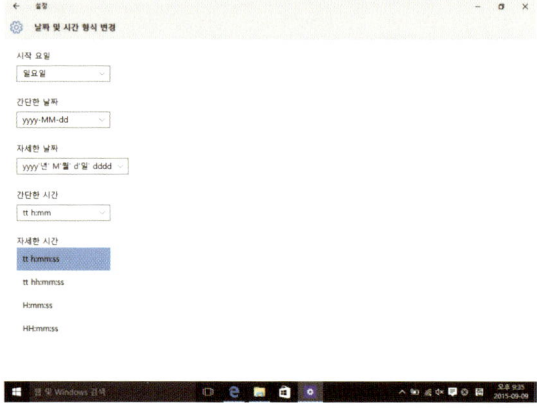

19 | 윈도우 10 언어 설정하기

기본 설정된 한글, 영어뿐만 아니라 다른 언어를 추가해야 할 경우 아래의 방법을
참고해 설정해보겠습니다.

01 웹 및 윈도우 검색 상자에서 국가 및 언어 설정 검색 후 실행 또는 시작 단추 클릭 〉 설정 클릭 〉 시간 및 언어 클릭 〉 지역 및 언어를 클릭합니다.

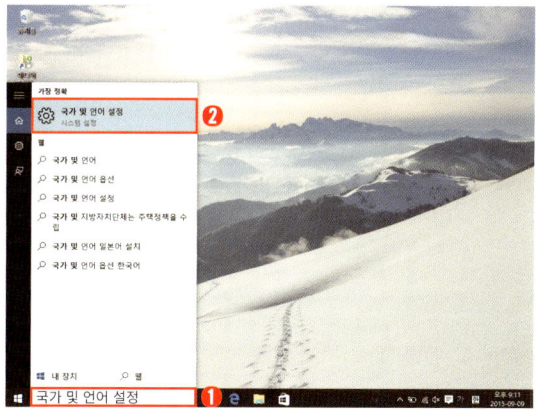

02 국가 또는 지역을 지정하면 윈도우 및 앱에서 설정에 따른 로컬 콘텐츠를 제공받을 수 있습니다. 기본적으로 국가는 한국으로 설정되어 있으며 원하는 지역으로 지정할 수 있습니다.

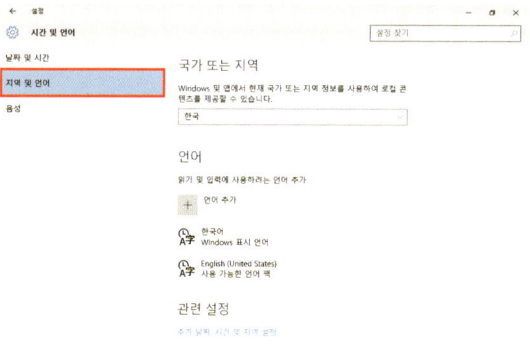

03 읽기 및 입력에 사용하려는 언어를 클릭하여 추가할 수 있습니다.
추가된 언어는 비활성화되어있습니다.

04 추가된 언어를 클릭하면 기본값으로 설정하거나, 옵션에서 키보드를 추가할 수 있습니다.

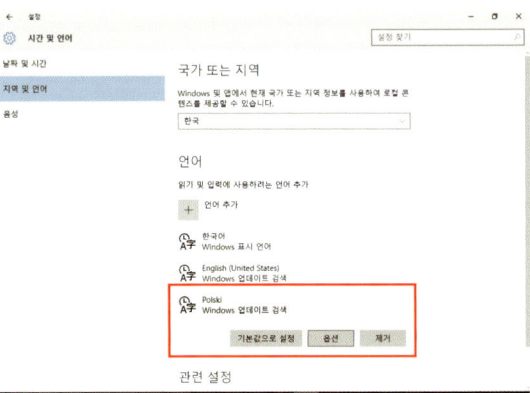

05 추가된 언어를 자유자재로 변환하여 사용할 수 있습니다.
(단축키 : 윈도우 키 ■ + Space)

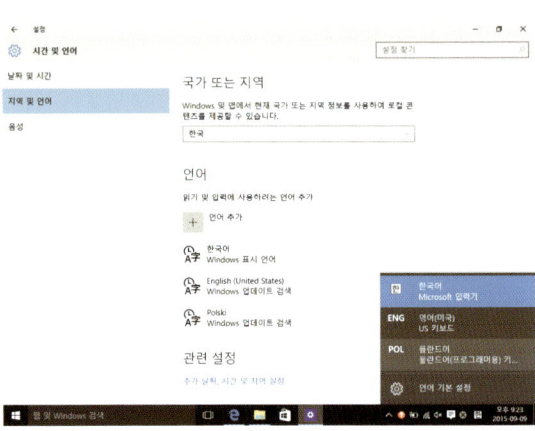

20 | 돋보기 사용하기

돋보기는 단어 또는 이미지를 잘 볼 수 있도록 화면의 일부 또는 전체를 확대하는 유용한 도구입니다. 작업의 특성에 맞게 잘 맞는 방식으로 돋보기를 확대하여 사용해보겠습니다.

01 웹 및 윈도우 검색 상자에서 돋보기 검색 후 실행 또는 시작 단추 클릭 〉설정 클릭 〉접근성 클릭 〉돋보기를 클릭합니다.

02 화면의 특정 텍스트와 이미지를 실제 돋보기로 확대해서 보는 것처럼 돋보기 기능을 사용할 수 있습니다.
(확대/ 축소 단축키 : 윈도우 키 + 더하기(+)/ 빼기(−))
전체화면 : 마우스 포인터로 클릭한 영역부터 전체화면이 확대/ 축소됩니다.
(단축키 : Ctrl + Alt + F)
렌즈 : 마우스 포인터가 위치한 영역이 고정된 렌즈 창에 확대/ 축소됩니다.
(단축키 : Ctrl + Alt + L)
도킹됨 : 마우스 포인터가 위치한 영역이 높이와 너비를 조절할 수 있는 돋보기 창에 도킹되어 확대/ 축소됩니다.
(단축키 : Ctrl + Alt + D)

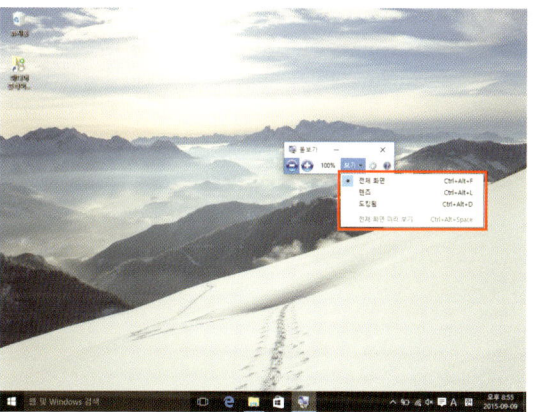

21 | 키보드 설정하기

사용자마다 키보드의 자판을 입력하거나 사용하는 방법이 다르기 때문에 알맞은 키보드 설정이 필요합니다. 나의 사용 방법에 맞춰 키보드를 설정해보겠습니다.

01 시작 단추 클릭 〉 설정 클릭 〉 접근성을 클릭합니다.

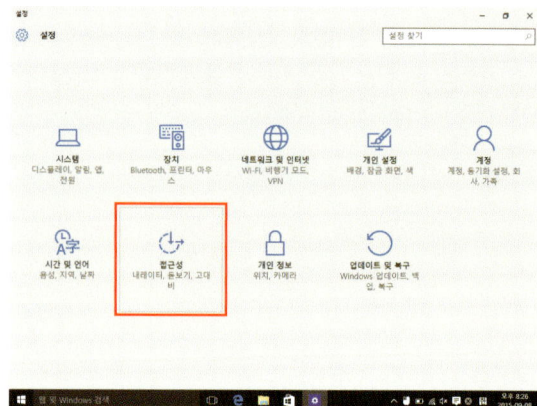

02 키보드 메뉴를 클릭하면 여러 옵션들을 선택해 사용할 수 있습니다.
1) 고정키 : 손이 불편해 동시에 두 개의 키를 누르기 힘들 경우 Shift, Alt, Ctrl, 윈도우키를 고정시켜 사용할 수 있습니다.
2) 토글키 : Caps Lock, Num Lock, Scroll Lock을 누를 때 소리나게 설정할 수 있습니다.
3) 필터키 : 반복적으로 키를 입력해 실수가 많을 경우 반복 속도를 조정해 사용할 수 있습니다.

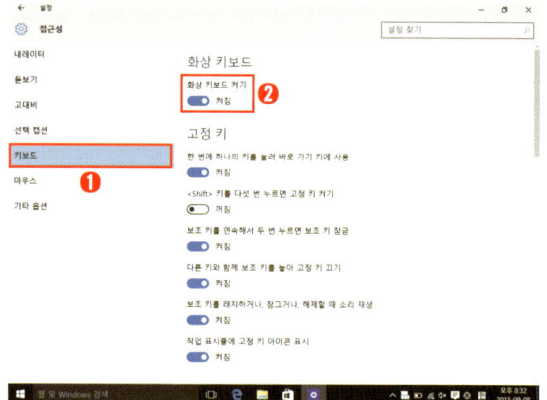

03 화상 키보드 켜짐으로 선택하면 화상 키보드가 나타납니다. 마우스를 이용하여 화상 키보드를 클릭해 입력하며 입력 방법을 변경하려면 화상 키보드의 옵션을 클릭합니다.
1) 클릭해서 입력 : 클릭모드에서는 화상 키를 클릭하여 텍스트를 입력합니다.
2) 가리켜서 입력 : 마우스를 사용하여 지정된 시간 동안 키를 가리키면 선택한 문자가 자동으로 입력됩니다.
3) 스캔 해서 입력 : 화상 키보드가 키보드를 스캔하여 문자를 지나가면 사용자가 바로 가기 키를 누르거나, 스위치 입력 장치를 사용하거나,

마우스 클릭 시뮬레이트 장치를 사용하여 선택해 문자를 입력할 수 있습니다.

22 | 개인 정보 보호 설정하기

윈도우 10은 모든 플랫폼을 통합하는 운영체제로 만들어져 일부 시스템에서는 불필요한 기능들이 있을 수 있습니다. 또한 개인정보 제공들도 시스템마다 설정 시 주의 깊게 살펴보아야 합니다.
개인 정보 보호를 지키기 위해서 개인정보 유출 방지 설정 방법을 확인해 보겠습니다.

01 시작 단추 클릭 〉 설정 클릭 〉 개인정보를 클릭합니다.

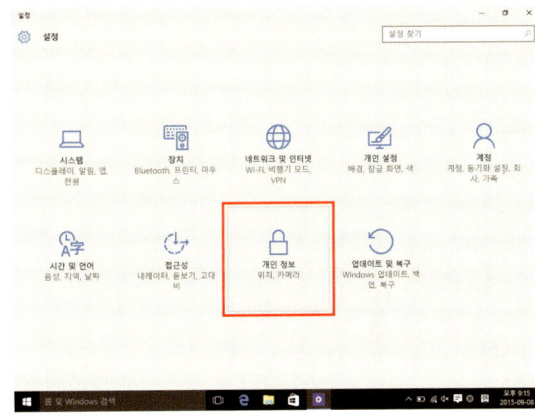

02 일반 메뉴에 있는 모든 개인 정보 옵션을 꺼짐으로 변경합니다.

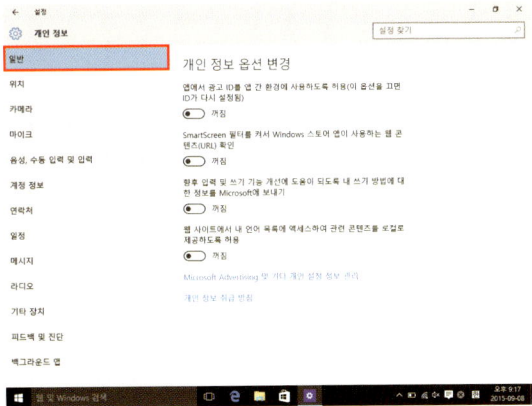

03 위치 메뉴를 클릭합니다. 변경 단추를 클릭하여 이 장치의 위치 꺼짐으로 비활성화합니다.

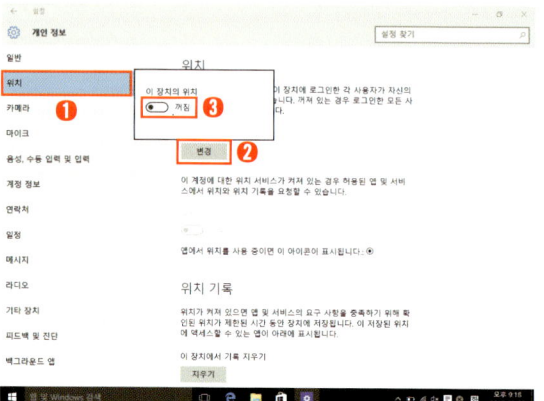

04 음성, 수동 입력 및 입력을 클릭합니다. 내 정보 표시 중지 단추 클릭 > 끄기 클릭합니다.

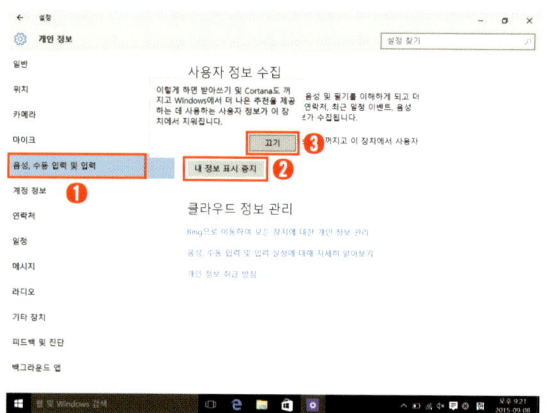

MEMO

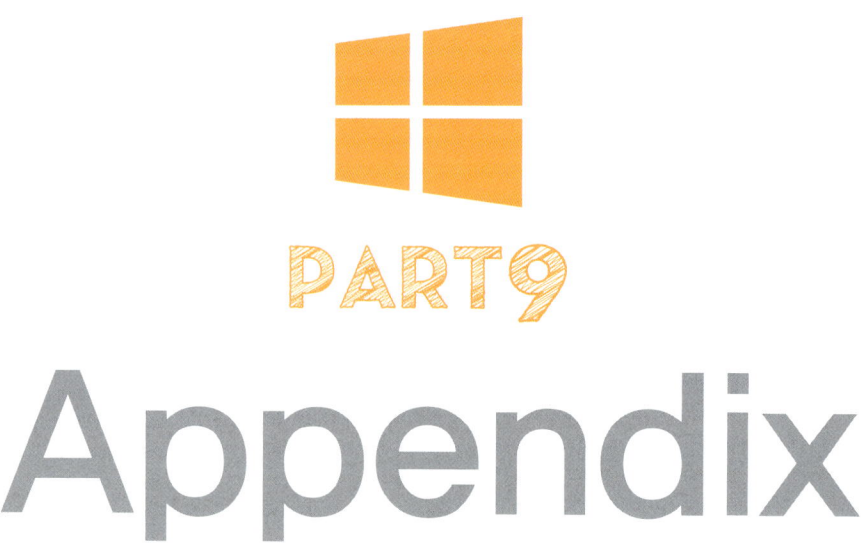

Appendix

윈도우 10 단축키

단축키	단축키 기능 설명
Windows key ⊞	시작화면이 나타납니다.
⊞+1, ⊞+2, etc.	작업 표시줄에 고정된 앱 순서대로 프로그램을 실행합니다. 예를 들어 ⊞+1 를 누르면 작업 표시줄 첫번째 배치되어 있는 프로그램이 실행됩니다.
⊞+A	알림센터가 나타납니다.
⊞+D	바탕화면이 나타납니다. 한번 더 누를 경우 다시 원래대로 복구됩니다.
⊞+E	파일 탐색기를 실행합니다.
⊞+H	공유 참 메뉴가 나타납니다. ◉
⊞+I	설정 앱을 실행합니다.
⊞+K	PC에 연결될 수 있는 연결장치들을 검색합니다.
⊞+L	잠금화면 상태로 변경합니다.
⊞+M	열린 모든 창들을 최소화 합니다.
⊞+P	듀얼 모니터 또는 프로젝트 연결할 수 있는 설정 메뉴가 나타납니다.
⊞+R	실행 창이 실행됩니다.
⊞+S	검색 창이 나타납니다.
⊞+T	작업 표시줄의 미리보기 창들을 이동합니다.
⊞+X	시작 단추의 속성 메뉴가 나타납니다.
⊞+ENTER	나래이터 프로그램이 실행됩니다.
⊞+SPACEBAR	키보드의 언어를 변경합니다.
⊞+TAB	작업 보기가 실행됩니다.
⊞+,	바탕화면을 잠깐 미리 볼 수 있습니다.
⊞+Plus Sign	화면을 확대할 수 있는 돋보기가 실행됩니다.
⊞+Minus Sign	화면을 축소할 수 있는 돋보기가 실행됩니다.
⊞+←	사용 중인 윈도우 창을 왼쪽으로 이동합니다.
⊞+→	사용 중인 윈도우 창을 오른쪽으로 이동합니다.
⊞+↑	사용 중인 윈도우 창을 전체화면으로 확장합니다.
⊞+↓	사용 중인 윈도우 창을 최소화합니다.
⊞+SHIFT+↑	사용 중인 윈도우 창이 폭은 유지된 채 최대화됩니다.
⊞+SHIFT+↓	사용 중인 윈도우 창이 폭은 유지된 채 최소화됩니다.
⊞+SHIFT+←	다중 모니터를 사용할 경우 사용 중이 창이 왼쪽 모니터로 이동합니다.
⊞+SHIFT+→	다중 모니터를 사용할 경우 사용 중이 창이 오른쪽 모니터로 이동합니다.
⊞+PRNT SCRN	내 컴퓨터 > 사진 > 스크린샷 폴더에 자동으로 캡처 이미지가 저장됩니다.

⊞+CTRL+←/→	실행되어있는 가상 데스크톱으로 이동합니다.
⊞+CTRL+D	새 데스크톱을 생성합니다.
⊞+CTRL+F4	새 데스크톱을 종료합니다.
⊞+?	사용자 피드백을 실행합니다.

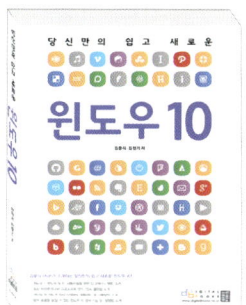

당신만의 쉽고 새로운
윈도우 10

저자 협의
인지 생략

1판 1쇄 인쇄 2015년 11월 10일
1판 1쇄 발행 2015년 11월 15일

지 은 이 김윤식·김현지
발 행 인 이미옥
발 행 처 디지털북스
정   가 20,000원
등 록 일 1999년 9월 3일
등록번호 220-90-18139
주   소 (04987)서울 광진구 능동로 32길 159
전화번호 (02)447-3157~8
팩스번호 (02)447-3159

ISBN 978-89-6088-170-9 (13000)
D-15-19
Copyright ⓒ 2015 Digital Books Publishing Co., Ltd